STALIN

da vinci

EDITOR
Daniel Louzada

TRADUÇÃO
Maurício Santana Dias

PREPARAÇÃO
Marcella Sarubi

REVISÃO
Da Vinci Livros

CAPA
Maikon Nery

PROJETO GRÁFICO
Victor Prado

DIAGRAMAÇÃO
Saavedra Edições

STALIN

História e crítica de uma lenda infame

Domenico Losurdo

Maurício Santana Dias
tradução

da vinci

rio de janeiro, 2025.

Este livro, traduzido do original italiano, foi publicado pela Carocci editore com o título *Stalin – Storia e critica di una leggenda nera*.

IMAGEM DA CAPA
Joseph Stalin, Secretary-general of the Communist Party of Soviet Union, c. 1942. Library of Congress. Licenciado sob domínio público via Wikimedia Commons.

Primeira edição, maio de 2025.
Rio de Janeiro, Brasil.

Dados Internacionais de Catalogação na Publicação (CIP)
Vagner Rodolfo da Silva CRB — 8/9410

L881s Losurdo, Domenico
Stalin: história e crítica de uma lenda infame / Domenico Losurdo; traduzido por Maurício Santana Dias. - Rio de Janeiro: Da Vinci Livros, 2025.
456 pp.; 16cm x 23cm.

Inclui bibliografia e índice.
ISBN 978-65-8497-210-0

1. Biografia. 2. Stalin. I. Dias, Maurício Santana. II. Título.

CDD 920
2024-2403 CDU 929

Índice para catálogo sistemático:
1. Biografia 920
2. Biografia 929

DA VINCI LIVROS
Livraria Leonardo da Vinci
Av. Rio Branco, 185 – subsolo – lojas 2-4
Centro – Rio de Janeiro – RJ – 20040-007
davincilivros@leonardodavinci.com.br
www.davincilivros.com.br
www.leonardodavinci.com.br

Agradecimentos

Bruno Böröcz e Eric Le Lann me auxiliaram na pesquisa bibliográfica;
Paolo Ercolani e Giorgio Grimaldi, na correção das provas do livro.
A todos, meu agradecimento.

PREMISSA

O PONTO DE VIRADA NA HISTÓRIA DA IMAGEM DE STALIN

Da Guerra Fria ao *Relatório Khrushchev*

Grandes manifestações de pesar acompanharam a morte de Stalin: durante sua agonia, "milhões de pessoas se reuniram no centro de Moscou para prestar uma última homenagem" ao líder que morria; em 5 de março de 1953, "milhões de cidadãos lamentaram sua perda como se se tratasse de um luto pessoal".[1] A mesma reação ocorreu nos recantos mais remotos do imenso país, por exemplo, numa "pequena aldeia" que, tão logo recebeu a notícia, caiu em luto espontâneo e coletivo.[2] A "consternação geral" se espalhou bem além das fronteiras da URSS: "Nas ruas de Budapeste e Praga muitos choravam".[3]

A milhares de quilômetros do campo socialista, mesmo em Israel, a reação de condolências foi generalizada: "Todos os membros do Mapam[4] choraram, sem exceção", e este era o partido ao qual pertenciam "os maiores líderes" e "quase todos os combatentes". A consternação se misturou à dor: "O sol se pôs", deu em manchete o jornal do movimento dos kibutz, *Al HaMishmar*. Por algum tempo, esses sentimentos foram compartilhados pelos principais expoentes do Estado e do aparato militar: "Noventa oficiais daqueles que participaram da guerra de 1948, a grande Guerra da Independência Judaica, se uniram em uma organização clandestina armada pró-soviética [além de pró-stalinista] e revolucionária. Destes, onze depois se tornaram generais e um ministro, e ainda hoje são honrados como pais da pátria de Israel".[5]

No Ocidente, não foram apenas os dirigentes e militantes dos partidos comunistas ligados à União Soviética que prestaram homenagens ao líder morto. Um historiador (Isaac Deutscher), que também era um fervoroso admirador de Trotsky, escreveu um obituário repleto de reconhecimentos:

> Em três décadas, a face da União Soviética se transformou completamente. O cerne da ação histórica do stalinismo é este: ele encontrou a Rússia

1 Medvedev (1977), p. 705; Zubkova (2003), legendas anexadas às fotos 19-20.
2 Thurston (1996), pp. XIII-XIV.
3 Fejtö (1971), p. 31.
4 Partido dos Trabalhadores Unidos (Mifleget HaPoalim HaMeuhedet), de Israel, fundado em 1948 e dissolvido em 1997. [N.T.]
5 Nirenstein (1997).

> trabalhando a terra com arados de madeira e a deixa senhora da energia atômica. Ele elevou a Rússia ao posto de segunda potência industrial do mundo, e não se tratou apenas de puro e simples progresso material e de organização. Um resultado semelhante não poderia ter sido alcançado sem uma vasta revolução cultural, durante a qual um país inteiro foi enviado à escola para receber uma ampla educação. [6]

Em conclusão, para Deutscher, mesmo que condicionado e parcialmente desfigurado pela herança asiática e despótica da Rússia czarista, na URSS de Stalin "o ideal socialista tinha sua própria integridade inata e compacta".

Nesse balanço histórico, não havia mais espaço para as ferozes acusações feitas por Trotsky ao líder que acabara de morrer. Qual era o sentido de condenar Stalin como traidor do ideal da revolução mundial e teórico desertor do socialismo em um só país, numa época em que a nova ordem social se expandia na Europa e na Ásia e a revolução estava quebrando "sua casca nacional"? Escarnecido por Trotsky como "pequeno provinciano catapultado por uma zombaria da história ao nível dos grandes acontecimentos mundiais"[7], em 1950 Stalin havia ascendido, aos olhos de um ilustre filósofo (Alexandre Kojève), à encarnação do espírito hegeliano do mundo e, por isso, foi convocado para unificar e dirigir a humanidade, recorrendo a métodos enérgicos quando necessário e combinando sabedoria e tirania em sua ação.[8]

Fora dos círculos comunistas, ou melhor, da esquerda pró-comunista, apesar do recrudescimento da Guerra Fria e do prolongamento da guerra quente na Coreia, no Ocidente a morte de Stalin estimulou obituários em geral "respeitosos" ou "equilibrados": naquele época, "ele ainda era considerado um ditador relativamente benigno e até mesmo um estadista, e a memória afetuosa de 'Tio Joe' persistia, na consciência popular, como o grande líder de guerra que levou seu povo à vitória sobre Hitler e ajudou a salvar a Europa da barbárie nazista". [9] As ideias, impressões e emoções dos anos da Grande Aliança contra o Terceiro Reich e seus aliados ainda não haviam desaparecido, quando — lembrou Deutscher em 1948 — "estadistas

6 Deutscher (1972c), pp. 167-9.
7 Trotsky (1962), p. 170.
8 Kojève (1954).
9 Roberts (2006), p. 3.

e generais estrangeiros foram conquistados pela maestria excepcional com que Stalin lidou com todos os detalhes técnicos de sua máquina de guerra".[10]

Entre as personalidades tocadas favoravelmente também estava aquele que, tempos atrás, havia promovido uma intervenção militar contra o país resultante da Revolução de Outubro, ou seja, Winston Churchill, que repetidamente se expressara assim a respeito de Stalin: "Eu gosto desse homem" (*I like that man*).[11] Por ocasião da Conferência de Teerã, em novembro de 1943, o estadista inglês saudou seu colega soviético como "Stalin, o Grande": ele era o digno herdeiro de Pedro, o Grande, e tinha salvado o próprio país, tornando-o capaz de derrotar os invasores.[12] Averell Harriman, embaixador dos Estados Unidos em Moscou entre 1943 e 1946, ficou de certa forma fascinado e sempre pintou um retrato muito lisonjeiro do líder soviético no campo militar: "Achava-o mais bem informado do que Roosevelt e mais realista do que Churchill; em certos aspectos, era o mais eficiente dos líderes de guerra".[13] Em 1944, Alcide De Gasperi expressara-se em termos até enfáticos, celebrando "o mérito incomensurável, histórico e secular dos exércitos organizados pelo gênio de Josef Stalin". Mas os elogios do eminente político italiano não se limitaram ao plano puramente militar:

> Quando vejo que Hitler e Mussolini perseguiam os homens por causa de sua raça, inventando aquela terrível legislação antijudaica que todos conhecemos, e ao mesmo tempo vejo russos compostos de 160 raças buscando a fusão dessas raças, superando diferenças existentes entre a Ásia e a Europa, essa tentativa, esse esforço de unificação da sociedade humana, deixem-me dizer: isso é cristão, isso é eminentemente universalista no sentido do catolicismo.[14]

Não menos forte e não menos difundido era o prestígio de que Stalin gozara e continuava a gozar entre os grandes intelectuais. Harold J. Laski, que era um prestigioso expoente do Partido Trabalhista Britânico, conversando no outono de 1945 com Norberto Bobbio, declarou-se um "admirador da

10 Deutscher (1969), p. 522.
11 Em Roberts (2006), p. 273.
12 Em Fontaine (2005), p. 66; refere-se a um livro de Averell Harriman e Elie Abel.
13 Em Thomas (1988), p. 78.
14 De Gasperi (1956), pp. 15-6.

União Soviética" e de seu líder, a quem descreveu como "muito sábio" (*très sage*).[15] Nesse mesmo ano, Hannah Arendt escreveu que o país liderado por Stalin se destacava pela "maneira completamente nova e bem-sucedida de abordar e resolver conflitos de nacionalidade, de organizar diferentes populações com base na igualdade nacional"; tratava-se de uma espécie de modelo, de algo "para que todo movimento político e nacional deveria prestar atenção".[16]

Por sua vez, escrevendo pouco antes e pouco depois do fim da Segunda Guerra Mundial, Benedetto Croce havia reconhecido o mérito de Stalin por ter promovido a liberdade não apenas em nível internacional, graças à contribuição que deu à luta contra o nazifascismo, mas também em seu próprio país. Sim, o dirigente da URSS era "um talentoso homem de gênio político", que no geral desempenhou uma função histórica positiva: em comparação com a Rússia pré-revolucionária, "o sovietismo foi um progresso da liberdade", assim como, "em relação ao regime feudal", até a monarquia absoluta foi "um progresso da liberdade, gerando os ulteriores progressos desta". As dúvidas do filósofo liberal concentravam-se no futuro da União Soviética, mas, por contraste, faziam sobressair ainda mais a grandeza de Stalin: ele havia tomado o lugar de Lenin, de modo que um gênio foi seguido por outro; mas que sucessores a "Providência" reservava à URSS?[17]

Aqueles que, com o surgimento da crise da Grande Aliança, começaram a aproximar a União Soviética stalinista e a Alemanha de Hitler, foram duramente repreendidos por Thomas Mann. O Terceiro Reich foi caracterizado pela "megalomania racial" da autodenominada "raça dos senhores", que implementara uma "política diabólica de despovoamento" — e, antes ainda, de extirpação da cultura — nos territórios conquistados sucessivamente. Hitler cumpriu assim a máxima de Nietzsche: "Se você quer escravos, é tolice educá-los como mestres". Diretamente oposta era a orientação do "socialismo russo", que, ao disseminar maciçamente a educação e a cultura, havia mostrado que não queria "escravos", mas sim "homens pensantes", e, portanto, apesar de tudo, punha-se no "caminho da liberdade". Na época, a justaposição entre os dois regimes era inaceitável.

15 Bobbio (1997), p. 89.
16 Arendt (1986b), p. 99.
17 Croce (1993), vol. 2, pp. 33-4 e 178.

De fato, aqueles que assim argumentavam poderiam ser suspeitos de cumplicidade com o fascismo, que também declararam querer condenar:

> Colocar o comunismo russo e o nazifascismo no mesmo plano moral, já que ambos seriam totalitários, é, na melhor das hipóteses, superficial, na pior é fascismo. Quem insiste nessa equivalência pode muito bem se considerar um democrata, mas na verdade e no fundo do coração já é um fascista, e certamente só combaterá o fascismo de modo aparente e insincero, ao passo que reservará todo seu ódio contra o comunismo.[18]

É claro que mais tarde a Guerra Fria eclodiu, e, ao publicar em 1951 seu livro sobre o totalitarismo, Arendt acabou realizando justamente a operação denunciada por Mann. No entanto, quase ao mesmo tempo, Kojève tinha apontado em Stalin o protagonista de uma virada histórica decididamente progressista e de dimensões globais. Ou seja, no próprio Ocidente, a nova verdade ou o novo movimento ideológico da luta equânime contra as várias manifestações do totalitarismo penava para se estabelecer.

Em 1948, Laski, de algum modo, reforçou o ponto de vista que expressara três anos antes: para definir a URSS, ele adotara uma categoria usada por outro expoente do trabalhismo inglês, Beatrice Webb, que já tinha falado em 1931, e continuou falando durante a Segunda Guerra Mundial até pouco antes de sua morte, de uma "nova civilização". Sim — reiterou Laski —, com o formidável impulso conferido à promoção social de classes há tanto tempo exploradas e oprimidas, bem como com a introdução nas fábricas e nos locais de trabalho de novas relações não mais baseadas no poder soberano dos donos dos meios de produção, o país liderado por Stalin emergira como o "pioneiro de uma nova civilização". Claro, ambos se apressaram em esclarecer: o peso da "Rússia bárbara" ainda pesava sobre a "nova civilização" que estava surgindo. Expressava-se em formas despóticas, mas — sublinhava Laski em particular — para formular um juízo correto sobre a União Soviética era necessário não perder de vista um fato essencial: "Os seus líderes chegaram ao poder num país habituado apenas à sangrenta tirania" e eram obrigados a governar numa situação caracterizada por um "estado de sítio" mais ou menos permanente e por

18 Mann (1986b), pp. 271 e 278-9; Mann (1986a), pp. 311-2.

uma "guerra potencial ou em curso". Além disso, em situações de crise aguda, até a Inglaterra e os Estados Unidos haviam limitado de modo mais ou menos drástico as liberdades tradicionais.[19]

> Referindo-se ao entusiasmo expresso por Laski em relação a Stalin e ao país que dirigia, Bobbio escreverá muito mais tarde: "No dia seguinte a uma vitória contra Hitler, para a qual os soviéticos tinham contribuído de forma decisiva com a batalha de Stalingrado, [essa declaração] não me causara uma particular impressão". Na realidade, para o intelectual trabalhista inglês, o reconhecimento tributado à URSS e a seu líder iam muito além do nível militar. Por outro lado, naquele momento a posição do filósofo de Turim era muito diferente? Em 1954, ele publicou um ensaio que atribuía mérito à União Soviética (e aos Estados socialistas) por ter "iniciado uma nova fase de progresso civil em países politicamente atrasados, introduzindo instituições tradicionalmente democráticas, de democracia formal, como o sufrágio universal e a eletividade de cargos, e de democracia substancial, como a coletivização dos instrumentos de produção"; tratava-se, na época, de derramar "uma gota de óleo [liberal] nas máquinas da revolução já realizada".[20] Como se vê, o julgamento formulado sobre o país que ainda estava elaborando o luto de Stalin foi tudo, menos negativo.

Em 1954, o legado do socialismo liberal ainda estava em ação em Bobbio. Ao enfatizar vigorosamente o valor inalienável da liberdade e da democracia nos anos da Guerra da Espanha, Carlo Rosselli contrastara negativamente os países liberais ("a Inglaterra oficial é favorável a Franco, Bilbao está com fome") à União Soviética, comprometida em ajudar a República espanhola atacada pelo nazifascismo.[21] Não se tratava apenas de política internacional. A um mundo caracterizado pela "fase do fascismo, das guerras imperialistas e da decadência capitalista", Carlo Rosselli havia contraposto o exemplo de um país que, embora bem longe do objetivo de um socialismo democrático maduro, ainda assim deixava o capitalismo para trás e representava "um capital de experiências preciosas" para quem estava comprometido com

19 Webb (1982-85), vol. 4, pp. 242 e 490 (notas do diário de 15 de março de 1931 e 6 de dezembro de 1942); Laski (1948), pp. 39-42 e passim.

20 Bobbio (1997), p. 89; Bobbio (1977), pp. 164 e 280.

21 Rosselli (1988), pp. 358, 362 e 367.

a construção de uma sociedade melhor: "Hoje, com a gigantesca experiência russa [...] temos um imenso material positivo à nossa disposição. Todos sabemos o que significa revolução socialista, organização socialista da produção". [22]

Em conclusão, ao longo de todo um período histórico, em círculos que iam muito além do movimento comunista, o país liderado por Stalin e o próprio Stalin puderam gozar de um interesse simpático, estima e às vezes até admiração. Claro, houve o sério desapontamento causado pelo pacto com a Alemanha nazista, mas Stalingrado então o suprimiu. É por isso que, em 1953 e nos anos imediatamente seguintes, a homenagem ao líder morto uniu o campo socialista, pareceu por vezes reagrupar o movimento comunista, apesar das lacerações anteriores, e acabou de algum modo encontrando eco no próprio Ocidente liberal, que também estava envolvido em uma Guerra Fria travada por ambas as partes sem restrições. Não é por acaso que, no discurso que abriu oficialmente a Guerra Fria, em Fulton, Churchill expressou-se assim: "Tenho grande admiração e respeito pelo valoroso povo russo e por meu camarada dos tempos de guerra, o marechal Stalin". [23] Não há dúvida de que, com a escalada da Guerra Fria, os tons foram gradualmente endurecendo. No entanto, em 1952, um grande historiador inglês que trabalhara ao serviço do Foreign Office, Arnold Toynbee, ainda pôde comparar o líder soviético a "um homem de gênio: Pedro, o Grande"; sim, "a orientação tirânica de ocidentalização tecnológica, seguida por Stalin, acabou sendo justificada, como a de Pedro, pela prova do campo de batalha". Aliás, continuou se justificando mesmo após a derrota infligida ao Terceiro Reich: depois de Hiroshima e Nagasaki, a Rússia novamente se viu "tendo que fazer uma marcha forçada para se igualar à tecnologia ocidental", que, mais uma vez, se "distanciara como um raio". [24]

22 Ibid., pp. 301, 304-6 e 381.
23 Churchill (1974), p. 7290.
24 Toynbee (1992), pp. 18-20.

Por uma comparação abrangente

Portanto, talvez até mais do que a Guerra Fria, foi outro acontecimento histórico que mudou radicalmente a história da imagem de Stalin; o discurso de Churchill de 5 de março de 1946 desempenha papel menos relevante que um outro, aquele proferido dez anos depois, para ser exato, em 25 de fevereiro de 1956, por Nikita Khrushchev, na ocasião do XX Congresso do Partido Comunista da União Soviética (PCUS).

Por mais de três décadas, este *Relatório*, que traça o retrato de um ditador morbidamente sanguinário, vaidoso e bastante medíocre ou mesmo ridículo no plano intelectual, satisfez a quase todos. Isso permitiu que o novo grupo dirigente no poder da URSS se apresentasse como o único repositório da legitimidade revolucionária dentro do país, do campo socialista e do movimento comunista internacional que via seu centro em Moscou. Fortalecido em suas velhas crenças e com novos argumentos à disposição para travar a Guerra Fria, o Ocidente também tinha motivos para estar satisfeito (ou entusiasmado). Nos Estados Unidos, a sovietologia tendeu a desenvolver-se em torno da CIA e de outras agências militares e de *inteligência*, antecipando a remoção de elementos suspeitos de simpatizar com o país resultante da Revolução de Outubro.[25] Delineava-se um processo de militarização de uma disciplina-chave para a condução da Guerra Fria; em 1949, o presidente da American Historical Association havia declarado: "Não podemos nos permitir não sermos ortodoxos", ou seja, não é mais concedida a "pluralidade de objetivos e de valores". É preciso aceitar "medidas amplas de arregimentação" pelo fato de que a "guerra total, quente ou fria, recruta cada um de nós e chama cada um de nós a fazer sua parte. Desta obrigação, o historiador não está mais livre que o físico".[26] Tudo isso não se desfaz em 1956, mas agora uma sovietologia mais ou menos militarizada pode gozar do conforto proveniente do próprio mundo comunista.

É verdade: mais que o comunismo como tal, o *Relatório Khrushchev* pôs sob acusação uma única personalidade; mas naqueles anos, inclusive do ponto de vista de Washington e de seus aliados, era conveniente não ampliar demais o alvo e centrar fogo no país de Stalin. Com a assinatura do

25 Gleason (1995), p. 121.
26 Cohen (1986), p. 13.

Pacto dos Balcãs em 1953, firmado com a Turquia e a Grécia, a Iugoslávia tornou-se uma espécie de membro externo da Organização do Tratado do Atlântico Norte (Otan), e, cerca de vinte anos depois, a China também firmou com os EUA uma aliança *de facto* contra a União Soviética. É esta a superpotência que se trata sobretudo de isolar, e que é pressionada a proceder a uma "desestalinização" cada vez mais radical, até ficar sem qualquer forma de identidade e autoestima e resignar-se à capitulação e à dissolução final.

Por fim, graças às "revelações" vindas de Moscou, os grandes intelectuais poderiam tranquilamente esquecer ou remover o interesse, a simpatia e até a admiração com que haviam olhado para a URSS stalinista. Sobretudo aqueles intelectuais que tinham como ponto de referência Trotsky encontraram conforto nessas "revelações". Por muito tempo, foi justamente ele quem encarnou, aos olhos dos inimigos da União Soviética, a infâmia do comunismo, representando de forma privilegiada o "exterminador", ou melhor, o "exterminador judeu" (*infra*, p. 282); ainda em 1933, quando já estava no exílio havia alguns anos, aos olhos de Spengler, Trotsky continuava a representar o "assassino bolchevique em larga escala" (*bolschewistischer Massenmörder*).[27] A partir da virada do XX Congresso do PCUS, apenas Stalin e seus colaboradores mais próximos foram confinados no museu dos horrores. Acima de tudo, exercendo sua influência muito além do círculo dos trotskistas, o *Relatório Khrushchev* desempenhava uma função reconfortante nos círculos de uma certa esquerda marxista, que se sentia, assim, isenta da penosa obrigação de repensar a teoria do Mestre e a história dos efeitos derivados concretamente dela. Claro, em vez de extinguir-se, nos países governados pelos comunistas, o Estado expandiu-se enormemente; longe de desaparecer, as identidades nacionais desempenharam um papel cada vez mais importante nos conflitos que levariam à dilaceração e finalmente ao colapso do campo socialista; não se entrevia nenhum sinal de superação do capital ou do mercado, que se tanto, com o desenvolvimento econômico, tendiam a se expandir. Sim, tudo isso era incontestável, mas a culpa era... de Stalin e do "stalinismo"! E, portanto, não havia razão para questionar as esperanças ou as certezas que haviam acompanhado a revolução bolchevique e que remetiam a Marx.

27 Spengler (1933), p. 86, nota 1.

Embora colocados em posições opostas, esses campos político-ideológicos iam elaborando a imagem que faziam de Stalin a partir de abstrações colossais e arbitrárias. À esquerda, procedia-se ao virtual apagamento da história do bolchevismo, e mais ainda que da história do marxismo, daquele que por mais tempo exerceu, em comparação a qualquer outro líder, o poder do país resultante da revolução preparada e conduzida com base nas ideias de Marx e Engels. Por sua vez, os anticomunistas encobriam com desenvoltura tanto a história da Rússia czarista quanto a Segunda Guerra dos Trinta Anos, em cujo âmbito se coloca o desenvolvimento trágico e contraditório da Rússia soviética e das três décadas stalinistas. E assim cada uma das diferentes áreas político-ideológicas se inspirava no discurso de Khrushchev para cultivar a própria mitologia, quer se tratasse da pureza do Ocidente, quer da pureza do marxismo e do bolchevismo. O stalinismo era o horrível termo de comparação que permitia a cada um dos antagonistas autocelebrar, por oposição, a própria infinita superioridade moral e intelectual.

Fundadas em abstrações muito diversas, essas leituras acabaram, no entanto, produzindo algumas convergências metodológicas. Ao se indagar sobre o terror, sem prestar muita atenção à situação objetiva, elas o fizeram derivar da iniciativa de uma única personalidade ou de uma pequena classe dirigente, determinada a afirmar seu poder absoluto por qualquer meio. Partindo desse pressuposto, se Stalin pudesse ser comparado a outra grande personalidade política, só poderia ser a Hitler; como consequência, para fins de compreensão da URSS stalinista, a única comparação possível era com a Alemanha nazista. Esse é um tema recorrente já no final dos anos 1930 em Trotsky, que reiteradamente recorre à categoria de "ditadura totalitária" e, dentro deste *gênero*, distingue, por um lado, a *espécie* "stalinista" e, por outro, a "fascista" (e sobretudo hitlerista)[28], recorrendo, portanto, a uma abordagem que mais tarde se tornaria senso comum durante a Guerra Fria e na ideologia hoje dominante.

Esse modo de argumentar é persuasivo ou conviria recorrer a uma comparação abrangente, sem perder de vista nem a história da Rússia como um todo, nem os países ocidentais engajados na Segunda Guerra dos Trinta Anos? É verdade, desta forma procederíamos a um confronto entre países e líderes que se apresentam com características muito diferentes; mas tal

28 Trotsky (1988), p. 1285.

diversidade deve ser posta exclusivamente na conta das ideologias, ou a situação objetiva também desempenha um papel significativo, ou seja, a localização geopolítica e a história por trás de cada um dos países envolvidos na Segunda Guerra? Quando falamos de Stalin, nosso pensamento se volta imediatamente para a personalização do poder, para o universo concentracionário, para a deportação de grupos étnicos inteiros; mas esses fenômenos e essas práticas remetem apenas à Alemanha nazista, à parte a URSS, ou se manifestam em modalidades a seu tempo diferentes, dependendo da maior ou menor agudeza do estado de exceção e de sua duração mais ou menos prolongada, também em outros países, inclusive naqueles de tradição liberal mais consolidada? Claro, é preciso não perder de vista o papel das ideologias; mas será que a ideologia a que Stalin se refere pode realmente ser comparada àquela que inspira Hitler, ou nesse campo, conduzido sem preconceitos, o comparatismo acaba produzindo resultados completamente inesperados? A despeito dos teóricos da "pureza", um movimento político ou um regime político não podem ser julgados pela excelência dos ideais em que afirmam se inspirar: na avaliação desses mesmos ideais, não podemos negligenciar a *Wirkungsgeschichte*, a "história dos efeitos" produzidos por eles; mas tal abordagem deve valer para todos os aspectos ou apenas para o movimento que se inspirou em Lenin ou Marx?

Essas questões parecem supérfluas e até capciosas para os que eliminam o problema da instabilidade da imagem de Stalin, baseando-se, eles mesmos, na crença de que finalmente Khrushchev havia revelado a verdade antes oculta. No entanto, daria prova de total descuido metodológico o historiador que quisesse apontar 1956 como o ano da revelação definitiva e derradeira, ignorando sumariamente os conflitos e os interesses que estimularam a campanha de desestalinização em seus diversos aspectos, e que já antes haviam estimulado a sovietologia da Guerra Fria. O contraste radical entre as diferentes imagens de Stalin deveria levar o historiador a não tornar absoluta apenas uma, mas a problematizar todas elas.

1

COMO LANÇAR UM DEUS AO INFERNO: O *RELATÓRIO KHRUSHCHEV*

Um "enorme, sombrio, caprichoso, degenerado monstro humano"

Se hoje analisarmos o texto *Sobre o culto da personalidade e suas consequências*, lido por Khrushchev em uma sessão fechada do Congresso do PCUS, e que mais tarde ficou famoso como *Relatório Secreto*, uma característica salta imediatamente aos olhos: estamos diante de uma acusação que propõe liquidar Stalin sob todos os aspectos. O perpetrador de crimes hediondos era um indivíduo desprezível tanto do ponto de vista moral quanto intelectual. Além de implacável, o ditador também era risível: conhecia o país e a situação agrícola "somente por meio de filmes"; e, para piorar, de filmes que "embelezavam" a realidade a ponto de torná-la irreconhecível.[1] Mais que por uma lógica política ou *realpolitik*, a repressão sangrenta que ele desencadeou foi ditada por um capricho pessoal e uma patológica *libido de dominação*. Assim surgiu o retrato — observou Deutscher com satisfação em junho de 1956, arrebatado pelas "revelações" de Khrushchev e esquecido do respeitoso e por vezes admirado retrato de Stalin que ele mesmo traçara três anos antes — de um "enorme, sombrio, caprichoso, degenerado monstro humano".[2] O déspota implacável havia sido tão inescrupuloso que era suspeito de planejar o assassinato daquele que foi ou parecia ser seu melhor amigo, Kirov, para que pudesse acusar desse crime e eliminar seus opositores um a um, reais ou potenciais, verdadeiros ou imaginários, do poder.[3] Tampouco a repressão implacável visava apenas a indivíduos e grupos políticos. Não, ela envolveu "as deportações em massa de populações inteiras", arbitrariamente acusadas e condenadas em bloco de conivência com o inimigo. Mas Stalin pelo menos ajudara a salvar seu país e o mundo do horror do Terceiro Reich? Ao contrário — insistiu Khrushchev —, a Grande Guerra Patriótica teve êxito apesar da loucura do ditador: foi apenas graças a sua miopia, sua obstinação, à confiança cega que ele depositava em Hitler que as tropas do Terceiro Reich inicialmente lograram adentrar o centro do território soviético, semeando morte e destruição em enorme escala.

1 Khrushchev (1958), pp. 223-4.
2 Deutscher (1972a), p. 20.
3 Khrushchev (1958), pp. 121-2.

Sim, por causa de Stalin, a União Soviética chegara desprevenida e indefesa ao trágico encontro: "Tínhamos começado a modernizar nosso equipamento militar apenas na véspera da guerra [...]. No início da guerra, também nos faltava um número de fuzis suficiente para armar as tropas mobilizadas". Como se isso não bastasse, "depois das primeiras derrotas e dos primeiros desastres no front", o responsável por tudo isso se entregara ao desânimo e até à apatia. Vencido pelo sentimento de derrota ("Tudo o que Lenin havia criado, nós perdemos para sempre"), incapaz de reagir, Stalin "absteve-se por muito tempo de dirigir operações militares e deixou de cuidar de qualquer coisa".[4] É verdade que, passado algum tempo, cedendo finalmente à insistência dos demais membros do Politburo, ele reassumiu o posto. Nunca tivesse feito isso! Quem dirigiu monocraticamente, mesmo no campo militar, a União Soviética empenhada naquela provação mortal foi um ditador tão incompetente que não tinha nenhuma "familiaridade com a condução das operações militares". Esta é uma acusação sobre a qual o *Relatório Secreto* insiste com veemência: "Deve-se ter em mente que Stalin preparava seus planos debruçado sobre um mapa-múndi. Sim, camaradas, ele assinalava a linha de frente num mapa-múndi".[5] Apesar de tudo, a guerra felizmente terminara; no entanto, a paranoia sanguinária do ditador piorara ainda mais. Nessa altura, o retrato do "monstro humano degenerado" que, segundo a observação de Deutscher, emerge do *Relatório Secreto* pode ser considerado completo.

Apenas três anos tinham transcorrido desde as manifestações de condolências provocadas pela morte de Stalin, e sua popularidade ainda era tão forte e persistente que, pelo menos na URSS, a campanha lançada por Khrushchev encontrou inicialmente "forte resistência":

> Em 5 de março de 1956, estudantes em Tbilisi desceram às ruas para colocar flores no monumento a Stalin por ocasião do terceiro aniversário de sua morte, e esse gesto em homenagem a Stalin se transformou em um protesto contra as deliberações do XX Congresso. As manifestações e

4 Ibid., pp. 164-5 e 172.

5 Ibid., pp. 176 e 178.

assembleias continuaram por cinco dias, até que, na noite de 9 de março, tanques foram enviados à cidade para restaurar a ordem.[6]

Talvez isso explique as características do texto que estamos examinando. Uma áspera luta política estava em curso na URSS e no campo socialista, e o retrato caricato de Stalin servia admiravelmente para deslegitimar os "stalinistas" que poderiam ofuscar o novo líder. O "culto da personalidade", que vigorara até então, não permitia julgamentos mais matizados: era preciso lançar um deus ao inferno. Algumas décadas antes, durante outra batalha política com características diferentes, mas não menos áspera, Trotsky também havia desenhado um retrato de Stalin com o objetivo não apenas de condená-lo no plano político e moral, mas também de ridicularizá-lo no plano pessoal: tratava-se de um "pequeno provinciano", de um indivíduo caracterizado desde o início por uma irremediável mediocridade e falta de jeito, que regularmente se apresentava mal nos âmbitos político, militar e ideológico, que jamais conseguiu se livrar da "rudeza do camponês". Claro, em 1913 Stalin havia publicado um ensaio de inegável valor teórico (*O marxismo e o problema das nacionalidades*), mas seu verdadeiro autor era Lenin, ao passo que o signatário se inseria na categoria dos "usurpadores" dos "direitos intelectuais" do grande revolucionário.

Não faltam pontos de contato entre os dois retratos. Khrushchev insinua que o verdadeiro mandante do assassinato de Kirov tinha sido Stalin, mas este também fora acusado por Trotsky de ter acelerado a morte de Lenin com sua "ferocidade mongol".[7] O *Relatório Secreto* repreendia Stalin por fugir covardemente de suas responsabilidades no início da agressão de Hitler, mas, já em 2 de setembro de 1939, bem antes da Operação Barbarossa Trotsky havia escrito que a "nova aristocracia" no poder em Moscou era, entre outras coisas, caracterizada por "sua incapacidade de travar a guerra"; a "casta dominante" na União Soviética estava destinada a adotar a atitude "de todos os regimes destinados ao declínio: 'depois de nós, o dilúvio'".[8]

Amplamente convergentes entre si, até que ponto esses dois retratos resistem à investigação histórica? Convém começar analisando o *Relatório*

6 Zubkova (2003), p. 223.
7 Trotsky (1962), pp. 170, 175-6 e 446-7.
8 Trotsky (1988), pp. 1259 e 1262-3.

Secreto que, oficializado por um congresso do PCUS e pelos principais dirigentes do partido no poder, se impõe de imediato como a revelação de uma verdade há muito reprimida, mas agora incontestável.

A Grande Guerra Patriótica e as "invenções" de Khrushchev

A partir de Stalingrado e da derrota infligida ao Terceiro Reich (uma potência que parecia invencível), Stalin adquiriu enorme prestígio em todo o mundo. E, não surpreendentemente, Khrushchev se deteve em particular neste ponto. Ele descreve em termos catastróficos o despreparo militar da União Soviética, cujo exército, em alguns casos, carecia até do armamento mais básico. Diametralmente oposto é o quadro proveniente de um estudo que parece vir de setores das Forças Armadas alemãs [*Bundeswehr*] e que, em todo caso, faz uso extensivo de seus arquivos militares. Nele se fala de uma "ampla superioridade do Exército Vermelho em tanques, aeronaves e peças de artilharia"; por outro lado, "a capacidade industrial da União Soviética havia atingido tais dimensões que é capaz de fornecer às Forças Armadas soviéticas um arsenal quase inimaginável". Ele cresce a um ritmo cada vez mais acelerado à medida que a Operação Barbarossa se aproxima. Um dado é particularmente eloquente: se em 1940 a União Soviética produzia 358 tanques do tipo mais avançado, significativamente superiores aos disponíveis em outros exércitos, no primeiro semestre do ano seguinte produzia 1.503.[9] Por sua vez, os documentos provenientes dos arquivos russos mostram que, pelo menos nos dois anos imediatamente anteriores à agressão do Terceiro Reich, Stalin estava literalmente obcecado com o problema do "aumento quantitativo" e da "melhora qualitativa de todo o aparato militar". Alguns dados são eloquentes por si mesmos: se no primeiro plano quinquenal representavam 5,4% da despesa total do Estado, em 1941 as dotações para a defesa ascenderam a 43,4%; "em setembro de 1939, por ordem de Stalin, o Politburo tomou a decisão de construir nove

9 Hoffmann (1995), pp. 59 e 21.

novas fábricas para a produção de aeronaves até 1941"; no momento da invasão de Hitler "a indústria havia produzido 2,7 mil aeronaves modernas e 4,3 mil tanques".[10] A julgar por esses dados, tudo pode ser dito, exceto que a URSS chegou despreparada ao trágico encontro com a guerra.

Por outro lado, em 1997, uma historiadora norte-americana desferiu um duro golpe no mito do colapso do líder soviético e da fuga de suas responsabilidades imediatamente após o início da invasão nazista: "[...] por mais abalado que estivesse, no dia do ataque Stalin convocou uma reunião de onze horas com líderes do partido, do governo e militares, e fez o mesmo nos dias seguintes".[11] Mas hoje temos à disposição o registro de visitantes do gabinete de Stalin no Kremlin, descoberto no início dos anos 1990: parece que, desde as horas imediatamente sucessivas à agressão, o líder soviético se envolveu em uma densa rede de reuniões e iniciativas a fim de organizar a resistência. São dias e noites caracterizados por "atividade [...] exaustiva", mas ordenada. Em todo caso, "todo o episódio [relatado por Khrushchev] é totalmente inventado", essa "história é falsa".[12] Na verdade, desde o início da Operação Barbarossa, Stalin não apenas toma as decisões mais desafiadoras, emitindo disposições para o deslocamento da população e das plantas industriais da linha de frente, mas também "monitora tudo meticulosamente, desde o tamanho e a forma das baionetas, até os autores e títulos dos artigos do 'Pravda'".[13] Não há vestígios de pânico nem de histeria. Lemos a anotação do diário e o testemunho de Dimitrov: "Às 7 da manhã, eles me chamaram com urgência ao Kremlin. A Alemanha atacou a URSS. A guerra começou [...]. Calma surpreendente, firmeza, confiança em Stalin e em todos os outros". A clareza de ideias é ainda mais impressionante. Não se trata apenas de proceder à "mobilização geral de nossas forças". Também é necessário definir o quadro político. Sim, "só os comunistas podem derrotar os fascistas", pondo fim à aparentemente irresistível ascensão do Terceiro Reich, mas não se pode perder de vista a real natureza do conflito: "Os partidos [comunistas] logo desenvolvem um movimento em defesa da URSS. Não pergunte sobre a revolução socialista. O povo soviético está travando uma guerra patriótica contra a Alemanha

10 Wolkogonov (1989), pp. 500-4.
11 Knight (1997), p. 132.
12 Medvedev, Medvedev (2006), pp. 269-70.
13 Montefiore (2007), p. 416.

fascista. O problema é a derrota do fascismo, que escravizou uma série de povos e tenta escravizar também outros povos".[14]

A estratégia política que teria orientado a Grande Guerra Patriótica está bem definida. Já alguns meses antes, Stalin havia sublinhado que, ao expansionismo implantado pelo Terceiro Reich "em nome da escravização e submissão de outros povos", eles responderam com justas guerras de resistência e libertação nacional (*infra*, p. 226). Por outro lado, para aqueles que contrapunham escolasticamente patriotismo e internacionalismo, a Internacional Comunista tomou medidas para responder mais uma vez, mesmo antes da agressão de Hitler, como se constata na anotação do diário de Dimitrov de 12 de maio de 1941:

> Precisamos desenvolver a ideia que combina um nacionalismo saudável, corretamente compreendido, com o internacionalismo proletário. O internacionalismo proletário deve ser baseado nesse nacionalismo em cada um dos países [...]. Entre o nacionalismo corretamente entendido e o internacionalismo proletário não há e não pode haver contradições. O cosmopolitismo sem pátria, que nega o sentimento nacional e a ideia de pátria, nada tem a ver com o internacionalismo proletário.[15]

Longe de ser uma reação improvisada e desesperada à situação imposta pelo desencadeamento da Operação Barbarossa, a estratégia da Grande Guerra Patriótica expressava uma orientação teórica amadurecida havia tempo e de caráter geral: o internacionalismo e a causa internacional de emancipação dos povos concretamente avançam na onda das guerras de libertação nacional, tornadas necessárias pela pretensão de Hitler de retomar e radicalizar a tradição colonial, submetendo e escravizando antes de tudo as supostas raças servis da Europa oriental. São essas as razões retomadas nos discursos e declarações proferidas por Stalin ao longo da guerra: constituíram "marcos significativos na clarificação da estratégia militar soviética e de seus objetivos políticos e desempenharam um papel importante no reforço do moral popular";[16] e assumiram também impor-

14 Dimitrov (2002), pp. 320-1.
15 Ibid., p. 314.
16 Roberts (2006), p. 7.

tância internacional, como Goebbels observava contrariado a propósito do apelo radiofônico de 3 de julho de 1941, que "suscita enorme admiração na Inglaterra e nos EUA".[17]

Uma série de campanhas de desinformação e a Operação Barbarossa

Mesmo no plano da efetiva condução militar, o *Relatório Secreto* perdeu toda a credibilidade. Segundo Khrushchev, desatento aos "avisos" que lhe chegavam de vários quadrantes sobre a iminência da invasão, Stalin se lança irresponsavelmente ao desastre. O que dizer dessa acusação? Enquanto isso, até as informações provenientes de um país amigo podem estar erradas: por exemplo, em 17 de junho de 1942, Franklin Delano Roosevelt alertou Stalin contra um iminente ataque japonês, que depois não aconteceu.[18] Acima de tudo, na véspera do ataque de Hitler, a URSS é obrigada a lidar com gigantescas manobras de diversionismo e desinformação. O Terceiro Reich empenha-se fortemente em fazer as pessoas acreditarem que a concentração de tropas no leste visa apenas a disfarçar a iminente travessia do Canal da Mancha, e isso parece ainda mais crível após a conquista da ilha de Creta. "Todo o aparato estatal e militar está mobilizado", Goebbels anota com satisfação em seu diário (31 de maio de 1941), para encenar a "primeira grande onda camuflada" da Operação Barbarossa. É então que as "catorze divisões são transportadas para o oeste";[19] além disso, todas as tropas destacadas na frente ocidental são colocadas em alerta máximo.[20] Cerca de duas semanas depois, a edição berlinense do *Völkischer Beobachter* publica um artigo que aponta a ocupação de Creta como modelo para o planejado confronto com a Inglaterra: poucas horas depois, o jornal é apreendido para dar a impressão de que um segredo de enorme importância fora traído de modo desastrado. Três dias depois (14 de junho), Goebbels anotou em seu

17 Goebbels (1992), p. 1620 (anotação do diário de 5 de julho 1941).
18 Em Butler (2005), pp. 71-2.
19 Goebbels (1992), p. 1590.
20 Wolkow (2003), p. 111.

diário: "As rádios inglesas já declaram que nosso avanço contra a Rússia é apenas um blefe, com o qual tentamos esconder nossos preparativos para a invasão [da Inglaterra]".[21] A esta campanha de desinformação, a Alemanha acrescentou outra: circularam rumores segundo os quais o destacamento militar no leste pretendia pressionar a URSS, possivelmente com o uso de um ultimato, para que Stalin concordasse em redefinir as cláusulas do pacto germano-soviético e se comprometesse a exportar maiores quantidades de cereais, petróleo e carvão necessários ao Terceiro Reich envolvido em uma guerra que não dava sinais de terminar. Em outras palavras, o objetivo era fazer crer que a crise poderia ser resolvida com novas negociações e com algumas concessões adicionais de Moscou.[22] Chegaram a essa conclusão, na Grã-Bretanha, os serviços de inteligência do exército e os líderes militares que, ainda em 22 de maio, alertaram o Gabinete de Guerra: "Hitler ainda não decidiu se perseguirá seus objetivos [na direção da URSS] pela persuasão ou pela força armada".[23] Em 14 de junho, Goebbels anotou em seu diário com satisfação: "Em geral, ainda se acredita que seja um blefe ou uma tentativa de chantagem".[24]

Tampouco se deve subestimar a campanha de desinformação encenada no lado oposto e que já havia começado dois anos antes: em novembro de 1939, a imprensa francesa publica um discurso enganoso (proferido perante o Politburo em 19 de agosto do mesmo ano) no qual Stalin teria traçado um plano para enfraquecer a Europa, estimulando uma guerra fratricida em seu interior, e depois sovietizá-la. Não há dúvida: trata-se de uma falsificação, que visava minar o pacto de não agressão germano-soviético e direcionar a fúria expansionista do Terceiro Reich para o leste.[25] Segundo uma lenda historiográfica difundida, às vésperas da agressão de Hitler, o governo de Londres teria alertado repetida e desinteressadamente Stalin, que, no entanto, como bom ditador, teria confiado apenas em seu homólogo de Berlim. Na realidade, ao passo que, por um lado, fornece a Moscou informações relativas à Operação Barbarossa, por outro, a Grã-Bretanha espalha rumores sobre um ataque iminente da URSS contra a

21 Goebbels (1992), pp. 1594-5 e 1597.
22 Besymenski (2003), pp. 422-5.
23 Costello (1991), pp. 438-9.
24 Goebbels (1992), p. 1599.
25 Roberts (2006), p. 35.

Alemanha ou aos territórios ocupados por ela.[26] É evidente e compreensível o interesse em tornar o conflito germano-soviético inevitável, ou precipitá-lo o mais rápido possível.

Segue-se a misteriosa ida de Rudolf Hess à Inglaterra, obviamente animado pela esperança de reconstituir a unidade ocidental na luta contra o bolchevismo, dando assim concretude ao programa enunciado por *Mein Kampf* de aliança e solidariedade dos povos germânicos em sua missão civilizadora. Os agentes soviéticos no exterior informam ao Kremlin que o número dois do regime nazista tomou essa iniciativa em pleno acordo com o Führer.[27] Por outro lado, personalidades de certa importância no Terceiro Reich continuaram até o último momento sustentando a tese segundo a qual Hess tinha agido sob o encorajamento de Hitler. Em todo caso, Hitler sente a necessidade de enviar imediatamente o ministro das Relações Exteriores, Joachim von Ribbentrop, a Roma, a fim de dissipar qualquer suspeita em Mussolini de que a Alemanha estivesse tramando uma paz em separado com a Grã-Bretanha.[28] Obviamente, ainda mais forte é a preocupação com o efeito desse golpe de cena em Moscou, especialmente porque ele é alimentado pela atitude do governo britânico, que não explora a "captura do vice-Führer" para obter "o máximo proveito de propaganda, algo que Hitler e Goebbels esperavam com temor"; pelo contrário, o interrogatório de Hess — o embaixador Ivan Majskij relata de Londres a Stalin — foi confiado a um defensor da política de apaziguamento. Ao deixar a porta aberta para uma reaproximação anglo-soviética, os serviços secretos de Sua Majestade se empenham em difundir boatos, que agora se alastram, sobre uma iminente paz acordada entre Londres e Berlim; tudo isso para aumentar a pressão sobre a União Soviética (que talvez tivesse tentado impedir a temida fusão da aliança entre a Grã-Bretanha e o Terceiro Reich com um ataque preventivo do Exército Vermelho contra a Wehrmacht) e, em todo caso, para fortalecer a capacidade de negociação da Inglaterra.[29]

A cautela e a desconfiança do Kremlin são bem compreensíveis: o perigo de uma reedição de Munique em escala muito maior e muito mais trágica estava à espreita. Também se pode especular que a segunda campanha de

26 Wolkow (2003), p. 110.
27 Costello (1991), pp. 436-7.
28 Kershaw (2001), pp. 581 e 576-7.
29 Ibid., pp. 585-7; Ferro (2008), p. 115 (no que diz respeito a Majskij).

desinformação encenada pelo Terceiro Reich tenha desempenhado um papel. Pelo menos de acordo com a transcrição encontrada nos arquivos do Partido Comunista Soviético, mesmo assumindo o envolvimento de curto prazo da URSS no conflito, em seu discurso em 5 de maio de 1941 aos graduados da academia militar, Stalin sublinhou como historicamente a Alemanha havia alcançado a vitória quando estava engajada em uma única frente, ao passo que sofrera uma derrota quando fora forçada a lutar no leste e no oeste ao mesmo tempo.[30] Bem, Stalin pode ter subestimado a confiança com que Hitler estava pronto para atacar a URSS. Por outro lado, ele sabia muito bem que uma precipitada mobilização total teria dado ao Terceiro Reich o *casus belli* em uma bandeja de prata, como acontecera no início da Primeira Guerra Mundial. No entanto, há um ponto indiscutível: apesar de se mover com cautela em uma situação muito complicada, o líder soviético procede com uma "aceleração dos preparativos de guerra". De fato, "entre maio e junho foram convocados 800 mil reservistas, em meados de maio 28 divisões foram estacionadas nos distritos ocidentais da União Soviética", enquanto os trabalhos para fortificar as fronteiras e camuflar os objetivos militares mais sensíveis prosseguiam em ritmo acelerado. "Entre a noite de 21 e 22 de junho, essa vasta força é alertada e chamada a se preparar para um ataque surpresa dos alemães".[31]

Para desacreditar Stalin, Khrushchev insistiu nas espetaculares vitórias iniciais do exército invasor, mas ignorou as previsões então feitas no Ocidente. Após o desmembramento da Tchecoslováquia e a entrada da Wehrmacht em Praga, Lord Halifax continuou a rejeitar a ideia de uma reaproximação entre a Inglaterra e a URSS, recorrendo ao seguinte argumento: não fazia sentido aliar-se a um país cujas forças armadas eram "insignificantes". Na véspera da Operação Barbarossa ou no momento de seu desencadeamento, os serviços secretos britânicos calcularam que a União Soviética teria sido "liquidada entre oito e dez semanas"; por sua vez, os assessores do secretário de Estado norte-americano (Henry L. Stimson) tinham previsto, em 23 de junho, que tudo estaria concluído num prazo entre um e três meses.[32] Além disso, a penetração ultrarrápida

30 Besymenski (2003), pp. 380-6 (em particular p. 384).

31 Roberts (2006), pp. 66-9.

32 Ferro (2008), p. 64; Beneš (1954), p. 151; Gardner (1993), pp. 92-3.

da Wehrmacht — observou em nossos dias um ilustre estudioso da história militar — pode ser facilmente explicada pela geografia:

> A extensão do *front* — 1.800 milhas — e a escassez de obstáculos naturais ofereciam ao agressor imensas vantagens de infiltração e manobra. Apesar do tamanho colossal do Exército Vermelho, sua relação força-espaço era tão desfavorável que as unidades mecanizadas alemãs podiam facilmente encontrar oportunidades para manobras indiretas na retaguarda de seu adversário. Além disso, as cidades largamente espaçadas, para onde convergiam estradas e ferrovias, ofereciam ao agressor a possibilidade de mirar em alvos alternativos, colocando o inimigo na difícil situação de ter que adivinhar a direção real da viagem e ter que enfrentar um dilema após o outro.[33]

A rápida precipitação do fracasso da guerra-relâmpago

Não é o caso de deixar-se ofuscar pelas aparências: olhando mais de perto, o projeto do Terceiro Reich de renovar a leste a triunfante *Blitzkrieg* realizada no oeste começa a se mostrar problemático já nas primeiras semanas do gigantesco embate.[34] Nesse sentido, os diários de Joseph Goebbels são esclarecedores. Logo na véspera da agressão, destacou a irresistibilidade do iminente ataque alemão, "sem dúvida o mais poderoso que a história já conheceu"; ninguém poderá opor-se seriamente ao "alinhamento mais forte da história universal".[35] E prossegue: "Estamos perante uma marcha triunfal sem precedentes [...]. Considero a força militar dos russos muito baixa, ainda mais baixa do que o Führer considera. Se houve e se há uma ação segura, é esta".[36] Na realidade, não é menor a certeza de Hitler, que,

33 Liddel Hart (2007), pp. 414-5.
34 Ibid., pp. 417-8.
35 Goebbels (1992), pp. 1601 e 1609.
36 Ibid., pp. 1601-2.

poucos meses antes, com um diplomata búlgaro, assim se expressara sobre o exército soviético: é somente uma "piada".[37]

No entanto, desde o início, os invasores se depararam com surpresas desagradáveis, apesar de tudo: "Em 25 de junho, por ocasião do primeiro ataque a Moscou, a defesa antiaérea provou ser tão eficaz que, a partir desse momento, a Luftwaffe foi forçada a se limitar a incursões noturnas em número reduzido".[38] Dez dias de guerra bastam para que as certezas da véspera comecem a entrar em crise. Em 2 de julho, Goebbels anota em seu diário: "No geral, lutamos com muita força e perseverança. Não se pode de forma alguma falar em passeio. O regime vermelho mobilizou o povo".[39] Os acontecimentos são prementes e o ânimo dos líderes nazistas muda radicalmente, como sempre emerge do diário de Goebbels.

> 24 de julho:
> Não podemos ter dúvidas de que o regime bolchevique, que existe há quase um quarto de século, deixou marcas profundas nos povos da União Soviética [...]. Seria, portanto, correto expor muito claramente, perante o povo alemão, a dureza da luta que ocorre no Oriente. Precisamos dizer à nação que esta operação é muito difícil, mas que podemos superá-la e que a venceremos.[40]

> 1 de agosto:
> No quartel-general do Führer [...] também é admitido abertamente que se errou na avaliação da força militar soviética. Os bolcheviques revelam maior resistência do que supúnhamos; acima de tudo, os meios materiais à sua disposição são maiores do que pensávamos.[41]

37 Fest (1973), p. 878.
38 Ferro (2008), p. 189.
39 Goebbels (1992), p. 1619.
40 Ibid., pp. 1639-40.
41 Ibid., p. 1645.

> 19 de agosto:
> O Führer está intimamente muito irritado consigo mesmo por se deixar enganar a tal ponto sobre o potencial dos bolcheviques pelos relatórios [de agentes alemães enviados] da União Soviética. Acima de tudo, ter subestimado os tanques de guerra e as aeronaves inimigas criou muitos problemas para nós. Ele tem sofrido muito com isso. Trata-se de uma crise grave [...]. Se comparadas com esta, as campanhas realizadas até agora foram quase um passeio [...]. No que diz respeito ao Ocidente, o Führer não tem motivos para preocupação [...]. Com nosso rigor e nossa objetividade, nós, alemães, sempre superestimamos o inimigo, exceto neste caso dos bolcheviques.[42]

> 16 de setembro
> Calculamos o potencial dos bolcheviques de modo completamente equivocado.[43]

Os estudiosos de estratégia militar destacam as dificuldades imprevistas com as quais, na União Soviética, imediatamente se embate uma poderosa máquina de guerra, testada e cercada pelo mito da invencibilidade.[44] É "particularmente significativa para o êxito da guerra oriental a batalha de Smolensk, na segunda metade do mês de julho de 1941 (até então amplamente encoberta nas pesquisas pela sombra de outros acontecimentos)".[45] A observação é de um ilustre historiador alemão, que em seguida reporta estas eloquentes notas de diário escritas pelo general Fedor von Bock nos dias 20 e 26 de julho:

> O inimigo quer reconquistar Smolensk a qualquer custo e está constantemente trazendo novas forças. A hipótese expressa por aí de que o inimigo age sem um plano não é confirmada pelos fatos [...]. Nota-se que os russos completaram um novo desdobramento compacto de forças em torno da frente que eu construí. Em muitos pontos, eles tentam partir para o ataque. Surpreendente para um adversário que sofreu tais golpes; deve ter uma

42 Ibid., pp. 1656-8.
43 Ibid., pp. 1665-6.
44 Liddel Hart (2007), pp. 417-8.
45 Hillgruber (1991), p. 354.

> quantidade incrível de material, de fato nossas tropas ainda reclamam do forte efeito da artilharia inimiga.

Ainda mais inquieto e decididamente pessimista estava o almirante Wilhelm Canaris, diretor de contraespionagem, que, falando com o general von Bock em 17 de julho, comentou: "Eu vejo preto no preto".[46]

Não só o exército soviético não estava desorganizado, nem mesmo nos primeiros dias e semanas do ataque, mas também, ao contrário, opôs uma "resistência tenaz"; isso porque ele foi bem conduzido, como revela, entre outras coisas, a "determinação de Stalin de deter o avanço alemão em um ponto determinante para ele". Os resultados dessa astuta liderança militar também se fazem sentir no campo diplomático: é justamente por estar "impressionado com o confronto obstinado na área de Smolensk" que o Japão, ali presente com observadores, decide rejeitar o pedido do Terceiro Reich de participar da guerra contra a União Soviética.[47] A análise do historiador alemão ferozmente anticomunista é confirmada de modo cabal por estudiosos russos na esteira do *Relatório Khrushchev*, que se destacaram como expoentes da luta contra o "stalinismo": "Os planos da *Blitzkrieg* [alemã] já haviam naufragado em meados de julho".[48] Nesse contexto, não parece protocolar a homenagem que em 14 de agosto de 1941 Churchill e F. D. Roosevelt prestaram à "esplêndida defesa" do exército soviético.[49] Mesmo fora dos círculos diplomáticos e governamentais, na Grã-Bretanha — uma nota no diário de Beatrice Webb nos informa — cidadãos comuns e até de orientação conservadora mostraram "vivo interesse pela surpreendente coragem e iniciativa e pelo magnífico equipamento das forças do Exército Vermelho, o único Estado soberano capaz de se opor ao poder quase mítico da Alemanha de Hitler".[50] Na própria Alemanha, já três semanas após o início da Operação Barbarossa, começaram a circular rumores que lançavam dúvidas radicais sobre a versão triunfalista do regime. É o que transparece do diário de um eminente intelectual alemão de origem judaica: ao que parece, no Oriente "sofreríamos imensas perdas,

---

46 Reportado em Hillgruber (1991), pp. 358-60.

47 Ibid., pp. 372 e 369.

48 Medvedev, Medvedev (2006), p. 252.

49 Em Butler (2005), p. 41.

50 Webb (1982-85), vol. 4, p. 472 (anotação do diário de 8 de agosto de 1941).

teríamos subestimado a força de resistência dos russos", os quais "seriam inesgotáveis em homens e em material bélico".[51]

Há muito lida como uma expressão de inépcia político-militar ou mesmo de fé cega em relação ao Terceiro Reich, a conduta extremamente cautelosa de Stalin nas semanas anteriores ao início das hostilidades agora surge sob uma luz completamente diferente: "A concentração de forças da Wehrmacht ao longo da fronteira com a URSS, a violação do espaço aéreo soviético e inúmeras outras provocações tinham um único objetivo: atrair o grosso do Exército Vermelho o mais próximo possível da fronteira. Hitler pretendia vencer a guerra em uma única batalha gigantesca". Até os valentes generais se sentiram atiçados pela armadilha que, antecipando a irrupção do inimigo, pressionaram por uma transferência maciça de tropas para a fronteira: "Stalin rejeitou categoricamente o pedido, insistindo na necessidade de manter reservas em grande escala a uma distância considerável da linha da frente". Mais tarde, tendo examinado os planos estratégicos dos criadores da Operação Barbarossa, o marechal Georgy K. Zhukov reconheceu a sabedoria da linha adotada por Stalin: "O comando de Hitler contava com um deslocamento do grosso de nossas forças para a fronteira com a intenção de cercá-lo e destruí-lo".[52]

De fato, nos meses anteriores à invasão da URSS, o Führer observou em discussões com seus generais: "Problema do espaço russo. A amplidão infinita do espaço torna necessário concentrar-se em pontos decisivos".[53] Mais tarde, já com a Operação Barbarossa em curso, em uma conversa, ele esclarece ainda mais suas reflexões: "Na história mundial houve até agora apenas três batalhas de aniquilação: Canne, Sedan e Tannenberg. Podemos nos orgulhar do fato de que duas delas foram vitoriosamente combatidas pelos exércitos alemães". No entanto, para a Alemanha, revela-se cada vez mais traiçoeira a terceira e mais grandiosa batalha decisiva de cerco e aniquilação desejada por Hitler, o qual, uma semana depois, é forçado a reconhecer que a Operação Barbarossa havia subestimado seriamente o inimigo: "a preparação de guerra dos russos deve ser considerada

51 Klemperer (1996), vol. 1, p. 647 (anotação do diário de 13 de julho de 1941).
52 Medvedev, Medvedev (2006), pp. 259-60.
53 Hitler (1965), p. 1682 (declaração de 30 de março de 1941).

fantástica".[54] O desejo do jogador de justificar o fracasso de suas previsões é aqui transparente. Entretanto, o já mencionado estudioso inglês de estratégia militar chega a conclusões semelhantes: a razão da derrota dos franceses reside "não na quantidade ou qualidade de seu material, mas em sua doutrina militar"; além disso, o alinhamento muito avançado do exército age de modo catastrófico, o que "compromete seriamente sua flexibilidade estratégica"; erro semelhante também fora cometido pela Polônia, favorecido "pelo orgulho nacional e pela confiança excessiva dos militares". Nada disso ocorre na União Soviética.[55]

Mais importante que as batalhas pontuais é o quadro geral: "O sistema stalinista conseguiu mobilizar a imensa maioria da população e quase todos os recursos"; em particular, "extraordinária" foi a "capacidade dos soviéticos", numa situação tão difícil como a que surgiu nos primeiros meses da guerra, "de evacuar e depois reconverter um número considerável de indústrias para a produção militar". Sim, "instalado dois dias após a invasão alemã, o Comitê de Evacuação conseguiu deslocar 1,5 mil grandes empresas industriais para leste, ao final de operações titânicas de grande complexidade logística".[56] Aliás, esse processo de realocação já havia sido iniciado nas semanas ou meses anteriores à agressão de Hitler (*infra*, p. 340), confirmando ainda mais o caráter fantasioso da acusação lançada por Khrushchev.

Há mais. O grupo dirigente soviético havia de alguma forma intuído as modalidades da guerra, que já se desenhava no horizonte, no momento em que tinha promovido a industrialização do país: com uma mudança radical em relação à situação anterior, havia identificado "um ponto focal na Rússia asiática", longe e protegido de eventuais agressores.[57] Na verdade, Stalin insistira nisso repetida e vigorosamente. Em 31 de janeiro de 1931 foi decidida a "criação de uma nova e bem equipada indústria nos Urais, na Sibéria, no Cazaquistão". Alguns anos depois, o *Relatório* lido em 26 de janeiro de 1934 no XVII Congresso do PCUS enfatizou com satisfação o enorme desenvolvimento industrial que, nesse meio-tempo, ocorrera "na Ásia Central, no Cazaquistão, nas repúblicas dos buriates, dos tártaros e dos

54 Hitler (1989), p. 70 (conversa de 10 de setembro de 1941) e Hitler (1980), p. 61 (conversa de 17 a 18 de setembro de 1941).

55 Liddel Hart (2007), pp. 404, 400 e 392.

56 Werth (2007b), pp. 352 e 359-60.

57 Tucker (1990), pp. 97-8.

basquires, nos Urais, na Sibéria Oriental e Ocidental, no Extremo Oriente etc".[58] As implicações de tudo isso não escaparam a Trotsky, que, alguns anos depois, ao analisar os perigos da guerra e o grau de preparação da União Soviética e ao sublinhar os resultados alcançados pela "economia planificada" na esfera "militar", havia observado: "A industrialização das regiões remotas, principalmente da Sibéria, dá uma nova relevância às extensões das estepes e florestas".[59] Só agora os grandes espaços assumiram todo o seu valor e tornaram mais problemática do que nunca a guerra-relâmpago tradicionalmente cobiçada e preparada pelo Estado-Maior alemão.

É precisamente no terreno do aparato industrial construído em antecipação à guerra que o Terceiro Reich se vê obrigado a registrar as mais amargas surpresas, como expõem dois comentários de Hitler. Em 29 de novembro de 1941: "Como é possível que um povo tão primitivo possa atingir tais objetivos técnicos em tão pouco tempo?".[60] Em 26 de agosto de 1942: "No que diz respeito à Rússia, é incontestável que Stalin elevou o padrão de vida. O povo russo não passava fome [no momento em que a Operação Barbarossa foi desencadeada]. No geral, deve-se reconhecer: oficinas da importância da *Hermann Göring Werke* foram construídas onde até dois anos atrás só havia aldeias desconhecidas. Encontramos linhas ferroviárias que não estão indicadas nos mapas".[61]

Neste ponto, convém dar a palavra a três estudiosos muito diferentes (um russo e dois ocidentais). O primeiro, que na época dirigiu o Instituto Soviético de História Militar e que compartilhou o antistalinismo militante dos anos de Gorbachev, parece inspirado pela intenção de retomar e radicalizar a acusação do *Relatório Khrushchev*. No entanto, a partir dos próprios resultados de sua pesquisa, ele se sente compelido a formular um julgamento bem mais matizado: sem ser um especialista e muito menos o gênio retratado pela propaganda oficial, já nos anos anteriores à eclosão da guerra Stalin estava intensamente envolvido com os problemas da defesa, da indústria de defesa e da economia de guerra como um todo. Sim, em nível estritamente militar, apenas por tentativa e erro, mesmo graves, e "graças à dura prática da vida militar cotidiana", ele "aprende

58 Stalin (1971-73), vol. 13, pp. 67 e 274.
59 Trotsky (1988), p. 930 (= Trotsky, 1968, p. 207).
60 De uma entrevista com Fritz Todt, relatada em Irving (2001), p. 550.
61 Hitler (1980), p. 366 (conversa de 26 agosto de 1942).

gradualmente os princípios da estratégia".[62] Em outros campos, porém, seu pensamento é "mais desenvolvido que o de muitos líderes militares soviéticos". Graças também à longa prática de gestão do poder político, Stalin nunca perde de vista o papel central da economia de guerra e ajuda a fortalecer a resistência da URSS com a transferência das indústrias bélicas para o interior: "é quase impossível superestimar a importância deste empreendimento".[63] Por último, o líder soviético prestou grande atenção à dimensão político-moral da guerra. Neste campo, "teve ideias completamente fora do comum", como atesta a decisão "corajosa e clarividente", tomada apesar do ceticismo de seus colaboradores, de realizar o desfile militar para comemorar o aniversário da Revolução de Outubro em 7 de novembro de 1941, em uma Moscou sitiada e perseguida pelo inimigo nazista. Em resumo, pode-se dizer que, em comparação com os militares de carreira e o círculo de seus colaboradores em geral, "Stalin demonstra um pensamento mais universal".[64] E é um pensamento — pode-se acrescentar — que não negligencia nem mesmo os mais minuciosos aspectos da vida e do ânimo dos soldados: informado de que os cigarros tinham acabado, graças também à sua capacidade de lidar com "uma enorme carga de trabalho", "no momento crucial da batalha de Stalingrado, ele [Stalin] encontrou tempo para telefonar a Akaki Mgeladze, chefe do partido da Abecásia, a região produtora de tabaco: 'Nossos soldados não têm mais o que fumar! Sem cigarros, o *front* não aguenta!'".[65]

Dois autores ocidentais vão ainda mais longe em sua avaliação positiva de Stalin como líder militar. Se Khrushchev insiste nos esmagadores sucessos iniciais da Wehrmacht, o primeiro dos dois estudiosos a que me refiro aqui expressa esse mesmo fato com uma linguagem muito diferente: não é de surpreender que "a maior invasão da história militar" tenha alcançado sucessos iniciais; a recuperação do Exército Vermelho após os golpes devastadores da invasão alemã em junho de 1941 foi "a maior façanha de armas que o mundo já viu".[66] O segundo estudioso, professor de uma academia militar dos Estados Unidos, partindo do entendimento

62 Wolkogonov (1989), pp. 501 e 570.
63 Ibid., pp. 501, 641 e 570-2.
64 Ibid., pp. 597, 644 e 641.
65 Montefiore (2007), p. 503.
66 Roberts (2006), pp. 81 e 4.

do conflito pela perspectiva da longa duração e pela atenção dada tanto à retaguarda quanto à frente, assim como tanto à dimensão econômica e política quanto à mais propriamente militar da guerra, fala de Stalin como um "grande estrategista", aliás, como o "primeiro verdadeiro estrategista do século XX".[67] Trata-se de um julgamento abrangente, com o qual o outro estudioso ocidental mencionado aqui também concorda plenamente, cuja tese básica, resumida na quarta capa, identifica Stalin como o "maior líder militar do século XX". Claro, pode-se discutir ou nuançar esses julgamentos lisonjeiros; o fato é que, pelo menos no que diz respeito ao tema da guerra, a imagem desenhada por Khrushchev perdeu qualquer credibilidade.

Tanto mais que, no momento da prova, a URSS se mostra muito bem-preparada sob outro ponto de vista essencial. Devolvemos a palavra a Goebbels, que, ao explicar as dificuldades imprevistas da Operação Barbarossa, bem como o potencial bélico do inimigo, também se refere a outro fator:

> Era quase impossível para nossos espiões e homens de confiança penetrar na União Soviética. Eles não conseguiram obter uma imagem precisa. Os bolcheviques se comprometeram diretamente a nos enganar. Não tínhamos ideia de toda uma série de armas que eles possuem, especialmente armas pesadas. Precisamente o contrário do que aconteceu na França, onde praticamente sabíamos de tudo e de forma alguma poderíamos ser surpreendidos.[68]

A falta de "bom senso" e as "deportações em massa de populações inteiras"

Autor de um livro de 1913 que o consagrou como teórico da questão nacional, comissário do povo para as nacionalidades imediatamente após a Revolução de Outubro, pela forma como desempenhou sua tarefa, Stalin conquistou o reconhecimento de personalidades as mais diversas, como Arendt e De Gasperi. A reflexão sobre a questão nacional acabou resultando

67 Schneider (1994), pp. 278-9 e 232.

68 Goebbels (1992), p. 1656 (anotação do diário datada de 19 de agosto de 1941).

em um ensaio de linguística empenhado em demonstrar que, longe de desaparecer com a derrubada do poder político de uma determinada classe social, a língua de uma nação tem uma estabilidade considerável, assim como goza de uma estabilidade notável a nação que se expressa com ela. Esse ensaio também contribuiu para consolidar a fama de Stalin como teórico da questão nacional. Ainda em 1965, embora no quadro de uma atitude de dura condenação, Louis Althusser atribuirá a Stalin o mérito de ter se oposto à "loucura" que pretendia "a todo custo fazer da linguagem uma superestrutura" ideológica: graças a essas "simples páginas" — concluiria o filósofo francês —, "vimos que o uso do critério de classe não era ilimitado".[69] A profanação-liquidação em que Khrushchev se empenha em 1956 não poderia deixar de alvejar, por ridicularizá-lo, o teórico e político que dedicou atenção especial à questão nacional. Ao condenar "as deportações em massa de nacionalidades inteiras", o *Relatório Secreto* sentencia:

> Você não precisa ser marxista-leninista para entender isso: qualquer pessoa sensata se pergunta como é possível responsabilizar nações inteiras por atos hostis, sem abrir exceções para mulheres, crianças, idosos, comunistas e membros do *Komsomol* [a juventude comunista] a ponto de empreender uma repressão geral contra eles, lançando-os na miséria e no sofrimento sem outro motivo que não a vingança por algum delito perpetrado por indivíduos ou grupos isolados.[70]

Está fora de questão o horror dos castigos coletivos, das deportações impostas a populações suspeitas de pouca lealdade patriótica. Infelizmente, longe de remeter à loucura de um único indivíduo, esta prática caracteriza profundamente a Segunda Guerra dos Trinta Anos, a começar pela Rússia czarista que, apesar de aliada do Ocidente liberal, no decorrer do primeiro conflito mundial, empreende "uma onda de deportações" de "dimensões desconhecidas na Europa", envolvendo cerca de um milhão de pessoas (sobretudo de origem judaica ou germânica).[71] De dimensões menores, mas bem mais significativa, é a medida que, durante a Segunda

69 Althusser (1967), p. 6.
70 Khrushchev (1958), p. 187.
71 Graziosi (2007), pp. 70-1.

Guerra Mundial, atinge norte-americanos de origem japonesa, deportados e encarcerados em campos de concentração (*infra*, p. 186).

Para além da remoção de um potencial quinta-coluna, podem-se promover a expulsão e a deportação de populações inteiras em função da reconstrução ou redefinição da geografia política. Durante a primeira metade do século XX, essa prática se espalha globalmente, desde o Oriente Médio, para onde os judeus que acabavam de escapar da "solução final" forçaram a fuga de árabes e palestinos, até a Ásia, onde a divisão entre a Índia e o Paquistão da joia do Império Britânico vive a "maior migração forçada do século no mundo".[72] Para continuar no continente asiático, vale a pena dar uma olhada no que está acontecendo em uma região administrada por uma personalidade ou em nome de uma personalidade (o 14º Dalai Lama), mais tarde destinada a receber o Prêmio Nobel da Paz e a se tornar sinônimo de não violência: "Em julho de 1949, todos os residentes Han [por várias gerações] em Lhasa foram expulsos do Tibete", a fim tanto de "enfrentar a possibilidade de ação de um 'quinta-coluna'", quanto de tornar a composição demográfica mais homogênea.[73]

Estamos diante de uma prática não só implementada nas mais diversas áreas geográficas e político-culturais, mas também explicitamente teorizada naquelas décadas por personalidades de grande relevo. Em 1938, David Ben Gurion, o futuro pai da pátria de Israel, declarou: "Sou a favor da transferência forçada [dos árabes palestinos]; não vejo nada imoral nisso".[74] De fato, ele aderiria consistentemente a esse programa dez anos depois.

Mas aqui é necessário concentrar a atenção sobretudo na Europa centro-oriental, onde se verifica uma tragédia reprimida, mas que é uma das maiores do século XX. Ao todo, cerca de dezesseis milhões e meio de alemães foram forçados a abandonar suas casas, e dois milhões e meio não sobreviveram à gigantesca operação de limpeza ou contra-limpeza étnica.[75] Neste caso, é possível fazer uma comparação direta entre Stalin de um lado, e estadistas ocidentais e pró-ocidentais de outro. Que atitude estes últimos assumiram nessas circunstâncias? Sempre fazemos nossa análise

72 Torri (2000), p. 617.
73 Grunfeld (1996), p. 107.
74 Em Pappe (2008), p. 3.
75 MacDonogh (2007), p. 1.

a partir de uma historiografia que não pode ser suspeita de indulgência com relação à União Soviética:

> Foi o governo britânico que, a partir de 1942, pressionou por uma transferência geral da população dos territórios da Alemanha Oriental e dos Sudetos [...]. O subsecretário de Estado Sargent foi mais longe que todos ao solicitar uma investigação para saber "se a Grã-Bretanha não deveria encorajar a transferência para a Sibéria dos alemães da Prússia Oriental e da Alta Silésia".[76]

Discursando na Câmara dos Comuns em 15 de dezembro de 1944 sobre a planejada "transferência de vários milhões" de alemães, Churchill esclareceu seu pensamento assim:

> Tanto quanto pudemos compreender, a expulsão é o método mais satisfatório e duradouro. Não haverá mais uma mistura de populações para causar uma desordem sem fim, como aconteceu no caso da Alsácia-Lorena. Será feito um corte nítido. Não estou alarmado com a perspectiva de separação da população, assim como não estou alarmado com as transferências em larga escala, que nas condições modernas são muito mais viáveis do que jamais foram no passado.[77]

F. D. Roosevelt aderiu aos planos de deportação em junho de 1943; "quase ao mesmo tempo, Stalin cedeu às pressões de Beneš para expulsar os alemães dos Sudetos a fim de que a Tchecoslováquia fosse restaurada".[78] Um historiador dos EUA considera, pois, que se deva tirar a seguinte conclusão:

> No final, sobre a questão da expulsão dos alemães da Tchecoslováquia ou da Polônia no pós-guerra, praticamente não havia diferença entre políticos comunistas e não comunistas: nesta questão, Beneš e Gottwald, Mikolajczyk e Bierut, Stalin e Churchill falaram todos a mesma língua.[79]

---

76 Hillgruber (1991), p. 439.
77 Churchill (1974), p. 7069.
78 Hillgruber (1991), p. 439.
79 Naimark (2002), p. 134.

Essa conclusão por si só seria suficiente para refutar a contraposição radical implícita no *Relatório Khrushchev*. Na realidade, pelo menos no que diz respeito aos alemães da Europa oriental, não foi Stalin quem tomou a iniciativa das "deportações em massa de populações inteiras"; as responsabilidades não foram distribuídas igualmente. O próprio historiador norte-americano mencionado acima acaba por reconhecê-lo. Na Tchecoslováquia, Jan Masaryk expressou a convicção de que "o alemão não tem alma, e as palavras que ele entende melhor são as rajadas de metralhadora". Estava longe de tratar-se de uma atitude isolada: "Até a Igreja Católica Tcheca fez ouvir sua voz. Monsenhor Bohumil Stasek, cônego de Vysehrad, declarou: 'Depois de mil anos, chegou a hora de acertar as contas com os alemães, que são perversos e para os quais o mandamento 'Ama teu próximo não se aplica'".[80] Nessas circunstâncias, uma testemunha alemã recorda: "Muitas vezes tivemos que pedir ajuda aos russos contra os tchecos, o que eles fizeram com frequência, desde que não se tratasse de pôr as mãos em uma mulher".[81] Mas há mais. Damos novamente a palavra ao historiador norte-americano: "No antigo campo nazista de Theresienstadt, os internos alemães se perguntavam o que teria acontecido com eles se o comandante russo local não os tivesse protegido dos tchecos". Um relatório secreto soviético enviado ao Comitê Central do Partido Comunista em Moscou referia-se aos apelos feitos às tropas soviéticas para que ficassem: "'Se o Exército Vermelho partir, estamos acabados'. As manifestações de ódio aos alemães são flagrantes. [Os tchecos] não os matam, mas os atormentam como animais. Eles os consideram animais". De fato — observa ainda o historiador que acompanho aqui — "o tratamento horrível infligido pelos tchecos levou ao desespero. De acordo com estatísticas tchecas, 5.558 alemães cometeram suicídio apenas em 1946".[82] Algo semelhante ocorreu na Polônia. Para concluir:

> Os alemães acharam o pessoal militar russo muito mais humano e responsável do que os tchecos ou poloneses locais. Ocasionalmente, os russos alimentavam crianças alemãs famintas, enquanto os tchecos as deixavam morrer de fome. Às vezes as tropas soviéticas davam carona em seus

80 Ibid., p. 136.
81 Ibid., pp. 137-8.
82 Ibid., p. 139.

veículos aos alemães exaustos durante as longas marchas para deixar o país, enquanto os tchecos os observavam com desprezo ou indiferença.[83]

O historiador norte-americano fala de "tchecos" ou de "poloneses" em geral, mas não de modo totalmente correto, como revela seu próprio relato:

> A questão da expulsão dos alemães colocou os comunistas da República Tcheca — e de outros países — em sérias dificuldades. Durante a guerra, a posição comunista, articulada por Georgi Dimitrov em Moscou, era a de que os alemães responsáveis pela guerra e seus crimes deveriam ser julgados e condenados, ao passo que os trabalhadores e camponeses alemães deveriam ser reeducados.[84]

De fato, "na Tchecoslováquia foram os comunistas, uma vez conquistado o poder em fevereiro de 1948, que puseram fim à perseguição das poucas minorias étnicas que ainda restavam".[85]

Ao contrário da insinuação de Khrushchev, se comparado aos líderes burgueses da Europa ocidental e centro-oriental, pelo menos neste caso, é Stalin e o movimento comunista liderado por ele que se mostram menos desprovidos de "bom senso".

Isso não acontece por acaso. Se, no final da guerra, F. D. Roosevelt declara estar "mais do que nunca sedento de sangue contra os alemães" pelas atrocidades que eles cometeram, chegando mesmo a cogitar, por algum tempo, a ideia de "castração" de um povo tão perverso, bem diversa é a atitude de Stalin, que já, imediatamente após o início da Operação Barbarossa, declara que a resistência soviética pode contar com o apoio de "todos os melhores homens da Alemanha", e até com o apoio do "povo alemão escravizado pelos capatazes de Hitler".[86] Particularmente solene é a posição tomada em agosto de 1942:

> Seria ridículo identificar a camarilha de Hitler com o povo alemão, com o Estado alemão. As experiências da história mostram que os Hitler vêm

---

83 Ibid., p. 138.
84 Ibid., p. 133.
85 Deâk (2002), p. 48.
86 Stalin (1971-73), vol. 14, pp. 238 e 241.

> e vão, mas que o povo alemão, o Estado alemão, permanece. A força do Exército Vermelho reside no fato de que não nutre e não pode alimentar nenhum ódio racial contra outros povos e, portanto, nem mesmo contra o povo alemão; ele é educado no espírito de igualdade de todos os povos e de todas as raças, no espírito de respeito pelos direitos dos outros povos.[87]

Mesmo um anticomunista inflexível como Ernst Nolte é forçado a reconhecer que a atitude assumida pela União Soviética em relação ao povo alemão não tem aquelas conotações racistas às vezes encontradas nas potências ocidentais.[88] Para encerrar sobre esse ponto: se não distribuída de modo equânime, a falta de "bom senso" foi generalizada entre os líderes políticos do século XX.

Até agora tratei das deportações causadas pela guerra e pelo perigo de guerra ou pela reconstrução e redefinição da geografia política. Porém, pelo menos até a década de 1940, nos EUA, as deportações realizadas por centros urbanos que queriam ser, como advertem as placas colocadas em suas entradas, para *whites only* continuaram acontecendo. Além dos afro-americanos, também são afetados os mexicanos, reclassificados como não brancos de acordo com um censo de 1930: são assim deportados para o México "milhares de trabalhadores e suas famílias, incluindo muitos norte-americanos de origem mexicana". As medidas de expulsão e deportação de cidades que querem ser "só para brancos" ou "só para caucasianos" não poupam nem os judeus.[89]

O *Relatório Secreto* retrata Stalin como um tirano tão desprovido de senso de realidade que, ao tomar medidas coletivas contra certos grupos étnicos, não hesita em atingir os inocentes e seus próprios camaradas de partido. Pensemos na história dos exilados alemães (em sua maioria inimigos declarados de Hitler) que, logo após a eclosão da guerra com a Alemanha, foram encarcerados em bloco em campos de concentração franceses (*infra*, p. 187). Mas é inútil buscar um esforço de análise comparada no discurso de Khrushchev.

---

87 Ibid., pp. 266-7.

88 Cf. Losurdo (1996), cap. IV, § 2 (por Nolte) e cap. IV, § 5 (para F. D. Roosevelt e a "castração" dos alemães).

89 Loewen (2006), pp. 42 e 125-7.

Ele visa a inverter em seu contrário dois motivos até então difundidos não só na propaganda oficial, mas também no jornalismo e na opinião pública internacional: o grande líder que havia contribuído decisivamente para a aniquilação do Terceiro Reich torna-se, assim, um diletante desastroso que mal consegue se orientar no mapa-múndi; justamente neste campo, o eminente teórico da questão nacional acaba por carecer do mais elementar "bom senso". As homenagens prestadas a Stalin até aquele momento são todas explicadas por um culto à personalidade que agora se trata de liquidar de uma vez por todas.

O culto à personalidade na Rússia de Kerensky a Stalin

A denúncia do culto à personalidade é o ponto forte de Khrushchev. No entanto, uma pergunta que deveria ser obrigatória está ausente de seu *Relatório*: estamos lidando com a vaidade e o narcisismo de um único líder político ou com um fenômeno mais geral, que tem raízes em um contexto objetivo específico? Pode ser interessante ler as observações feitas por Bukharin enquanto, nos EUA, fervem os preparativos para a intervenção na Primeira Guerra Mundial:

> Para que a máquina estatal esteja mais bem preparada para as tarefas militares, ela se transforma em uma organização militar, que é comandada por um ditador. Esse ditador é o presidente Wilson. Ele recebeu poderes excepcionais. Tem um poder quase absoluto. E tenta-se instaurar no povo sentimentos servis pelo "grande presidente", como na antiga Bizâncio, onde endeusaram o próprio monarca.[90]

Em situações de crise aguda, a personalização do poder tende a se entrelaçar com a transfiguração do líder que o detém. Quando o vitorioso presidente norte-americano pisa na França em dezembro de 1918, ele é

90 Bukharin (1984), p. 73.

aclamado como o Salvador, e seus catorze pontos são comparados ao "Sermão da Montanha".[91]

Os processos políticos ocorridos nos EUA no período que vai da Grande Crise à Segunda Guerra Mundial nos dão acima de tudo o que pensar. Tendo ascendido à presidência com a promessa de remediar uma situação econômica e social muito preocupante, F. D. Roosevelt foi eleito por quatro mandatos consecutivos (embora tenha morrido no início do quarto): um caso único na história de seu país. Além da longa duração desta presidência, as expectativas e esperanças que a cercam também são fora do comum. Personagens prestigiosas invocam um "ditador nacional" e convidam o novo presidente a mostrar toda a sua energia: "Torne-se um tirano, um déspota, um autêntico monarca. Durante a Grande Guerra, pegamos nossa Constituição e a deixamos de lado até que a guerra acabasse". A permanência do estado de exceção exige que não nos deixemos tomar por excessivos escrúpulos legalistas. O novo líder da nação é chamado a ser e já é definido como "uma pessoa providencial", ou, nas palavras do cardeal O'Connell, "um homem enviado por Deus". As pessoas na rua escrevem e se dirigem a F. D. Roosevelt em termos ainda mais enfáticos, declarando que olham para ele "quase como se olha para Deus" e esperam um dia poder colocá-lo "no Panteão dos imortais, ao lado de Jesus".[92] Convidado a se comportar como um ditador e um homem da Providência, o novo presidente faz uso muito extensivo de seu poder executivo já no primeiro dia ou nas primeiras horas de mandato. Em sua mensagem inaugural, ele exige "um amplo poder do Executivo [...] tão grande quanto me seria concedido se fôssemos realmente invadidos por um inimigo estrangeiro".[93] Com a eclosão das hostilidades na Europa, mesmo antes de Pearl Harbor, F. D. Roosevelt começa por iniciativa própria a arrastar o país para a guerra ao lado da Inglaterra; mais tarde, com uma ordem executiva emitida soberanamente, impôs a prisão em campos de concentração de todos os cidadãos norte-americanos de origem japonesa, incluindo mulheres e crianças. É uma presidência que, se por um lado goza de ampla devoção popular, por outro acende o alarme do perigo "totalitário" (*totalitarian*).

91 Em Hoopes, Brinkley (1997), p. 2.

92 Schlesinger Jr. (1959-65), vol. 2, pp. 3-15.

93 Nevins, Commager (1960), p. 455.

Isso aconteceu por ocasião da Grande Crise (quando a acusação foi pronunciada em particular pelo ex-presidente Hoover[94]) e sobretudo nos meses que antecederam a intervenção na Segunda Guerra Mundial (quando o senador Burton K. Wheeler acusa F. D. Roosevelt de exercer "poder ditatorial" e de promover uma "forma totalitária de governo").[95] Pelo menos do ponto de vista dos opositores do presidente, o totalitarismo e o culto à personalidade haviam atravessado o Atlântico.

Claro, o fenômeno que estamos investigando aqui (a personalização do poder e o culto à personalidade associado a ele) ocorre apenas de forma embrionária na república norte-americana, protegida pelo oceano de qualquer tentativa de invasão e respaldada por uma estrutura bem diferente da tradição política da Rússia. É neste país que devemos focar nossa atenção. Vejamos o que acontece entre fevereiro e outubro de 1917 e, portanto, antes de os bolcheviques chegarem ao poder. Impulsionado tanto por sua vaidade pessoal quanto pelo desejo de estabilizar a situação, eis Kerensky "espelhando-se em Napoleão": passa em revista as tropas "com a mão enfiada na abertura frontal do casaco"; por outro lado, "um busto do imperador francês destacava-se na escrivaninha de seu escritório no Ministério da Guerra". Os resultados dessa encenação não demoraram a aparecer: floresceram poemas que homenageavam Kerensky como o novo Napoleão.[96] Na véspera da ofensiva de verão, que deveria reerguer definitivamente as sortes do exército russo, o culto dedicado a Kerensky (em certos círculos restritos) atinge o ápice:

> Em todos os lugares onde ele foi aclamado como um herói, os soldados o carregaram nos ombros, o cobriram de flores, se jogaram a seus pés. Uma enfermeira inglesa pôde assistir atônita à cena de homens da tropa "que beijavam a ele, a seu carro e ao chão em que ele pisava. Muitos caíram de joelhos e oraram, outros choraram".[97]

Como se vê, não tem muito sentido explicar, como faz Khrushchev, com o narcisismo de Stalin a forma exaltada que, a partir de certo momento,

94 Johnson (1991), p. 256.
95 Em Hofstadter (1982), vol. 3, pp. 392-3.
96 Figes (2000), pp. 499-500.
97 Ibid., pp. 503-4.

assume o culto à personalidade na URSS. Na realidade, quando Kaganovich propõe substituir o termo marxismo-leninismo por um marxismo-leninismo-stalinismo, o líder a quem a homenagem é dirigida responde: "Você quer comparar um pau com a torre dos bombeiros".[98] Pelo menos se comparado a Kerensky, Stalin parece mais modesto. Isso é confirmado pela atitude que ele assumiu ao concluir uma guerra realmente vencida, e não apenas na imaginação, como no caso do líder menchevique que adorava poses napoleônicas. Imediatamente após o desfile da vitória, um grupo de marechais entra em contato com Molotov e Malenkov: eles se propõem a solenizar o triunfo alcançado durante a Grande Guerra Patriótica, conferindo o título de "herói da União Soviética" a Stalin, que, no entanto, recusa a oferta.[99] O líder soviético também evita a ênfase retórica por ocasião da Conferência de Potsdam: "Tanto Churchill quanto Truman reservaram um tempo para caminhar entre as ruínas de Berlim; Stalin não demonstrou tal interesse. Sem fazer alarde, ele chegou de trem e até mesmo ordenou a Zhukov que cancelasse qualquer plano de recebê-lo com uma banda militar e uma guarda de honra".[100] Quatro anos depois, às vésperas de seu septuagésimo aniversário, ocorre um diálogo no Kremlin que vale a pena citar:

> Ele [Stalin] convoca Malenkov e o repreende: "Não pense em me homenagear novamente com uma 'estrela'". "Mas, camarada Stalin, que aniversário! O povo não entenderia". "Não apele ao povo. Não tenho intenção de discutir. Nenhuma iniciativa pessoal! Você me entende?" "Obviamente, camarada Stalin, mas os membros do Politburo são da opinião..." Stalin interrompe Malenkov e declara que o assunto está encerrado.

Naturalmente, pode-se dizer que, nas circunstâncias aqui reportadas, o cálculo político desempenha um papel mais ou menos importante (e seria muito estranho se não o desempenhasse); é fato, porém, que a vaidade pessoal não prevalece. Tanto menos ela prevalece quando decisões vitais de caráter político ou militar estão em jogo: durante a Segunda Guerra

98 Em Marcucci (1997), pp. 156-7.
99 Wolkogonov (1989), p. 707.
100 Roberts (2006), p. 272.

Mundial, Stalin convida seus interlocutores a se expressarem sem meias--palavras, argumenta animadamente e até briga com Molotov, que, por sua vez, abstendo-se de questionar a hierarquia, continua apegado à própria opinião. A julgar pelo depoimento do almirante Nikolai Kusnezov, o líder supremo "apreciava especialmente aqueles camaradas que pensavam com a própria cabeça e não hesitavam em expressar seu ponto de vista sem fazer concessões".[101]

Interessado em apontar Stalin como o único responsável por todas as catástrofes que se abateram sobre a URSS, longe de liquidar o culto à personalidade, Khrushchev limitou-se a transformá-lo em um culto negativo. Permanece firme a visão segundo a qual *in principio erat Stalin*! Mesmo ao tratar do capítulo mais trágico da história da União Soviética (o terror e os expurgos sangrentos, que assolam em larga escala e não poupam em nada o Partido Comunista), o *Relatório Secreto* não tem dúvidas: tal horror deve ser posto quase exclusivamente na conta de um indivíduo sedento de poder e possuído por uma paranoia sanguinária.

101 Wolkogonov (1989), p. 707 (para a conversa entre Stalin e Malenkov); Montefiore (2007), pp. 498-9.

2

OS BOLCHEVIQUES: DO CONFLITO IDEOLÓGICO À GUERRA CIVIL

A Revolução Russa e a dialética de Saturno

Aos olhos de Khrushchev, Stalin cometeu crimes hediondos em detrimento de seus próprios camaradas de partido, desviando-se do caminho principal do leninismo e do bolchevismo e traindo os ideais do socialismo. No entanto, é precisamente a acusação mútua de traição que, ao estimular ou aprofundar as lacerações internas dentro do mesmo grupo dirigente de outubro de 1917, contribui de forma muito significativa para as tragédias que se abateram sobre a Rússia soviética. Como explicar essas lacerações? A dialética segundo a qual "Saturno devora seus filhos" certamente não é uma característica exclusiva da Revolução de Outubro: a unidade coletiva que norteia a derrubada de um antigo regime agora odiado pela maioria da população inevitavelmente racha ou se desmancha no momento em que se trata de decidir sobre a nova ordem a ser construída. Isso também se aplica às revoluções inglesa e norte-americana.[1] Mas essa dialética se manifestou na Rússia de forma particularmente violenta e prolongada. Já na época do colapso da autocracia czarista, enquanto as tentativas de restaurar a monarquia ou estabelecer uma ditadura militar se sucedem, nas fileiras daqueles que também estão decididos a evitar o retorno ao passado impõem-se, de qualquer modo, escolhas muito dolorosas: empenhar-se sobretudo na paz ou, como acreditam os mencheviques, continuar ou mesmo intensificar os esforços de guerra, agora também agitando na Rússia palavras de ordem do intervencionismo democrático?

O despontar da vitória bolchevique certamente não põe fim à dialética de Saturno, que, ao contrário, se torna ainda mais áspera. O apelo de Lenin à conquista do poder e à transformação da revolução em sentido socialista se apresenta como um desvio intolerável do marxismo aos olhos de Kamenev e Zinoviev, que informam os mencheviques da situação e, desse modo, atraem a acusação de traição lançada pela maioria do partido bolchevique. É um debate que vai além das fronteiras da Rússia e do próprio movimento comunista: entre os que denunciam o escândalo pelo abandono da ortodoxia, a qual excluía a revolução socialista em um país que ainda não havia passado pelo pleno desenvolvimento capitalista, estão em primeiro lugar os social-democratas, ao passo que os que condenam

1 Cf. Losurdo (1996), cap. 11.

a aceitação da palavra de ordem leninista "terra aos camponeses" como um abandono da via para o socialismo são, de um lado, Karl Kautsky e, de outro, Rosa Luxemburgo.

Mas aqui é conveniente concentrar-se nas lacerações que ocorrem dentro do próprio grupo dirigente bolchevique. A força particularmente devastadora que a dialética de Saturno assume se explica pelas expectativas messiânicas suscitadas por um entrelaçamento de circunstâncias objetivas e subjetivas. A consternação e a indignação universalmente difundidas pela imensa carnificina e pela configuração dos vários Estados em guerra como Molochs sanguinários, decididos a sacrificar milhões e milhões de homens no altar da defesa da pátria e, na verdade, da disputa imperialista pela hegemonia mundial, tudo isso estimula a reivindicação de um ordenamento político-social totalmente novo: tratava-se de cortar, de uma vez por todas, as raízes dos horrores que se manifestavam desde 1914. Alimentada ainda por uma visão de mundo (que com Marx e Engels parece invocar um futuro desprovido de fronteiras nacionais, relações mercantis, aparatos estatais e mesmo coerção legal) e por uma relação quase religiosa com os textos dos pais fundadores do movimento comunista, essa reivindicação não pode deixar de desapontar à medida que a construção da nova ordem começa a tomar forma.

É por isso que, bem antes de irromper no centro da reflexão e da denúncia de Trotsky, depois de já ter despontado na época do colapso da autocracia czarista, o motivo da revolução traída acompanha como uma sombra a história iniciada com a ascensão ao poder dos bolcheviques. A acusação ou a suspeita de traição emerge a cada passo dessa revolução particularmente tortuosa, impulsionada pela necessidade de ação governamental para repensar certos motivos utópicos originais e, em todo caso, forçada a medir suas grandes ambições com a extrema dificuldade da situação objetiva.

O primeiro desafio enfrentado pelo novo poder é aquele representado pela desintegração do aparelho de Estado e pela difusão de um irredutível anarquismo entre os camponeses (ainda aquém de qualquer visão estatal e nacional, portanto, substancialmente indiferente ao drama das cidades, desprovidas de fontes de alimento), inclinados a fundar efêmeras "repúblicas camponesas", e entre os desertores, agora refratários a qualquer disciplina (como confirmado pelo surgimento em um distrito da Bessarábia de uma "república livre de desertores"). Nesse contexto, quem é tachado de traidor é Trotsky, que, como dirigente do exército, está à frente dos trabalhos de restabelecimento do poder central e do próprio princípio do Estado: eis então os camponeses, os desertores (dentre eles, não faltam desertores do Exército Vermelho) e os refugiados a invocarem o "verdadeiro" socialismo e os "verdadeiros" sovietes, lamentando Lenin (que havia endossado ou estimulado a revolta contra o poder do Estado) e identificando Trotsky e os judeus como usurpadores vulgares.[2] A revolta dos marinheiros de Kronstadt em 1921 pode ser colocada nesse mesmo contexto. Ao que parece, naquela ocasião Stalin teria se pronunciado em favor de uma abordagem mais cautelosa, ou seja, esperar que acabassem os alimentos e o combustível disponíveis na fortaleza sitiada; mas, numa situação em que ainda não haviam desaparecido os perigos da guerra civil interna e da intervenção das potências contrarrevolucionárias, acaba por se impor a solução militar imediata. E, mais uma vez, quem é rotulado de "apoiador da organização burocrática", "ditador" e, em última análise, traidor do espírito original da revolução é o "gendarme", ou melhor, o "marechal" Trotsky. Este, por sua vez, suspeita que Zinoviev tenha alimentado durante semanas a agitação que resultou na revolta, brandindo demagogicamente a bandeira da "democracia operária [...] como em 1917".[3] Como se vê, a primeira acusação de "traição" marca a passagem, inevitável em toda revolução, mas ainda mais dolorosa em uma revolução que eclodiu também em nome da extinção do Estado, desde o momento da derrubada do antigo regime até a construção da nova ordem, da fase "libertária" à fase "autoritária". E, claro, a acusação ou a suspeita de "traição" se confunde com as ambições pessoais e com a luta pelo poder.

O Ministério do Exterior "fecha as portas"

A retórica patrioteira e os ódios nacionais, em parte "espontâneos" e em parte habilmente atiçados, desembocaram no matadouro da guerra imperialista. Há uma necessidade imperiosa de acabar com tudo isso. Assim,

2 Werth (2007b), pp. 49-50.
3 Broué (1991), pp. 274-7.

em certos setores do movimento comunista emerge um internacionalismo completamente irrealista, que tende a descartar as diferentes identidades nacionais como simples preconceito. Vejamos em que termos, no início de 1918, Bukharin se opôs não apenas à paz de Brest-Litovsk, mas também a qualquer tentativa por parte do poder soviético de explorar as contradições entre as várias potências imperialistas, entrando em acordos ou compromissos com uma ou com outra: "O que estamos fazendo? Estamos transformando o partido em um monte de esterco [...]. Sempre dissemos [...] que, mais cedo ou mais tarde, a Revolução Russa colidiria com o capital internacional. Essa hora chegou".[4]

São bem compreensíveis a decepção e o desconforto de Bukharin, que, cerca de dois anos antes, se opusera à guerra fatal entre as grandes potências capitalistas e entre os vários Estados nacionais, bem como à virada chauvinista da social-democracia, apelando à perspectiva de uma humanidade e uma fraternidade finalmente unificadas, graças à "revolução social do proletariado internacional que derruba, à mão armada, a ditadura do capital financeiro". Derrotados, juntamente com a burguesia, "os epígonos socialistas do marxismo" (responsáveis por terem esquecido ou removido "a conhecida tese do *Manifesto Comunista*", segundo a qual "os proletários não têm pátria"), "se exaure a última forma de limitação da concepção de mundo do proletariado: sua limitação nacional-estatal, seu patriotismo"; "emerge a palavra de ordem da abolição das fronteiras estatais e da confluência dos povos numa só família socialista".[5]

Não se trata da ilusão de uma única personalidade. Ao assumir o cargo de Comissário do Povo para as Relações Exteriores, Trotsky havia declarado: "Farei algumas proclamações revolucionárias aos povos do mundo, depois fecharei as portas".[6] Com o advento, sobre as ruínas da guerra e na onda da revolução mundial, de uma humanidade unificada em nível planetário, o primeiro ministério a se mostrar supérfluo teria sido aquele que normalmente preside as relações entre os diversos Estados. Diante dessa perspectiva tão entusiasta, como pareciam medíocres e degenerados a realidade e o projeto político evidenciados pelas negociações de Brest-Litovsk,

4 Em Cohen (1975), p. 75.
5 Bukharin (1966), pp. 329-31.
6 Em Carr (1964), p. 814.

com o ressurgimento das fronteiras estatais e nacionais e com o reaparecimento até da razão de Estado! Não poucos militantes e líderes bolcheviques experimentaram esse evento como o colapso, ou melhor, como o abandono covarde e traiçoeiro de todo um mundo de ideais e esperanças. Claro que não foi fácil resistir ao exército de Guilherme II, mas ceder ao imperialismo alemão apenas porque os camponeses russos, mesquinhamente apegados a seus interesses e alheios às tarefas impostas pela revolução mundial, recusaram-se a continuar lutando: essa não era a evidência da incipiente "degeneração camponesa de nosso partido e do poder soviético"? No final de 1924, Bukharin descreveu o clima espiritual na época de Brest-Litovsk que predominava entre os comunistas de esquerda "puro sangue" e em "círculos que simpatizavam com o camarada Trotsky": distingue-se em particular o "camarada Riazanov, que na época deixou o partido porque, em sua opinião, havíamos perdido a pureza revolucionária".[7] Além de personalidades individuais, importantes organizações partidárias declararam: "No interesse da revolução internacional, consideramos apropriado admitir a possibilidade de perder o poder soviético, que agora está se tornando puramente formal". Trata-se de palavras "estranhas e monstruosas" aos olhos de Lenin,[8] que, no entanto, em determinado momento, investido pela acusação ou suspeita de traição, parece ser alvo de um projeto, ainda que vago, de golpe de Estado acalentado por Bukharin.[9]

Todo o prestígio e a energia do grande líder revolucionário são necessários para superar a crise. No entanto, ela reaparece depois de alguns anos. Com a derrota das potências centrais e a eclosão da revolução na Alemanha, Áustria, Hungria e seu vigoroso surgimento em outros países, a perspectiva que os bolcheviques foram forçados a abandonar em Brest-Litovsk parece recuperar nova vitalidade e relevância. No encerramento do Primeiro Congresso da Internacional Comunista, foi o próprio Lenin quem declarou: "A vitória da revolução proletária em todo o mundo está assegurada. A fundação da República Soviética internacional está se aproximando".[10] Portanto, à iminente derrota do capitalismo em escala mundial teria seguido rapidamente a fusão das várias nações e vários Estados em

7 Bukharin (1970), pp. 104-5 e nota.
8 Lenin (1955-70), vol. 27, pp. 54 ss.
9 Conquest (2000), p. 35.
10 Lenin (1955-70), vol. 28, p. 479.

um único corpo: novamente, o Ministério das Relações Exteriores estava a ponto de se tornar supérfluo!

O declínio dessas ilusões coincide com a doença e morte de Lenin. A nova crise é ainda mais grave pelo fato de que agora, dentro do partido bolchevique, não há autoridade indiscutível. Do ponto de vista de Trotsky e de seus aliados e seguidores, não pode haver mais dúvidas: não foram o realismo político e o cálculo das relações de força que ditaram a escolha do "socialismo em um só país", com o consequente abandono da ideia de revolução mundial, mas apenas a rotina burocrática, o oportunismo, a covardia, em última análise, a traição.

O primeiro a ser atingido por essa acusação é Stalin, que, desde o início, reservara uma atenção toda particular à questão nacional com o objetivo fazer a revolução triunfar, não só em nível internacional, mas sobretudo na Rússia. Entre fevereiro e outubro de 1917, ele apresentara a revolução proletária que esperava como a ferramenta necessária não apenas para construir uma nova ordem social, mas também para reafirmar a independência nacional da Rússia. A Entente buscou por todos os meios forçá-la a continuar lutando e a sangrar, visando de alguma forma transformá-la "em uma colônia da Inglaterra, da América e da França"; pior, comportou-se na Rússia como se estivesse "na África central", e desta operação foram cúmplices os mencheviques que, com sua insistência na continuação da guerra, curvaram-se ao *Diktat* imperialista, inclinando-se consequentemente à "venda gradual da Rússia aos capitalistas estrangeiros", levando o país "à ruína" e, assim, revelando-se os verdadeiros "traidores" da nação. Em contraste com tudo isso, a revolução a ser realizada não apenas promoveria a emancipação das classes populares, mas também abriria "o caminho para a libertação efetiva da Rússia".[11] [12]

Depois de outubro, a contrarrevolução desencadeada pelos Brancos, apoiados ou incitados pela Entente, também foi derrotada graças ao apelo dos bolcheviques ao povo russo para repelir a invasão das potências imperialistas determinadas a reduzir a Rússia a uma colônia ou semicolônia do Ocidente: foi nesta base que até oficiais de extração aristocrática deram

11 Stalin (1971-73), vol. 3, pp. 127 e 269 (= Stalin, 1952-56, vol. 3, pp. 161 e 324).
12 Ibid., pp. 197 e 175-8 (= Stalin, 1952-56, vol. 3, pp. 243 e 220-2).

seu apoio ao novo poder soviético.[13] E, ao promover essa linha, Stalin mais uma vez se destacou, descrevendo as apostas durante a guerra civil do seguinte modo:

> A vitória de Denikin e Kolchak significa a perda da independência da Rússia, a transformação da Rússia em uma copiosa fonte de dinheiro para os capitalistas anglo-franceses. Nesse sentido, o governo Denikin-Kolchak é o governo mais antipopular e antinacional. Nesse sentido, o governo soviético é o único governo popular e nacional no melhor sentido do termo, porque traz consigo não apenas a libertação dos trabalhadores do capital, mas também a libertação de toda a Rússia do jugo do imperialismo mundial, a transformação da Rússia de colônia em país livre e independente.[14]

Nos campos de batalha, enfrentaram-se de um lado "oficiais russos que se venderam, esqueceram a Rússia, perderam sua honra e estão prontos a passar para o lado dos inimigos da Rússia operária e camponesa"; de outro, os soldados do Exército Vermelho, conscientes de que "lutavam não pelos lucros dos capitalistas, mas pela libertação da Rússia".[15] Nessa perspectiva, luta social e luta nacional se entrelaçavam: substituindo a "unidade imperialista" (ou seja, unidade baseada na opressão nacional) por uma unidade fundada no reconhecimento do princípio da igualdade entre as nações, a nova Rússia soviética poria fim à "desintegração" e à "ruína total" que ocorria na velha Rússia czarista; por outro lado, ao aumentar sua "força" e seu "peso", a nova Rússia soviética teria contribuído para o enfraquecimento do imperialismo e para a causa da vitória da revolução no mundo.[16]

E, no entanto, quando a guerra civil e a luta contra a intervenção estrangeira eram favoráveis, espalhou-se a ilusão de uma rápida expansão do socialismo na esteira dos sucessos do Exército Vermelho e de seu avanço muito além das fronteiras sancionadas em Brest-Litovsk. Graças a seu realismo e, sobretudo, à sua aguda sensibilidade para a questão

13 Figes (2000), pp. 840 e 837.

14 Stalin (1971-73), vol. 4, p. 252 (= Stalin, 1952-56, vol. 4, pp. 312-3).

15 Ibid., pp. 236 e 131 (= Stalin, 1952-56, vol. 4, pp. 293 e 166).

16 Ibid., pp. 202, 199, 208 (= Stalin, 1952-56, vol. 4, pp. 252, 248 e 258).

nacional, Stalin havia apontado os perigos decorrentes de penetrar a fundo no território polonês:

> As linhas de retaguarda dos exércitos poloneses [...] diferem consideravelmente das de Kolchak e Denikin, para grande vantagem da Polônia. Ao contrário das linhas de retaguarda de Kolchak e Denikin, as das tropas polonesas são homogêneas e de uma única nacionalidade. Daí sua unidade e estabilidade. No espírito de suas populações, predomina o "sentimento patriótico", que se transmite à linha de frente polonesa por muitos canais, gerando unidade nacional e firmeza nos departamentos.

Ou seja, uma coisa era derrotar um inimigo na Rússia que também estava desacreditado em nível nacional, outra era enfrentar um inimigo motivado nacionalmente fora da Rússia. E, portanto, os apelos a uma "marcha sobre Varsóvia" e as declarações segundo as quais "só se pode aceitar uma 'Varsóvia vermelha, soviética'" foram a expressão de uma "jactância" vazia e de um "sentimento de autossuficiência prejudicial à causa".[17]

O fracasso da tentativa de exportar o socialismo para a Polônia, que fazia parte do Império czarista até algum tempo antes, fortalecera as convicções de Stalin. Em 1929, ele pediu o reconhecimento de um fenômeno amplamente insuspeitado pelos protagonistas da Revolução de Outubro: "a estabilidade das nações é colossal".[18] Elas pareciam destinadas a ser uma força vital por um longo período histórico. E, portanto, por um longo período histórico a humanidade continuaria dividida não apenas entre diferentes sistemas sociais, mas também entre diferentes identidades linguísticas, culturais e nacionais.

Que relação viria a ser estabelecida entre eles? Em 1936, em uma entrevista com Roy Howard (do *Times*), Stalin declara:

> A exportação da revolução é uma farsa. Cada país pode fazer sua própria revolução se quiser, mas se não quiser, não haverá revolução. Então nosso país quis fazer uma revolução e fez.

---

17 Ibid., vol. 4, pp. 286 e 293 (= Stalin, 1952-56, vol. 4, pp. 354 e 363).

18 Ibid., vol. 11, p. 308.

Escandalizado, Trotsky comenta:

> Citamos textualmente. Da teoria do socialismo em um só país, é natural a passagem à teoria da revolução em um só país [...]. Proclamamos infinitas vezes que o proletariado do país revolucionário vitorioso está moralmente obrigado a ajudar as classes oprimidas e revoltadas, e isso não apenas no terreno das ideias, mas também, se possível, com as armas na mão. Não nos limitamos a declará-lo. Apoiamos os trabalhadores da Finlândia, Estônia e Geórgia com a força das armas. Tentamos, fazendo os exércitos vermelhos marcharem sobre Varsóvia, oferecer ao proletariado polonês a oportunidade de uma insurreição.[19]

Com a perspectiva do rápido advento do declínio da "República Soviética Internacional", com o desaparecimento definitivo das fronteiras estatais e nacionais, Stalin fez valer o princípio da coexistência pacífica entre países com regimes sociais diferentes. Mas esse novo princípio, que também era resultado de um aprendizado e que de qualquer forma garantia à União Soviética o direito à independência em um mundo hostil e militarmente mais forte, se mostrava aos olhos de Trotsky como uma traição ao internacionalismo proletário, como a deserção da obrigação de solidariedade mútua e ativa entre os oprimidos e explorados em todo o mundo. Incansável é sua polêmica contra a transformação da política original "internacionalista-revolucionária" em política "nacional-conservadora", contra "a política externa nacional-pacifista do governo soviético", contra o esquecimento do princípio segundo o qual o Estado único dos trabalhadores deve atuar apenas como uma "cabeça de ponte da revolução mundial".[20] Em todo caso, assim como a transição pacífica do capitalismo para o socialismo é impensável, "da mesma forma um Estado socialista não pode se integrar e se desenvolver pacificamente (*hineinwachsen*) dentro do sistema capitalista mundial". É uma atitude que Trotsky voltou a reafirmar em 1940: teria sido melhor não travar a guerra contra a Finlândia, mas, uma vez iniciada, deveria "ser levada até o fim, isto é, até a sovietização da Finlândia".[21]

19 Trotsky (1988), pp. 905-6 (= Trotsky, 1968, pp. 186-7).
20 Trotsky (1997-2001), vol. 3, pp. 476, 554 e 566.
21 Trotsky (1988), pp. 1001 e 1333.

O declínio da "economia monetária" e da "moral mercantil"

A dialética de Saturno se manifesta em numerosos outros campos da vida política e social. Internamente, como deve ser entendida a igualdade que o regime nascido a partir de outubro foi chamado a alcançar? A guerra e a escassez produziram um "comunismo" baseado na distribuição mais ou menos igualitária de rações alimentares muito pobres. Diante dessa prática e da ideologia que nela se desenvolveu, a onda de choque provocada pela NEP revelou-se chocante, com o surgimento de novas e gritantes desigualdades, possibilitadas pela tolerância concedida a determinados setores da economia capitalista. O sentimento de "traição" é um fenômeno de massa e atinge duramente o partido bolchevique: "Em 1921-22, literalmente dezenas de milhares de operários bolcheviques rasgaram suas carteiras de filiados, desgostosos com a NEP; eles a renomearam como Nova Extorsão do Proletariado".[22] Mesmo fora da Rússia soviética, vemos um dirigente comunista francês resignar-se com a virada, mas, ao mesmo tempo, acrescentar, escrevendo no *Humanité*: "A NEP traz consigo um pouco da podridão capitalista que havia desaparecido totalmente no tempo do comunismo de guerra".[23]

Às vezes, tem-se a impressão de que não são aspectos específicos da realidade econômica que são vistos com desconfiança ou indignação, mas essa mesma realidade como um todo. Não se deve perder de vista a expectativa messiânica que caracteriza as revoluções que envolvem os estratos mais profundos da população e sobrevêm após uma crise de longa duração. Na França, em 1789, ainda antes da tomada da Bastilha, a partir da reunião dos Estados Gerais e da agitação do Terceiro Estado "o antigo milenarismo desperta na mente popular a ansiosa expectativa da vingança dos pobres e da felicidade dos humilhados: a mentalidade revolucionária será profundamente tomada por isso". Na Rússia, estimulado pela opressão czarista e sobretudo pelo horror da Primeira Guerra Mundial, o messianismo já tinha se manifestado fortemente por ocasião da Revolução de Fevereiro: círculos cristãos e importantes setores da sociedade russa

22 Figes (2000), p. 926.
23 Em Flores (1990), p. 29.

saudaram-na como uma Páscoa da ressurreição e esperavam dela uma regeneração total, com o surgimento de uma comunidade intimamente unida e com o desaparecimento da divisão entre ricos e pobres, e até do roubo, da mentira, do jogo, da blasfêmia, da embriaguez.[24] Decepcionada com a política menchevique e com o prolongamento da guerra e da carnificina, essa expectativa messiânica inspirou posteriormente muitos adeptos da revolução bolchevique.

É o caso, por exemplo, de Pierre Pascal, um católico francês que ficou profundamente desapontado com a transição para a NEP, mas que inicialmente saudara a virada em outubro de 1917 da seguinte maneira:

> Estão se realizando o quarto salmo das vésperas dominicais e o Magnificat: os poderosos derrubados de seus tronos e o pobre redimido da miséria. Os ricos não estão mais lá: só os pobres e os paupérrimos. O conhecimento não confere privilégio nem respeito. O ex-operário promovido a diretor dá ordens aos engenheiros. Salários altos e baixos se aproximam. O direito de propriedade é reduzido a bens pessoais. O juiz não é mais obrigado a aplicar a lei se o próprio senso de equidade proletária a contradiz.[25]

Lendo esta passagem, vem à mente a afirmação de Marx, segundo a qual não há "nada mais fácil do que dar ao ascetismo cristão uma camada de tinta socialista". Não se deve pensar que essa visão circule apenas em ambientes abertamente religiosos. Mais uma vez, é o *Manifesto do Partido Comunista* que adverte que os "primeiros levantes do proletariado" são frequentemente caracterizados por reivindicações sob a bandeira de um "ascetismo universal e igualitarismo grosseiro".[26] É o que ocorre na Rússia após a catástrofe da Primeira Guerra Mundial. Nos anos quarenta, um bolchevique descreveu com eficácia o clima espiritual que prevalecia no período imediatamente posterior à Revolução de Outubro, clima esse que emergia do horror suscitado pela guerra provocada pela disputa imperialista pelo saque das colônias, pela conquista dos mercados e das matérias-primas, da caçada capitalista ao lucro e ao superlucro:

24 Furet, Richet (1980), p. 85; Figes (2000), p. 434.
25 Em Furet (1995), p. 129.
26 Marx, Engels (1955-89), vol. 4, pp. 484 e 489.

> Nós, jovens comunistas, crescemos acreditando que o dinheiro estava fora de questão de uma vez por todas [...]. Se o dinheiro reaparecesse, os ricos também não reapareceriam? Não estávamos em uma ladeira escorregadia que nos reconduzia ao capitalismo?[27]

É um clima espiritual que também encontra expressão na obra de eminentes filósofos ocidentais. Em 1918, o jovem Ernst Bloch exortou os sovietes a darem fim não apenas a "toda economia privada", mas também a toda "economia monetária" e, com ela, à "moral mercantil que consagra tudo o que há de pior no homem". Somente liquidando essa podridão em sua totalidade era possível acabar de vez com a contenda, que catastroficamente desembocou na guerra por riqueza e dominação, pela conquista de colônias e hegemonia. Ao publicar a segunda edição do *Espírito da utopia,* em 1923, Bloch considera oportuno eliminar as passagens de cunho decididamente messiânico aqui citadas. E, no entanto, o estado de espírito e a visão que as inspiraram não desapareceram nem na União Soviética, nem fora dela.[28]

Se, por um lado, a atenuam, a cicatrização das feridas abertas pela Primeira Guerra Mundial e duas guerras civis (contra os brancos e contra os *kulaks*) e a recuperação econômica agravam a crise moral. Especialmente após a conclusão da coletivização da agricultura e a consolidação do novo regime, não é mais possível referir-se aos resíduos capitalistas e ao perigo imediato de colapso para explicar o fenômeno da persistência das diferenças salariais: até que ponto elas eram toleráveis?

Na *Fenomenologia do espírito,* Hegel destaca a aporia contida na ideia de igualdade material que fundamenta a reivindicação da "comunidade de bens": se procedermos à igual satisfação das diferentes necessidades dos indivíduos, é claro que haverá uma desigualdade em relação à "cota de participação", ou seja, à distribuição de bens; se, em vez disso, procede-se a uma "distribuição *igualitária*" dos bens, fica claro que a "satisfação das necessidades" (diferentes a cada momento) resultará desigual nos indivíduos. Em todo caso, a "comunidade de bens" não cumpre a promessa de igualdade material. Marx, que conhecia muito bem a *Fenomenologia*,

27 Em Figes (2000), p. 926.
28 Losurdo (1997), cap. IV, § 10.

resolveu a dificuldade combinando (na *Crítica do Programa de Gotha*) as duas formas diferentes de declínio da "igualdade" (que sempre permanece parcial e limitada) a dois estágios diferentes de desenvolvimento da sociedade pós-capitalista: na fase socialista, a distribuição segundo um "direito igual", isto é, remunerada de acordo com a medida de trabalho realizada por cada indivíduo, e que varia a cada momento, produz uma desigualdade evidente na remuneração e na renda; neste sentido o "direito igual" nada mais é do que o "direito à desigualdade". Na fase comunista, a igual satisfação das várias necessidades também acarreta uma desigualdade na distribuição dos recursos, só que o enorme desenvolvimento das forças produtivas, satisfazendo plenamente as necessidades de todos, torna esta desigualdade irrelevante.[29] Ou seja, no socialismo a igualdade material não é possível, e no comunismo já não faz sentido. Sem prejuízo da desigualdade na distribuição dos recursos, a passagem da satisfação desigual à satisfação igualitária das necessidades pressupõe, para além da derrubada do capitalismo, o prodigioso desenvolvimento das forças produtivas, e isso só pode ser alcançado graças à afirmação, no curso da fase socialista, do princípio da remuneração de cada indivíduo em função dos diversos trabalhos que prestou. Daí a insistência de Marx no fato de que, uma vez conquistado o poder, o proletariado é chamado a se engajar, para além da transformação das relações sociais, no desenvolvimento das forças produtivas.[30] Porém, por outro lado, ao celebrar a Paris operária em contraposição à burguesia francesa, que se espoja no luxo ao mesmo tempo em que está engajada na repressão sangrenta, Marx aponta uma medida lançada pela Comuna como modelo: "o serviço público tinha que ser prestado por *operários assalariados*".[31] Neste caso, a igualdade salarial e material tende a configurar-se como um objetivo da sociedade socialista.

Não é fácil conciliar as duas perspectivas, e sua divergência desempenhará um papel não desprezível na separação irremediável do grupo governante e do partido bolchevique. À medida que se fortalecia, o poder soviético era levado a prestar cada vez mais atenção ao problema da

29 Hegel (1969-79), vol. 3, p. 318; Marx, Engels (1955-89), vol. 19, pp. 20-1.
30 Marx, Engels (1955-89), vol. 4, p. 466.
31 Marx, Engels (1955-89), vol. 17, p. 339.

construção econômica, tanto para consolidar a base social do consenso, quanto para alcançar a legitimidade nacional aos olhos do povo russo, e para defender "o país do socialismo" das ameaças que surgem no horizonte. Referindo-se à já conhecida polêmica do *Manifesto Comunista* contra o "ascetismo universal" e o "igualitarismo grosseiro", Stalin insiste: "É hora de entender que o marxismo é inimigo do igualitarismo". A igualdade produzida pelo socialismo consiste na eliminação da exploração de classe, certamente não na imposição da uniformidade e da homogeneização, que é o ideal a que aspira o primitivismo religioso:

> O nivelamento no campo das necessidades e da vida pessoal é um absurdo reacionário pequeno-burguês, digno de qualquer seita primitiva de ascetas, mas não de uma sociedade socialista organizada de modo marxista, porque não se pode exigir que todos os homens tenham as mesmas necessidades e gostos, que todos os homens vivam sua vida pessoal de acordo com um único modelo [...]. Por igualdade, o marxismo não entende o nivelamento das necessidades pessoais e das condições de vida, mas a destruição das classes.[32]

O primitivismo religioso só pode ser expresso por meio da aspiração a uma vida comunitária, dentro da qual as diferenças individuais são chamadas a desaparecer, com sérios prejuízos também ao desenvolvimento das forças produtivas:

> A idealização das comunas agrícolas chegou a tentar introduzir comunas até mesmo em oficinas e fábricas, onde trabalhadores qualificados e não qualificados, cada um trabalhando de acordo com sua categoria, deveriam depositar seus salários no fundo comum e depois dividi-lo em partes iguais. É bem sabido quanto dano trouxeram à nossa indústria esses pueris exercícios de nivelamento promovidos pelos aloprados de "esquerda".[33]

O objetivo de longo prazo de Stalin é muito ambicioso, tanto no plano social quanto no plano nacional: "Tornar nossa sociedade soviética a sociedade

32 Stalin (1971-73), vol. 13, pp. 314-5 (= Stalin, 1952, p. 573).
33 Ibid., pp. 316-7 (= Stalin, 1952, p. 575).

mais confortável"; realizar a "transformação do nosso país em um país mais próspero"; mas, para alcançar este resultado, "é necessário que em nosso país a produtividade do trabalho supere a produtividade do trabalho dos países capitalistas mais avançados"[34], o que, mais uma vez, implica o recurso a incentivos materiais, bem como morais, e, portanto, a superação do igualitarismo, considerado pelo líder soviético rudimentar e mecânico.

De novo, e mais do que nunca, o primitivismo religioso se faz sentir, com sua desconfiança não só em relação às diferenças salariais, mas sobretudo em relação à riqueza como tal: "Se todos ficarem ricos e os pobres deixarem de existir, em quem iremos nós, bolcheviques, nos apoiar em nosso trabalho?": é assim que, segundo Stalin, "os aloprados de 'esquerda', que idealizam os camponeses pobres como o eterno suporte do bolchevismo",[35] argumentam e se angustiam. Somos levados a pensar nas observações críticas desenvolvidas por Hegel a propósito do mandamento evangélico que nos obriga a ajudar os pobres: ao perder de vista que se trata de um "preceito condicionado" e torná-lo absoluto, os cristãos acabam por tornar absoluta também a pobreza, a única que pode dar sentido à norma que exige ajuda aos pobres. Em vez disso, a seriedade da ajuda aos pobres se mede pela contribuição feita para a superação da pobreza como tal.[36] No clima de horror diante da carnificina causada pelo capitalismo e pela *auri sacra fames*, reproduz-se a desconfiança religiosa pelo ouro, pela riqueza como tal, e a idealização da miséria ou pelo menos da escassez, entendida e vivida como expressão de plenitude espiritual ou rigor revolucionário. E Stalin se sente compelido a sublinhar um ponto central: "Seria estúpido pensar que o socialismo pode ser construído com base na miséria e na privação, com base na redução das necessidades pessoais e na redução do padrão de vida dos homens ao nível dos pobres"; ao contrário, "o socialismo só pode ser construído na base de um desenvolvimento impetuoso das forças produtivas da sociedade" e "na base de uma vida confortável para os trabalhadores", na verdade de "uma vida confortável e civilizada para todos os membros da sociedade".[37] Como o preceito cristão de ajuda aos pobres, também o preceito revolucionário, que convida os partidos

34 Stalin (1971-73), vol. 14, p. 33 (= Stalin, 1952, p. 601).
35 Stalin (1971-73), vol. 13, pp. 317-9 (= Stalin, 1952, pp. 575-7).
36 Losurdo (1992), cap. X, § 2.
37 Stalin (1971-73), vol. 13, pp. 319 e 317 (= Stalin, 1952, pp. 577 e 575).

comunistas a se enraizarem em primeiro lugar entre os explorados e os pobres, é "condicionado" e realmente levado a sério somente quando é compreendido em seu condicionamento.

Portanto, para Stalin era necessário intensificar esforços para aumentar decisivamente a riqueza social, dando "um novo impulso" à "emulação socialista"; recorreu-se tanto a incentivos materiais (aplicando o princípio socialista de retribuição de acordo com o trabalho) quanto a incentivos morais (por exemplo, conferindo "a mais alta honraria" aos trabalhadores stakhanovistas[38] mais eminentes).[39] A orientação de Trotsky é diferente e oposta: com o "restabelecimento de patentes e condecorações" e, assim, com a liquidação da "igualdade socialista", a burocracia prepara o terreno para mudanças também nas "relações de propriedade".[40] Se Stalin se referia explicitamente à polêmica do *Manifesto* contra um socialismo entendido como sinônimo de "ascetismo universal" e "igualitarismo grosseiro", a oposição de esquerda afirmava, consciente ou inconscientemente, a tese contida em *Guerra Civil na França*, segundo a qual, mesmo no mais alto escalão, os dirigentes deveriam ser pagos com "salários de trabalhadores". Erroneamente — insistia Trotsky —, para justificar seus privilégios, a burocracia e Stalin se referiam à *Crítica do Programa de Gotha*: "Marx não falava em criar uma nova desigualdade, mas numa eliminação gradual da desigualdade salarial, preferível à eliminação abrupta".[41]

Com base nesta linha política (de nivelamento dos salários tanto nas fábricas quanto no aparelho de Estado), era muito difícil promover o desenvolvimento das forças produtivas, e Stalin sublinhava que a diferenciação salarial não significa a restauração do capitalismo: as diferenças sociais não devem confundir o que existia sob o novo regime com o antigo antagonismo entre classes exploradoras e classes exploradas. Mas, aos olhos de Trotsky, tratava-se de uma tentativa desastrada de banalização: "o contraste entre pobreza e luxo é muito marcante nos centros urbanos". Para concluir:

38 Termo derivado de Aleksei Stakhanov (1906-1977), mineiro que, em 31 de agosto de 1935, conseguiu extrair uma quantidade extraordinária de carvão de uma mina em Donetsk (Donbass), tornando-se um "herói do trabalho" na Rússia. [N.T.]

39 Stalin (1971-73), vol. 14, pp. 33 e 46 (= Stalin, 1952, pp. 599 e 613).

40 Trotsky (1988), p. 957 (= Trotsky, 1968, p. 232).

41 Trotsky (1962), p. 431.

> Se a diferença entre a aristocracia trabalhadora e a massa proletária é, do ponto de vista da sociologia de Stalin, "radical" ou "superficial", isso pouco importa; foi dessa diferença, em todo caso, que a seu tempo surgiu a necessidade de romper com a social-democracia e fundar a III Internacional.[42]

Segundo a indicação de Marx, o socialismo também foi chamado a superar a oposição entre trabalho intelectual e manual. E novamente se colocava o problema: como atingir uma meta tão ambiciosa? E, mais uma vez, o grupo dirigente bolchevique estava dramaticamente dividido em seu interior. Também neste caso, a perspectiva elaborada por Stalin na década de 1930 se distingue por sua cautela:

> Alguns pensam que a abolição do antagonismo entre o trabalho intelectual e o trabalho físico pode ser alcançada por meio de um certo nivelamento cultural e técnico dos trabalhadores intelectuais e manuais, que seria obtido rebaixando o nível cultural e técnico dos engenheiros e técnicos, trabalhadores intelectuais, até ao nível de trabalhadores de qualificação média. Isso é absolutamente equivocado.[43]

Em vez disso, tratava-se de estimular o acesso à educação em todos os níveis das camadas sociais até então excluídas. Do lado oposto, Trotsky reconheceu que houve um processo de "formação de quadros científicos do povo" e, no entanto, insistiu: "A distância social entre o trabalho manual e o intelectual aumentou nos últimos anos em vez de diminuir".[44] A persistência da divisão do trabalho e a persistência das desigualdades econômicas e sociais eram dois lados da mesma moeda, ou seja, o retorno da exploração capitalista e, portanto, a traição completa dos ideais socialistas:

> A nova Constituição, quando declara que a "exploração do homem pelo homem está abolida na URSS", diz o contrário da verdade. A nova diferenciação social criou as condições para o renascimento da exploração nas formas mais bárbaras, como a compra de um homem para o serviço

42 Trotsky (1988), pp. 972-3 e 969 (= Trotsky, 1968, pp. 248 e 244).
43 Stalin (1971-73), vol. 14, p. 34 (= Stalin, 1952, p. 602).
44 Trotsky (1988), p. 941 (= Trotsky, 1968, p. 218).

> pessoal de outros. Os servidores não estão incluídos no censo, pois evidentemente devem ser incluídos na rubrica "trabalhadores". As seguintes perguntas não são feitas: o cidadão soviético tem empregados e quais (empregada, cozinheira, enfermeira, governanta, motorista)? Você tem um carro à sua disposição? Quantos quartos tem? Não há menção nem mesmo ao valor de seu salário! Se o regime soviético, que priva de direitos políticos qualquer um que explora o trabalho de outros, voltasse a vigorar, veríamos de repente que os principais líderes da sociedade soviética teriam de ser privados dos direitos constitucionais! Felizmente, uma igualdade completa é estabelecida... entre o patrão e os criados.[45]

Portanto, já a presença da figura social da "empregada" e do criado em geral era sinônimo não só de exploração, mas de "exploração sob as formas mais bárbaras": e como explicar a persistência ou o reaparecimento de tais relações na URSS senão pelo abandono de uma perspectiva autenticamente socialista, ou seja, pela traição?

A longa onda de messianismo, certamente já implícita nos aspectos mais utópicos do pensamento de Marx, mas ampliada assustadoramente como reação ao horror da Primeira Guerra Mundial, continua a se fazer sentir. Em seu Relatório ao XVII Congresso do PCUS (26 de janeiro de 1934), Stalin sentiu a necessidade de alertar contra "os boatos esquerdistas que vêm acontecendo entre alguns de nossos militantes, segundo os quais o comércio soviético seria uma etapa ultrapassada e o dinheiro deveria ser abolido em breve". Aqueles que assim argumentam, "com sua atitude altiva perante o comércio soviético, não expressam um ponto de vista bolchevique, mas um ponto de vista de nobres decadentes, cheios de pretensões, mas sem um tostão no bolso".[46] Por sua vez, se Trotsky não perde a oportunidade de condenar o anterior "aventureirismo econômico" de que acusa Stalin, por outro lado, zomba da "reabilitação do rublo" e do retorno aos "métodos burgueses de distribuição".[47] Em todo caso, ele continua reiterando que no comunismo, junto com o Estado, o "dinheiro" e toda forma de mercado também estão destinados a desaparecer.[48]

45 Ibid., p. 946 (= Trotsky, 1968, pp. 223-4).
46 Stalin (1971-73), vol. 13, p. 304 (= Stalin, 1952, p. 564).
47 Trotsky (1988), pp. 763 e 768-9 (= Trotsky, 1968, pp. 65 e 70-1).
48 Ibid., pp. 757-8 (= Trotsky, 1968, p. 61).

"Não faça distinções entre o seu e o meu": o desaparecimento da família

Juntamente com o imperialismo e o capitalismo, a Revolução de Outubro foi convocada para acabar com a opressão das mulheres. Para tornar possível sua participação com igualdade de direitos na vida política e social era necessário, graças ao mais amplo desenvolvimento possível dos serviços sociais, libertá-la do confinamento doméstico e de uma divisão do trabalho que a humilhava e entorpecia; a crítica à moral tradicional e sua duplicidade passaria então a garantir também à mulher a emancipação sexual, até aquele momento, reservada, ainda que de modo parcial e distorcido, somente ao homem. Após essas grandes transformações, a instituição da família ainda faria sentido ou estaria destinada a desaparecer? Alexandra Kollontai não tem dúvidas: "a família já não é necessária". Nesse momento ela era posta em crise pela completa liberdade, espontaneidade e "fluidez" que deveriam caracterizar as relações sexuais até então. Além de pesada, a família revelou-se supérflua: "a educação dos filhos passa gradativamente para as mãos da sociedade". Por outro lado, não havia por que se lamentar: a família era o lugar privilegiado para o cultivo do egoísmo, que se confundia com o apego à propriedade privada. Em conclusão: "A mãe trabalhadora socialmente consciente se elevará a ponto de não mais fazer distinção entre o seu e o meu e, portanto, de lembrar que existem apenas os *nossos* filhos, os filhos da Rússia comunista dos trabalhadores". São ideias duramente criticadas pela direção bolchevique como um todo. Em particular, falando em 1923, Trotsky sabiamente aponta que tal visão ignorava "a responsabilidade do pai e da mãe para com a criança", estimulando, assim, o abandono da criança e, portanto, agravando um flagelo já difundido na Moscou daqueles anos.[49] E, no entanto, de uma forma ou de outra, essas ideias "permaneceram muito populares nos círculos partidários". Ainda no início da década de 1930, um colaborador próximo de Stalin, Kaganovich, foi forçado a combatê-las. Passemos a palavra ao seu biógrafo:

> Embora aderindo totalmente ao princípio da libertação das mulheres, Kaganovich protestou veementemente contra as posições extremistas, que

49 Em Carr (1968-69), vol. 1, p. 32.

> exigiam a liquidação de cozinhas individuais e defendiam a coexistência forçada nas comunas. Sabsovic, um dos planejadores de esquerda, até propôs abolir qualquer espaço comum entre marido e mulher, exceto um pequeno quarto para a noite. Ele havia avançado com a ideia de grandes edifícios de colmeia para 2 mil pessoas com todos os serviços em comum para estimular o "espírito comunitário" e suprimir a instituição da família burguesa.[50]

Mas a atitude de Kaganovich (e de Stalin) desperta duras críticas de Trotsky, que, nesse meio-tempo, se tornou líder da oposição: "O culto completamente recente da família soviética não cai do céu. Os privilégios que não podem ser repassados aos filhos perdem metade do valor. Ora, o direito de transmitir hereditariamente é inseparável do de propriedade".[51] E, portanto, a recuperação da instituição da família (com a recusa de convocação comum para absorvê-la e dissolvê-la) referia-se à defesa do direito de transmissão hereditária e dos direitos de propriedade e, portanto, assumiu um significado claramente contrarrevolucionário. De fato, por uma "coincidência providencial" — ironiza Trotsky —, "a solene reabilitação da família" ocorre ao mesmo tempo em que volta a honra ao dinheiro; "a família renasce ao mesmo tempo em que se afirma a função educativa do rublo".[52] A consagração da fidelidade conjugal identifica-se com a consagração da propriedade privada: para dizer em termos religiosos, "o quinto mandamento é reintegrado ao mesmo tempo ao sétimo, sem a invocação da autoridade divina para o momento".[53]

Na realidade, olhando mais de perto, essa invocação já está surgindo no horizonte. Ao interferir no projeto da Constituição de 1936, Stalin polemiza contra aqueles que gostariam de "proibir a celebração de cerimônias religiosas" e "privar os ministros de culto religioso dos direitos eleitorais".[54] E novamente Trotsky intervém para denunciar esse recuo inadmissível em relação aos projetos iniciais de libertação definitiva da sociedade dos grilhões da superstição: "O assalto ao céu se encerrou [...]. Preocupada com sua boa reputação, a burocracia ordenou aos jovens ateus que depusessem

50 Marcucci (1997), p. 143.
51 Trotsky (1988), p. 957 (= Trotsky, 1968, p. 232).
52 Ibid., pp. 843-4 (= Trotsky, 1968, pp. 139-40).
53 Ibid., p. 846 (= Trotsky, 1968, p. 142).
54 Stalin (1971-73), vol. 14, p. 87 (= Stalin, 1952, p. 641).

as armas e começassem a ler. É apenas o começo. Um regime de neutralidade irônica se estabelece gradualmente em relação à religião".[55] Junto com a família e o direito de herança e propriedade, o ópio marxista do povo não poderia deixar de retornar.

Na base desse novo capítulo da acusação contra a "traição" também está a dialética que já conhecemos. Ao acabar com a família burguesa, com seus interesses mesquinhos, seus preconceitos entranhados e suas regras mortas, a revolução teria aberto um espaço marcado exclusivamente pelo amor, pela liberdade e pela espontaneidade. E em vez disso...

É interessante notar que na origem do protesto e da indignação de Trotsky já estava a ideia de uma regulamentação jurídica das relações familiares:

> A verdadeira família socialista, libertada pela sociedade dos pesados e humilhantes fardos quotidianos, não vai precisar de nenhuma regulamentação, e a simples ideia de leis sobre o divórcio e o aborto não passará de uma lembrança dos bordéis ou dos sacrifícios humanos.[56]

A condenação da "política dos chefes" ou a "transformação do poder em amor"

Portanto, muito além da instituição da família (e do direito de herança e de propriedade) e da consagração religiosa do poder (do chefe de família e do proprietário), a polêmica de Trotsky diz respeito ao problema da organização jurídica da sociedade como um todo, o problema do Estado. Trata-se da questão nuclear para a qual convergem todas as questões particulares anteriormente analisadas: quando e com quais modalidades se inicia o processo de extinção do Estado previsto por Marx após a superação do capitalismo? O proletariado vitorioso — afirma *Estado e revolução* às vésperas do Outubro bolchevique — "só precisa de um Estado em via de extinção"; e, no entanto, ao desencadear uma onda gigantesca de

55 Trotsky (1988), p. 846 (= Trotsky, 1968, p. 142).
56 Ibid., p. 850 (= Trotsky, 1968, pp. 144-5).

nacionalizações, o novo poder dá um impulso sem precedentes à extensão do aparato estatal. Ou seja, à medida que avança na construção da nova sociedade, Lenin é forçado, consciente disso ou não, a distanciar-se cada vez mais do anarquismo (e das posições que ele próprio originalmente assumiu). Para perceber isso, basta dar uma olhada em um importante artigo, "Melhor menos, mas melhor", publicado no *Pravda* em 4 de março de 1923. A novidade das palavras de ordem surge imediatamente: "melhorar nosso aparelho de Estado", comprometer-se seriamente a "construir o Estado", "construir um aparelho verdadeiramente novo que realmente mereça o nome de socialista, soviético", melhorar o "trabalho administrativo", e fazer tudo isso sem hesitar em aprender com os "melhores modelos da Europa Ocidental".[57]

Mas ampliar o aparato estatal de modo maciço e pôr-se com força o problema de seu aperfeiçoamento não significa renunciar de fato ao ideal de extinção do Estado? Claro, a realização desse ideal pode ser adiada para um futuro muito remoto, mas, enquanto isso, como deve ser administrado o patrimônio público, que agora experimentou uma enorme extensão, e que formas o poder deve assumir na Rússia soviética em seu complexo? Mesmo em *Estado e revolução*, escrito numa época em que a denúncia dos regimes representativos corresponsáveis pelo massacre era mais dura, e não poderia deixar de ser, podemos ler que mesmo a democracia mais desenvolvida não pode prescindir de "instituições representativas".[58] E, todavia, a expectativa da extinção do Estado continua a alimentar a desconfiança da ideia de representação ao mesmo tempo em que os líderes da Rússia soviética multiplicam os órgãos representativos (como indubitavelmente os sovietes são), não se esquivando nem mesmo de uma representação de segundo ou terceiro grau: os sovietes de nível inferior elegem seus delegados para o soviete de nível superior. A polêmica não demora a irromper.

O problema do restabelecimento da ordem e da revitalização do aparato produtivo, com o conexo reconhecimento do princípio da competência, também se apresenta nas fábricas: e aqui, já com o início do novo regime, círculos sociais e políticos relutantes à mudança denunciam a subida ao

57 Lenin (1955-70), vol. 25, p. 380 e vol. 33, pp. 445-50.
58 Ibid., vol. 25, p. 400.

poder de "especialistas burgueses", ou melhor, de uma "nova burguesia", e novamente miram em primeiro lugar Trotsky, que naquele momento ocupa um papel muito proeminente na gestão do aparato estatal-militar.[59] Trata-se de uma polêmica que também repercute fora da Rússia. Significativa é a crítica dirigida a Gramsci, o qual celebra o novo Estado que se desenha no país da Revolução de Outubro e homenageia os bolcheviques como uma "aristocracia de estadistas" e Lenin como o "maior estadista da Europa contemporânea": souberam pôr fim ao "sombrio abismo de miséria, barbárie, anarquia e dissolução" aberto "por uma longa e desastrosa guerra". Mas — objeta um anarquista — "esta apologia cheia de lirismo" do Estado e da "estatolatria", do "socialismo estatal, autoritário, legalista e parlamentarista" está em contradição com a própria Constituição soviética, que se compromete a instaurar um regime dentro do qual "não haverá mais divisões de classe, *nem poder do Estado*".[60]

Não são apenas grupos e autores de orientação abertamente anarquista que assumem posições críticas. Insatisfação, decepção e clara discordância também foram expressas por expoentes do movimento comunista internacional. Passemos a palavra a um deles, a saber, Pannekoek, o qual já não consegue se reconhecer na ação política dos bolcheviques: "os funcionários técnicos e administrativos exercem nas fábricas um poder maior do que deveria ser compatível com a evolução comunista [...]. Uma nova burocracia surgiu dos novos chefes e dos novos funcionários".[61] "A burocracia", insiste um ano depois a Plataforma da Oposição Operária na Rússia, "é uma negação direta da ação das massas"; infelizmente se trata de uma "doença" que "já invadiu as fibras mais íntimas de nosso partido e das instituições soviéticas".[62]

Além da Rússia, essas críticas atingem em primeiro lugar o Ocidente: elas pedem o fim do "sistema representativo burguês, do parlamentarismo".[63] Mais que a ditadura bolchevique, é o princípio da representação que é condenado: sim, "outra pessoa decide o seu destino, esta é a essência da

59 Figes (2000), pp. 878-80.
60 Gramsci (1987), pp. 56-7; a carta ao anarquista pode ser lida no nº 8 de *L'Ordine Nuovo*.
61 Pannekoek (1970), pp. 273-4.
62 Em Kollontai (1976), pp. 240-1.
63 Gorter (1920), p. 37.

burocracia".[64] A degeneração da Rússia soviética consiste no próprio fato de que uma única pessoa assume uma posição específica: nas fábricas, assim como em todos os níveis, a "liderança coletiva" está sendo substituída pela "liderança individual", que "é um produto da concepção individualista da classe burguesa" e que expressa "fundamentalmente uma vontade ilimitada, isolada e livre de um homem, dissociada da coletividade".[65] Em vez de uma "política das massas" (*Massenpolitik*), agora até a Terceira Internacional "orienta uma política dos chefes" (*Führerpolitik*).[66]

Como se vê, mais ainda que o abuso de poder, o que faz clamar pela traição dos ideais originários é o recurso aos habituais órgãos de poder, todos alicerçados na distinção/oposição entre governantes e governados, entre líderes e massa e, portanto, todos baseados na exclusão da ação direta ou da "política das massas". Se os sovietes não são poupados da desconfiança, em todo caso é explícito o desprezo reservado ao Parlamento, aos sindicatos, aos partidos, às vezes incluindo o Partido Comunista, ele próprio afetado pelo princípio da representação e, portanto, pelo flagelo da burocracia. Em última análise, num exame mais atento, mais ainda que os órgãos de poder, é o poder como tal que entra na alça de mira. "É a maldição do movimento operário: assim que atinge certo 'poder', tenta ampliá-lo por meios desprovidos princípios". Desse modo ele deixa de ser "puro": foi o que ocorreu com a social-democracia alemã, e assim também está ocorrendo com a Terceira Internacional.[67]

Neste contexto pode-se inserir o jovem Bloch, que, desde a revolução e os sovietes, para além da superação da economia e do espírito mercantil e do próprio dinheiro, também espera a "transformação do poder em amor".[68] Se ao eliminar esses trechos e essas expectativas tão enfáticas da segunda edição do *Espírito da utopia* o filósofo alemão se distancia dos aspectos mais claramente messiânicos de seu pensamento, não faltam, na Rússia soviética e fora dela, os comunistas que gritam diante do escândalo, devido em última análise ao fracasso do milagre da "transformação do poder em amor".

64 Em Kollontai (1976), p. 242.
65 Ibid., pp. 199-200.
66 Gorter (1920), p. 87.
67 Ibid., p. 33.
68 Em Losurdo (1997), cap. IV, § 10.

Nos primeiros anos de vida da Rússia soviética, mais do que Stalin, a polêmica anti-"burocrática" atinge em primeiro lugar Lenin e o próprio Trotsky, incluído entre os mais eminentes "defensores e cavaleiros da burocracia".[69] O quadro muda significativamente ao longo dos anos subsequentes. Mais ainda que pelo conteúdo, o lançamento da Constituição de 1936 representa uma virada já pelo fato de romper com as representações anarquistas, tenazmente apegadas ao ideal da extinção do Estado, segundo as quais "o direito é ópio para o povo" e "a ideia de Constituição é uma ideia burguesa".[70] Nas palavras de Stalin, a Constituição de 1936 "não se contenta em estabelecer os direitos formais dos cidadãos, mas desloca o centro de gravidade para a garantia desses direitos, aos meios para o exercício desses direitos".[71] Mesmo que seja insuficiente e nem sequer constitua o essencial, a garantia "formal" de direitos não parece aqui irrelevante. Stalin destaca favoravelmente o fato de que a nova Constituição "assegurou a aplicação do sufrágio universal, direto e igualitário, por voto secreto".[72] Mas a crítica de Trotsky intervém precisamente neste ponto: na sociedade burguesa, o segredo do voto serve para "subtrair os explorados à intimidação dos exploradores"; o ressurgimento dessa instituição na sociedade soviética é a prova de que, mesmo na URSS, o povo deve se defender da intimidação, se não por uma autêntica classe exploradora, pelo menos pela burocracia.[73]

Aos que exigiam que se começasse a enfrentar o problema da extinção do Estado, Stalin respondeu em 1938 convidando-os a não transformar a lição de Marx e Engels em dogma e em escolástica vazia; o atraso na realização do ideal se explicava pelo permanente cerco capitalista. No entanto, ao enumerar as funções do Estado socialista, além daquelas tradicionais de defesa contra o inimigo de classe em nível doméstico e internacional, Stalin chamou a atenção para uma "terceira função, ou seja, o trabalho de organização econômica e o trabalho cultural e educacional dos órgãos de nosso Estado", trabalho que visa a "desenvolver as sementes da nova economia socialista e reeducar os homens

69 Em Kollontai (1976), p. 240.
70 Em Carr (1964), p. 128.
71 Stalin (1971-73), vol. 14, p. 70 (= Stalin, 1952, p. 626).
72 Ibid., vol. 14, p. 74 (= Stalin, 1952, p. 629).
73 Trotsky (1988), pp. 966-7 (= Trotsky, 1968, pp. 241-2).

no espírito do socialismo". Foi um ponto em que o Relatório do XVIII Congresso do PCUS insistiu com força: "Agora a tarefa fundamental de nosso Estado, no interior do país, consiste no trabalho pacífico de organização econômica, no trabalho cultural e educacional". A teoria dessa "terceira função" já era em si uma novidade essencial. Mas Stalin foi mais longe, declarando: "A função de repressão foi substituída pela função de salvaguardar a propriedade socialista dos ladrões e esbanjadores do patrimônio do povo".[74]

Claro, tratava-se de uma declaração bastante problemática, aliás, mistificadora: certamente não refletia corretamente a situação na URSS em 1938, onde o terror se alastrava e o gulag se expandia monstruosamente. Mas aqui estamos lidando com outro aspecto: a tese da extinção do Estado é válida? E até que ponto? "O Estado será preservado por nós mesmo no período do comunismo? Sim, será preservado, se o cerco capitalista não for liquidado, se o perigo de agressão armada de fora não for eliminado".[75] Portanto, a realização do comunismo na União Soviética ou em um grupo de países teria acarretado o definitivo desaparecimento da primeira função do Estado socialista (a proteção contra o perigo de contrarrevolução em nível interno), não já da segunda (a proteção contra a ameaça externa) que, na presença de países capitalistas poderosos, teria continuado a ser vital mesmo "em um período de comunismo". Mas por que o colapso do cerco capitalista e o desaparecimento da segunda função deveriam ser seguidos pela supressão da "terceira função", ou seja, do "trabalho de organização econômica" e "cultural", bem como da "salvaguarda da propriedade socialista diante de ladrões e dissipadores da herança do povo"? Não há dúvida de que Stalin revela incertezas e contradições, provavelmente também estimuladas pela necessidade política de se mover com cautela em um terreno minado, onde cada pequeno desvio da tese clássica da extinção do Estado o expunha à acusação de traição.

74 Stalin (1971-73), vol. 14, p. 229 (= Stalin, 1952, pp. 724-5).
75 Ibid., vol. 14, p. 229 (= Stalin, 1952, p. 725).

O assassinato de Kirov: conspiração do poder ou terrorismo?

Desde o início, o grupo dirigente que assumiu o poder em outubro de 1917 parecia profundamente dividido nas questões mais importantes da política interna e internacional. Mal contida enquanto Lenin ainda estava vivo, essa laceração tornou-se irreparável quando o líder carismático partiu. O embate permanece circunscrito à esfera político-ideológica?

Já se foram os tempos em que, com relação ao caso de assassinato de Sergej M. Kirov, podia-se escrever que "não há mais dúvida de que o homicídio foi orquestrado por Stalin e executado por seus policiais".[76] A versão e as insinuações contidas no *Relatório Secreto* já haviam suscitado sérias dúvidas em meados da década de 1990.[77] Hoje contamos com a pesquisa de uma estudiosa russa[78] publicada também em francês como parte de uma coleção coordenada por Stéphane Courtois e Nicolas Werth, isto é, pelos editores do *Livro negro do comunismo*. Estamos, portanto, na presença de uma obra que se apresenta com credenciais antistalinistas mais sólidas do que nunca; entretanto, ao negar que tenha havido uma vasta conspiração por trás do assassinato, ela estilhaça a versão contida ou sugerida no *Relatório Secreto* do XX Congresso do PCUS. A história de Khrushchev se revela bastante "imprecisa" em uma série de detalhes; por outro lado, seu autor "sabia que precisava de argumentos de peso para causar um choque psicológico nos seguidores do 'pequeno pai dos povos'"; pois bem, a tese da "conspiração de Stalin contra Kirov respondia admiravelmente a essa necessidade".[79]

As reais relações de parceria e amizade que existem entre o líder e seu colaborador são claramente perceptíveis no retrato que a historiadora russa traça de Kirov:

> Este homem aberto não amava intrigas, nem falsidade, nem engano. Stalin deve ter apreciado esses traços de caráter que eram a base do relacionamento entre eles. De acordo com os testemunhos de seus contemporâneos,

76 Cohen (1975). p. 344.

77 Thurston (1996), pp. 20-3.

78 Alla Kirilina. A publicação em francês foi em 1995.

79 Kirilina (1995), pp. 223 e 239.

> Kirov era de fato capaz de fazer objeções a Stalin, de suavizar seu espírito desconfiado e sua grosseria. Stalin o entusiasmava sinceramente, e este confiava nele. Apaixonado pela pesca e por caçadas, costumava enviar peixe fresco e caça para Moscou. Stalin confiava tanto em Kirov que o convidou várias vezes para tomar uma sauna com ele, uma "honra" que só concedeu a outro mortal, o general Vlassik, chefe de sua equipe de guarda-costas.[80]

Até o final, nada interveio para perturbar essa relação, como confirma a pesquisa de outro historiador russo: nada emerge dos arquivos que vá no sentido de uma divergência política ou uma rivalidade entre os dois. Tal tese é ainda mais ridícula pelo fato de que Kirov apenas ocasionalmente participa "das atividades do mais alto órgão de poder do partido", o Politburo, dirigindo seus esforços para a administração de Leningrado.[81]

Mas, se "a ideia de uma rivalidade entre Kirov e Stalin não se baseia em nada",[82] por outro lado a reação de Trotsky dá o que pensar:

> A guinada *à direita* na política externa e interna não poderia deixar de alarmar os elementos do proletariado com uma consciência de classe mais desenvolvida [...]. Até a juventude é atingida por um profundo mal-estar, principalmente aquela parte que convive com a burocracia e observa suas arbitrariedades, seus privilégios e seu abuso de poder. Nesta atmosfera sufocante, detonou-se o tiro da arma de fogo de Nikolaev [...]. É extremamente provável que ele quisesse protestar contra o regime vigente no partido, contra a incontrolabilidade da burocracia ou contra a guinada à direita.[83]

Transparente é a simpatia ou compreensão por quem praticou o atentado, e explícitos são o desprezo e o ódio reservados a Kirov. Longe de ter pena dele como vítima do ditador do Kremlin, Trotsky o rotula como o "ditador habilidoso e sem escrúpulos de Leningrado, uma personalidade típica de sua corporação".[84] E, ainda, num crescendo: "Kirov, sátrapa brutal, não

80 Ibid., p. 193.
81 Chlevnjuk (1998), pp. 365-6.
82 Kirilina (1995), p. 203.
83 Trotsky (1988), pp. 573 e 575.
84 Ibid., p. 986 (= Trotsky, 1968, p. 263).

desperta em nós nenhuma compaixão".[85] Foi atingido um indivíduo contra quem a raiva dos revolucionários vinha fervendo havia tempos:

> Nem as velhas classes dirigentes nem os *kulaks* recorrem ao novo terror. Os terroristas dos últimos anos são recrutados exclusivamente na juventude soviética, nas fileiras da organização da juventude comunista e do partido.[86]

Pelo menos naquela época — entre 1935 e 1936 — não se fala de modo nenhum do atentado contra Kirov como se fosse uma encenação. Sim, afirma-se que o caso pode ser instrumentalizado pela "burocracia em seu conjunto", mas ao mesmo tempo se sublinha, não sem satisfação, que "todos os burocratas estremecem diante do terror" vindo de baixo.[87] Ainda que lhes falte a "experiência da luta de classes e da revolução", estes jovens que se inclinam a "colocar-se na ilegalidade, aprender a lutar e a temperar-se para o futuro" constituem um motivo de esperança.[88] À juventude soviética, que já começa a semear o medo entre membros da casta dirigente, Trotsky apela explicitamente para a nova revolução que se impõe a seus olhos. O regime burocrático desencadeou "a luta contra a juventude", como o título de um parágrafo central de sua *A revolução traída* já denunciava. Agora os oprimidos derrubarão os opressores:

> Qualquer partido revolucionário encontra, antes de tudo, apoio na geração jovem da classe ascendente. A senilidade política se expressa na perda da capacidade de levar consigo a juventude [...] Os mencheviques se apoiaram nas camadas superiores e mais maduras da classe trabalhadora, não sem se orgulhar dela e não sem menosprezar os bolcheviques. Os acontecimentos mostraram impiedosamente seu erro: no momento decisivo, os jovens arrastaram os homens maduros e até os velhos.[89]

85 Trotsky (1967), p. 75.
86 Trotsky (1988), p. 655.
87 Ibid., p. 655
88 Ibid., p. 854 (= Trotsky, 1968, p. 149).
89 Ibid., p. 851 (= Trotsky, 1968, p. 146).

É uma dialética destinada a se repetir. Por mais imaturas que sejam as formas que assumiu inicialmente, a revolta contra a opressão ainda tem um valor positivo. Depois de reiterar seu desprezo e ódio por Kirov, Trotsky acrescenta:

> Permanecemos neutros em relação àquele que o matou apenas porque ignoramos seus motivos. Se soubéssemos que Nikolaev atacou conscientemente com a intenção de vingar os trabalhadores cujos direitos Kirov estava pisoteando, nossas simpatias iriam sem reservas para o terrorista.

Como os "terroristas da Irlanda" ou de outros países, os terroristas "russos" também merecem respeito.[90]

Inicialmente as investigações das autoridades apontam na direção dos "Guardas Brancos". De fato, em Paris, esses círculos estavam bem organizados: eles conseguiram realizar "um certo número de ataques em território soviético". Círculos semelhantes operavam em Belgrado: o periódico mensal publicado por eles especificava, na edição de novembro de 1934, que, para "derrubar os líderes do país dos sovietes", era melhor "usar a arma do atentado terrorista". Entre os dirigentes a serem eliminados estava Kirov. No entanto, as investigações não levaram a nenhum resultado; as autoridades soviéticas começaram então a olhar na direção da oposição de esquerda.[91]

Como vimos, quem corrobora a nova pista é Trotsky, que não se limita a enfatizar a ebulição revolucionária da juventude soviética, mas ainda esclarece quem recorre à violência não são e não podem ser classes definitivamente derrotadas e, portanto, já renunciadoras:

> A história do terrorismo individual na URSS caracteriza fortemente as etapas da evolução geral do país. No alvorecer do poder soviético, os Brancos e os socialistas revolucionários organizam ataques terroristas em clima de guerra civil. Quando as antigas classes proprietárias perderam toda a esperança de restauração, o terrorismo cessa. Os ataques dos *kulaks*, que continuaram até recentemente, tiveram um caráter local; eles completaram uma guerra de guerrilha contra o regime. O terrorismo mais recente não

90 Trotsky (1967), p. 75.
91 Burilina (1995), pp. 67-70.

> se apoia nem nas velhas classes dirigentes, nem nos camponeses ricos. A última geração de terroristas é recrutada exclusivamente na juventude soviética, entre os jovens comunistas e no partido, muitas vezes também entre os filhos de dirigentes.[92]

Se as velhas classes varridas primeiro pela Revolução de Outubro e depois pela coletivização da agricultura se resignaram, isso certamente não se aplica ao proletariado que foi protagonista da revolução e foi temporariamente bloqueado e oprimido pela burocracia stalinista. É esta última que deve tremer: o ataque a Kirov e a disseminação do terrorismo entre a juventude soviética são o sintoma do isolamento e da "hostilidade" que cercam e perseguem os usurpadores do poder soviético.[93]

É verdade que Trotsky se apressa em apontar que o terrorismo individual não é realmente eficaz. Mas se trata de um esclarecimento não de todo convincente e, talvez, não totalmente convicto. Entretanto, nas condições em que se encontra a URSS, é um fenômeno inevitável: "O terrorismo é a trágica conclusão do burocratismo".[94] Além disso, mesmo que não seja capaz de resolver o problema, "o terrorismo individual tem, no entanto, a maior importância como sintoma, pois caracteriza a dureza do antagonismo entre a burocracia e as vastas massas populares e mais particularmente os jovens". No entanto, a mistura está se adensando devido a uma "explosão" ou uma "agitação política", destinada a infligir ao "regime stalinista" um destino análogo ao sofrido pelo regime "cujo chefe era Nicolau II".[95]

Terrorismo, golpe de Estado e guerra civil

A derrubada da dinastia Romanov foi precedida por uma longa série de ataques promovidos por organizações que, apesar dos duros golpes da

92 Trotsky (1988), p. 857 (= Trotsky, 1968, p. 152).
93 Ibid., p. 553.
94 Ibid., p. 655.
95 Ibid., pp. 856-61 (= Trotsky, 1968, pp. 152-5).

repressão, sempre conseguiram se reconstituir. Aos olhos de Trotsky, um processo semelhante está em curso na URSS em resposta à "traição" cometida pela burocracia. Olhando mais de perto, não são exatamente os atos de terrorismo individual que a ameaçam, mas os arautos de uma nova e grande revolução:

> Tudo indica que os acontecimentos levarão a um conflito entre as forças populares fortalecidas pelo estímulo da cultura e a oligarquia burocrática. Esta crise não comporta uma solução pacífica [...]; o país caminha claramente para uma revolução.[96]

Uma guerra civil decisiva está se desenhando no horizonte e, "no contexto de uma guerra civil, o assassinato de certos opressores não pertence mais ao terrorismo individual"; em todo caso, "a IV Internacional trava uma luta mortal contra o stalinismo", chamada a aniquilar "uma facção já condenada pela história".[97]

Como se vê, o ataque contra Kirov evoca o espectro da guerra civil entre as forças que derrubaram o antigo regime. Na realidade, esse espectro acompanha a história da Rússia soviética como uma sombra, desde o momento de sua constituição. Para frustrar a paz de Brest-Litovsk, que ele sentiu como uma capitulação ao imperialismo alemão e uma traição ao internacionalismo proletário, Bukharin cogita brevemente a ideia de uma espécie de golpe de Estado, visando a tirar do poder, pelo menos por algum tempo, aquele que até então era o líder indiscutível dos bolcheviques (*supra*, p. 63). Se já pairava enquanto Lenin ainda estava vivo, apesar do enorme prestígio que cercava sua figura, o espectro da dilaceração do grupo dirigente bolchevique e da guerra civil dentro da mesma formação revolucionária tomou forma definitiva nos anos seguintes. É o que emerge inequivocamente de importantes testemunhos da oposição antistalinista e de desertores do movimento comunista em quem a velha fé se transformou em ódio implacável. Vejamos como Boris Souvarine descreve a situação que surgiu no PCUS cerca de dez anos após a Revolução de Outubro:

---

96 Ibid., p. 986 (= Trotsky, 1968, pp. 263-4).

97 Trotsky (1967), pp. 75-6.

> A oposição completa sua organização como partido clandestino dentro do partido único, com sua hierarquia em miniatura, seu Politburo, seu Comitê Central, seus agentes regionais e locais, seus grupos de base, suas cotas de participação, suas circulares, seu código para a correspondência.[98]

A perspectiva é de um embate não só político, mas também militar. Em suas memórias publicadas nos Estados Unidos logo após o fim da Segunda Guerra Mundial, Ruth Fischer, já uma figura de destaque do comunismo alemão e membro do Presidium do Komintern de 1922 a 1924, conta como tinha participado da organização na URSS da "resistência" contra o "regime totalitário" estabelecido em Moscou. Estamos em 1926. Depois de romper com Stalin no ano anterior, Zinoviev e Kamenev se reaproximam Trotsky: o "bloco" se organiza para a tomada do poder. Desenvolve-se, assim, uma capilar rede clandestina que se estende "até Vladivostok" e ao Extremo Oriente: correios divulgam documentos confidenciais de partidos e do Estado ou enviam mensagens cifradas; guarda-costas armados fazem a vigilância de reuniões secretas. "Os líderes do bloco se preparam para estabelecer os passos definitivos"; partindo do pressuposto de que o embate com Stalin só pode ser resolvido com "violência", eles se reúnem em uma floresta perto de Moscou para analisar em profundidade "o aspecto militar de seu programa", começando pelo "papel daquelas unidades do exército" dispostas a apoiar o "golpe de Estado". Fischer continua assim:

> Era uma questão em grande parte técnica, que precisava ser discutida entre os dois líderes militares, Trotsky e Laševich [vice-comissário de guerra, que depois morreria antes dos expurgos]. Visto que, como vice-comandante do Exército Vermelho, ele ainda estava em uma posição legal mais favorável, Laševich foi encarregado de elaborar os planos de ação militar contra Stalin.[99]

É neste contexto que se devem inserir as manifestações de rua organizadas no ano seguinte para o décimo aniversário da Revolução de Outubro: de

98 Souvarine (2003), pp. 547-8.
99 Fischer (1991), vol. 2, pp. 217-22.

Moscou e de Leningrado deviam espalhar-se para "outros centros industriais" e, assim, "obrigar a hierarquia do partido a se render".[100]

Naqueles anos, na Europa, a aspereza do confronto político em andamento na Rússia soviética não era um mistério para ninguém: "A história da luta entre Stalin e Trotsky é a história da tentativa de Trotsky de tomar o poder [...], é a história de um golpe de Estado fracassado". O brilhante organizador do Exército Vermelho, ainda circundado de "imensa popularidade", certamente não se resignou à derrota: "Sua violência polêmica e seu orgulho cínico e temerário fazem dele uma espécie de Bonaparte vermelho, apoiado pelo exército, pelas massas operárias e pelo espírito de revolta dos jovens comunistas contra a velha guarda do leninismo e o alto clero do partido". Sim, "a maré alta da sedição está subindo em direção ao Kremlin".[101] Esta imagem foi traçada em um livro, *Técnica do golpe de Estado*, publicado em Paris em 1931, que imediatamente teve considerável sucesso. O autor, Curzio Malaparte, que esteve em Moscou e conversou com personalidades de primeiro plano, dá a interpretação do confronto de 1927 que vimos confirmada por Ruth Fischer, ou seja, por um prestigioso representante da oposição antistalinista:

> Às vésperas da comemoração do décimo aniversário da Revolução de Outubro, a prisão de Trotsky causaria uma impressão desfavorável [...]. A ocasião escolhida por Trotsky para se apossar do Estado não poderia ser melhor. Como bom estrategista que é, ele se protegeu. Para não parecer um tirano, Stalin não ousa prendê-lo. Quando ele puder ousar, será tarde demais, pensa Trotsky: as luzes para o décimo aniversário da revolução serão apagadas, e Stalin não estará mais no poder.[102]

Como se sabe, esses planos falham e Trotsky, expulso do partido, é forçado a se mudar primeiro para Alma-Ata[103] e depois para a Turquia. Aqui "as autoridades consulares soviéticas" pagaram a ele, "a título de 'direitos autorais', 1,5 mil dólares".[104] Pode até ser "uma quantia ridícula", como

100 Ibid., pp. 256-7.
101 Malaparte (1973), pp. 105,109-10 e 113.
102 Fischer (1991), p. 125.
103 Atual Almati, no Cazaquistão.
104 Broué (1991), p. 632.

afirmou um historiador partidário e biógrafo de Trotsky,[105] mas o gesto pode ser lido como uma tentativa de não aguçar ainda mais a contestação.

Conspiração, infiltração no aparato do Estado e "linguagem esópica"

O revolucionário no exílio não desiste de seus projetos. Como ele tenta realizá-los? Malaparte escreve:

> Os atos de sabotagem em ferrovias, nas centrais elétricas, nos telefones e telégrafos estão aumentando a cada dia. Os agentes de Trotsky se infiltram em toda parte. Tateando as engrenagens da organização técnica do Estado, provocam de vez em quando a paralisia parcial dos organismos mais delicados. Estas são as escaramuças preliminares da insurreição.[106]

São apenas fantasias ou o eco da propaganda do regime? O livro aqui citado circulou amplamente na Europa da época e as teses nele defendidas não parecem suscitar sorrisos irônicos nem gritos escandalosos. Tal como acontece com o "terrorismo", também com a "sabotagem" é necessário não perder de vista a história peculiar da Rússia. Em 1908, tanto os industriais do petróleo quanto Stalin haviam repetidamente condenado, com motivações obviamente diferentes, a tendência de certos setores da classe operária de promover suas reivindicações recorrendo ao "terrorismo econômico". Embora enfatizando que a causa última desse fenômeno era a exploração capitalista, o líder bolchevique havia saudado "a última resolução dos grevistas da [fábrica] Mirzoiev, dirigida contra os incêndios e os assassinatos 'econômicos'", contra "as velhas tendências terroristas" e anarquistas.[107] No início da década de 1930, essa tradição desapareceu completamente ou

105 Ibid., p. 632.

106 Malaparte (1973), p. 124.

107 Stalin (1971-73), vol. 2, pp. 101-6 e em particular p. 103 (= Stalin, 1952-56 vol. 2, pp. 126-44 e em particular p. 128).

continuou se manifestando sob novas formas? De todo modo, vimos os Guardas Brancos se valerem dela. E a oposição de esquerda?

Pelo menos os planos de "insurreição" referidos por Malaparte encontram importante confirmação. O biógrafo de Trotsky relata nos seguintes termos a atitude que seu herói continua assumindo desde o exílio: "Os conselhos são simples: os opositores devem dotar-se de sólida formação militar com seriedade e consciência no partido e, uma vez que sejam expulsos dele, nas organizações proletárias e soviéticas em geral, referindo-se sempre à Internacional".[108] Aqui, a tradição conspiratória que contribuiu fortemente para o advento do poder soviético se volta contra ele. Em *O que fazer?* Lenin havia sublinhado enfaticamente: nós, revolucionários, "devemos prestar a máxima atenção à propaganda e à agitação entre soldados e oficiais, à criação de 'organizações militares' pertencentes ao nosso partido".[109]

Aproveitando-se dessa lição, a oposição organiza uma rede clandestina que dá especial atenção ao aparato militar em sentido amplo. Seu tortuoso processo de formação facilitava o trabalho de infiltração. Emblemático é o que ocorre no momento de criação da Tcheka, a primeira polícia política da Rússia soviética. Em 6 de julho de 1918, um atentado custou a vida do embaixador alemão em Moscou; o responsável foi Iakov G. Blumkin, um socialista revolucionário que pretendeu protestar contra o tratado de Brest-Litovsk e colocá-lo novamente em discussão: quando o chefe da Tcheka, Feliks E. Dzerzhinsky, vai à embaixada alemã em Moscou para apresentar as desculpas do governo soviético, é informado de que os responsáveis pelo atentado se apresentaram com credenciais da Tcheka. Para apurar a verdade, ele então se dirige ao quartel-general da instituição, onde, no entanto, foi detido por "tchekistas dissidentes", eles próprios adeptos ou próximos do partido dos socialistas revolucionários. Posteriormente libertado pelos Guardas Vermelhos, Dzerzhinsky procede ao expurgo da polícia política e à execução dos responsáveis pela conspiração e pelo motim. Em conclusão, as vítimas do primeiro "expurgo" são tchekistas, embora estivessem na oposição.[110]

---

108 Broué (1991), p. 516.
109 Lenin (1955-70), vol. 5, p. 432 nota.
110 Mayer (2000), pp. 271-2.

O protagonista do atentado consegue escapar, mas nem por isso desaparece de cena: "Trotsky reconheceu publicamente, no final de 1929, ter recebido a visita de Blumkin, ainda agente dos serviços de inteligência do Exército Vermelho". Lev Sedov, filho e colaborador de Trotsky, tentou fazer crer que se trataria de uma espécie de coincidência; na verdade, um documento conservado em Stanford "mostra que os contatos de Trotsky com Blumkin não surgiram de um encontro fortuito, mas de um vínculo organizado com a URSS"; nesse âmbito "o agente secreto evidentemente teve um papel importante". Será esse vínculo que levará Stalin "a fuzilar Blumkin".[111]

Como se pode ver, "os agentes" da oposição "se infiltram em toda parte".[112] Mesmo "no GPU" se aninha por algum tempo um "pequeno núcleo de partidários de Trotsky".[113] Segundo um historiador americano contemporâneo, talvez o jogo duplo tenha sido feito pelo próprio Genrich G. Yagoda, que dirigiu a primeira fase do Grande Terror, antes de ser ele mesmo eliminado.[114] Dos testemunhos de militantes antistalinistas emerge que "alguns panfletos [da oposição] são impressos na tipografia da GPU"; observando-se mais detidamente, há "tensões permanentes no aparato terrorista [estatal] da Rússia soviética".[115]

A infiltração é facilitada pelas tímidas aberturas do regime. Ao convocar a luta contra a "ditadura burocrática", Trotsky sublinha que "a nova Constituição oferece ao mesmo tempo uma trincheira semilegal para combatê-la".[116] Combate-se ainda melhor disfarçando-se, dissimulando a intenção de querer minar e derrubar o poder. É um ponto sobre o qual o líder da oposição não deixa dúvidas: "O trabalho de minar requer certas precauções conspiratórias"; é preciso "observar na luta [...] as regras da conspiração". E mais:

> A luta mortal é inconcebível sem astúcias de guerra, ou seja, sem mentiras e enganos. Os proletários alemães podem por acaso se eximir de enganar

111 Broué (1991), p. 597.
112 Malaparte (1973), p. 124.
113 Broué (1991), p. 616.
114 Thurston (1996), p. 34.
115 Fischer (1991), vol. 2, p. 250.
116 Trotsky (1988), p. 986 (= Trotsky, 1968, p. 263).

> a polícia de Hitler? Os bolcheviques soviéticos faltariam com a moral ao enganar a GPU?[117]

E novamente a tradição conspiratória bolchevique se volta contra o regime resultante da revolução bolchevique. Em 1920, Lenin chamou a atenção dos revolucionários para a "obrigação de combinar as formas ilegais da luta com suas formas legais, com a participação obrigatória no parlamento mais reacionário e em um certo número de outras instituições submetidas a leis reacionárias". Mas isso não é tudo: os revolucionários devem saber "enfrentar todos os sacrifícios e — em caso de necessidade — também recorrer a todas as astúcias, a todas as espertezas, a métodos ilegais, a reticências, a ocultação da verdade, para entrar nos sindicatos, para permanecer neles, para realizar o trabalho comunista a qualquer custo".[118] É exatamente assim que a oposição se comporta em relação às instituições e às organizações políticas e sociais do odiado regime "termidoriano".

Os conspiradores seguem uma regra de conduta precisa:

> Eles fazem suas autocríticas, reconhecem seus "erros" e no mais das vezes são transferidos. Aqueles a quem a imprensa stalinista agora chama de "os homens de duas caras" ou mesmo "a fração esquerda-direita" buscaram desde então contatos que lhes permitissem ampliar a frente de resistência à política de Stalin.
>
> Nesse caminho, encontram outros grupos...[119]

Compreende-se, assim, a obsessão pela "duplicidade", a obsessão que Khrushchev censura a Stalin.[120]

Nesse ínterim, com o abandono da NEP, se consumou a ruptura com Bukharin. Sobre a atitude assumida por este último, pode ser interessante ler o testemunho de Humbert-Droz, dirigente do Komintern, expulso do Partido Comunista suíço em 1942 por suas desavenças com Stalin. Ao partir para a I Conferência dos Sindicatos Revolucionários da América Latina, na

117 Trotsky (1967), pp. 67, 69 e 63.
118 Lenin (1955-70), vol. 31, pp. 26 e 44.
119 Broué (1991), p. 680.
120 Khrushchev (1958), pp. 134-5.

primavera de 1929, ele vai se despedir de Bukharin e tem uma conversa com ele, relatada a seguir: "Ele me informou dos contatos feitos por seu grupo com a fração Zinoviev-Kamenev para coordenar a luta contra o poder de Stalin", uma luta que também previa o uso do "terrorismo individual" e cujo objetivo central "era eliminar Stalin" e, para ser claro, "eliminá-lo fisicamente".[121] Três anos depois, foi outro expoente da "direita", a saber, Martem'jan N. Riutin, quem redigiu e fez circular um documento que passou de mão em mão e que carimbava Stalin como um "provocador" do qual se deve livrar, recorrendo até ao tiranicídio.[122] Quando Bukharin expõe seus planos, Humbert-Droz objeta que "a introdução do terrorismo individual nas lutas políticas nascidas da Revolução Russa corria o risco de se voltar contra aqueles que o usaram", mas Bukharin não se deixa impressionar.[123] Por outro lado, a objeção que acabamos de ver dificilmente poderia agradar a um homem que agora — como ele revelou confidencialmente em 1936 — nutre um profundo "ódio" por Stalin, aliás, o ódio "absoluto" que se reserva a um "demônio".[124]

Enquanto assim se expressava em particular, Bukharin dirigia o órgão do governo soviético "Izvestiya". Trata-se de uma clamorosa incoerência? Não tanto do ponto de vista do dirigente bolchevique, que continua misturando trabalho legal e ilegal, a fim de derrubar um regime agora odioso para ele, e que parece valorizar outra indicação de Lenin. Referindo-se à Rússia czarista, em *O que fazer?* podemos ler:

> Em um país autocrático, onde a imprensa é completamente subjugada, em uma era de reação política implacável, que reprime até as menores manifestações de descontentamento e protesto político, em uma literatura submetida à censura, a teoria do marxismo revolucionário abre caminho repentinamente, na imprensa censurada, expressando-se em linguagem esópica, mas compreensível a todos os "interessados".[125]

---

121 Humbert-Droz (1974), pp. 263-4.
122 Graziosi (2007), p. 336; cf. também Tucker (1990), p. 211 e Mayer (2000), p. 647.
123 Humbert-Droz (1974), pp. 263-4.
124 Cohen (1975), p. 285; Tucker (1974), pp. 424-5.
125 Lenin (1955-70), vol. 5, p. 332.

É exatamente assim que Bukharin usa a tribuna do governo soviético. A condenação do "Estado total onipotente", fundado na "disciplina cega", na "obediência jesuítica", na "glorificação do 'Líder'", sugere referir-se apenas à Alemanha de Hitler, mas na realidade visa também a URSS. A "linguagem esópica" preconizada por Lenin torna-se imediatamente transparente, quando a denúncia ataca o "inculto e cruel provincianismo".[126] É claramente o retrato que a oposição pinta de Stalin. Vimos Trotsky falar dele como um "pequeno provinciano" (*supra*, p. 14), e em conversas sigilosas é o próprio Bukharin quem expressa seu desdém por um líder que sucedeu a Lenin, mesmo ignorando totalmente as línguas estrangeiras.[127]

Concentrando-se na eficácia implantada na Rússia czarista pela mensagem revolucionária expressa em "língua esópica", *O que fazer?* prossegue assim:

> Antes que o governo percebesse, antes que o pesado exército de censores e gendarmes descobrisse o novo inimigo e avançasse sobre ele, demorou um pouco [...]. E, durante esse tempo, obras marxistas foram publicadas, uma após a outra, revistas e jornais marxistas foram fundados, contagiosamente todos se tornaram marxistas, marxistas foram lisonjeados, marxistas foram cortejados, editores ficaram entusiasmados com a venda extraordinariamente rápida de livros marxistas.[128]

Bukharin e a oposição esperavam que um fenômeno semelhante criasse um clima favorável à derrubada de Stalin. Mas ele também leu *O que fazer?* e estava bem familiarizado com as regras bolcheviques da conspiração. Em conclusão, estamos testemunhando uma guerra civil prolongada. A rede clandestina reorganiza-se ou tenta se reorganizar apesar das sucessivas ondas de repressão, que se tornam cada vez mais impiedosas. Para dizer nas palavras de um militante ativo na luta contra Stalin: "Apesar de ter sido pisoteada e aniquilada, a oposição sobreviveu e cresceu; no exército, na administração, no partido, nas cidades e no campo, cada onda

126 Cohen (1975), pp. 356-60.
127 Wolkogonov (1989), p. 295.
128 Lenin (1955-70), vol. 5, pp. 332-3.

terrorista [do regime stalinista] suscitou um movimento de resistência".[129] A liderança bolchevique agora parece dilacerada por uma prova de força sem limites que, pelo menos nas expectativas e esperanças dos inimigos de Stalin, poderia a qualquer momento envolver todo o país de forma aberta e generalizada. Enquanto a oposição pode se referir à lição de Lenin e à tradição conspiratória do bolchevismo para tecer suas tramas nas sombras, essa duplicidade desperta a indignação do poder soviético, que transforma os falsos amigos no inimigo mais esquivo e mais insidioso: a tragédia corre para seu epílogo.

Infiltração, desinformação e apelos à insurreição

As "regras da conspiração" teorizadas por Trotsky implicam apenas ocultar a identidade política de alguém ou podem incluir o recurso a falsas denúncias, de modo a semear confusão e caos no campo inimigo e tornar ainda mais difícil identificar a rede clandestina em luta pela derrubada do regime stalinista? Em outras palavras, as "regras da conspiração" envolvem apenas a proteção estrita de informações confidenciais ou também o sinal verde para a desinformação? A nutrir suspeitas nesse sentido não é só a jornalista norte-americana Anna Louise Strong, simpatizante do regime.[130] É o próprio *Relatório Secreto* que menciona falsas denúncias e "provocações" levadas a cabo seja por "autênticos trotskistas", que assim faziam sua "vingança", seja por "carreiristas sem consciência", inclinados a abrir caminho mesmo recorrendo aos meios mais desprezíveis.[131] Significativo é um episódio que ocorre no momento do anúncio do assassinato de Kirov. Os sentimentos predominantes — relata Andrew Smith, que na época trabalhava na fábrica Elektrozavod de Kuzncov — são de choque e angústia pelo futuro; mas há aqueles que lamentam que não tenha sido Stalin a ser atingido. Realiza-se então uma

129 Fischer (1991), vol. 2, p. 326.

130 Strong (2004), cap. V.

131 Khrushchev (1958), pp. 136-7 e 139-40.

assembleia, durante a qual os trabalhadores são convidados a denunciar os inimigos ou possíveis inimigos do poder soviético.

> Smith relembrou atônito como, durante o debate, o grupo de dissidentes com quem ele próprio mantinha contato se mostrara o mais diligente em atacar opositores e diversionistas e pedir as mais severas medidas contra eles.[132]

Também é sintomático um episódio que ocorre fora da URSS, mas que pode ajudar a compreender o que está acontecendo dentro do país. Quando o general Alexandr M. Orlov, ex-colaborador do NKVD que fugiu para os EUA em 1938, foi acusado pelo jornalista Louis Fischer de ter participado da aniquilação de quadros comunistas antistalinistas durante a Guerra Civil Espanhola, ele respondeu com a falsa revelação segundo a qual seu acusador era na verdade um espião a serviço de Moscou.[133]

Na União Soviética dos anos 1930, vimos a oposição se infiltrar nos mais altos escalões do aparato repressivo: seria muito estranho se, depois de ter alcançado esse resultado, ela se limitasse a executar as ordens de Stalin! A desinformação, que tem a dupla vantagem de colocar a máquina de repressão em apuros e de livrar-se, graças a ela mesma, de algum inimigo particularmente odiado, é parte integrante da guerra: é disso que se trata agora, ao menos a julgar por uma intervenção de Trotsky em julho de 1933, na qual ele considera que a guerra civil contrarrevolucionária desencadeada pela "burocracia stalinista", e que resultou na "infame aniquilação dos bolcheviques-leninistas", já está "em curso". Portanto, é necessário tomar nota da nova situação. "A palavra de ordem da reforma do PCUS" não faz mais sentido. Uma luta frontal se impõe: o partido e a Internacional dirigida por Stalin, agora nos momentos finais, "só podem trazer desastres e nada além de desastres" ao "proletariado mundial"; do lado oposto, os autênticos revolucionários certamente não podem ser inspirados em sua ação por "pacifistas pequeno-burgueses".[134] Não há dúvidas: "Só com *violência* a burocracia pode ser forçada a recolocar o

132 Flores (1990), pp. 215-6.

133 Chlevnjuk (1998), p. 28.

134 Trotsky (1997-2001), vol. 3, pp. 421-5.

poder nas mãos da vanguarda proletária".[135] Para Trotsky, a ascensão de Hitler ao poder significa não que a unidade seja necessária para enfrentar o enorme perigo que avança a partir da Alemanha, mas que não se pode mais parar a meio caminho na luta contra um poder, o stalinista, que levou o proletariado alemão e internacional à derrocada.

Como se pode ver, é o próprio líder da oposição quem fala de uma "guerra civil" dentro do partido que liderou conjuntamente a Revolução de Outubro e a Rússia soviética nos primeiros anos. Estamos diante de uma categoria que constitui o fio condutor da pesquisa de um historiador russo de fé trotskista segura e declarada, autor de uma obra monumental em vários volumes, dedicada justamente à reconstrução detalhada dessa guerra civil. A propósito da Rússia soviética, fala-se de uma "guerra civil preventiva" desencadeada por Stalin contra aqueles que se organizam para derrubá-lo. Mesmo fora da URSS, essa guerra civil se manifesta e às vezes explode dentro da frente que luta contra Franco; e, de fato, com referência à Espanha de 1936-39, fala-se não de uma, mas de "duas guerras civis".[136] Com grande honestidade intelectual, e aproveitando o novo e rico material documental disponível graças à abertura dos arquivos russos, o autor aqui citado chega à conclusão: "Os processos de Moscou não foram um crime imotivado e a sangue frio, mas a reação de Stalin no curso de uma aguda luta política".[137]

Polemizando com Aleksandr Soljenítsin, que retrata as vítimas dos expurgos como um apanhado de "coelhos", o historiador trotskista russo cita um panfleto que na década de 1930 pregava a remoção do "ditador fascista e sua camarilha" do Kremlin. Ele então comenta: "Mesmo do ponto de vista da legislação russa em vigor hoje, este folheto deve ser julgado como um apelo à derrubada violenta do poder (mais precisamente do estrato dominante superior)".[138] Em conclusão, longe de ser a expressão de "um acesso de violência irracional e sem sentido", o terror sanguinário desencadeado por Stalin é na realidade a única maneira pela qual ele consegue dobrar a "resistência das verdadeiras forças comunistas". Quem é atingido é "o partido dos fuzilados", assim definido "por analogia com

135 Trotsky (1988), p. 490; itálico no texto original.
136 Rogowin (1998), pp. 91 e 404.
137 Ibid., p. 100.
138 Rogowin (1999), pp. 288-9.

a expressão usada para designar o partido comunista francês, principal força da resistência antifascista e alvo predileto do terror hitlerista".[139] Stalin é assim comparado a Hitler; resta o fato de que os comunistas e partisans franceses não se limitaram a opor a este último uma resistência passiva ou não violenta.

Guerra civil e manobras internacionais

Não é de admirar que esta ou aquela grande potência tentasse aqui e ali tirar proveito da latente guerra civil na Rússia soviética. Às vezes é o grupo derrotado que solicita ou quer provocar a intervenção estrangeira, por acreditar não dispor de outra chance de sucesso. Essa dialética se desenvolveu a partir dos primeiros meses de vida da Rússia soviética. Voltemos ao atentado de 6 de julho de 1918. Ele é parte integrante de um projeto muito ambicioso. Por um lado, os socialistas revolucionários de esquerda promovem "em vários centros levantes contrarrevolucionários contra o governo soviético" ou "uma insurreição em Moscou, na esperança de derrubar o governo comunista"; por outro lado, propõem também "assassinar vários expoentes alemães", de forma a provocar uma reação militar da Alemanha e a consequente retomada da guerra. Ela teria se deparado com a *levée en masse* do povo russo, que infligiria uma derrota tanto ao governo dos traidores quanto ao inimigo invasor.[140] O protagonista do ataque contra o embaixador alemão é um revolucionário sincero: bem antes de estabelecer contatos com os círculos trotskistas, pretendia emular os jacobinos, protagonistas da fase mais radical da Revolução Francesa e da heroica resistência das massas contra a invasão dos poderes contrarrevolucionários. Aos olhos das autoridades soviéticas, porém, Blumkin só pode ser um provocador: o sucesso de seu

139 Ibid., pp. 11-2.

140 Carr (1964), p. 876; Daniels fala de "insurreição" (1970), p. 145; cf. Também Mayer (2000), p. 271.

plano teria resultado em um novo avanço do exército de Guilherme II e talvez no colapso do poder nascido da Revolução de Outubro.

A cada virada histórica, o entrelaçamento da política doméstica e da política internacional reaparece. A chegada de Hitler ao poder, com a aniquilação ou dizimação da secção mais forte da Internacional Comunista, representa um duro golpe para a União Soviética: que consequências terá no equilíbrio político interno? Em 30 de março de 1933, Trotsky, que atribuiu a derrota dos comunistas na Alemanha à burocracia vigente na URSS, escreveu que "a liquidação do regime de Stalin" é "absolutamente inevitável e [...] não muito distante".[141] No verão daquele mesmo ano, na França, o governo Daladier concedeu um visto a Trotsky: apenas alguns meses se passaram desde a recusa anterior de Herriot, e alguém se perguntava sobre os motivos dessa mudança. Ruth Fischer acredita que o governo francês partiu do pressuposto da "fraqueza da posição de Stalin", do "agrupamento das oposições contra ele" e do retorno iminente de Trotsky a Moscou com funções dirigentes de primeiro plano.[142]

Um novo ponto de virada dramático ocorre com a eclosão da Segunda Guerra Mundial. Na primavera de 1940, a União Soviética ainda estava fora do gigantesco confronto, ou melhor, continuava ligada à Alemanha pelo pacto de não agressão. É uma situação intolerável para os países já atingidos pela agressão de Hitler, que, também a pretexto do conflito russo-finlandês, amadurecem planos de bombardear os centros petrolíferos de Baku. Não se trata apenas de atingir a linha de abastecimento de energia do Terceiro Reich: "os planos de guerra franco-britânicos visavam fazer a União Soviética romper a aliança militar com a Alemanha por meio de ataques contra as indústrias petrolíferas da região do Cáucaso e trazer um regime pós-stalinista a seu lado contra a Alemanha".[143]

Voltemos por um instante ao atentado contra o embaixador alemão Mirbach. O responsável pretendia certamente desencadear o ataque da Alemanha, mas não porque esperasse por uma vitória: ao contrário, esperava que a chicotada despertasse a Rússia, levando-a a uma retaliação decisiva. Mais tarde vimos Blumkin participando da conspiração dirigida

141 Broué (1991), p. 707.
142 Ibid., pp. 715-6.
143 Hillgruber (1991), p. 191.

por Trotsky. E este, por sua vez, para deixar clara sua posição, compara-se em 1927 ao primeiro-ministro francês Clemenceau, que, durante a Primeira Guerra Mundial, assume a direção do país depois de ter denunciado a escassa energia bélica de seus antecessores e, por isso, apresenta-se como o único estadista capaz de levar a França à vitória sobre a Alemanha.[144] Da massa de sucessivas interpretações e reinterpretações dessa analogia, apenas um ponto firme emergiu: nem mesmo a invasão da União Soviética teria posto fim às tentativas da oposição de tomada do poder. Mais inquietante ainda é a comparação já apontada entre Stalin e Nicolau II: durante a Primeira Guerra Mundial, lida e denunciada como uma guerra imperialista, os bolcheviques lançaram a palavra de ordem do derrotismo revolucionário e identificaram na autocracia czarista e no inimigo interno o inimigo principal, aquele que tinha que ser combatido e derrotado em primeiro lugar.

Nos anos seguintes, Trotsky vai muito além da evocação do espírito de Clemenceau: em 22 de abril de 1939, ele se pronuncia pela "libertação da assim chamada Ucrânia soviética do jugo stalinista".[145] Uma vez independente, ela mais tarde seria unificada com a Ucrânia ocidental, arrancada da Polônia, e com a Ucrânia carpática, anexada pouco antes pela Hungria. Vamos refletir sobre o momento em que essa posição foi tomada: o Terceiro Reich acaba de concluir o desmembramento da Tchecoslováquia, e aumentam os rumores que indicam a União Soviética (e, em particular, a Ucrânia) como o próximo objetivo da Alemanha. Nessas circunstâncias, em julho de 1939, até Kerensky se posicionou contra o surpreendente projeto de Trotsky que, observou o líder menchevique, apenas favorecia a política de Hitler. "É a mesma opinião do Kremlin", prontamente responde Trotsky, que, por outro lado, já havia escrito no artigo de 22 de abril: com a independência da Ucrânia, "a camarilha bonapartista [de Moscou] colherá o que plantou"; é bom que "a atual casta bonapartista seja minada, abalada, destruída e varrida"; essa é a única maneira de preparar o caminho para uma real "defesa da República Soviética" e de seu "futuro socialista".[146] Imediatamente após o início da invasão da Polônia, Trotsky vai ainda mais

144 Trotsky (1988), p. 117 e nota 85 do editor.
145 Ibid., p. 1179.
146 Ibid., pp. 1253-4 e 1179.

longe. Ao prever a ruína final do Terceiro Reich, ele acrescenta: "E, no entanto, antes de ir para o inferno, Hitler poderia infligir tal derrota à União Soviética que poderia custar a cabeça da oligarquia do Kremlin".[147] Esta previsão (ou esta esperança) de uma liquidação (mesmo física) da "camarilha" ou "casta bonapartista" por uma revolução de baixo ou mesmo por uma invasão militar não pode deixar de aparecer aos olhos de Stalin como a confirmação de suas suspeitas sobre a convergência, ao menos "objetiva", entre a direção nazista e a oposição trotskista: ambas tinham interesse em provocar o colapso da frente interna na URSS, ainda que a primeira visse nesse colapso o pressuposto da escravização do país eslavo, e a segunda, o desencadeamento de uma nova revolução.

Não se tratava nem mesmo de uma suspeita particularmente difamatória: fazendo-se passar por um novo Lenin, Trotsky aspirava usar a seu favor a dialética que a seu tempo havia levado à derrota do exército russo, ao colapso da autocracia czarista e à vitória da Revolução de Outubro. Mais uma vez, a história por trás do bolchevismo se volta contra o poder soviético. Kerensky, que em 1917 denunciara a traição dos bolcheviques, agora adverte contra a traição daqueles que se autodenominam "bolcheviques-leninistas". Do ponto de vista de Stalin, em comparação com a Primeira Guerra Mundial, ocorreu uma mudança radical: trata-se agora de enfrentar um partido político ou uma facção que, pelo menos no que diz respeito à fase inicial do conflito, leva em consideração o colapso do país resultante da Revolução de Outubro e o triunfo militar de uma Alemanha ainda não desgastada por três anos de guerra, como foi a de Guilherme II, mas com força total e explicitamente comprometida com a construção de seu império colonial no leste. Dadas essas suposições, o surgimento da acusação de traição certamente não surpreende. Voltemos ao artigo de Trotsky de 22 de abril de 1939. Nele há apenas uma afirmação que pode ter conquistado a aprovação de Stalin: "A guerra que se aproxima criará um clima favorável a todos os possíveis aventureiros, adivinhos e aqueles que vão em busca do velocino de ouro".[148]

Enquanto as chamas da Segunda Guerra Mundial se inflamam cada vez mais, destinadas a se espalhar também para a União Soviética, segundo a

147 Ibid., pp. 1258-9.

148 Ibid., p. 1183.

própria previsão de Trotsky, este continua a fazer declarações e afirmações que são tudo menos tranquilizadoras. Vejamos algumas delas: "O patriotismo soviético não pode ser separado da luta irreconciliável contra a camarilha stalinista" (18 de junho de 1940); "a Quarta Internacional há muito reconheceu a necessidade de derrubar a burocracia [no poder na Rússia] por meio de uma insurreição revolucionária dos trabalhadores" (25 de setembro de 1939); "Stalin e a oligarquia dirigida por ele representam o principal perigo para a União Soviética" (13 de abril de 1940).[149] É bastante compreensível que, tachada de "principal inimigo", a "burocracia" ou a "oligarquia" no poder amadureça a convicção de que a oposição, se não ao serviço direto ao inimigo, está de todo modo pronta, ao menos em um primeiro momento, a apoiar sua ação.

Qualquer governo teria identificado tais organizações como uma ameaça à segurança nacional. As preocupações e suspeitas de Stalin aumentam com a previsão, que Trotsky faz (25 de setembro de 1939), de uma "revolução iminente na União Soviética": faltariam "poucos anos ou talvez apenas meses para a derrocada inglória" da burocracia stalinista.[150] De onde vem essa segurança? É uma previsão formulada levando em conta apenas os desdobramentos internos do país?

Decifrar o entrelaçamento dos conflitos políticos internos na Rússia soviética com as tensões internacionais se mostra ainda mais difícil devido ao fato de que as suspeitas e acusações são alimentadas pela realidade encorpada da quinta-coluna e pelas operações de desinformação realizadas pelos serviços secretos da Alemanha de Hitler. Em abril de 1938, Goebbels anotou em seu diário: "Nosso transmissor de rádio clandestino da Prússia Oriental para a Rússia está causando um grande rebuliço. Ele opera em nome de Trotsky e dá trabalho a Stalin".[151] Imediatamente após o desencadeamento da Operação Barbarossa, o chefe dos serviços de propaganda do Terceiro Reich está ainda mais satisfeito: "Agora estamos trabalhando com três estações de rádio clandestinas para a Rússia: a primeira é trotskista, a segunda separatista, a terceira nacional-russa, todas elas duríssimas contra o regime stalinista". É um instrumento ao qual os agressores dão grande importância: "Trabalhamos com todos os meios,

---

149 Ibid., pp. 1341, 1273 e 1328.

150 Ibid., pp. 1273 e 1286.

151 Goebbels (1996), p. 123.

principalmente com as três rádios clandestinas para a Rússia"; elas "são um modelo de astúcia e refinamento".[152] Um registro de diário datado de 14 de julho é particularmente significativo sobre o papel da propaganda "trotskista", que, após mencionar o tratado assinado entre a União Soviética e a Grã-Bretanha e o comunicado conjunto dos dois países, prossegue assim: "Para nós, esta é uma oportunidade bem-vinda de demonstrar a irmandade entre capitalismo e bolchevismo [aqui sinônimo de poder soviético oficial]. A declaração encontrará pouca aceitação entre os círculos leninistas na Rússia" (deve-se notar que os trotskistas gostavam de se definir como "bolcheviques-leninistas" em contraposição aos "stalinistas", considerados traidores do leninismo).[153]

Naturalmente, hoje parece grotesca a pretensão de Stalin e seus colaboradores de condenar a oposição em bloco como um antro de agentes do inimigo, mas não se deve perder de vista o quadro histórico aqui sumariamente esboçado. Acima de tudo, é preciso ter em mente que suspeitas e acusações semelhantes e opostas foram feitas contra a liderança stalinista. Depois de tachar Stalin de "ditador fascista", os panfletos que a rede trotskista circulou na União Soviética acrescentavam: "Os dirigentes do Politburo ou são doentes mentais, ou mercenários do fascismo".[154] Documentos oficiais da oposição também insinuavam que Stalin poderia ser o protagonista de uma "gigantesca provocação consciente".[155] De ambas as partes, em vez de empenhar-se na laboriosa análise das contradições objetivas, das opções contrárias e dos conflitos políticos que nela se desenvolvem, prefere-se recorrer precipitadamente à categoria da traição e, em sua configuração extrema, o traidor torna-se o agente consciente e a soldo do inimigo. Trotsky não se cansa de denunciar "a trama da burocracia stalinista contra a classe trabalhadora", e a trama é ainda mais desprezível pelo fato de que a "burocracia stalinista" nada mais é do que "um aparelho de transmissão do imperialismo".[156] É então o caso de dizer que Trotsky é reembolsado generosamente na mesma moeda. Ele reclama de

152 Goebbels (1992), pp. 1614 e 1619-20.
153 Ibid., p. 1635.
154 Rogowin (1999), pp. 288-9.
155 Broué (1991), p. 683.
156 Trotsky (1967), pp. 64 e 44.

ter sido rotulado de "agente de uma potência estrangeira", mas, por sua vez, rotula Stalin de "agente provocador a serviço de Hitler".[157]

De parte a parte, trocam-se as acusações mais difamatórias; olhando com atenção, as mais fantasiosas são as que vêm da oposição. O estado de espírito contraditório e atormentado de seu líder foi analisado com fineza por um historiador russo insuspeito de simpatias stalinistas:

> Trotsky não queria a derrota da União Soviética, mas o colapso de Stalin. Em suas profecias sobre a guerra iminente, percebe-se a insegurança: o exilado sabia que só uma derrota de sua pátria poderia acabar com o poder de Stalin [...]. Ele desejava a guerra, porque nesta guerra ele via a única possibilidade de derrubar Stalin. Mas Trotsky não queria admitir isso nem para si mesmo.[158]

Entre "derrubada bonapartista", "golpes de Estado" e desinformação: o caso Tukhachevski

Nesse contexto de guerra civil (latente ou manifesta) no interior do novo grupo dirigente advindo do colapso do antigo regime, de acusações recíprocas de traição e conluio com o inimigo imperialista e de real atividade dos serviços secretos empenhados tanto no recrutamento de agentes, quanto na desorientação, deveria incluir-se a história que, em 1937, levou ao indiciamento e à execução do marechal Tukhachevski, bem como de vários outros importantes expoentes do Exército Vermelho.

Por trás desse episódio há uma longa pré-história. Lenin já pressente um perigo bonapartista pairando sobre a Rússia soviética e expressa suas preocupações também a respeito de Trotsky: o poder civil realmente conseguirá se fazer obedecer pelos militares? Em 1920, Tukhachevski parece querer decidir soberanamente a marcha vitoriosa que sonhava sobre Varsóvia. Em todo caso — como respeitados historiadores observam hoje

157 Trotsky (1988), pp. 1334 e 1339.
158 Wolkogonov (1989), pp. 514-5.

—, desponta com clareza a tendência de o brilhante general "tornar-se o Bonaparte da revolução bolchevique".[159] Dez anos depois, Stalin é alertado pela GPU sobre as redes conspiratórias que estariam sendo tramadas contra ele nos círculos militares. É apenas uma especulação?[160] Em abril do ano seguinte, quem apontou sérias dúvidas sobre Tukhachevski foi Trotsky, que fez a seguinte análise sobre a situação que surgira na URSS após a derrota política de Bukharin e da "direita" ligada a ele: agora o principal perigo para o socialismo é representado não pela "derrubada termidoriana", que preserva formalmente o caráter soviético do país e o caráter comunista do partido no poder, mas pela "derrubada bonapartista", que assume "a forma mais aberta, 'mais madura' da contrarrevolução, voltando-se contra o sistema soviético e o partido bolchevique como um todo e desembainhando o sabre em nome da propriedade burguesa". Nesse caso, "os elementos aventureiros-pretorianos à la Tukhachevski" poderiam desempenhar um papel de grande relevo. Quem os enfrentaria com "armas em punho" seriam "os elementos revolucionários" do partido, do Estado e — note-se bem — "do exército", reunidos em torno da classe operária e da "facção dos bolcheviques-leninistas" (isto é, trotskistas).[161]

Essa tomada de posição representa um novo elemento no conflito entre os bolcheviques: mesmo mantendo "as forças armadas sob seu controle", Stalin "teve o cuidado de não as envolver muito intimamente nas controvérsias e intrigas que agitavam o partido e o Estado";[162] agora a oposição está claramente tentando afirmar ou consolidar sua presença no exército em nome da luta contra o perigo bonapartista, que só ela poderia enfrentar de forma consequente. No entanto, sem se deixar impressionar pelo perigo bonapartista assim evocado, em 1936 Stalin alçou Tukhachevski e quatro outros líderes militares à patente de marechal. É uma promoção decidida no âmbito de uma reforma que vê o exército abandonar "o caráter predominante de milícia territorial", tornar-se "uma verdadeira força permanente" e restaurar "a antiga disciplina pré-revolucionária".[163] Em 21 de dezembro do mesmo ano, juntamente com outros membros da cúpula

159 Mayer (2000), p. 621, que remete, por sua vez, a Thomas C. Fiddick.
160 Chlevnjuk (1998), p. 61.
161 Trotsky (1988), pp. 297-9.
162 Deutscher (1969), p. 694.
163 Ibid., p. 531.

política e militar soviética, o novo marechal festejou, na casa de Stalin, o aniversário deste último "até as 5h30 da manhã!", sublinha Dimitrov.[164]

Precisamente esta reforma despertou a indignação de Trotsky, que, por um lado, retoma a velha acusação: o Exército Vermelho "não foi poupado da degeneração do regime soviético; ao contrário, essa degeneração encontrou sua expressão mais completa no exército". Por outro lado, Trotsky assume novos tons, insinuando a "formação de uma espécie de facção de oposição no exército", que, pela esquerda, se sente incomodada com o abandono da "perspectiva da revolução mundial". E o texto aqui citado de algum modo insinua que o próprio Tukhachevski poderia ter sido atraído por essa oposição: aquele que, em 1921, lutara com "exagerada impetuosidade" pela formação do "Estado-Maior mundial" dificilmente podia reconhecer-se no abandono do internacionalismo e, mais ainda, no "culto do status quo" que agora prevaleciam na URSS. O que dizer desse novo texto? A agitação no exército continua e parece recrudescer: só que agora a luta no horizonte vê contrapor-se aos generais bonapartistas não a "facção bolchevique-leninista", mas uma parte substancial do exército e de seus líderes contra os dirigentes termidorianos e traidores do Kremlin. A resistência do Exército Vermelho ou sua rebelião contra o poder central seria tanto mais justificada pelo fato de que o novo rumo de fato se configura como um "duplo golpe de Estado" que, rompendo com o Outubro bolchevique, procede arbitrariamente à "liquidação da milícia" e ao "restabelecimento da casta de oficiais, dezoito anos após sua supressão revolucionária";[165] insurgindo-se eventualmente contra Stalin, o Exército Vermelho teria frustrado os golpes de Estado planejados por ele e restabelecido a legalidade revolucionária. Como se isso não bastasse, o trotskista "Boletim da Oposição" evoca a iminente revolta do exército.[166] Talvez uma medida tomada em Moscou alguns meses antes dos processos visasse enfrentar esse possível perigo: "Em 29 de março de 1937, o Politburo resolveu exonerar do Exército Vermelho todos os comandantes e dirigentes que tivessem sido expulsos do partido por motivos políticos, providenciando sua transferência para os gabinetes econômicos".[167]

---

164 Dimitrov (2002), p. 59.

165 Trotsky (1988), pp. 913 e 916-28 (= Trotsky, 1968, pp. 192 e 195-205).

166 Wolkogonov (1989), p. 415.

167 Chlevnjuk (2006), p. 162.

Para insuflar ainda mais o clima de suspeita e de preocupação, surgem rumores nos ambientes dos russos Brancos de Paris acerca do golpe de Estado militar em preparação em Moscou.[168] Finalmente, na segunda quinzena de janeiro de 1937, o presidente tchecoslovaco Eduard Beneš recebeu informações relativas a "negociações" secretas em curso entre o Terceiro Reich e "a camarilha antistalinista na URSS liderada pelo marechal Tukhachevski, Rykov e outros":[169] a acusação tinha algum fundamento ou era tudo uma encenação dos serviços secretos alemães? Também no início de 1937, em conversa com o ministro das Relações Exteriores Konstantin von Neurath, Hitler rejeitou a ideia de uma melhora nas relações com a URSS, mas acrescentou: "Seria diferente se as coisas em Moscou evoluíssem na direção de um despotismo absoluto, baseado nos militares. Neste caso, não seria lícito desperdiçar a ocasião de mais uma vez nos fazermos presentes na Rússia".[170] Beneš também põe a par das "negociações" os dirigentes franceses, "cuja fé no Pacto Franco-Soviético se viu consideravelmente enfraquecida".[171] Portanto, não foi apenas Stalin quem deu crédito aos rumores ou às informações transmitidas pelo presidente da Tchecoslováquia. Por outro lado, mesmo após a conclusão da Segunda Guerra Mundial, Churchill parece endossar a versão de Moscou, enfatizando, como veremos (*infra*, p. 334), que o expurgo atingiu os "elementos pró-alemães", e acrescentando: "Stalin sentiu que tinha uma forte dívida de gratidão com o presidente Beneš".[172]

No entanto a questão permanece em aberto, e uma conversa à mesa de Hitler no verão de 1942 foi de pouca ajuda para respondê-la de forma conclusiva: mesmo sem se referir a uma conspiração militar bem definida, ele observa que Stalin tinha sérios motivos para temer ser morto pelo círculo de Tukhachevski.[173] Se tudo tivesse sido uma montagem encenada sob a supervisão direta ou com o consentimento do próprio Führer,[174] este

168 Wolkogonov (1989), p. 412.
169 Beneš (1954), pp. 19-20 e 47, nota 8.
170 Em Nolte (1987), pp. 306-7.
171 Conquest (2000), p. 322.
172 Churchill (1963), p. 321.
173 Hitler (1989), p. 447 (discurso de 21 de julho de 1942).
174 Conquest (2000), p. 321.

talvez se gabasse disso, em um momento em que ainda se tinha fresca a impressão dos primeiros sucessos esmagadores da Wehrmacht.

Com o "processo" e a execução já concluídos, ao se fazer a pergunta-chave ("houve realmente uma conspiração militar?"), Trotsky dá uma resposta que faz pensar: "Tudo depende do que se entende por conspiração. Do ponto de vista de Stalin, todo motivo de descontentamento e todo contato entre os descontentes, toda crítica e toda reflexão sobre o que fazer, sobre como neutralizar a infeliz política do governo, tudo isso é uma conspiração. E, em um regime totalitário, qualquer oposição é sem dúvida a semente de uma conspiração"; nesse sentido, uma "semente" era a aspiração dos generais para proteger o exército das "intrigas desmoralizantes da GPU". É a refutação da tese da conspiração ou sua admissão na "linguagem esópica" imposta pelas circunstâncias? Quem chamou a atenção para essa declaração ambígua foi o fervoroso historiador trotskista russo que já conhecemos (Rogowin), que acaba por retomar a tese da "conspiração antistalinista" de Tukhachevski, colocando-a em um quadro político "bolchevique" e não burguês.[175]

Para concluir. As dúvidas permanecem, mas parece difícil explicar toda a história com o habitual *deus ex machina*, o ditador sedento de poder e sangue e, em todo caso, ansioso para se cercar apenas de fantoches prontos à obediência cega e incondicional. Essa explicação é ainda mais frágil pelo fato de que, em 1932, Stalin não teve dificuldade em ir, junto com Molotov, escutar diligentemente as palestras do diretor da Academia Militar, Boris M. Shaposhnikov; e dessas lições, dadas por um estrategista de grande prestígio que não era membro do Partido Comunista, Stalin parece ter se beneficiado muito.[176] Por outro lado, "a arte militar foi um dos poucos campos politicamente importantes em que Stalin favoreceu a originalidade e renovação", de modo que "o corpo de oficiais" pôde demonstrar uma notável "independência espiritual".[177] Para ocupar o lugar de Tukhachevski e de seus colaboradores, foram designados generais que, longe de serem executores passivos, exibiam com franqueza suas opiniões e argumentavam

175 Rogowin (1998), pp. 520 e 531-44.
176 Schneider (1994), pp. 248 e 232.
177 Deutscher (1969), pp. 694-5.

com autonomia de juízo,[178] sem hesitar em contradizer o líder supremo, que aliás incentivou e às vezes recompensou tal atitude (*supra*, p. 56).

Três guerras civis

Se não se quiser permanecer prisioneiro do retrato caricatural de Stalin traçado por Trotsky e Khrushchev, durante duas lutas políticas diferentes mas igualmente ásperas, não se deve perder de vista o fato de que a história iniciada em outubro de 1917 é caracterizada por três guerras civis. A primeira vê colidir de um lado a revolução, de outro, a frente variada de seus inimigos, apoiados pelas potências capitalistas empenhadas em conter por todos os meios o contágio bolchevique. A segunda se desenvolve a partir da revolução desde cima e de fora, em que, apesar de algumas pressões de baixo, vindas do mundo camponês, consiste essencialmente na coletivização da agricultura. A terceira é a que lacera a liderança bolchevique.

Esta última é tanto mais complexa quanto se caracteriza por uma grande mobilidade e até por clamorosas inversões na linha de frente. Vimos Bukharin, por ocasião do tratado de Brest-Litovsk, acalentar por um momento o projeto de uma espécie de golpe de Estado contra Lenin, a quem ele censura por querer transformar "o partido em um monte de esterco". Mas, se neste momento Bukharin se situa em posições próximas às de Trotsky, aos olhos deste último ele se torna dez anos mais tarde a encarnação privilegiada do Termidor e da traição burocrática: "Com Stalin contra Bukharin? Sim. Com Bukharin contra Stalin? Nunca".[179] Este é um momento em que Trotsky parece advertir Stalin contra Bukharin: este logo "derrubaria Stalin como trotskista, assim como Stalin havia derrubado Zinoviev". Estamos em 1928 e já está se delineando a cisão entre Stalin e Bukharin, que de fato, devido ao abandono da NEP, começa a "descrever secretamente Stalin como o representante do neotrotskismo" e como "um intrigante sem princípios", em última análise, como o pior

178 Roberts (2006), p. 16.

179 Em Cohen (1975), pp. 75 e 268.

e mais perigoso inimigo dentro do partido.[180] O ex-diúnviro põe-se, assim, no caminho que o levará a fazer um bloco com Trotsky. No final, as várias oposições se unirão contra o vencedor; permanece o fato de que, até o fim, os alinhamentos do conflito mortal entre os bolcheviques eram muito mutáveis.

Combatida em um país desprovido de tradição liberal e caracterizado, de um lado, pelo prolongamento do estado de exceção e, de outro, pela persistência de uma ideologia inclinada a liquidar as regras do Estado de Direito como meramente "formais", a terceira guerra civil assume a ferocidade de uma guerra religiosa. Trotsky, que "se considerava o único homem adequado como líder da revolução", tende a recorrer a "todos os meios para derrubar o 'falso Messias' do trono usurpado".[181] Uma "fé furiosa" também inspira o alinhamento oposto (*infra*, pp. 167-175). Quanto mais Stalin está determinado a liquidar qualquer perigo de conspiração, mesmo o mais remoto, mais se acumulam as nuvens de uma guerra que ameaça a própria existência da Rússia e do país do socialismo e que, portanto, representa um perigo mortal tanto para a causa nacional quanto para a causa social, as duas causas que Stalin está convicto de encarnar.

Nem sempre facilmente distinguíveis entre si (os atos de terrorismo e de sabotagem podem ser a expressão de um projeto de contrarrevolução ou de uma nova revolução), as três guerras civis confundem-se, por sua vez, com a intervenção desta ou daquela grande potência. O todo emaranhado e trágico desses conflitos desaparece no quadro traçado com modalidades diferentes primeiro por Trotsky e depois por Khrushchev, que conta a fábula simples e edificante do monstro que, a seu simples contato, transforma ouro em sangue e lodo.

---

180 Ibid., pp. 288 e 285.

181 Feuchtwanger (1946), p. 95.

3

ENTRE O SÉCULO XX E A LONGA DURAÇÃO, ENTRE A HISTÓRIA DO MARXISMO E A HISTÓRIA DA RÚSSIA: AS ORIGENS DO "STALINISMO"

Uma catástrofe anunciada

Até agora nos concentramos no entrelaçamento entre contradições ideológicas, políticas e militares do processo revolucionário, por um lado, e conflitos internacionais, por outro. Mas o quadro não estaria completo se a dimensão da longa duração não fosse também inserida na história da Rússia. A catástrofe que se aproximava havia sido alertada por observadores das mais diversas orientações bem antes de 1917 e mesmo bem antes da formação do partido bolchevique. Em 1811, diante de uma Petersburgo ainda abalada pela revolta camponesa liderada por Pugachev (analfabeto, mas com grandes habilidades políticas) e sufocada com dificuldade algumas décadas antes, Joseph de Maistre expressou a preocupação de que uma nova revolução de tipo "europeu" pudesse eclodir, desta vez dirigida por uma classe intelectual de extração ou inclinação popular, de um "Pugachev da Universidade". Em comparação, as convulsões ocorridas na França pareceriam brincadeira de criança: "não há expressões para dizer o que se pode temer".[1]

Vamos pular cerca de meio século. Uma profecia ainda mais adequada, aliás surpreendente por sua lucidez, pode ser lida em um artigo de Marx sobre a Rússia publicado em um jornal americano (o *New York Daily Tribune*, de 17 de janeiro de 1859): se a nobreza continuar se opondo à emancipação dos camponeses, uma grande revolução irromperá; o resultado será um "regime de terror dos semiasiáticos servos da gleba sem precedentes na história".[2]

Imediatamente após a revolução de 1905, foi o próprio primeiro-ministro, Serge Witte, quem sublinhou a insustentabilidade da situação existente na Rússia e alertou o czar sobre o perigo representado pelo *bunt*, a revolta camponesa:

> O progresso da humanidade em marcha não pode ser interrompido. Se não for pela reforma, a ideia de liberdade humana triunfará pela revolução. Mas neste último caso nascerá das cinzas de mil anos de desastres. O *bunt*

1 Maistre (1984), tomo 12, pp. 59-60.
2 Marx, Engels (1955-89), vol. 12, p. 682.

> russo, cego e implacável, varrerá tudo em seu caminho, reduzirá tudo a pó [...]. Os horrores do *bunt* russo superarão tudo o que a história conheceu.[3]

Contudo, o próprio Witte estava envolvido na feroz repressão com que a revolução de 1905 e as muitas vezes selvagens *jacqueries* que a acompanham foram enfrentadas: O ministro do Interior, P. N. Dournovo, ordena "aos governadores que 'procedam à execução imediata' dos desordeiros, que queimem e destruam totalmente as aldeias onde os motins começaram"; recrudescem os "tribunais militares", as "represálias coletivas", os esquadrões da morte, os *pogroms* que se abatem sobre os judeus, acusados de alimentar a subversão. É uma situação que dura até a eclosão da guerra. Foi precisamente o ministro do Interior que alertou: "A revolução em sua forma mais extrema e a anarquia irreversível serão os únicos resultados previsíveis de um miserável conflito com o Kaiser".[4]

É exatamente o que acontece. Vejamos qual é o quadro que a Rússia apresenta às vésperas da chegada dos bolcheviques ao poder. A essa altura já entrou em crise o mito de um país que, após a queda da autocracia, se encaminha alegremente para o liberalismo e a democracia. É um mito cultivado por Churchill na época em que, para justificar sua política de intervenção, acusa os bolcheviques, alimentados pelo "ouro alemão", de terem derrubado à força a "República Russa" e o "Parlamento Russo".[5] Seria fácil acusar o estadista inglês de hipocrisia: ele bem sabia que, entre fevereiro e outubro de 1917, Londres apoiou as várias tentativas de golpe de Estado destinadas a restaurar a autocracia czarista ou impor uma ditadura militar. É o próprio Kerensky quem sublinha que "os governos da França e da Inglaterra aproveitaram todas as oportunidades para sabotar o governo provisório russo".[6] E, no entanto, desde seu exílio nos Estados Unidos, o líder menchevique continuou cultivando esse mito até o fim, acusando os bolcheviques de dupla traição contra a pátria e contra a "recém-nascida democracia russa".[7]

---

3 Em Werth (2001), p. 50.
4 Ibid., pp. 53, 59-60 e 74-5.
5 Schmid (1974), pp. 17 e 293.
6 Kerensky (1989), p. 415.
7 Ibid., pp. 340 e 328 ss.

Se, a partir do fim da Segunda Guerra Mundial e da emergência da URSS como superpotência, a acusação de traição nacional se torna obsoleta — Kerensky é um dos poucos líderes mencheviques derrotados a insistir nela —, ainda hoje é um lugar-comum o tema da traição bolchevique da democracia russa que culminou no terror stalinista. Mas o lugar-comum não resiste à análise histórica. Não se trata apenas da teimosia dos líderes surgidos das jornadas de fevereiro, e antes de tudo do próprio Kerensky, em perseverar numa carnificina que a grande maioria da população está decidida a acabar: uma linha política que só podia ser levada adiante recorrendo à mão de ferro e ao terror na linha de frente e na retaguarda. Tampouco são as recorrentes tentativas de estabelecer uma ditadura militar (às quais Churchill está longe de ser estranho) o aspecto principal. Há muito mais. "A ideia de que fevereiro foi uma 'revolução incruenta', e que a violência popular só explodiu em outubro, foi um mito liberal": trata-se de "um dos mitos mais persistentes sobre 1917, mas que agora perdeu toda a credibilidade".[8] Vejamos a evolução real: "Os insurgentes vingaram-se terrivelmente dos funcionários do antigo regime. Os policiais foram caçados, linchados e mortos sem piedade".[9] Em Petersburgo, "o número de mortos ascendeu em poucos dias a cerca de 1,5 mil", com o linchamento muitas vezes feroz dos representantes mais odiados do antigo regime; "no entanto, a violência mais grave foi a perpetrada pelos marinheiros de Kronstadt, que mutilaram e assassinaram centenas de oficiais".[10] Os amotinados eram recrutas muito jovens; "os regulamentos disciplinares normais não se aplicavam a eles", e os oficiais se aproveitavam disso para tratá-los "com uma brutalidade ainda mais sádica do que a habitual"; e eis que a vingança contra eles se desencadeou sob o signo de uma "ferocidade inaudita".[11]

A situação piorou ainda mais em setembro, após a tentativa de golpe de Estado do general Lavr Kornilov: as execuções e assassinatos populares foram desenfreados, seguidos de "violência sem precedentes". Sim, "os oficiais foram torturados e mutilados antes de serem executados (olhos e língua arrancados, orelhas cortadas, pregos cravados no lugar das ombreiras),

8 Figes (2000), p. 399; Werth (2007b), p. 27.
9 Ibid., p. 400.
10 Werth (2007b), pp. 28-9.
11 Figes (2000), p. 481.

enforcados de cabeça para baixo, empalados. Segundo o general Brusilov, um grande número de jovens oficiais cometeu suicídio para escapar de uma morte horrível".[12] Por outro lado, "os métodos para matar os superiores eram tão brutais (os subordinados chegaram a cortar membros e genitais da vítima, ou a esfolá-la viva), que aqueles suicídios não podiam realmente ser condenados".[13] No entanto o furor já estava latente, antes mesmo de outubro, "nas resoluções dos sovietes, então amplamente dominados por socialistas revolucionários, que estigmatizavam como 'inimigos do povo trabalhador os capitalistas sedentos de sangue, os burgueses que sugam o sangue do povo'".[14]

Por outro lado, "a crise das trocas cidade-campo, bem antes da conquista do poder pelos bolcheviques", gera um novo e agudo foco de violência. Na trágica situação criada após a catástrofe da guerra, da quebra da produção agrícola e do açambarcamento dos escassos recursos alimentares disponíveis, a sobrevivência dos moradores das cidades passa por medidas muito radicais: mais uma vez, já antes da Revolução de Outubro, um ministro que também era "um reconhecido economista liberal" pronuncia-se em favor do recurso, em caso de falha dos incentivos do mercado, à requisição por meio de "força armada"; o fato é que "a prática das requisições" é comum a "todas as partes em conflito".[15]

O entrelaçamento dessas múltiplas contradições provoca uma anarquia sangrenta, com o "desmoronamento de toda autoridade e de todo arcabouço institucional", com a explosão de uma violência selvagem vinda de baixo (da qual são protagonistas, em primeiro lugar, os milhões de soldados desertores ou em debandada) e com "uma militarização e brutalização generalizada dos comportamentos sociais e das práticas políticas".[16] É "uma brutalização sem termos possíveis de comparação com aquela conhecida pelas sociedades ocidentais".[17]

Para compreender essa tragédia, é preciso ter em vista o "processo de propagação da violência social a partir das zonas de violência militar", a

12 Werth (2007b), pp. 41-2.
13 Figes (2000), p. 463.
14 Werth (2007b), p. 31.
15 Ibid., pp. 63, 52-3 e 55.
16 Ibid., pp. 53 e 51.
17 Ibid., p. XV.

"contaminação da retaguarda pela violência perpetrada por soldados-camponeses-desertores fora do quadro do exército", dos "milhões de desertores do exército russo em decomposição", o limite cada vez mais indistinto das "fronteiras entre a frente e a retaguarda, entre as esferas civil e militar". Em conclusão: "a violência das zonas militares se propaga por toda parte", e a sociedade como um todo não só descamba no caos e na anarquia, mas também se torna vítima de uma "brutalidade inaudita".[18]

Trata-se, portanto, de partir da Primeira Guerra Mundial e da crise e desagregação do exército russo. Aliás, talvez seja melhor retroceder ainda mais. A carga excepcional de violência que se abate sobre a Rússia do século XX pode ser explicada à luz do entrelaçamento de dois processos: "a grande *jacquerie* do outono de 1917", que fervilhava há séculos e que precisamente por isso desencadeou uma violência cega e indiscriminada contra as propriedades, as casas e a própria vida dos proprietários, bem como um ressentimento muito forte contra a cidade como tal. O segundo processo é "a desagregação do exército czarista, o exército mais numeroso da história, composto por 95% de camponeses".[19]

A opressão, a exploração e a humilhação de uma imensa massa de camponeses por uma pequena elite aristocrática, que se considerava estranha a seu próprio povo, degradado a uma raça diferente e inferior, foram arautos de uma catástrofe de proporções sem precedentes. Sobretudo porque a Primeira Guerra Mundial intervém para agravar ainda mais o conflito social, em que os nobres oficiais exercem efetivamente um poder diário de vida e morte sobre os soldados-servos: não é por acaso que, aos primeiros sintomas de crise, se tenta manter a disciplina no *front* e na retaguarda, fazendo uso também da artilharia.[20] A derrocada do antigo regime é o momento de desforra e de revanche cobiçadas e engendradas durante séculos. O príncipe G. E. L'vov reconhece isso autocriticamente: "a vingança dos servos da gleba" foi um acerto de contas com aqueles que durante séculos se recusaram a "tratar os camponeses como pessoas em vez de cães".[21]

---

18 Ibid., pp. 27 e 37-8.
19 Ibid., pp. 38-9 e 43.
20 Lincoln (1994), p. 147.
21 Figes (2000), p. 448.

Infelizmente, justo por se tratar de vingança, ela assumiu formas não apenas selvagens, mas também puramente destrutivas: "milhares de trabalhadores e soldados embriagados vagavam pelas cidades saqueando armazéns e lojas, arrombando casas, espancando e roubando os passantes". Pior ainda foi o que aconteceu no campo: "unidades inteiras de desertores dispersaram-se no campo perto do *front* e se entregaram ao banditismo". A agitação conjunta de soldados debandados e camponeses inicia um incêndio devastador para a Rússia não apenas sob a bandeira da *jacquerie* (residências senhoriais são incendiadas e os proprietários são frequentemente mortos), mas também do ludismo (as máquinas agrícolas que em anos anteriores tinham reduzido a necessidade de recorrer ao trabalho assalariado são destroçadas) e do vandalismo (destruiu-se e maculou-se "tudo o que cheirasse demais a riqueza: pinturas, livros e esculturas"). Sim, "os camponeses devastaram casas senhoriais, igrejas, escolas. Incendiaram bibliotecas e destruíram obras de arte de valor inestimável".[22]

O Estado russo salvo pelos defensores da "extinção do Estado"

No geral, podemos caracterizar a situação que se apresenta na sequência da Revolução de Fevereiro e do colapso do antigo regime nos seguintes termos:

> Em suma, a Rússia estava passando por um processo de balcanização. Se 1917 provou alguma coisa, foi que a sociedade russa não era forte o suficiente nem coesa o suficiente para sustentar uma revolução democrática. Eliminado o próprio Estado, não havia nada que pudesse manter a Rússia unida.[23]

Por ironia da história, o Estado foi reintroduzido por um partido que previa e esperava a extinção definitiva do Estado! Implacável é a energia

22 Ibid., pp. 407, 507, 447 e 486.
23 Ibid., p. 441.

que se impõe para restaurar a ordem em um mundo que, embrutecido por séculos de isolamento e opressão, passa por um novo processo de barbárie após a guerra, a dissolução do antigo regime e a anarquia e o caos que se alastram. Mas seria uma banalidade ideológica ver o uso da violência terrorista apenas de um lado. Vejamos de que modo o novo poder que está surgindo é confrontado:

> Tratou-se de uma espantosa guerra de vingança contra o regime comunista. Milhares de bolcheviques foram brutalmente executados. Muitos foram vítimas de horríveis (e simbólicas) torturas. Orelhas, língua e olhos arrancados, membros, cabeça e órgãos genitais cortados; estômagos entupidos de aveia a ponto de explodir, cruzes marcadas a fogo na testa e no peito; pessoas pregadas vivas em árvores, queimadas vivas, afogadas em água gelada, enterradas até o pescoço e deixadas para serem devoradas por cães e ratos sob o olhar jubiloso de multidões de camponeses. Postos de polícia e tribunais, arrasados. Escolas e centros de propaganda, devastados [...]. O banditismo puro e simples também teve sua parte. Quase todas as gangues assaltavam os trens. No Donbass, dizia-se que, na primavera de 1921, esses roubos eram "quase diários". Outra fonte comum de abastecimento eram as incursões a centros habitados e, às vezes, até a fazendas isoladas.[24]

O que determina essa violência selvagem? A política conduzida pelos bolcheviques? Apenas em parte: em 1921-22 houve uma "terrível fome [...] causada diretamente por um ano de seca e geada".[25] Por outro lado, a revolta camponesa foi também um protesto contra "um Estado que capturava filhos e cavalos para o exército, que prolongava a devastação da guerra civil, que recrutava à força camponeses para as equipes de trabalho, que lhes roubava comida";[26] ou seja, era o protesto contra uma catástrofe iniciada em 1914.

No que diz respeito à política bolchevique, também é necessário saber distinguir as medidas que atingiam os camponeses de modo insensato de outras que tiveram um caráter totalmente diferente. Pensemos nas

24 Ibid., p. 909.
25 Ibid., p. 903.
26 Ibid., p. 903.

fazendas coletivas que se instalaram já em 1920 e que eram muitas vezes constituídas por militantes comunistas da cidade, movidos não só por seus ideais, mas também pela fome que assolava os centros urbanos: "Comia-se e trabalhava-se coletivamente. As mulheres faziam o trabalho árduo no campo ao lado dos homens e, em alguns casos, creches foram criadas para cuidar das crianças. Além disso, qualquer prática religiosa estava totalmente ausente". Mesmo neste caso, a hostilidade dos camponeses era inabalável, pois "estavam convencidos de que não só a terra e as ferramentas deviam ser compartilhadas, mas também as esposas e filhas, e que todos deveriam dormir sob um mesmo e enorme cobertor".[27] Por outro lado, mais amarga foi a experiência vivida pelos populistas entre o final do século XIX e o início do século XX, determinados a "ir ao encontro do povo" e ajudá-lo na constituição de cooperativas, mas rapidamente forçados a rever a imagem idealizada que eles tinham do camponês russo. Veja-se o destino de um deles, Michail Romas:

> Desde o início, os lavradores se mostraram desconfiados de sua cooperativa, sem entender por que os preços da nova empresa eram tão mais baratos que os dos outros varejistas. Os agricultores mais abastados, em estreita ligação com os comerciantes da região, começaram a perseguir Romas e seus seguidores com uma série de intimidações, salpicando de pólvora a lenha que utilizavam para a lareira, ameaçando os lavradores pobres que demonstrassem algum interesse pela cooperativa, a ponto de matar brutalmente um pobre camponês local, cujo corpo eles desmembraram horrivelmente e depois espalharam os pedaços ao longo da margem do rio. Por fim, eles explodiram a cooperativa (e parte da aldeia), ateando fogo ao depósito de querosene.

Os populistas ingênuos mal conseguiram se salvar na fuga.[28]

Mais uma vez emerge a longa duração que está por trás da violência que se desencadeia na Rússia em crise. Isso também se aplica aos terríveis *pogroms* contra judeus e bolcheviques, em especial contra os primeiros, por

27 Ibid., pp. 877-8.
28 Ibid., p. 122.

serem suspeitos de manipular os últimos. Passemos novamente a palavra ao historiador inglês várias vezes citado aqui:

> Em alguns lugares, como Chernobyl, os judeus foram conduzidos para a sinagoga, que mais tarde foi incendiada. Em outros centros, como Kherkassy, centenas de meninas com menos de dez anos de idade foram estupradas, muitas das quais depois foram encontradas com horríveis feridas de baioneta e sabre em suas delicadas vaginas [...]. Os cossacos de Terek torturaram e mutilaram centenas de judeus, principalmente mulheres e crianças. Centenas de cadáveres foram abandonados na neve para alimentar cães e porcos. Nesse ambiente macabro, os oficiais cossacos realizaram uma dança surreal nas dependências dos correios, com direito a vestidos de noite e uma pequena orquestra, com a participação do magistrado municipal e um grupo de prostitutas trazidas de Kherson. E, enquanto os homens alistados continuaram a massacrar judeus por pura diversão, os oficiais e suas donzelas passaram a noite bebendo champanhe e dançando.

A esse respeito, "o relatório final de uma pesquisa realizada em 1920 pela organização judaica da Rússia soviética fala de 'mais de cento e cinquenta mil mortos, dos quais temos notícias', e de quase trezentas mil supostas vítimas entre mortos e feridos".[29]

Stalin e o fim do segundo período de conflitos

A Revolução Russa apresenta-se agora sob uma nova perspectiva: "Sem dúvida, o sucesso dos bolcheviques na guerra civil deveu-se, em última análise, à sua extraordinária capacidade de 'construir o Estado', capacidade que antes tinha faltado a seus adversários".[30] Quem chamou a atenção para este ponto na Rússia de 1918 — antes de um historiador de nossos dias que, no entanto, se empenhou em escrever *O livro negro do comunismo* — foram

29 Ibid., pp. 814-5.
30 Werth (2007b), p. 26.

alguns dos inimigos declarados dos bolcheviques. A estes, Pavel Milyukov reconhece o mérito de terem conseguido "restabelecer o Estado". Vasily Maklakov vai ainda mais longe: "O novo governo começou a restaurar o aparato do Estado, a restaurar a ordem, a lutar contra o caos. Nesse campo, os bolcheviques deram prova de energia e, eu diria mais, de um inegável talento".[31] Três anos mais tarde, até em um jornal estadunidense ultraconservador, podia-se ler: "Lenin é o único homem na Rússia que tem força para manter uma coesão. Se fosse derrubado, só reinaria o caos".[32]

A ditadura revolucionária resultante da Revolução de Outubro também cumpre uma função nacional. Gramsci compreende bem isso quando, em junho de 1919, celebra os bolcheviques como protagonistas de uma grande revolução, mas também por terem demonstrado sua grandeza revolucionária ao expressarem um grupo dirigente formado por excelentes "estadistas" e, portanto, capazes de salvar a nação da catástrofe a que fora lançada pelo antigo regime e pela velha classe dirigente (*supra*, p. 81). No ano seguinte, o próprio Lenin se referiu indiretamente a isso quando, argumentando contra o extremismo, sublinhou que "a revolução não é possível sem uma crise de toda a nação (isto é, que envolva explorados e exploradores)"; é a força política que se revela capaz de resolver justamente essa crise, ao conquistar a hegemonia e obter a vitória.[33] É com base nisso que Aleksei Brusilov, o brilhante general de origem nobre, adere à Rússia soviética, a quem vimos tentando em vão salvar seus oficiais, levados ao suicídio pela violência selvagem dos soldados camponeses revoltosos: "Meu sentido de dever para com a nação muitas vezes me forçou a desobedecer a minhas inclinações sociais naturais".[34] Alguns anos depois, em 1927, ao traçar um retrato de Moscou, Walter Benjamin destacou com agudeza o "forte senso nacional que o bolchevismo desenvolveu em todos os russos, sem distinção".[35] O poder soviético havia conseguido dar uma nova identidade e uma nova autoconsciência a um país não só terrivelmente castigado, mas também um tanto confuso e à deriva, em todo caso, carente de pontos de referência sólidos.

---

31 Ibid., pp. 53-4.

32 Em Flores (1990), p. 41.

33 Lenin (1955-70), vol. 31, p. 74.

34 Figes (2000), pp. 840 e 837.

35 Benjamin (2007), p. 44.

No entanto, a "crise de toda a nação russa" ainda não havia terminado. Explodindo com toda a violência em 1914, mas já tendo um longo período de incubação atrás de si, ela foi por vezes definida como um "segundo período de conflitos", semelhante ao que assolara a Rússia no século XVII.[36] A luta entre os pretendentes ao trono, que se desenvolve entrelaçada com a crise econômica e a revolta camponesa, bem como com a intervenção de potências estrangeiras, torna-se mais aguda no século XX com a chegada do conflito também entre os diferentes princípios de legitimação do poder. Seguindo a clássica tripartição de Weber, o poder tradicional havia acompanhado a família dos czares até o túmulo, mesmo que este ou aquele general tentassem desesperadamente ressuscitá-lo; já rachado após o amargo conflito que surgiu por ocasião da negociação Brest-Litovsk, o poder carismático não sobreviveu à morte de Lenin; por fim, o poder legal encontra extraordinárias dificuldades de afirmação, após uma revolução que triunfa por agitar uma ideologia inteiramente atravessada pela enfática utopia da extinção do Estado, em um país onde o ódio dos camponeses por seus senhores era tradicionalmente expresso por uma forma violenta de antiestatismo.

Na medida em que um poder carismático ainda era possível, ele tendia a tomar forma na figura de Trotsky, o genial organizador do Exército Vermelho e brilhante orador e prosador que pretendia encarnar as esperanças do triunfo da revolução mundial, fazendo derivar disso a legitimidade de sua aspiração a governar o partido e o Estado. Por outro lado, Stalin era a encarnação do poder legal-tradicional, que buscava com dificuldade tomar uma forma: ao contrário de Trotsky, que chegou ao bolchevismo tardiamente, ele representava a continuidade histórica do partido que foi protagonista da revolução e, portanto, detentor da nova legalidade; além disso, ao afirmar a viabilidade do socialismo mesmo em um único (grande) país, Stalin conferiu nova dignidade e identidade à nação russa, que assim superou a assustadora crise, tanto ideal quanto material, sofrida a partir da derrota e do caos da Primeira Guerra Mundial, e recuperou sua continuidade histórica. Mas, justamente por isso, os adversários gritavam "traição", ao passo que, aos olhos de Stalin e de seus partidários, traidores eram aqueles que, com seu aventureirismo, ao facilitar a intervenção de potências estrangeiras, acabavam pondo em risco a sobrevivência da nação

36 Cf. Werth (2007b), pp. 51 e 510, nota 43.

russa, que era, ao mesmo tempo, a ponta de lança da causa revolucionária. O confronto entre Stalin e Trotsky é o conflito não apenas entre dois programas políticos, mas também entre dois princípios de legitimação.

Por todas essas razões, o segundo período de conflitos terminou não com a derrota dos proponentes do antigo regime apoiados pela intervenção das potências contrarrevolucionárias, como geralmente se acredita, mas com o fim da terceira guerra civil (aquela que dilacera o mesmo grupo dirigente bolchevique) e também com o fim do conflito entre princípios opostos de legitimidade; portanto, não em 1921, mas somente em 1937. Ao deixar para trás o período de agitação propriamente dito com o advento da dinastia Romanov, a Rússia do século XVII experimentou uma consolidação definitiva com a ascensão ao trono de Pedro, o Grande; depois de passar por sua fase mais aguda nos anos que vão da eclosão da Primeira Guerra Mundial ao fim da intervenção da Entente, o segundo período de conflitos termina com o fortalecimento do poder de Stalin e a industrialização e "ocidentalização", promovidas por ele como prevenção contra a guerra.

Utopia exaltada e prolongamento do estado de exceção

Obviamente, a longa duração do segundo período de conflitos não é apenas um fato objetivo. Que papel desempenham em seu prolongamento as classes intelectuais e políticas e a ideologia que as inspira? Uma corrente de pensamento, que encontra em Arendt seu ponto de referência privilegiado, está empenhada sobretudo na busca do pecado original ideológico que seria típico das revoluções de andamento mais acidentado. Uma abordagem diferente me parece mais frutífera, partindo de uma sociologia comparada das classes intelectuais e políticas. Nos movimentos que levaram à revolução na França e na Rússia, vemos em ação os "mendigos da pena", os *Gueux plumées*, segundo a definição de Burke, ou os "Pugachevs da Universidade", conforme a definição de Maistre. Em outras palavras, trata-se de intelectuais não proprietários, ridicularizados como "abstratos" por seus oponentes. Não há dúvida de que os intelectuais proprietários chegam ao encontro com o colapso do antigo regime já tendo atrás de si uma real experiência política e até mesmo o exercício do poder político. Nos EUA, os senhores de escravos, de cujas fileiras proveem os mais eminentes intelectuais e estadistas (durante trinta e dois dos primeiros trinta e seis anos de vida da República norte-americana, a presidência foi exercida justamente por senhores de escravos), não se limitam a usufruir de sua riqueza como uma espécie "peculiar" de propriedade privada ao lado das demais: exercem simultaneamente o poder executivo, legislativo e judiciário sobre seus escravos. Considerações semelhantes poderiam ser feitas em relação à Inglaterra da Revolução Gloriosa: os proprietários de terra (de onde frequentemente proveem intelectuais e líderes liberais) estão bem presentes na Câmara dos Lordes e dos Comuns e, com a pequena nobreza da *gentry*, indicam diretamente os magistrados e, portanto, detêm o poder judicial. Por outro lado, os intelectuais não proprietários se veem mais despreparados para o encontro com o poder. Sua abstração contribui para tornar o processo de estabilização da revolução mais problemático e tortuoso. No entanto, há o outro lado da moeda: é justamente essa "abstração" e esse distanciamento da propriedade que tornam possível aos "mendigos da pena" abolir a escravidão nas colônias, e, aos "Pugachevs da Universidade", o vigoroso impulso que imprimem ao processo de descolonização, que depois se desenvolve em nível mundial.

Na longa duração do segundo período de conflitos, o papel desempenhado pela ideologia também é indubitável. Mas é preciso acrescentar de pronto que não se trata apenas da ideologia dos bolcheviques. Vimos as expectativas messiânicas que acompanharam o colapso da autocracia czarista e também sabemos que o motivo da revolução traída vai além das fronteiras da Rússia e do movimento comunista. Pouquíssimos meses ou algumas semanas depois de outubro de 1917, sem perder tempo, Kautsky sublinha como os bolcheviques não cumprem ou não conseguem cumprir nenhuma das promessas feitas quando tomaram o poder:

> Mesmo agora, o governo dos sovietes se viu forçado a vários compromissos com o capital [...]. Porém, mais que ante o capital russo, a República dos Soviéticos teve que recuar diante do alemão e reconhecer suas pretensões. Ainda é incerto quando o capital da Entente voltará a entrar na Rússia;

> tudo dá a ideia de que a ditadura do proletariado apenas aniquilou o capital russo para dar lugar ao capital alemão e americano.[37]

Os bolcheviques chegaram ao poder prometendo "a propagação, sob o impulso da experiência russa, da revolução nos países capitalistas". Mas o que aconteceu com essa perspectiva "grandiosa e fascinante"? Foi substituída por um programa de "paz imediata a todo custo".[38] Estamos em 1918 e, paradoxalmente, a crítica de Kautsky a Brest-Litovsk não é muito diferente daquela que vimos em particular em Bukharin.

Para além das relações internacionais, ainda mais catastrófico, sempre aos olhos de Kautsky, é o balanço da Revolução de Outubro em nível mais propriamente interno:

> Ao varrer os resquícios do capitalismo, ela expressou mais pura e fortemente do que nunca a força da propriedade privada da terra. Tornou o camponês, até então interessado no colapso da grande propriedade privada da terra, um enérgico defensor da recém-criada propriedade privada e consolidou a propriedade privada dos meios de produção e a produção de mercadorias.[39]

E novamente somos levados a pensar naqueles que, mesmo dentro do partido bolchevique, rotulam a persistente propriedade privada da terra e a NEP como um abandono culposo da via socialista.

A posterior coletivização da agricultura não pôs fim à denúncia de traição, que, de fato, como sabemos, encontrou sua formulação orgânica em meados dos anos trinta no livro de Trotsky dedicado à "revolução traída". Mas é interessante notar como as principais peças de acusação desse processo já estão de alguma forma presentes no livro de Kautsky de 1918. Vejamos como o eminente teórico social-democrata argumenta: se até a propriedade privada individual é substituída pela propriedade cooperativa, não devemos esquecer que esta última é apenas "uma nova forma de capitalismo". Por outro lado, a própria "economia de Estado ainda não é o socialismo", e não apenas pelo fato de que o mercado e a

37 Kautsky (1977), p. 121.
38 Ibid., pp. 129-31.
39 Ibid., p. 113.

produção mercantil continuam existindo.[40] Há algo mais. A liquidação de uma determinada forma de capitalismo não significa de forma alguma a liquidação do capitalismo como tal: o novo poder "pode anular muitas formas de propriedade capitalista", mas isso ainda não é a "base de uma produção socialista". Na realidade, uma nova classe exploradora surgiu ou estava surgindo na União Soviética: "Em lugar dos que até então eram capitalistas, agora transformados em proletários, assumem o controle intelectuais ou proletários agora transformados em capitalistas".[41] Mesmo que Trotsky, ao contrário de alguns de seus seguidores mais radicais, prefira falar de "burocracia" em vez de uma nova classe capitalista, as analogias entre os dois discursos aqui confrontados permanecem inalteradas, tanto mais que, mesmo na análise do revolucionário russo, a "burocracia soviética" parece pretender "alcançar a burguesia ocidental".[42]

Claro, não faltam diferenças. Para Kautsky, é a direção bolchevique como tal que abandonou e de alguma forma traiu os nobres ideais do socialismo; além disso, mais do que uma escolha e uma abjuração subjetiva e consciente, esse abandono é expressão da "impotência de todas as tentativas revolucionárias feitas sem levar em conta as condições sociais e econômicas objetivas".[43] Em comparação com Trotsky, o discurso de Kautsky parece mais persuasivo. Ele não cometeu a ingenuidade de explicar gigantescos processos sociais objetivos (que, para além da Rússia, atingiram uma série de outros países) esbravejando contra a traição de uma pequena classe política, ou mesmo de uma única personalidade, que assim ascendia ao papel de *deus ex machina*. Porém, há um momento em que até mesmo o líder social-democrata alemão introduz a categoria de traição subjetiva e consciente. Os bolcheviques a teriam consumado quando, ignorando deliberadamente a imaturidade das condições objetivas, abandonaram-se ao "culto da violência" que, no entanto, "o marxismo condena duramente".[44] É a mera escolha inicial de desencadear a Revolução de Outubro que se torna sinônimo de abjuração dos nobres ideais de Marx e do socialismo; neste caso, porém, a acusação de traição atinge Trotsky não menos que

40 Ibid., pp. 119 e 122.
41 Ibid., pp. 120-1.
42 Trotsky (1988), p. 848 (= Trotsky, 1968, p. 143).
43 Kautsky (1977), p. 129.
44 Ibid., p. 129.

Lenin e Stalin. Todavia, resta saber se a condenação de Kautsky ao "culto à violência" dos bolcheviques é compatível com a reprovação dirigida a eles por terem desejado "paz imediata a todo custo" em Brest-Litovsk.

Mais importante que as diferenças são as semelhanças que existem entre os dois teóricos do marxismo aqui comparados. Em ambos os discursos, a visão messiânica da sociedade futura cava um abismo entre a beleza do socialismo e do comunismo autênticos, de um lado, e a mediocridade irremediável do presente e do real, de outro: tenta-se superar esse abismo ao recorrer, no caso de Trotsky, à categoria de traição, e, no caso de Kautsky, à categoria de imaturidade objetiva da Rússia, que inevitavelmente acaba por causar a desfiguração e traição dos ideais originários. Aos olhos do líder social-democrata alemão, tendo em vista o "atraso econômico" de um país que "não pertence aos Estados industriais avançados", o fracasso do projeto socialista é inevitável: "Na realidade, está se realizando na Rússia a última das revoluções burguesas, não a primeira das socialistas. Isso está ficando cada vez mais claro. A Revolução Russa de hoje poderá assumir um caráter socialista apenas quando coincidir com uma revolução socialista na Europa ocidental".[45] E de novo somos remetidos às esperanças e perspectivas de Trotsky.

De fato, tendo já surgido com a Revolução de Fevereiro, a visão messiânica da nova sociedade por construir acaba sendo agitada, com modalidades diversas e opostas entre si, por um alinhamento bastante amplo. É uma dialética que se manifesta com particular clareza durante a introdução da NEP. Não são apenas setores importantes do partido bolchevique que gritam pelo escândalo, e nem sempre é a preocupação com a fidelidade à ortodoxia marxista que estimula esses gritos. Se o cristão Pascal lamenta o advento de uma nova "aristocracia" e a emergência de um processo "contrarrevolucionário", o grande escritor Joseph Roth fala com desconsolo de uma "americanização" que vê a Rússia soviética perder não só o socialismo, mas sua própria alma, mergulhando, assim, em um "vazio espiritual".[46] Os gritos de escândalo pelas expectativas messiânicas frustradas e traídas correspondem, no campo burguês, aos gritos de triunfo pelo fato de que, com a introdução da NEP, Lenin também — assim se argumentou — foi

45 Ibid., p. 100.
46 Em Flores (1990), pp. 41 e 53.

forçado a dar as costas para Marx e o socialismo.[47] E novamente nos deparamos com a categoria da traição, embora desta vez secundada por um julgamento de valor positivo.

Paradoxalmente, o que empurrou os bolcheviques na direção de uma nova revolução foi uma formação muito grande e heterogênea. O horror da guerra levara Pascal a prever em tons apocalípticos, já em agosto de 1917, "uma revolução social universal" de radicalidade sem precedentes.[48] Do lado oposto, adversários e inimigos da Revolução de Outubro estavam prontos para comemorar seu fracasso toda vez que a Rússia soviética tentava passar da fase de expectativa messiânica para a fase menos enfática, porém mais realista, da construção de uma nova sociedade. Tudo isso não poderia deixar de fortalecer a tendência já bem presente no partido bolchevique, também como consequência do clima espiritual suscitado pela guerra, de radicalizar ainda mais os motivos utópicos do pensamento de Marx. Nesse sentido, a ideologia que contribuiu para o prolongamento do segundo período de conflitos se mostrou enraizada ela mesma em uma situação objetiva concreta.

Do universalismo abstrato à acusação de traição

Passemos agora a uma visão geral das peças de acusação nas quais se articula o processo contra a "traição". Se quiséssemos formular o problema em termos filosóficos, poderíamos dizer que, embora sejam significativamente diferentes entre si e, apesar de formuladas a partir de posições ideológicas e políticas muito variadas, essas acusações têm em comum uma visão de universalismo que vale a pena examinar agora. Animada como está pela necessidade de combater e superar o egoísmo doméstico da família burguesa que, ao se concentrar exclusivamente em seu círculo interno, afasta as tragédias que acontecem fora dele, Kollontai convoca os comunistas a desenvolver um sentimento de responsabilidade universal, superando assim, também no que se refere à descendência, a distinção

47 Ibid., pp. 32-3.

48 Em Furet (1995), p. 127.

entre "seu" e "meu" e lutando junto com os outros pelo que é comum a todos, pelo que é "nosso". Vimos Trotsky chamar a atenção com razão para as consequências catastróficas que ocorrem quando os pais ignoram a responsabilidade *particular* que têm por seus filhos. Ou seja, ao transferir o momento da obrigação de assistência ao círculo de parentes mais próximos, sem se envolver em primeiro lugar com uma obrigação *particular* e inescapável, a responsabilidade universal acaba se revelando vazia e até se torna um instrumento de evasão. Nesse sentido, segundo Lenin, a teoria de Kollontai era "antissocial".[49]

Mas, ao afirmá-lo em relação ao problema da família, os líderes bolcheviques tendem a esquecer a unidade do universal e do particular quando abordam a questão nacional. No momento de sua fundação, a Terceira Internacional partiu do pressuposto de um partido internacional do proletariado, chamado a realizar a emancipação universal da humanidade, sem se deixar desviar pelos "chamados interesses nacionais";[50] de maneira semelhante, vimos Kollontai teorizando uma espécie de família universal na qual o "meu" e o "seu" são resolvidos sem resíduos no "nosso". Posteriormente, a Terceira Internacional passou por um exaustivo processo de aprendizado que a levaria, com o *Relatório Dimitrov* para o VII Congresso de 1935, a denunciar toda forma de "niilismo nacional" como desastrosa.[51] Mas a redescoberta da nação não é uma traição ao internacionalismo? Se para Kollontai a permanência da instituição da família e a atenção particular dada aos filhos são sinônimos de mesquinhez egoísta e desinteresse pelo destino de todas as crianças do mundo, para Trotsky, "examinar as perspectivas da revolução social dentro dos limites de uma nação" significa tolerar ou ceder ao "social-patriotismo" e ao social-chauvinismo, corresponsáveis pela carnificina da Primeira Guerra Mundial. Da mesma forma, "a ideia de uma evolução socialista que se realiza e mesmo se completa num único país" é um "ponto de vista que é fundamentalmente nacional-reformista, e não revolucionário e internacionalista".[52] São declarações de 1928; dez anos depois é lançada a Quarta Internacional, que retomou (e radicalizou ainda

49 Carr (1968-69), vol. 1, p. 31.

50 Agosti (1974-79), vol. 1, 1, p. 30.

51 O relatório de Dimitrov para o VII Congresso da Internacional Comunista é relatado em De Felice (1973) pp. 101-67 (a citação está na p. 155).

52 Trotsky (1969b), pp. 21 e 72.

mais) o universalismo abstrato dos primórdios e, por isso, se autodefiniu como o "partido mundial da revolução socialista".

Seria fácil aplicar a Trotsky a crítica que ele moveu em sua polêmica com Kollontai. Assim como não constitui uma verdadeira superação do egoísmo doméstico ignorar e evadir-se das responsabilidades particulares que se tem para com os filhos e parentes mais próximos, não é de forma alguma sinônimo de internacionalismo perder de vista que as possibilidades e as tarefas concretas de transformação revolucionária estão localizadas principalmente em um terreno nacional específico. O distanciamento ou a indiferença em relação ao país em que se vive podem muito bem assumir um sentido nada progressista: na Rússia czarista, Herzen, autor caro a Lenin, apontava que a aristocracia era bem "mais cosmopolita que a revolução"; longe de ter uma base nacional, seu domínio repousava na negação da própria possibilidade de uma base nacional, na "profunda divisão [...] entre as classes civilizadas e os camponeses", entre uma elite muito restrita, inclinada a se fazer passar por uma raça superior, por um lado, e a grande maioria da população, por outro.[53] Sem liquidar a racialização das classes subalternas e sem afirmar a ideia de nação e de responsabilidade nacional, não se é revolucionário.

Stalin leva isso em conta, como esclarece em particular o discurso que proferiu em 4 de fevereiro de 1931. Nessa ocasião, ele se apresenta como um líder revolucionário e internacionalista que é, ao mesmo tempo, um estadista e um líder nacional russo, empenhado em resolver os problemas que a nação arrasta há muito tempo: "nós, bolcheviques, que fizemos três revoluções, que saímos vitoriosos de uma amarga guerra civil", devemos também assumir o problema de superar o tradicional atraso industrial e a fragilidade militar da Rússia. "Antigamente não tínhamos pátria e não podíamos tê-la";[54] com a derrubada do antigo regime e o advento do poder soviético, o niilismo nacional é mais insensato do que nunca, porque a causa da revolução é, ao mesmo tempo, a causa da nação. A ênfase agora parece mudar da luta de classes (com sua dimensão internacionalista) para a construção econômica nacional. Porém, mais precisamente, na situação política concreta que surgiu, a luta de classes assume a forma de um compromisso

53 Herzen (1994), pp. 176-7; cf. Losurdo (2002), cap. 22, § 1.
54 Stalin (1971-73), vol. 13, pp. 33 e 36 (= Stalin, 1952, pp. 409 e 412).

para desenvolver, em nível econômico e tecnológico, o país do socialismo, permitindo-lhe enfrentar os terríveis desafios no horizonte e fazer uma contribuição real para a causa internacionalista da emancipação. A luta de classes não só assume uma dimensão nacional, mas também parece configurar-se, na Rússia soviética, como uma tarefa trivial e prosaica: "no período da reconstrução, a tecnologia decide tudo"; portanto, é preciso "estudar a técnica" e "se assenhorar da ciência". Na realidade, esta nova tarefa não é menos difícil e estimulante do que a conquista do Palácio de Inverno: "os bolcheviques devem conquistar a técnica" e tornar-se, eles próprios, "especialistas"; certamente, é uma meta nada fácil de alcançar, mas "não há fortalezas que os bolcheviques não possam conquistar".[55] A política que então presidia a Grande Guerra Patriótica encontra sua primeira formulação nos anos em que a Rússia soviética estava engajada em um esforço gigantesco para industrializar e fortalecer a defesa nacional.

Vimos Stalin enfatizar, às vésperas da agressão de Hitler, a necessidade de vincular "o sentimento nacional e a ideia de pátria", "um nacionalismo saudável, corretamente compreendido, com o internacionalismo proletário" (*supra*, p. 32). Na situação concreta que veio a confirmar-se após a ofensiva expansionista do Terceiro Reich, a marcha da universalidade passava pelas lutas concretas e particulares dos povos decididos a não se deixarem reduzir à condição de escravos a serviço do povo hitlerista dos senhores; com efeito, era a resistência das nações mais diretamente ameaçadas pelos planos de escravização do imperialismo nazista que fazia o internacionalismo avançar. Mas, já três anos antes, confirmando o fato de que se estava em um processo de aprendizado favorecido ou imposto pela necessidade concreta de desenvolver lutas de resistência nacional contra o imperialismo, Mao Tsé-Tung declarava: "Separar o conteúdo do internacionalismo da forma nacional é a prática de quem não entende nada de internacionalismo. Quanto a nós, no entanto, devemos estreitá-los firmemente. A este respeito, cometeram-se graves erros em nossas fileiras, que devem ser corrigidos com o máximo esforço".[56] Em termos análogos, Gramsci distingue "cosmopolitismo" e "internacionalismo" afirmando que este último deve saber ser ao mesmo tempo "profundamente nacional" (*infra*, p. 277).

---

55 Ibid., p. 38 (= Stalin, 1952, p. 414).

56 Mao Tsé-Tung (1969-75), vol. 2, p. 218.

Para além da rejeição da família nuclear e da teorização de uma espécie de paternidade e maternidade coletivas ("nossos filhos"), em nível político geral, o universalismo abstrato se faz sentir com clareza na teorização de uma "direção coletiva", vista mais uma vez como o desaparecimento de responsabilidades individuais e de tarefas realizadas individualmente. Não é por acaso que Kollontai fez parte da Oposição Operária por algum tempo, cujas palavras de ordem no nível da fábrica e do local de trabalho, do partido e do sindicato, da administração e do Estado são: "poder de um órgão coletivo", "vontade coletiva", "pensamento comum", "gestão coletiva".[57] A expectativa messiânica do desaparecimento completo da distinção entre "meu" e "seu" também na esfera econômica deve ser posta nesse contexto, com a consequente condenação, mais que de um sistema específico de produção e distribuição da riqueza social, da "economia monetária" e do mercado como tais, da propriedade privada como tal, por mais limitada e restrita que ela seja. Em todos esses casos, a cobiçada universalidade é aquela que imediatamente se apresenta em sua pureza não contaminada, sem passar por mediações e cruzamentos com a particularidade. E é esse culto da universalidade abstrata que acusa de traição toda vez que a particularidade tem seus direitos ou força reconhecidos.

A dialética da revolução e a gênese do universalismo abstrato

Mas como explicar o surgimento de uma visão e de um purismo tão ingênuos à primeira vista e tão desprovidos do senso de realidade? Não menos ingênuo e irrealista seria colocar tudo na conta desta ou daquela única personalidade. Na realidade, uma dialética objetiva está em ação aqui. Na esteira da luta contra as desigualdades, os privilégios, as discriminações, as injustiças, a opressão do antigo regime e contra os particularismos, o exclusivismo, a mesquinhez e o egoísmo censurados à velha classe dominante, as revoluções mais radicais se inclinam a expressar uma visão forte,

57 Carr (1968-69), vol. 1, p. 31; em Kollontai (1976), p. 200.

exaltante e até enfática e grandiloquente dos princípios de igualdade e universalidade. Trata-se de uma visão que, por um lado, com o ímpeto e o entusiasmo que comporta, facilita a derrubada das velhas relações sociais e das velhas instituições políticas e, por outro, torna mais complexa e problemática a construção da nova ordem. Em que medida estará à altura das promessas, ambições e expectativas que presidiram seu nascimento? Não corre o risco de reproduzir sob nova forma as distorções tão veementemente denunciadas do antigo regime? Essa transição é tão mais delicada pelo fato de que, de um lado, as revoluções mais radicais cultivam projetos ambiciosos de transformação político-social e, de outro, justamente por sua estranheza e distanciamento da ordem existente, veem a ascensão ao poder de classes dominantes sem sólida experiência política atrás de si, que de resto se encontram na necessidade de construir e até mesmo de inventar uma nova ordem não só política, mas também social. Nessas circunstâncias, tende a revelar-se muito tênue a fronteira entre um ambicioso projeto político e uma frase altissonante, entre utopia concreta (horizonte certamente remoto, mas que, no entanto, orienta e estimula o processo real de transformação) e utopia abstrata e enganosa (sinônimo em última análise de escapismo e fuga da realidade).

Para que uma revolução seja vitoriosa não só em curto prazo, mas também no longo prazo, ela deve ser capaz de dar um conteúdo concreto *e* duradouro às ideias de igualdade e universalidade com base nas quais chegou ao poder. E, ao fazê-lo, o novo grupo dirigente é chamado a depurar essas ideias da forma ingênua que elas tendem a assumir nos momentos de entusiasmo, e é chamado a realizar esse trabalho de depuração não num espaço vazio e asséptico, mas numa cena historicamente preenchida, na qual fazem sentir sua presença e seu peso as compatibilidades econômicas e políticas, as relações de força, as contradições e os conflitos que inevitavelmente emergem. É no curso dessa difícil passagem que a frente revolucionária, até então pelo menos aparentemente caracterizada por uma unidade coral, começa a apresentar as primeiras rachaduras ou as primeiras lacerações, e intervêm as decepções, o desencanto, as acusações de traição.

É um processo e uma dialética que Hegel analisa com muita lucidez e profundidade em relação à Revolução Francesa.[58] Ela se desenvolve agitando

58 Hegel (1969-79), vol. 3, pp. 431-41.

a bandeira do "sujeito universal", da "vontade universal", da "autoconsciência universal". Nessa fase, no momento da destruição do antigo regime, assiste-se à "anulação das massas espirituais diferenciadas e à limitação da vida dos indivíduos"; "portanto, são abolidos todos os estratos sociais, que são as essências espirituais nas quais o Todo se articula". É como se a sociedade, tendo dissolvido todos os corpos sociais intermediários, tivesse se desarticulado completamente em uma miríade de indivíduos que, rejeitando todas as autoridades tradicionais, agora destituídas de legitimidade, reivindicam não apenas liberdade e igualdade, mas também participação na vida pública e em todas as fases do processo de tomada de decisão. Na onda desse entusiasmo e dessa exaltação, numa situação em que é como se a autoridade e o poder como tais estivessem suspensos no nada, surge um messianismo anarcoide, que exige "liberdade absoluta" e que está pronto para denunciar qualquer contaminação e qualquer restrição real ou presumida da universalidade como traição.

Uma nova ordem pressupõe uma redistribuição dos indivíduos em "massas espirituais", em organismos sociais, em corpos intermediários, ainda que constituídos e organizados conforme diferentes e novas modalidades, respeitando os princípios da revolução. No entanto, a nova articulação da sociedade, seja ela qual for, aparece como uma negação da universalidade aos olhos do messianismo anarcoide. De fato, "a atividade e o ser da personalidade [única] se encontrariam assim limitados a um ramo do Todo, a uma só espécie de atividade e ser". Portanto: "Assentada no elemento do ser, a personalidade receberia assim o significado de personalidade determinada e, na verdade, deixaria de ser autoconsciência universal". É uma análise esclarecedora da dialética que se desenvolve no rastro da Revolução Francesa, mas também, e ainda mais claramente, da Revolução de Outubro, quando o páthos da universalidade se faz sentir com força ainda maior, tanto em suas formas mais ingênuas quanto nas formas mais maduras. Na situação de universalismo exaltado, que preside à derrubada do antigo regime, qualquer divisão do trabalho, por mais articulada que seja, torna-se sinônimo de exclusivismo, de sequestro da "autoconsciência universal" e da "vontade universal" por obra de uma minoria burocrática e privilegiada.

Tal como acontece com as relações sociais, o mesmo ocorre com as instituições políticas. Não há ordenamento que possa satisfazer a reivindicação de realização direta e não mediada da universalidade, apresentada pelo messianismo anarcoide. O modo como este último se comporta se mostra mais uma vez com clareza nas páginas memoráveis da *Fenomenologia do espírito*:

> Sem se deixar enganar nem pela comédia (*Vorstellung*) da obediência às leis que pretendem ser expressão do autogoverno e que lhe atribuiriam apenas uma parte, nem pelo fato de gozar de representação na legislação e na atividade universal, a autoconsciência não se deixa despojar da realidade que consiste em dar ela mesma as leis e em realizar ela mesma não uma única obra, mas a obra universal. Com efeito, quando se encontra apenas na forma da representação e da encenação teatral, o indivíduo não é real; onde há alguém que seja representante do singular, não há o singular.

Neste ponto nos vem à mente a definição que, na Rússia soviética, a Oposição Operária oferece da burocracia: "alguém decide seu destino". Contra essa inadmissível expropriação, reivindica-se uma "direção" que seja "coletiva" em todas as fases do processo decisório, com a consequente condenação de qualquer órgão representativo. Aliás, em um exame mais atento, muitas vezes — como sabemos — o que está sob ataque é todo projeto de ordem constitucional e mesmo de regulação jurídica, rotulado *a priori* como tentativa de aprisionar ou estilhaçar a universalidade e, portanto, como expressão em última análise de um antigo regime difícil de morrer.

Para chegar à "ação", para alcançar realidade e eficácia e se tornar "vontade real" — continua Hegel —, a universalidade deve encontrar expressão em indivíduos concretos, deve "colocar no vértice uma autoconsciência singular". Mas é aqui que o messianismo e o anarquismo se rebelam ruidosamente: "Desta forma, porém, todos os outros indivíduos são excluídos do Todo desta ação e desempenham apenas um papel limitado e, portanto, a ação não seria a ação da real autoconsciência universal". A tragédia da Revolução Francesa (mas também, e em maior escala, da Revolução de Outubro) consiste nisto: se quiser evitar ser reduzido a uma frase vazia, o páthos da universalidade deve conferir a si mesmo um conteúdo concreto e determinado, mas é justamente esse conteúdo concreto e determinado que será percebido como traição. Olhando mais de perto, é a particularidade como tal que é marcada como elemento de contaminação e negação da universalidade. Enquanto essa visão continuar prevalecendo, a liquidação do antigo regime não será seguida pela construção de uma nova ordem concreta: "Sendo assim, a liberdade universal não pode produzir nenhuma obra e nenhuma ação positiva, restando-lhe apenas a atividade negativa. A liberdade universal é somente a fúria da destruição".

Universalidade abstrata e terror na Rússia soviética

Segundo a análise de Hegel, na medida em que o terror é resultado não de uma situação objetiva, mas de uma ideologia, este deve ser atribuído em primeiro lugar ao messianismo anarcoide e ao universalismo abstrato que, em sua fuga de qualquer elemento particular e determinado, só consegue se expressar na "fúria da destruição". No que diz respeito à revolução bolchevique, não se deve perder de vista o estado de exceção permanente, provocado pela intervenção e cerco imperialistas. No entanto, a componente propriamente ideológica do terror remete ao culto da universalidade e da utopia abstrata, que dificulta a ação do novo grupo dirigente e acaba por dilacerá-lo. É interessante ver como em meados da década de 1930 Trotsky, deixando para trás suas sábias críticas a Kollontai, zombou da reabilitação stalinista da família:

> Enquanto se esperava confiar ao Estado a educação das novas gerações, o poder, longe de se preocupar em sustentar a autoridade dos mais velhos, sobretudo do pai e da mãe, procurou, ao contrário, separar os filhos para protegê-los dos velhos costumes. Mesmo abertamente, durante o período do primeiro plano quinquenal, a escola e a juventude comunista apelaram amplamente a seus filhos para desmascarar o pai bêbado e a mãe crente, para envergonhá-los, para tentar "reeducá-los". Outra coisa é saber com que sucesso. Em todo caso, esse método abalou os próprios alicerces da autoridade familiar.[59]

59 Trotsky (1988), pp. 845-6 (= Trotsky, 1968, p. 141).

Ao contribuir para a difusão dos "velhos costumes" e, portanto, da ideologia e do particularismo do antigo regime, a família é identificada como um obstáculo que a marcha da universalidade é chamada a golpear ou abater. A denúncia da "autoridade familiar" produz não uma diminuição, mas um acréscimo da violência. O mesmo resultado produz a condenação da Constituição e da lei em si como instrumentos da dominação burguesa. A partir desses pressupostos é impossível criar e até mesmo pensar em um Estado socialista de Direito. Naturalmente há uma contradição entre a homenagem ao ideal da extinção do Estado e o apelo ao Estado para que intervenha até no âmbito das relações familiares, mas é a contradição que invariavelmente se manifesta entre a retórica libertária do universalismo abstrato e as práticas de violência que ele acaba estimulando.

Neste ponto, somos obrigados a fazer uma consideração adicional. A tendência a ver no particular, enquanto tal, um elemento de distúrbio ou contaminação da universalidade se manifesta muito além do grupo dirigente bolchevique. Pense-se na desconfiança ou na hostilidade com que Rosa Luxemburgo geralmente vê os movimentos nacionais, que são acusados de esquecer a causa internacional do proletariado. Após a Revolução de Outubro, a grande revolucionária, por um lado, critica os bolcheviques por não respeitarem ou liquidarem a democracia, por outro, os convida a "sufocar no nascedouro com mão de ferro qualquer tendência separatista" vinda de "povos sem história", "cadáveres apodrecidos que emergem de seus túmulos seculares".[60]

E agora vejamos como Stalin descreve os efeitos da "revolução socialista" sobre a questão nacional:

> Abalando as camadas mais profundas da humanidade e empurrando-as para a cena política, ela desperta para uma nova vida toda uma série de novas nacionalidades, antes desconhecidas ou pouco conhecidas. Quem poderia imaginar que a velha Rússia dos czares representava nada menos que cinquenta nações e grupos nacionais? No entanto, a Revolução de Outubro, ao

60 Para a análise contida nestas páginas das posições de Rosa Luxemburgo, remeto a Losurdo (1997), cap. VII, § 2.

> quebrar as velhas correntes e pôr em cena toda uma série de nacionalidades e povos esquecidos, deu-lhes uma nova vida e um novo desenvolvimento.[61]

Aqui chegamos a um resultado paradoxal, pelo menos do ponto de vista dos habituais balanços históricos e dos estereótipos ideológicos hoje dominantes. Em relação aos povos que "emergem de seus túmulos seculares", segundo a linguagem de Luxemburgo, ou dos "povos esquecidos", conforme a linguagem de Stalin, é a primeira quem manifesta uma atitude mais ameaçadora e mais repressiva. Naturalmente, no que diz respeito ao julgamento sobre aquele que de fato exerceu o poder, trata-se de ver se e até que ponto a prática correspondeu à teoria. De todo modo, foi o universalismo abstrato de Luxemburgo que se mostrou potencialmente mais carregado de violência ao longo de sua evolução, revelando-se propenso a ler as reivindicações nacionais como um desvio da via principal do internacionalismo e do universalismo.

Chegamos a um resultado semelhante se, ainda quanto ao tema da questão nacional, comparamos desta vez Stalin e Kautsky. À teoria formulada pelo líder social-democrata alemão segundo a qual, com a vitória do socialismo em um país ou grupos de países já com o desenvolvimento da sociedade democrática burguesa, as diferenças e particularidades nacionais desapareceriam ou tenderiam a desaparecer, Stalin objeta: tal visão, que ignora superficialmente "a estabilidade das nações", termina por escancarar as portas à "guerra contra a cultura nacional" das minorias nacionais ou dos povos oprimidos, à "política de assimilação" e "colonização", à política cara, por exemplo, aos "germanizadores" e "russificadores" da Polônia.[62] Também neste caso é a universalidade incapaz de abarcar o particular que estimula a violência e a opressão, e, para nos movermos sempre no campo da comparação entre os vários enunciados teóricos, Kautsky se mostra bem mais afetado por esse universalismo abstrato do que Stalin.

Tal como o líder social-democrata alemão, Luxemburgo também criticou duramente os bolcheviques por sua reforma agrária "pequeno-burguesa", que concedeu terras aos camponeses. Essa visão pode ser contrastada com a de Bukharin, segundo quem, nas condições russas

61 Stalin (1971-73), vol. 7, p. 120 (= Stalin, 1952-56, vol. 7, pp. 159-60).
62 Stalin (1971-73), vol. 11, pp. 305-11.

da época, com o monopólio do poder político firmemente nas mãos dos bolcheviques, precisamente os "interesses privados" e o impulso para o enriquecimento dos camponeses e de outros estratos poderiam contribuir para o desenvolvimento das forças produtivas e, em última análise, para a causa do socialismo e do comunismo.[63] Uma mudança significativa ocorreu em Bukharin: se, por ocasião de Brest-Litovsk, no que diz respeito à questão nacional, ele havia manifestado um universalismo abstrato, agora, em relação à NEP e à questão agrária, o processo de construção da universalidade é chamado a avançar também pelo uso adequado dos interesses particulares. Estamos perante um processo de aprendizagem e uma reflexão autocrítica de extraordinário interesse, que nos ajudam a compreender o que se passa hoje em países como a China e o Vietnã. Bukharin continua:

> Imaginávamos as coisas da seguinte forma: assumimos o poder, tomamos quase tudo em nossas mãos, imediatamente colocamos em movimento uma economia planejada, não importa se surjam dificuldades, em parte as eliminamos, em parte as superamos, e as coisas se concluem felizmente. Hoje vemos claramente que a questão não se resolve assim.

A pretensão de "organizar a produção por meio de ordens, coercitivamente", leva à catástrofe. Superando essa "caricatura de socialismo", os comunistas são forçados pela experiência a levar em conta a "enorme importância do incentivo individual privado" para fins do desenvolvimento das forças produtivas e, claro, para "um desenvolvimento das forças produtivas que nos conduza ao socialismo e não à restauração completa do chamado 'saudável' capitalismo".[64] Em vez disso, bradar — como Trotsky e a oposição fizeram — contra a "degeneração" da Rússia soviética devido à persistência da economia privada no campo e à "colaboração de classe" dos comunistas com os camponeses (e com as camadas burguesas toleradas pela NEP) teria levado ao fim da "paz civil" e a uma gigantesca "noite de São Bartolomeu".[65]

63 Bukharin (1969b), pp. 160 e 168.
64 Ibid., pp. 159 e 161.
65 Bukharin (1969a), p. 113 e Bukharin (1969b), p. 169.

Foi apenas a necessidade de acelerar ao máximo a industrialização do país em antecipação à guerra que determinou a derrota de Bukharin, ou contribuiu também a hostilidade irredutível a qualquer forma de propriedade privada, à economia mercantil? Este é um problema que abordaremos mais tarde. Um ponto fixo pode ser estabelecido desde já: o universo concentracionário atinge o ápice na onda da coletivização forçada da agricultura e da mão de ferro contra as tendências burguesas e pequeno-burguesas dos camponeses, em sua maioria membros de "povos sem história", para usar a linguagem infeliz que Luxemburgo tira de Engels. Para além dos erros ou da brutalidade deste ou daquele dirigente político, não há dúvidas sobre o papel fatal desempenhado por um universalismo incapaz de subsumir e respeitar o particular.

As páginas que usamos de Hegel (autor em que Lenin percebe "germes do materialismo histórico"[66]) são como a refutação antecipada da explicação do "stalinismo" contida no chamado *Relatório Secreto* de 1956, apresentado por ocasião do XX Congresso do Partido Comunista da União Soviética. Naturalmente, seria desleal esperar que Khrushchev estivesse à altura de Hegel, mas é curioso que a tragédia e o horror da Rússia soviética continuem sendo atribuídos a uma única personalidade, na verdade a um único bode expiatório, como se nunca houvesse existido a extraordinária análise que a *Fenomenologia do espírito* dedica à "liberdade absoluta" e ao "Terror".

O que significa governar: um doloroso processo de aprendizado

Voltemos à análise hegeliana da dialética da Revolução Francesa (e das grandes revoluções em geral). A partir da experiência concreta das consequências ruinosas a que conduz a "fúria da destruição", os indivíduos compreendem a necessidade de dar um conteúdo concreto e particular à universalidade, pondo fim à busca insana pela universalidade em

66 Lenin (1955-70), vol. 38, p. 313.

sua imediaticidade e pureza. Ao renunciar ao igualitarismo absoluto, os indivíduos "aceitam novamente a negação e a diferença", ou melhor, "a organização de massas espirituais em que se articula a multidão das consciências individuais". Além disso, estas "retornam a uma obra particular e limitada, mas, justamente por isso, voltam à sua realidade substancial". Ou seja, agora compreendemos a natureza inconclusiva e ruinosa do mito de uma "vontade universal", ou, para usar desta vez a linguagem não de Hegel, mas de alguns revolucionários russos, de uma democracia direta, de uma "direção coletiva" que, sem mediações e entraves burocráticos, se expresse direta e imediatamente nas fábricas, nos locais de trabalho, nos órgãos políticos.

Como se vê, mais do que o jacobinismo, Hegel visa o radicalismo e o messianismo anarcoide confirmado pelas considerações que faz a respeito de outra grande revolução, a saber, a revolução puritana que varreu a Inglaterra em meados do século XVII. Ao pôr fim a um período de inconclusiva exaltação religiosa e pseudorrevolucionária, ao dar uma saída política positiva a longos anos de angústia, Cromwell demonstra que bem "sabia o que era governar": "tomou as rédeas do governo com mão forte, dissolveu aquele parlamento que derramava orações *e* se apossou do trono com grande esplendor, como Protetor".[67] Saber governar, aqui, significa poder dar conteúdo concreto aos ideais de universalidade que presidiram a revolução, distanciando-se nitidamente — no que diz respeito à primeira Revolução Inglesa, por exemplo — dos seguidores da "quinta monarquia", a utopia oca de uma sociedade isenta e não necessitada de normas jurídicas, pelo fato de os indivíduos serem iluminados e se deixarem guiar pela graça. Na medida em que soube se distanciar da utopia abstrata e inconclusiva, Robespierre também demonstrou que, de algum modo, conhecia ou queria aprender a arte de governar.

Depois de uma grande revolução, sobretudo quando seus protagonistas são setores ideológicos e políticos desprovidos de propriedade e de experiência política ligada ao usufruto da propriedade, aprender a governar significa aprender a dar conteúdo concreto à universalidade. Mas, como está dito, se trata de um processo de aprendizado. Quanto à revolução socialista, ela não começa e termina com Stalin. Aliás, a limitação mais

67 Hegel (1919-20), pp. 896-7.

séria desse estadista (mas também, em graus variados, de outros estadistas que ainda hoje se referem ao socialismo) é ter deixado esse processo de aprendizagem incompleto ou gravemente inacabado.

Vejamos a questão nacional. Em Lenin, podemos ler a tese segundo a qual a "inevitável fusão das nações" e das "diferenças nacionais", inclusive linguísticas, passa por um "período de transição" do pleno e livre desenvolvimento das nações e de suas diversas línguas, culturas e identidades. Pelo menos no que se refere ao "período de transição", aqui resta clara a consciência de que o universal deve saber abraçar o particular. Um processo significativo de aprendizagem já teve início: já estamos além do universalismo abstrato, que se faz sentir, por exemplo, em Luxemburgo, para a qual as particularidades nacionais são em si mesmas uma negação do internacionalismo.

No entanto, no que diz respeito à questão nacional, Lenin parece captar a unidade de universal e particular apenas em relação ao "período de transição". Stalin é às vezes mais radical:

> Alguns, por exemplo Kautsky, falam em criar uma língua única para toda a humanidade no período do socialismo e em extinguir todas as outras línguas. Não acredito muito nessa teoria de uma única língua para toda a humanidade. Em todo caso, a experiência não fala a favor, mas contra esta teoria.[68]

A julgar por esta passagem, nem mesmo o comunismo deveria ser caracterizado por "uma única língua para toda a humanidade". Mas é como se Stalin tivesse medo de sua coragem. Na maioria das vezes ele prefere adiar a "fusão de nações e línguas nacionais" até que o socialismo tenha triunfado em todo o mundo.[69] Talvez apenas nos últimos anos de vida, quando já era uma autoridade indiscutível no movimento comunista internacional, Stalin tenha se revelado mais audacioso. Ele não se limita a reiterar com força que "a história registra grande estabilidade e enorme resistência da língua à assimilação forçada".[70] Agora a elaboração teórica

68 Lenin (1955-70), vol. 22, p. 151 e vol. 31, p. 82; Stalin (1971-73), vol. 7, p. 120 (= Stalin, 1952-56, vol. 7, p. 160).
69 Stalin (1971-73), vol. 11, p. 308.
70 Stalin (1971-73), vol. 15, p. 218 (= Stalin, 1968, p. 52).

vai além: "a língua difere radicalmente de uma superestrutura"; ela "não é criada por nenhuma classe, mas por toda a sociedade, por todas as classes da sociedade, graças aos esforços de centenas de gerações"; portanto, é absurdo falar de uma "'natureza classista' da língua".[71] Mas, então, por que as línguas nacionais deveriam desaparecer? E por que as nações como tais deveriam desaparecer, se é verdade que "a comunidade linguística é um dos sinais distintivos mais importantes de uma nação"?[72] No entanto, apesar de tudo, a ortodoxia acaba levando a melhor: o comunismo continua a ser pensado como o triunfo da "língua internacional comum" e, em última análise, da nacionalidade única.[73] Pelo menos no que diz respeito a esse mítico estágio final, o universal pode novamente ser pensado em sua pureza, sem a contaminação do particular das línguas e das identidades nacionais. Não se trata de um problema abstratamente teórico: o apego à ortodoxia certamente não tem contribuído para a compreensão das contradições permanentes entre as nações que se referem ao socialismo e que se consideram comprometidas com a construção do comunismo. São as contradições que têm desempenhado um papel preponderante no processo de crise e de dissolução do "campo socialista".

Também em outros campos da vida social vemos Stalin empenhado em uma difícil luta contra a utopia abstrata, mas para depois parar no meio do caminho, a fim de não comprometer a ortodoxia tradicional. Ainda em 1952 — e, portanto, às vésperas de sua morte —, ele se sentiu obrigado a criticar aqueles que queriam a liquidação da "economia mercantil" enquanto tal. Em polêmica com isso, Stalin judiciosamente observa:

> Diz-se que a produção de mercadorias sob quaisquer condições necessariamente levará ao capitalismo. Isso não é verdade. Nem sempre e nem sob quaisquer condições! A produção mercantil não pode ser identificada com a produção capitalista. São duas coisas diferentes.

Pode muito bem haver "produção mercantil sem capitalistas". E, no entanto, mesmo neste caso, a ortodoxia revela-se uma barreira intransponível: o

71 Ibid., pp. 193, 195 e 204 (= Stalin, 1968, pp. 18, 21 e 34).
72 Ibid., p. 206 (= Stalin, 1968, p. 36).
73 Ibid., p. 252 (= Stalin, 1968, p. 101).

desaparecimento da economia mercantil é adiado para o momento em que "*todos* os meios de produção" serão realmente coletivizados, superando assim a própria propriedade cooperativa.[74]

Por fim, o problema talvez decisivo. Vimos Stalin teorizar uma "terceira função", além da repressão e da luta de classes nos níveis interno e internacional. Um grande jurista acertou ao sublinhar que o relatório ao XVIII Congresso do PCUS nos coloca diante de "uma mudança radical na doutrina desenvolvida por Marx e Engels".[75] Foi uma mudança a que Stalin chegou a partir também de sua experiência governamental, a partir de um aprendizado concreto que já havia deixado vestígios no pensamento e na ação política do último Lenin, mas que agora dava mais um passo adiante. Argumentava de forma bem diferente Trotsky, que pensou poder resumir a lição de Marx, Engels e Lenin nestes termos: "A geração que conquistou o poder, a velha guarda, começa a liquidação do Estado; a próxima geração completará essa tarefa".[76] Se esse milagre não aconteceu, quem poderia ser culpado senão a traidora burocracia stalinista?

Pode parecer desviante recorrer a categorias filosóficas para explicar a história da Rússia soviética, mas é Lenin quem legitima essa abordagem ao citar e subscrever a "excelente fórmula" da *Lógica* de Hegel, segundo quem o universal deve ser tal que acolha "a riqueza do particular".[77] Ao exprimir-se assim, ele pensa sobretudo na situação revolucionária, que é sempre determinada e que atinge o ponto de ruptura no elo mais fraco da cadeia, em um determinado país. A "excelente fórmula" de Lenin e da direção bolchevique, porém, não foi pensada para a fase posterior à conquista do poder. Quando nos deparamos com o problema de construir uma nova sociedade, as tentativas de fazer o universal abraçar "a riqueza do particular" colidiram com a acusação de traição. E é claro que essa acusação atingiu Stalin de maneira particular: por mais tempo do que qualquer outro líder, ele governou o país resultante da Revolução de Outubro e, justamente a partir de sua experiência de governo, percebeu o vazio da expectativa messiânica do desaparecimento do Estado, das nações, da religião, do mercado, do dinheiro, e também experimentou

74 Ibid., pp. 263-70 (= Stalin, 1973, pp. 18-29).
75 Kelsen (1981a), p. 171; cf. também Kelsen (1981b), p. 62.
76 Trotsky (1988), p. 853 (= Trotsky, 1968, p. 148).
77 Lenin (1955-70), vol. 38, p. 98.

diretamente o efeito paralisante de uma visão do universal inclinada a rotular de espúria a atenção aos interesses particulares de um Estado, uma nação, uma família, um indivíduo específico.

Se é verdade que a ideologia desempenha um papel significativo no prolongamento do "segundo período de conflitos", deve-se ressaltar que ela envolve particularmente os antagonistas de Stalin. Graças também à sua experiência concreta de governo, ele se empenha seriamente no processo de aprendizagem pelo qual, segundo a lição de Hegel, todo grupo dirigente de uma grande revolução é obrigado a passar.

4

O CURSO COMPLEXO E CONTRADITÓRIO DA ERA DE STALIN

Do relançamento da "democracia soviética" à "noite de São Bartolomeu"

No entanto, é preciso reiterar — como contraditoriamente reconhece um dos autores do *Livro negro do comunismo* — a necessidade da "inserção da violência política primeiro bolchevique e depois stalinista na 'longa duração' da história russa": é preciso não perder de vista "a 'matriz' do stalinismo que foi o período da Primeira Guerra Mundial, das revoluções de 1917 e das guerras civis *tomadas como um todo*".[1] Portanto, nascido idealmente quando ninguém podia prever a ascensão de Stalin ao poder e antes mesmo da revolução dos bolcheviques, o "stalinismo" não é primordialmente o resultado nem da sede de poder de um indivíduo, nem de uma ideologia, mas do estado de exceção permanente que engolfou a Rússia desde 1914. Como vimos, desde o início do século XIX, personalidades muito diversas entre si já pressentiam os sinais da tempestade inaudita que se formava sobre o país situado entre a Europa e a Ásia, e ela começou a manifestar-se em toda a violência com a eclosão da Primeira Guerra Mundial. É daqui e da longa, longuíssima duração do segundo período de conflitos que precisamos partir. Não por acaso, trata-se de um fenômeno de andamento nada unilinear: vamos vê-lo abrandar em momentos de relativa normalização e manifestar-se com toda a dureza quando o estado de exceção atinge seu ápice.

Vamos começar nos fazendo uma pergunta preliminar: a partir de que momento se pode falar de uma ditadura pessoal e solitária na Rússia soviética? Historiadores competentes parecem concordar em um ponto essencial: "No início dos anos 1930, Stalin ainda não era um autocrata. Ele não estava isento de ter que lidar com críticas, dissidências e oposição real dentro do Partido Comunista". Ainda não havia ocorrido o advento do poder solitário de um líder envolto no culto da personalidade: persiste a tradição leninista da "ditadura do partido" e do poder oligárquico.[2] Os historiadores aqui citados usam as duas categorias indiferentemente; no entanto, a segunda é inadequada para um regime que estimula uma promoção social muito forte das classes baixas e que introduz com força estratos sociais e grupos étnicos até então completamente marginalizados na vida

1 Werth (2007b), pp. VIII e XIV.
2 Tucker (1990), p. 120; cf. também Cohen (1986), pp. 54-5.

política e cultural do país. Resta o fato de que, a partir de 1937 e do desencadeamento do Grande Terror, a ditadura do partido dá lugar à autocracia.

Devemos então distinguir duas fases no âmbito do "stalinismo"? Embora tenha o mérito de pôr em causa a habitual visão "monolítica", essa periodização não constitui um verdadeiro avanço na compreensão daqueles anos: em todo caso, faltaria explicar a passagem da primeira para a segunda fase e a configuração concreta de ambas.

Para entender o problema, vejamos o que aconteceu em meados da década de 1920, ou seja, numa época em que, superada a aguda crise representada pela intervenção estrangeira e pela guerra civil, a NEP já alcançava resultados significativos: não só não há autocracia como, a despeito da ditadura do Partido Comunista, a gestão do poder tende de algum modo a se tornar mais "liberal". Bukharin parece chegar ao ponto de reivindicar uma espécie de *rule of law*, de governo da lei: "O camponês deve ter diante de si a *ordem* soviética, o *direito* soviético, a *lei* soviética e não o arbítrio soviético, moderado por uma 'queixa de escritório' cujo paradeiro é desconhecido". Há uma necessidade de "normas legais sólidas", que também são obrigatórias para os comunistas. O Estado deve doravante realizar um "trabalho de organização pacífica", e o partido, em sua relação com as massas, deve "adotar a persuasão e somente a persuasão". O terror já não faz sentido: "agora pertence ao passado".[3] Em vez disso, trata-se de abrir espaço para a "iniciativa de massas": nesse contexto, é necessário acolher o florescimento de "associações populares" e "organizações voluntárias".[4]

Não estamos na presença de opiniões meramente pessoais. Estes são os anos do "duunvirato"[5]: Bukharin administra o poder junto com Stalin, o qual em 1925 também apela repetidamente à "liquidação das sobrevivências do comunismo de guerra nos campos" e condena o "desvio" que soa o alarme por uma imaginária "restauração do capitalismo" e "leva a reacender a luta de classes nos campos" e a "guerra civil em nosso país".

3 Em Cohen (1975), pp. 204-5.
4 Ibid., p. 209.
5 Ibid., pp. 215 ss.

[6] Em vez disso, é necessário perceber que "estamos na fase de construção econômica".[7]

A mudança de ênfase da luta de classes para a construção econômica tem consequências significativas também no nível político: a primeira tarefa dos estudantes comunistas é "se assenhorar da ciência".[8] Somente assim eles podem pretender desempenhar um papel de liderança: o que vale é a "competência"; "agora se exige que a direção seja concreta, prática". Ou seja: "Para liderar verdadeiramente, é preciso conhecer o próprio trabalho, é preciso estudá-lo com consciência, paciência, perseverança".[9] A centralidade da construção econômica e, portanto, da competência torna menos rígido o monopólio do partido: "é indispensável que o comunista se comporte em relação ao não partidário como um igual", até porque "o controle dos membros do partido" pelos "sem partido" pode produzir resultados muito positivos.[10]

No geral, de acordo com Stalin, era necessária uma mudança política radical: "Hoje não é mais possível liderar com métodos militares"; "agora não precisamos de pressão máxima, mas de flexibilidade máxima, tanto na política quanto na organização, flexibilidade máxima tanto na direção política quanto organizacional"; é preciso empenhar-se em captar e compreender com simpatia "as aspirações e necessidades dos operários e camponeses". Mesmo no que diz respeito aos camponeses, muitas vezes mais atrasados que os operários, a tarefa dos comunistas e dos quadros é "aprender a convencê-los sem poupar tempo nem esforços para este trabalho".[11]

Não se trata apenas de assimilar uma pedagogia política mais sofisticada. É preciso acabar com eleições puramente formais, conduzidas de cima para baixo, e com um mau hábito que implica "o descontrole, o abuso de poder, a arbitrariedade dos administradores". Impõe-se uma viragem: "a velha prática eleitoral era uma sobrevivência do comunismo de guerra, que devia ser liquidada de cima a baixo como prática nociva e

---

6 Stalin (1971-73), vol. 7, pp. 106, 309 e 292 (= Stalin, 1952-56, vol. 7, pp. 143, 403 e 380-1).
7 Ibid., p. 110 (= Stalin, 1952-56, vol. 7, p. 148).
8 Ibid., p. 76 (= Stalin, 1952-56, vol. 7, p. 104).
9 Ibid., pp. 148-9 (= Stalin, 1952-56, vol. 7, pp. 197-8).
10 Stalin (1971-73), vol. 7, pp. 167-8 (= Stalin, 1952-56, vol. 7, pp. 221-2).
11 Ibid., pp. 109 e 147 (= Stalin, 1952-56, vol. 7, pp. 147 e 195).

pútrida".[12] Trata-se agora de "reativar os sovietes, transformar os sovietes em verdadeiros órgãos eletivos, de instaurar os princípios da democracia soviética no campo".[13]

Ainda antes de Outubro, os sovietes começaram a transformar-se em "estruturas burocráticas" e a ver diminuir a "frequência e consistência das assembleias";[14] mas agora, tendo retornado à sua função original, os sovietes são chamados a assegurar "a participação dos trabalhadores no trabalho diário de administração do Estado".[15] Como isso acontece?

> Realiza-se por meio de organizações criadas por iniciativa das massas, por meio de comissões e comitês de todos os tipos, conferências e assembleias de delegados formadas em torno dos sovietes, por meio de organismos econômicos, comitês de fábrica e oficina, instituições culturais, organizações do partido, as organizações da União da Juventude, cooperativas de todos os tipos etc. etc. Nossos camaradas às vezes não percebem que em torno das nossas organizações de base do partido, soviéticas, culturais, sindicais, educacionais, da União da Juventude Comunista, do exército, das seções femininas e de todo tipo fervilha um verdadeiro formigueiro de organizações, comissões, conferências surgidas espontaneamente, que abraçam massas de milhões de operários e camponeses sem partido, um formigueiro que, com seu trabalho diário, imperceptível, meticuloso e silencioso cria a base e a vida dos sovietes, a fonte da força do Estado soviético.[16]

Por todas essas razões, é errado "identificar o partido com o Estado": ao contrário, proceder dessa maneira "significa distorcer o pensamento de Lenin". Por outro lado, uma vez consolidada interna e internacionalmente a posição do novo Estado, é preciso "estender a Constituição a *toda* a população, inclusive à burguesia".[17]

Neste momento, retomando algumas formulações utilizadas por Marx na época da celebração da Comuna de Paris, Stalin observa com interesse

12 Ibid., pp. 158-9 (= Stalin, 1952-56, vol. 7, pp. 210-1).
13 Ibid., p. 108 (= Stalin, 1952-56, vol. 7, p. 145).
14 Figes (2000), p. 555.
15 Stalin (1971-73), vol. 7, p. 139 (= Stalin, 1952-56, vol. 7, p. 185).
16 Ibid., pp. 139-40 (= Stalin, 1952-56, vol. 7, p. 186).
17 Ibid., pp. 139 e 160 (= Stalin, 1952-56, vol. 7, pp. 185 e 212).

o ideal de enxugamento e até de extinção do aparato estatal. A reativação dos sovietes e da participação política pretende ser um passo nessa direção. Trata-se de "transformar nosso aparelho de Estado, de vinculá-lo às massas populares, de torná-lo são e honesto, simples e barato";[18] as associações que emergem da sociedade civil também devem ser incentivadas: elas "conectam os sovietes aos 'estratos inferiores' mais profundos, *fundem* o aparato estatal com massas de milhões de homens e gradualmente suprimem tudo o que pode parecer uma barreira entre o aparato estatal e a população".[19] Em resumo: "A ditadura do proletariado não é um fim em si mesma: a ditadura é um meio, é o caminho que leva ao socialismo. E o que é socialismo? O socialismo é a transição de uma sociedade em que existe a ditadura do proletariado para uma sociedade sem Estado".[20] Certamente não o fim, mas, em todo caso, um relaxamento significativo da "ditadura do proletariado" e do partido parece estar na ordem do dia.

Essa linha de abertura comum a Bukharin e Stalin, mas tachada pelos seguidores de Zinoviev como "bolchevismo de camponês medíocre",[21] foi seguida pela crise que resultou na liquidação da NEP, na coletivização forçada da agricultura e na industrialização por etapas forçadas, com a consequente expansão radical do universo concentracionário. O que determinou a virada não foi, como frequentemente se afirma, a fúria ideológica do grupo dominante, ou seja, a ânsia de liquidar toda forma de propriedade privada e o mercado. Enquanto isso, a pressão vinda de baixo não deve ser subestimada; em setores não negligenciáveis da sociedade, continua operando a nostalgia do igualitarismo que antecedeu a introdução da NEP. Então outro elemento intervém.

Quase como para responder ao tipo de interpretação hoje dominante, em 19 de novembro de 1928 Stalin declarou que quem governava a União Soviética era "gente sóbria e calma", porém angustiada pelo problema de como defender a "independência" de um país decididamente mais atrasado em relação aos inimigos potenciais que o cercavam.[22] Vê-se, pois, a

18 Ibid., pp. 108-9 (= Stalin, 1952-56, vol. 7, p. 146); cf. Marx, Engels (1955-89), vol. 17, p. 341.
19 Ibid., p. 140 (= Stalin, 1952-56, vol. 7, p. 187); o destaque está no original.
20 Ibid., pp. 137-8 (= Stalin, 1952-56, vol. 7, p. 183).
21 Ibid., p. 329 (= Stalin, 1952-56, vol. 7, p. 428).
22 Stalin (1971-73), vol. 11, pp. 219-20.

preocupação com uma situação internacional percebida como cada vez mais ameaçadora. No fim de novembro de 1925 foi assinado o Tratado de Locarno. Ao reaproximar a França e a Alemanha, ele recompôs a dilaceração das potências ocidentais que se enfrentaram durante a Primeira Guerra Mundial e assim sancionou o isolamento da URSS; não faltavam vozes pedindo "uma cruzada europeia contra o comunismo".[23] E eis que em Moscou personalidades proeminentes como Zinoviev, Radek e Kamenev enfatizaram dramaticamente o perigo de agressão que ia despontando.[24]

Poucos meses depois, deu-se o golpe de Estado na Polônia, que selou a ascensão ao poder de Pilsudski, inimigo declarado da União Soviética: em seu gabinete está bem à vista um Napoleão pintado por David ao atravessar os Alpes, mas na realidade admirado por Pilsudski também pela invasão da Rússia. Essa última empreitada contou com a participação dos poloneses: o novo homem forte de Varsóvia enfatiza esse fato com orgulho e espera tirar a Ucrânia da URSS para torná-la um aliado subalterno e leal.[25] Em 24 de agosto de 1926, Pilsudski rejeita a proposta feita por Moscou para um tratado de não agressão e, posteriormente, o ministro das Relações Exteriores soviético denuncia os planos da Polônia de "adquirir um protetorado nos países bálticos". No ano seguinte, a situação internacional tornou-se ainda mais sombria: a Grã-Bretanha rompe relações comerciais e diplomáticas com a União Soviética, e o marechal Ferdinand Foch convida a França a fazer o mesmo; em Pequim, a embaixada da URSS foi invadida pelas tropas de Chiang Kai-shek, talvez incitadas por Londres (pelo menos de acordo com as suspeitas alimentadas em Moscou), ao passo que, em Varsóvia, o embaixador soviético é assassinado por um imigrante da Rússia Branca; por fim, ocorre uma explosão na sede do Partido Comunista em Leningrado.

Nesse ponto, foi o próprio Tukhachevski, chefe do Estado-Maior, quem soou o alarme e exigiu uma rápida modernização do exército. A NEP já não parecia capaz de resolver o problema: sim, a economia dava sinais de recuperação e, em 1926-27, voltou aos níveis do pré-guerra, mas, no que diz respeito à produção industrial e tecnológica, manteve-se inalterada a defasagem em relação aos países capitalistas mais avançados. Medidas

23 Taylor (1996), p. 89.
24 Carr (1968-69), vol. 2, pp. 265-6.
25 Jędrzejewicz (1982), pp. 93-4 e 145-6.

incisivas ou drásticas se impõem.[26] E os círculos militares pressionam por medidas semelhantes também na agricultura, a fim de garantir a regularidade do abastecimento de alimentos para o front. Como se vê, a virada de 1929 não foi produto do capricho de Stalin, que de fato teve que, se não conter, canalizar o impulso vindo dos círculos militares: rejeitando os objetivos mirabolantes reivindicados sobretudo por Tukhachevski, ele adverte contra o "militarismo vermelho" que, centrado exclusivamente na indústria armamentista, arriscaria comprometer o desenvolvimento econômico e consequentemente a modernização do aparelho militar em seu conjunto.[27] A virada também não é fruto de um capricho ideológico; além do poder do Partido Comunista e das relações sociais vigentes na URSS, está em jogo a existência da nação: esta é a convicção de grande parte dos dirigentes soviéticos, começando é claro por Stalin.

O alarme parece ainda mais justificado pelo fato de que o turvamento do horizonte internacional tanto do ponto de vista diplomático quanto econômico (1929 é o ano da Grande Depressão) se soma, dentro da Rússia, à "crise do trigo" (a queda acentuada na quantidade de grãos colocados no mercado pelos agricultores): "filas para a compra de alimentos se espalharam nas cidades", e isso agrava ainda mais a crise. Era uma situação que "não poderia deixar de agir contra as diretrizes de Bukharin" — observa com razão seu biógrafo.[28] É nesse ponto que o destino do duunvirato está selado. A ruptura não pode ser explicada apenas pelos escrúpulos morais do vencido, que anteviu com clarividência a "noite de São Bartolomeu" provocada pela coletivização forçada da agricultura (*supra*, p. 144). Acima de tudo, a ruptura é causada por outro elemento. Bukharin também está seriamente preocupado com o perigo da guerra, mas não acredita que se possa achar uma solução no âmbito puramente nacional: "a vitória real e definitiva do socialismo em nosso país não é possível sem a ajuda de outros países e da revolução mundial".[29] O líder bolchevique, que já havia condenado a paz de Brest-Litovsk como uma deserção covarde e nacionalista

26 Davies (1989), pp. 441-2 e 462; Schneider (1994), pp. 197-206; Mayer (2000), pp. 619, 623 e 625.

27 Ibid., pp. 443-7.

28 Cohen (1975), pp. 263-4.

29 Ibid., p. 190.

da causa da luta internacional do proletariado revolucionário, continua fiel a essa visão do internacionalismo:

> Se exagerarmos nossas possibilidades, poderia surgir uma tendência... de "cuspir" na revolução internacional: tal tendência poderia dar origem a uma ideologia específica, um peculiar "bolchevismo nacional" ou qualquer coisa nesse mesmo espírito. Desse ponto até várias ideias ainda mais perigosas é apenas um passo.[30]

Por sua vez, de modo mais realista, Stalin parte da suposição de uma já consolidada estabilização no mundo capitalista: a defesa da URSS é principalmente uma tarefa nacional. Não se trata apenas de promover a industrialização do país em etapas forçadas: como demonstra a "crise do trigo", o fluxo de alimentos do campo para a cidade e para o exército está longe de ser garantido. Quanto a esse problema, um dirigente como Stalin era particularmente sensível a este problema, o qual, partindo da rica experiência acumulada durante a guerra civil, sublinhou repetidamente a importância primordial, em um conflito futuro, da estabilidade das linhas de retaguarda e do abastecimento de alimentos proveniente do interior. Aqui estão as conclusões que emergem de uma carta a Lenin e de uma entrevista ao *Pravda* no verão e no outono de 1918, respectivamente: "a questão do abastecimento de alimentos está naturalmente associada à questão militar". Ou seja: "um exército não pode subsistir por muito tempo sem uma retaguarda sólida. Para que a linha de frente seja estável, o exército precisa receber regularmente da retaguarda suprimentos, provisões militares e víveres".[31] Mesmo às vésperas da agressão de Hitler, Stalin daria grande atenção à agricultura, apontada como elemento central da defesa nacional.[32] Compreende-se, portanto, por que no final dos anos 1920 a coletivização da agricultura surgiu como a via obrigatória para acelerar drasticamente a industrialização do país e garantir de forma estável o abastecimento de que necessitavam as cidades e o exército: tudo tendo em vista a guerra. Efetivamente:

30 Ibid., p. 191.

31 Stalin (1971-73), vol. 4, pp. 104 e 131 (= Stalin, 1952-56, vol. 4, pp. 135 e 167); sobre isso cf. Schneider (1994), pp. 234-7.

32 Wolkogonov (1989), pp. 506-7.

> Deixando de lado os custos humanos, os resultados econômicos do primeiro plano quinquenal foram surpreendentes. Ao aumentar sua produção industrial em 250%, a Rússia soviética dava grandes passos para se tornar uma grande potência industrial [...]. Obviamente, o "grande salto adiante" na economia industrial da Rússia soviética implicou um "grande salto adiante" no setor de defesa, com as despesas militares multiplicando-se por cinco entre 1929 e 1940.[33]

Mais modestos são os resultados alcançados na agricultura, onde a superação da economia de subsistência e a centralização criaram de todo modo condições mais favoráveis ao abastecimento regular de um grande exército.

Da "democracia socialista" ao Grande Terror

Depois da "noite de São Bartolomeu", que consistiu na coletivização forçada da agricultura, com os horríveis custos sociais e humanos que ela implicou, a política de abertura que já conhecemos parece ressurgir. Após a vitória sobre os *kulaks* — observa Kaganovich em setembro de 1934 — é preciso "passar completamente para a legalidade" e "educar nossa população na consciência socialista do direito"; sim, sem a educação em massa de "160 milhões de homens no espírito e na consciência do direito" não é possível alcançar "a consolidação do nosso sistema".[34] Tudo isso é ainda mais necessário pelo fato de que — reitera Stalin — na URSS "não há mais classes antagônicas".[35] Portanto, não há mais razão para atrasar a introdução do "sufrágio universal, direto e paritário, por voto secreto",[36] do "sufrágio universal sem nenhuma restrição".[37] Assim, devem ser rejeitadas as emendas à nova Constituição, que propõem "privar de direitos eleitorais os ministros do culto, os ex-Guardas Brancos, todos os 'ex' e

33 Mayer (2000), pp. 630-1.
34 Em Chlevnjuk (1998), p. 174.
35 Stalin (1971-73), vol. 14, p. 68 (= Stalin, 1952, p. 624).
36 Ibid., p. 74 (= Stalin, 1952, p. 629).
37 Ibid., p. 88 (= Stalin, 1952, p. 642).

pessoas que não exerçam funções de utilidade pública". Também não faz sentido querer conceder a esses grupos "apenas o direito de eleger, mas não o direito de ser eleito"; assim como é aconselhável rejeitar a proposta de "proibir a celebração de cerimônias religiosas". Nesse ponto é possível avançar para a "democracia socialista".[38]

Não se trata apenas de propaganda, que certamente desempenha um papel importante. Estamos diante de uma perspectiva que suscita a dura polêmica de Trotsky, que identifica no "liberalismo de Stalin" o abandono do "sistema de conselhos" e o retorno à "democracia burguesa", no âmbito da qual, eliminadas as diferenças de classe, o sujeito é constituído pelo "cidadão" em sua abstração. Este ponto de virada é bem evidente: "a primeira preocupação da aristocracia soviética é livrar-se dos sovietes de trabalhadores e soldados do Exército Vermelho".[39]

Clara é a antítese entre as duas perspectivas. Eliminado o perigo para a independência do país representado por uma campanha retrógrada, dominada pelos *kulaks* e capaz de bloquear o fluxo de abastecimentos à cidade e ao exército, e sem prejuízo da ditadura exercida pelo partido comunista, Stalin não tem interesse em agravar ainda mais o conflito político e social. É a mesma obsessão pela industrialização em etapas forçadas que o leva a solicitar a promoção a cargos de responsabilidade na fábrica e na sociedade de elementos "sem partido". É inadmissível assumir uma atitude fechada em relação a eles: "não há nada mais estúpido ou mais reacionário"; "nossa política não consiste em transformar o partido em uma casta fechada"; todos os esforços devem ser feitos no sentido de ganhar a causa dos especialistas, engenheiros e técnicos da "velha escola"[40] para o desenvolvimento industrial e tecnológico do país.

Por outro lado, não é possível promover o desenvolvimento industrial e tecnológico sem incentivar a formação de trabalhadores e técnicos qualificados também no plano material; daí a polêmica contra o "nivelamento 'esquerdoide' salarial dos salários". Somente distanciando-se de um nivelamento grosseiro de salários é possível introduzir uma "organização do trabalho" mais eficiente e acabar com a flutuação da força de trabalho,

38 Ibid., pp. 87 e 89 (= Stalin, 1952, pp. 641 e 643).

39 Trotsky (1988), pp. 653 e 664.

40 Stalin (1971-73), vol. 13, pp. 61-2 e 69 (= Stalin, 1952, pp. 427-8 e 434).

principalmente dos mais qualificados, que se deslocam de uma fábrica para outra em busca de remunerações melhores e menos achatadas. Além do igualitarismo e do desincentivo objetivo dos trabalhadores mais qualificados e comprometidos, a política de incentivos também deve acabar com a irresponsabilidade coletiva para introduzir em seu lugar o princípio da "responsabilidade pessoal".[41]

É precisamente nesse ponto que amadurecem as condições para a deflagração da terceira guerra civil, aquela que dilacera as próprias fileiras bolcheviques. A posição de Trotsky contra o que ele define corretamente como a "neo-NEP" é extremamente dura. Sim, uma "virada à direita" cada vez mais acentuada está em curso no PCUS, com o favorecimento dos "estratos superiores da aldeia" e o resgate dos *kulaks*: a burocracia "está pronta para fazer concessões econômicas aos camponeses, seus interesses e tendências pequeno-burguesas". De modo mais geral: também como resultado da "virada para o mercado" e do "cálculo monetário", com o conexo aumento do custo de vida, longe de avançar para o socialismo e para a superação das desigualdades e divisões de classe, a sociedade soviética é cada vez mais claramente caracterizada por "novos processos de estratificação em classes".[42] No que diz respeito à política internacional, essa involução no nível interno corresponderia à renúncia de qualquer perspectiva revolucionária e internacionalista pela "burocracia conservadora e estritamente nacional da União Soviética".[43]

Agora "o único princípio orientador é o status quo!", como confirmado pelo "ingresso da União Soviética na Liga das Nações".[44]

Obviamente, nem Stalin nem Trotsky deixaram de perceber o agravamento da situação internacional, mas as respostas que deram a esse problema foram diferentes e opostas. Para o primeiro, trata-se de focar no desenvolvimento econômico e tecnológico da Rússia, remediar na medida do possível as feridas causadas pela Revolução de Outubro e pela coletivização do campo e apresentar o partido comunista como líder da nação como um todo. A condição de estabilidade e equilíbrio assim alcançada internamente pode, ao mesmo tempo, permitir a promoção de uma

41 Ibid., pp. 51-5 (= Stalin, 1952, pp. 419-22).
42 Trotsky (1988), pp. 568 e 570-5.
43 Trotsky (1997-2001), vol. 3, p. 437.
44 Trotsky (1988), p. 569.

política de alianças em nível internacional capaz de garantir a segurança da URSS. Aos olhos de Trotsky, no entanto, por mais impetuoso que seja o desenvolvimento industrial da Rússia soviética, ele pode derrotar a agressão dos países imperialistas mais avançados apenas graças ao apoio do proletariado dos países agressores.[45] Portanto, a acomodação com a burguesia nos planos interno e externo não só constitui uma traição, mas também impede que o país surgido do outubro de 1917 atraia para si o proletariado revolucionário internacional, que é o único que pode salvá-lo. O choque entre essas duas perspectivas é inevitável. Kirov é assassinado em 1º de dezembro de 1934; o pacto franco-soviético é de 2 de maio de 1935: entre essas duas datas está a ampla intervenção de Trotsky supracitada (*Para onde a burocracia stalinista está conduzindo a* URSS?), que foi publicada em 30 de janeiro de 1935 e é, toda ela, uma dura acusação contra a "neo-NEP" interna e internacional.

Do "socialismo sem ditadura do proletariado" ao recrudescimento da Guerra Fria

O Grande Terror e o terrível expurgo que ele implicou foram seguidos pela Grande Guerra Patriótica. Após a derrota do Terceiro Reich, Stalin, que "prevê um grande futuro para a Grande Aliança" antifascista e tenta impedir a eclosão da Guerra Fria,[46] declarou repetidamente, mesmo em reuniões confidenciais com líderes comunistas da Europa oriental, que aqui não se trata de introduzir o modelo político soviético: "É possível que, se não tivéssemos tido guerra na União Soviética, a ditadura do proletariado assumisse um caráter diferente". A situação que surgiu na Europa oriental depois de 1945 é claramente mais favorável: "Na Polônia não há ditadura do proletariado e vocês não precisam dela"; "a Polônia deve seguir o caminho do estabelecimento da ditadura do proletariado? Não, ela não precisa fazer isso, não é necessário". E aos líderes comunistas búlgaros: é

45 Ibid., pp. 930-1.
46 Roberts (2006), pp. 296 e 231 ss.

possível "realizar o socialismo de uma nova maneira, sem a ditadura do proletariado"; "a situação mudou radicalmente desde a nossa revolução, é necessário aplicar diferentes métodos e formas [...]. Vocês não devem temer as acusações de oportunismo. Isso não é oportunismo, mas a aplicação do marxismo à situação atual". E a Tito: "Hoje o socialismo é possível até sob a monarquia inglesa. A revolução não é mais necessária em todos os lugares [...]. Sim, o socialismo é possível mesmo sob um rei inglês". O historiador que relata essas conversas comenta por sua vez: "Como mostram essas observações, Stalin estava repensando ativamente a validade universal do modelo soviético de revolução e socialismo".[47] Talvez possamos ir mais longe e dizer que o repensar também diz respeito à relação em geral entre socialismo e democracia, portanto relacionado à própria União Soviética: formular a hipótese do socialismo sob um rei inglês significa de qualquer forma questionar, se não a concentração monopolista do poder nas mãos do partido comunista, pelo menos o terrorismo da ditadura e a autocracia. Sintomática é a política seguida na zona de ocupação soviética na Alemanha: "Os russos não só promoveram o teatro, o balé, a ópera e o cinema socialistas; eles também promoveram as artes burguesas", e isso de acordo com o programa formulado em Moscou, "com base no qual o sistema soviético não era adequado para a Alemanha, que, ao contrário, teve que ser reorganizada segundo valores amplos, antifascistas e democráticos". Assim, "nos primeiros três anos após a guerra, não houve uma divisão cultural efetiva na capital, e a Zona Soviética continuou desempenhando um papel de liderança no campo cultural".[48]

A eclosão da Guerra Fria interrompe abruptamente essa experiência e essa reflexão: agora o problema central passa a ser a criação de uma zona de segurança em torno de um país duramente provado pela agressão e pela ocupação nazista, de forma a evitar que as tragédias do passado se repitam. Mesmo que "o problema do desmantelamento ao menos parcial do gulag tenha sido posto na URSS já ante do desaparecimento de Stalin",[49] um degelo real se mostra impossível. Depois de Hiroshima e Nagasaki, a União Soviética deve se engajar em uma nova "marcha forçada" para

47 Roberts (2006), pp. 247-9.
48 MacDonogh (2007), pp. 215-6.
49 Werth (2007b), p. XIX.

perseguir a nova "revolução tecnológica ocidental". Libertou-se da "ocupação alemã ocidental", mas não pode "conceder-se um descanso": uma nova ameaça terrível surgiu.[50] Tanto mais que alguns anos depois, em 1º de novembro de 1952, ocorre a explosão da primeira bomba de hidrogênio, mil vezes mais potente do que a lançada nas cidades japonesas:

> Quando o governo dos EUA anunciou os resultados do teste, houve reações de choque e consternação em outros países. Ficou claro que uma bomba de tal poder extraordinário nunca poderia jamais ser usada contra alvos militares. Se não era uma arma de guerra, só poderia ser uma arma de genocídio e de chantagem política [...]. Stalin recebeu um relatório sobre o teste americano em meados de novembro, e isso só serviu para confirmar sua crença de que os Estados Unidos estavam se preparando seriamente para uma guerra contra a União Soviética.[51]

Uma preocupação que não é infundada, se considerarmos que em janeiro de 1952, para quebrar o impasse nas operações militares na Coréia, Truman acaricia uma ideia radical que ele mesmo transcreveu em uma nota de diário: um ultimato poderia ser lançado à URSS e à China Popular, esclarecendo antecipadamente que o não cumprimento "significa que Moscou, São Petersburgo, Mukden, Vladivostock, Pequim, Xangai, Port Arthur, Dairen, Odessa, Stalingrado e todas as plantas industriais na China e na União Soviética seriam eliminadas" (*eliminated*).[52]

Nas três décadas de história da Rússia soviética liderada por Stalin, o principal aspecto não é a passagem da ditadura partidária para a autocracia, mas as repetidas tentativas de passar do estado de exceção para uma condição de relativa normalidade, tentativas que falham tanto por razões internas (a utopia abstrata e o messianismo que impedem de se reconhecer nos resultados alcançados) quanto internacionais (a ameaça permanente que pesa sobre o país surgido da Revolução de Outubro), ou seja, pelo entrelaçamento de ambas. E o próprio messianismo é, de um lado, expressão de tendências intrínsecas do marxismo, de outro, é a reação

50 Toynbee (1992), pp. 18-20.
51 Medvedev, Medvedev (2006), p. 174.
52 Sherry (1995), p. 182.

ao horror da Primeira Guerra Mundial, que mesmo em ambientes e personalidades distantes do marxismo desperta a aspiração por um mundo absolutamente novo, sem qualquer relação com uma realidade capaz de produzir ou reproduzir tal horror. Com a eclosão da terceira guerra civil (dentro das fileiras bolcheviques) e com a simultânea aproximação da Segunda Guerra Mundial (na Ásia antes mesmo que na Europa), essa série de fracassos desemboca por fim no advento da autocracia, exercida por um líder que é objeto de um verdadeiro culto.

Burocratismo ou "fé furiosa"?

Que ideia podemos ter do grupo dirigente que obtém a vitória na terceira guerra civil e tenta acabar com o segundo período de conflitos quando novas tempestades gigantescas se adensam no horizonte? Vimos que, enquanto Khrushchev com alusões tortuosas faz de Kirov a vítima da conspiração orquestrada pelo Kremlin, Trotsky o rotula como cúmplice do tirano e principal expoente da odiada burocracia usurpadora e parasitária, que a almejada nova revolução deveria varrer de uma vez por todas. Mas foi realmente um burocrata que foi baleado por Nikolaiev? Vamos voltar à já mencionada estudiosa russa, uma crítica do mito do assassinato inspirado por Stalin, para ver como ela descreveu a vítima. Bem, quem era Kirov? Ele era um líder leal, franco e dedicado à causa. E isso não é tudo: o que caracterizava sua personalidade era a atenção até aos problemas mais insignificantes do cotidiano de seus colaboradores, grande modéstia, "tolerância com opiniões diferentes das suas, respeito pela cultura e tradições de outros povos".[53]

Esse juízo lisonjeiro acaba lançando uma luz favorável sobre todo o meio frequentado por Kirov e, em última análise, sobre o próprio Stalin, de quem o primeiro era um colaborador próximo e de confiança. Não estamos de forma alguma na presença de uma camada de burocratas desprovidos de ideais e interessados exclusivamente em suas carreiras:

53 Kirilina (1995), pp. 51 e 192-3.

> Como muitos líderes da época, Kirov acreditava sinceramente no futuro radiante pelo qual trabalhava de dezoito a vinte horas por dia: comunista convicto, ele o era mesmo quando entoava louvores a Stalin em nome do fortalecimento do partido e da União Soviética, do desenvolvimento e do poder do país. Essa fé furiosa foi talvez a tragédia de toda uma geração.[54]

Em todo caso, é o grupo dirigente como um todo que demonstra dedicação ao trabalho e espírito de sacrifício. Já sabemos da "enorme carga de trabalho" que o líder soviético consegue suportar (*supra*, p. 44):

> [Pelo menos nos anos de guerra] Stalin trabalhava catorze ou quinze horas por dia no Kremlin ou na *dacha* [...]. No outono de 1946, Stalin foi ao sul para passar férias pela primeira vez desde 1937 [...] [A poucos meses da morte e desconsiderando o conselho urgente dos médicos] Stalin recusou-se a fazer uma pausa no outono ou no inverno de 1952, apesar do enorme tempo e de esforço dedicados à organização do XIX congresso do partido no mês de outubro.[55]

Considerações semelhantes podem ser feitas sobre um colaborador próximo de Stalin, a saber, Lazar M. Kaganovich, que exibe um "compromisso frenético" ao conduzir a construção do metrô em Moscou: "ele descia pessoalmente às escavações, mesmo à noite, para verificar o estado das obras e fazer um balanço da situação".[56] Ou seja, estamos perante um grupo dirigente que, sobretudo nos anos de guerra, se empenha numa "performance quase sobre-humana".[57]

O que o animava era uma "fé furiosa", que não se limitava a esse grupo restrito nem apenas aos membros do partido comunista. Prova de "zelo missionário" eram dadas "também por homens e mulheres comuns"; no geral, "foi um período de genuíno entusiasmo, esforços febris e sacrifícios voluntários".[58] Era um clima espiritual que pode ser bem compreendido se tivermos em mente que o país avançava em seu desenvolvimento industrial

---

54 Ibid., p. 192.
55 Medvedev, Medvedev (2006), pp. 16-9.
56 Marcucci (1997), pp. 151-2.
57 Montefiore (2007), pp. 503-4.
58 Cohen (1975), p. 336.

e oferecia a grandes setores da população amplas perspectivas de promoção social, justamente quando o mundo capitalista circundante estava imerso em uma devastadora crise. Aqui damos a palavra a um historiador que também se vale de um interessante memorialista para sua análise:

> Os anos de 1928-31 foram um período de enorme mobilidade ascendente para a classe trabalhadora. Os promotores da competição socialista e os trabalhadores esforçados não apenas substituíram os quadros considerados "inadequados", mas ocuparam maciçamente os lugares disponíveis no aparato burocrático e nos institutos educacionais em rápida expansão. Eles não eram promovidos passivamente, mas foram protagonistas ativos da promoção (*samovyd-vizhentsy*). Eles tinham "um objetivo claro e definido para o presente e o futuro" e "procuravam adquirir conhecimento e experiência prática na medida do possível para serem úteis à nova sociedade na medida do possível".
>
> O movimento de assalto e a competição socialista desempenharam um papel crucial no processo de industrialização: ajudaram a liderança política a acelerar o ritmo deste processo, promoveram a modernização industrial, reorganizaram a *troika* fabril segundo o modelo de gestão única, selecionaram trabalhadores jovens, ambiciosos, competentes e politicamente confiáveis para promoção. A emergência desses trabalhadores como novas forças teve um efeito estimulante sobre os líderes partidários, industriais e sindicais.[59]

Um testemunho altamente confiável confirma e enriquece ainda mais o quadro delineado aqui. Em 1932, de Riga, capital da Letônia, um jovem diplomata norte-americano destinado a tornar-se famoso como teórico do *containment* antissoviético, George Kennan, enviou um despacho a Washington que continha uma análise muito interessante. Entretanto, deve-se notar que "na União Soviética a vida continua a ser administrada no interesse de uma doutrina", ou seja, do comunismo. É uma visão de mundo que pode contar com amplo consenso. O "proletariado industrial" goza de um reconhecimento social tão elevado que, a seu ver, supera de longe as "desvantagens materiais" associadas à planejada aceleração do desenvolvimento econômico. Especialmente os jovens ou "uma certa parcela

59 Kuromiya (1988), p. 127.

da juventude" mostram-se "extremamente entusiasmados e felizes, como só pode ocorrer em seres humanos completamente imersos em tarefas que não têm relação com a vida pessoal", e isso acontece a seres humanos que estão todos absortos no projeto exaltante de construir uma nova sociedade. Nesse sentido, podemos falar de "autoconfiança ilimitada em si mesmo, sanidade mental e felicidade da jovem geração russa". Mas aqui intervém um alerta que, à luz da experiência histórica posterior, pode ser considerado clarividente: "De país mais unificado moralmente do mundo, a Rússia poderia se transformar, de um momento a outro, no pior caos moral".[60] Dificilmente resistira ao desgaste do tempo e às inevitáveis dificuldades e insucessos do projeto de construção de uma nova sociedade uma condição de tão forte tensão moral, e esta poderia facilmente se converter em seu oposto. O fato é que, em 1932 e na véspera do assassinato de Kirov, a Rússia soviética se apresentava, aos olhos do futuro teórico do *containment*, como "o país moralmente mais unificado do mundo".

Claro, ao se expressar dessa forma, Kennan parece ter mais em mente a realidade das cidades (onde, apesar das contradições, a virada de fato despertou o entusiasmo de um grande contingente de jovens, intelectuais e trabalhadores industriais)[61] do que a do campo. Aqui, a coletivização forçada da agricultura havia causado, segundo o aviso presciente de Bukharin, "uma 'noite de São Bartolomeu' para os camponeses ricos" e, de maneira mais geral, para "um número enorme de camponeses", muitas vezes pertencentes a minorias nacionais. O resultado foi uma guerra civil conduzida de forma implacável e terrível de uma parte *e* de outra, tão implacável e terrível que levou ao suicídio um alto expoente do poder militar soviético, chocado com uma inspeção durante a qual ele teria gritado repetidamente que não se tratava de comunismo, mas de "horror".[62] Foi provavelmente esse "horror" que provocou a crise moral de Bukharin, indignado com a grande noite de São Bartolomeu contra a qual havia advertido em vão, horrorizado com o gigantesco experimento de engenharia social que transcorria sem "piedade", sem distinguir "entre uma pessoa e um pedaço de madeira".[63] Mesmo após a conclusão do processo de coletivização, não

---

60 Kennan (2001).

61 Mayer (2000), p. 633.

62 Losurdo (1996), cap. V, § 9.

63 Cohen (1975), pp. 348 e 301.

é convincente falar de uma campanha "moralmente unificada", como se até a memória da guerra civil que a dilacerou e ensanguentou tivesse desaparecido completamente.

E ainda, mesmo com esses esclarecimentos necessários, a insistência de Kennan no apego à "doutrina" e no entusiasmo nos fazem pensar na "fé furiosa" e no "zelo missionário" já mencionados. Até a deflagração do Grande Terror em 1937, o quadro não mudou radicalmente, pelo menos segundo as análises convergentes de um historiador norte-americano e de um historiador russo. O primeiro, ainda que insista no aspecto da manipulação pelo alto da opinião pública, não deixa de observar que em 1935 Stalin gozava de grande popularidade: qualquer tentativa de derrubá-lo do poder teria encontrado resistência generalizada.[64] Em relação ao ano seguinte, o segundo (um historiador militante antistalinista) observou que "o partido e o povo soviético continuaram a ter fé em Stalin"; assim, como consequência do fato de ele ter "aumentado apreciavelmente o nível de vida urbana e rural", difundiu-se um "certo entusiasmo popular".[65]

Não é apenas a elevação do padrão de vida que motiva esse "entusiasmo". Há muito mais: o "desenvolvimento real" das nações até então marginalizadas; a conquista pelas mulheres da "igualdade jurídica com relação aos homens, acompanhada de uma melhora em seu status social"; a emergência de "um sólido sistema de proteção social" que inclui "pensões, assistência médica, proteção de grávidas, abonos de família"; "o desenvolvimento considerável da educação e da esfera intelectual como um todo", com o alargamento "da rede de bibliotecas e salas de leitura", e a difusão "do gosto pelas artes, pela poesia". É o advento tumultuoso e estimulante da modernidade (urbanização, família nuclear, mobilidade social).[66] São processos que caracterizam a história da Rússia soviética como um todo, mas que começam a decolar justamente nos anos de Stalin.

As massas populares tradicionalmente condenadas ao analfabetismo invadem maciçamente as escolas e universidades; assim, forma-se "toda uma nova geração de trabalhadores qualificados e técnicos e administradores tecnicamente preparados", logo chamados a desempenhar funções

64 Tucker (1990), pp. 331-2.
65 Medvedev (1977), pp. 223-4.
66 Lewin (2003), pp. 389-97.

administrativas. "Novas cidades são fundadas e velhas cidades são reconstruídas"; a ascensão de novos complexos industriais gigantescos anda de mãos dadas com "a ascensão aos níveis superiores da escala social de cidadãos capazes e ambiciosos de origem operária ou camponesa".[67] A este respeito, tem-se falado de "uma mistura de coerção brutal, de heroísmo memorável, de loucura desastrosa e resultados espetaculares".[68]

Mas talvez nem mesmo esses resultados e os avanços econômicos conexos constituam o aspecto principal, a ser identificado na transformação radical que o local de produção e de trabalho sofre na transição do antigo para o novo regime.

> [Na Rússia czarista] os funcionários pediam mais respeito do patrão, insistindo no uso de "o senhor" em vez de "você", no qual viam um resquício do antigo sistema de servidão. Eles queriam ser tratados "como cidadãos". E muitas vezes foi precisamente a questão do respeito pela dignidade humana, mais do que as reivindicações salariais, que alimentou as agitações e manifestações dos trabalhadores.[69]

Depois de muito tempo o cobiçando e buscando em vão, os servos alcançaram o reconhecimento (no sentido hegeliano do termo) com o advento do poder soviético. E isso é verdade não apenas para os trabalhadores, mas também, como veremos, para as minorias nacionais. É esse entrelaçamento de "resultados espetaculares" em termos de desenvolvimento econômico, por um lado, e de sublevação das hierarquias do antigo regime (confirmada por uma possibilidade inédita de mobilidade e ascensão social), por outro, que estimula na massa da população um sentimento de exaltação: ao reconhecimento já alcançado como trabalhadores está prestes a ser adicionado o reconhecimento como um povo soviético unificado, que agora está prestes a chegar aos países mais avançados, sacudindo assim a tradição e a imagem de atraso. Isso explica a exaltação por participar da construção de uma nova sociedade e de uma nova civilização, que avançam apesar dos erros, dos sacrifícios e do terror.

---

67 Tucker (1990), pp. 201, 102 e 324.
68 Cohen (1975), p. 335.
69 Figes (2000), p. 156.

Por outro lado, é interessante reler a acusação à direção burocrática soviética formulada por Trotsky às vésperas do Grande Terror. É como se, de repente, a acusação se abrisse para passagens tão entusiastas e reconhecimentos tão importantes que ela se transformasse em seu contrário:

> As imensas conquistas na indústria, o promissor início do desenvolvimento da agricultura, o extraordinário crescimento das antigas cidades industriais, a criação de novas cidades, o rápido aumento do número de trabalhadores, a elevação do padrão de vida e das necessidades, tais são os resultados indiscutíveis da Revolução de Outubro, na qual os profetas do velho mundo viram o túmulo da civilização. Não há mais necessidade de discutir com os economistas burgueses: o socialismo demonstrou seu direito à vitória não nas páginas de *O Capital*, mas em uma arena econômica que abrange um sexto da superfície do globo [...]. Somente a revolução proletária permitiu que um país atrasado alcançasse resultados sem precedentes na história em menos de vinte anos.[70]

O acesso à cultura não só de novos estratos sociais, mas também de povos inteiros, está entrelaçado com o desenvolvimento econômico:

> Atualmente, a educação é ministrada na URSS em pelo menos oitenta idiomas. Para a maioria dessas línguas foi necessário criar o alfabeto ou substituir alfabetos asiáticos demasiado aristocráticos por alfabetos latinizados, mais ao alcance das massas. Os jornais aparecem em tantos idiomas e apresentam os elementos da cultura a pastores nômades e agricultores primitivos; as regiões distantes do Império, outrora negligenciadas, veem o surgimento de indústrias. O trator destrói velhos costumes, que ainda se referem ao clã. A medicina e a agronomia aparecem ao mesmo tempo que a escrita. Não é fácil avaliar em toda sua dimensão esse aprimoramento de novos estratos da humanidade.[71]

Pelo menos no que diz respeito à relação estabelecida com "as nacionalidades atrasadas", a odiada burocracia realiza, no entanto, "um certo

70 Trotsky (1988), pp. 694-5 (= Trotsky, 1968, pp. 7-8).

71 Ibid., p. 863 (= Trotsky, 1968, p. 157).

trabalho progressista"; ela "constrói para eles uma ponte para os benefícios elementares da cultura burguesa e, em parte, pré-burguesa".[72] Como é que, com base neste quadro, Trotsky pudesse ter pensado que a revolução antiburocrática estaria logo ali na esquina permanece um mistério. Mas este não é o ponto que nos interessa agora. Os elogios que o líder da oposição deixa escapar são um sintoma do prestígio e do consenso que a liderança soviética ainda desfruta. Caso contrário, não se explicaria a difusão de um "novo patriotismo soviético", um sentimento "certamente muito profundo, sincero e dinâmico".[73]

O período 1937-38 é o biênio do Grande Terror. Nem mesmo em "sua pior fase", o regime de Stalin viu desaparecer sua base de consenso social e seus "seguidores entusiastas", que continuaram motivados tanto pela ideologia quanto pelas chances de promoção social: é um "erro" ler o consenso permanente como "simples artifício de censura e repressão estatal".[74] Ocorre um entrelaçamento paradoxal e trágico: como consequência, de um lado, do forte desenvolvimento econômico e cultural e, de outro, das temíveis brechas abertas pela repressão, "dezenas de milhares de stakhanovistas tornaram-se diretores de fábrica", e uma mobilidade vertical semelhante e muito rápida ocorreu nas forças armadas.[75] Em agosto de 1939, durante as negociações do pacto de não agressão, o tradutor-chefe do Ministério das Relações Exteriores da Alemanha visitou Moscou e assim descreveu o espetáculo que a Praça Vermelha e o mausoléu dedicado a Lenin lhe ofereceram:

> Uma longa fila de camponeses russos esperou pacientemente em frente a este mausoléu para ver o predecessor embalsamado de Stalin em seu túmulo de vidro. Por sua atitude e expressão em seus rostos, os russos me impressionaram como devotos peregrinos. "Qualquer um que tenha estado em Moscou e não tenha visto Lenin" — disse-me um membro da embaixada — "não vale nada para a população rural russa".[76]

---

72 Ibid., pp. 862-3 (= Trotsky, 1968, p. 156).
73 Ibid., p. 856 (= Trotsky, 1968, p. 151).
74 Cohen (1986), pp. 68-9.
75 Medvedev (1977), p. 404.
76 Schmidt (1950), p. 446.

A reverência generalizada pelo "predecessor de Stalin" também era um sintoma da ampla base social de consenso que este último continuava a ter. Em todo caso, as feridas profundas causadas pelo Grande Terror são pelo menos parcialmente curadas pela unidade patriótica que se consolida no decorrer da resistência contra a guerra de aniquilação e escravização de Hitler. O que é certo é que — citamos mais uma vez uma historiadora insuspeita de indulgência para com o comunismo e o "stalinismo" — "a vitória aumentou de forma inigualável não só o prestígio internacional da União Soviética, mas também a autoridade do regime dentro do país", de modo que "a popularidade de Stalin atingiu o apogeu nos anos que se seguiram à guerra".[77] E essa "popularidade" se manteve inalterada até sua morte e fez-se sentir também fora da União Soviética e até, em certa medida, para além das fronteiras do movimento comunista internacional.

Um universo concentracionário cheio de contradições

Assim como o terror, também o universo concentracionário produzido por ele não apresenta um andamento retilíneo e um quadro homogêneo: longe de ser "um sistema estático", ele "girava como um pião" e, em todo caso, "passava por ciclos de relativa crueldade e relativa humanidade".[78] Essa é a opinião de uma historiadora americana que não só pinta da forma mais sombria a história iniciada em outubro de 1917, mas também zomba dos "estadistas ocidentais", que se deixaram enganar por um "exterminador" — ainda que muito astuto como era Stalin — e chegaram a nutrir um sentimento de respeito por ele.[79] De modo análogo argumenta o livro de um historiador russo que também se empenhou em demonstrar a equivalência entre a URSS stalinista e o Terceiro Reich. No entanto, as duas monografias — às quais me referirei principalmente ao analisar o

77 Zubkova (2003), p. 42 e legenda afixada na foto n. 18

78 Applebaum (2004), pp. 26 e 465.

79 Ibid., p. 10.

universo concentracionário na Rússia soviética — contam uma história bem diferente das intenções de seus autores. Aliás, a imagem desenhada pela historiadora norte-americana às vezes poderia ser confundida com um produto da propaganda soviética, se não viesse de uma autora ferozmente anticomunista! Vamos começar a examiná-lo. Em 1921, durante a guerra civil, foi assim que a prisão de Butyrka em Moscou funcionou por algum tempo:

> Era permitido aos prisioneiros sair da prisão livremente. Eles organizavam sessões de exercícios matinais, montaram uma orquestra e um coro, criaram um "clube" abastecido com revistas estrangeiras e uma boa biblioteca. Segundo a tradição da era pré-revolucionária, cada prisioneiro deixava seus livros após a libertação. Um conselho prisional designava celas, algumas bem mobiliadas, com tapetes no chão e nas paredes. Outro preso relembrava: "Caminhávamos pelos corredores como se fossem avenidas". Para [a socialista revolucionária] Babina, a vida na prisão parecia irreal: "será que algum dia vão conseguir nos prender?".

Outra revolucionária socialista, presa em 1924 e enviada para Savvatievo, fica felizmente surpresa ao se encontrar em um lugar "nada parecido com uma prisão". Não apenas graças a seus conhecidos, ela pode enviar comida e roupas em abundância aos prisioneiros políticos, mas também pode transformar sua cela na seção feminina dos socialistas revolucionários. Ainda alguns anos depois, no arquipélago de Solovetsky, vemos os prisioneiros, muitos dos quais eram cientistas de Petersburgo, dispondo de um teatro, uma biblioteca de 30 mil volumes e um jardim botânico, montando "também um museu de flora, fauna, de arte e história local" e produzindo "revistas mensais e diárias nas quais apareceram caricaturas satíricas, poemas cheios de nostalgia e histórias surpreendentemente francas".[80] É verdade, o quadro que o sistema prisional também apresenta no mesmo período não é homogêneo. E, no entanto, os casos relatados acima não são isolados. Por outro lado, mesmo que se tratasse de ilhas felizes e fugazes, sua mera existência seria significativa em si.

80 Ibid., pp. 45, 50-1 e 55.

Claro, não faltam protestos, mas é interessante ler as reivindicações (parcialmente aceitas) apresentadas pelos presos políticos (principalmente trotskistas) em greve de fome:

> Ampliar a biblioteca, integrá-la tanto com os periódicos publicados na URSS quanto, pelo menos, com as edições da seção da KI [em russo, *Kommunisticheskiy Internatsional* — também chamada de Komintern. Em português, Internacional Comunista, atualizar sistematicamente as seções de economia, política e literatura e as de obras nas línguas das minorias nacionais. Assinar pelo menos dois jornais estrangeiros. Permitir a inscrição em cursos por correspondência. Organizar um fundo cultural especial para esse fim, como acontece até nas penitenciárias criminais [...]. Permitir a introdução na prisão de todas as edições estrangeiras admitidas na URSS, em particular os jornais estrangeiros permitidos, não excluindo os burgueses [...]. Permitir a troca de livros entre prisioneiros e guardas [...]. Comprar papel em quantidade não inferior a dez cadernos ao mês por pessoa.[81]

Estamos em junho de 1931, e a data é significativa. Embora envolvam uma extensão maciça do universo concentracionário, por outro lado a chegada ao poder de Stalin e a campanha que ele lançou para a "liquidação dos *kulaks* como classe" não mudam radicalmente a situação existente dentro desse universo. Isto não se aplica apenas aos presos políticos: "o início da década de 1930 [...] foi uma época quase 'próspera' e até 'liberal' para os presos". A direção do gulag mostra "certa tolerância religiosa" e aceita o pedido de dieta vegetariana feito por membros de certas "seitas religiosas".[82] Aqui está agora um vislumbre das colônias penais no extremo norte no início dos anos 1930:

> Havia necessidade de hospitais, e os administradores os construíram, introduzindo sistemas para preparar alguns detentos para as profissões de farmacêutico e enfermeiro. A fim de atender às necessidades alimentares, eles construíram suas próprias fazendas coletivas, armazéns e um

81 Chlevnjuk (2006), p. 57.
82 Ibid., pp. 59-60, 53 e 64.

> sistema próprio de distribuição. Precisando de eletricidade, construíram indústrias elétricas e, para atender à demanda por materiais de construção, ergueram fábricas de tijolos.
>
> Precisando de trabalhadores qualificados, eles treinaram os que tinham. Muitos dos ex-*kulaks* eram analfabetos ou semianalfabetos, o que causava enormes problemas quando era preciso enfrentar projetos de certa complexidade técnica. Assim, a administração dos campos criou escolas de formação técnica, que por sua vez exigiram outros edifícios e novos quadros: professores de matemática e física, bem como "instrutores políticos" para supervisionar o trabalho deles. Na década de 1940, Vorkuta, uma cidade construída em solo permanentemente congelado, onde as ruas tinham que ser repavimentadas e os canos consertados a cada primavera, tinha um instituto geológico e uma universidade, teatros, shows de marionetes, piscinas e jardins de infância.[83]

Por mais "estranho" que seja, "o gulag gradualmente trouxe 'civilização', se é que se pode chamar assim, para áreas remotas e desabitadas".[84]

Entre os dirigentes e administradores, não faltam pessoas que demonstram humanidade e inteligência:

> Aparentemente, Berzin aprovou muito (na verdade, pelo menos verbalmente, com entusiasmo) as ideias de Gorky sobre a reabilitação de prisioneiros. Ele exalava benevolência e paternalismo e abriu cinemas e clubes de discussão, bibliotecas e lanchonetes "estilo restaurante" para seus internos. Plantou jardins com fontes e criou um pequeno jardim zoológico. Ele também pagou um salário regular aos prisioneiros e implementou a mesma política de "libertação antecipada em troca de um bom trabalho" dos comandantes do canal do Mar Branco.[85]

Por outro lado, provocadas pela fome, pela preocupação em aumentar a produtividade dos presos, pela desorganização e muitas vezes pela incompetência ou ganância dos dirigentes locais, "abundaram as tragédias".[86]

---

83 Applebaum (2004), p. 113.

84 Ibid., p. 119.

85 Applebaum (2004), pp. 114-6.

86 Ibid., p. 104.

Particularmente atroz foi a que se abateu sobre os deportados em 1933, que deveriam ter cultivado a ilha de Nazino (oeste da Sibéria). Uma tarefa que imediatamente se revela desesperadora: sem ferramentas, com remédios e alimentos em grande parte perdidos durante a viagem, em uma ilha "totalmente virgem", desprovida de "edifícios de qualquer tipo" e "comida", os deportados tentam sobreviver alimentando-se de cadáveres ou realizando atos de verdadeiro canibalismo. São detalhes que podem ser deduzidos de uma carta enviada a Stalin por um líder comunista local e depois relatada a todos os membros do Politburo, que ficaram um tanto chocados com ela: "a tragédia de Nazino teve considerável ressonância e foi objeto de investigação por várias comissões".[87] Claramente, não foi uma vontade assassina que causou o horror: estamos diante de "um exemplo significativo de como as coisas podem correr mal por uma simples falta de planejamento". Pelo menos até 1937, no gulag "as pessoas morriam por acaso", como consequência da desorganização.[88] O que caracteriza o universo concentracionário soviético é, em primeiro lugar, a obsessão pelo desenvolvimento, e essa obsessão, se por um lado causa a infâmia de Nazino, por outro tem consequências muito diferentes. Como na sociedade em geral, também se tenta estimular a "emulação socialista" entre os presos: aqueles que se destacam podem desfrutar de "um suplemento alimentar" e "outros privilégios". E isso não é tudo:

> Finalmente, os trabalhadores mais eficientes foram dispensados mais cedo; a cada três dias de trabalho em que a norma fosse cem por cento cumprida, cada preso resgatava um dia de pena. Quando o canal [do Mar Branco] foi concluído a tempo, em agosto de 1933, 12.484 prisioneiros foram libertados. Muitos outros receberam medalhas e prêmios. Um prisioneiro celebrou sua libertação antecipada com uma cerimônia na qual ocorreu a tradicional oferta russa de pão e sal, enquanto os espectadores gritavam: "Viva os construtores do canal!". No calor do momento, ele começou a beijar uma desconhecida. Eles acabaram passando a noite juntos às margens do canal.[89]

87 Chlevnjuk (2006), pp. 75-9.
88 Applebaum (2004), pp. 105 e 122.
89 Ibid., pp. 95-6.

A obsessão produtiva se confunde com a pedagógica, como atesta a presença nos campos de uma "Seção educacional-cultural" (KVC), instituição na qual "os dirigentes moscovitas do gulag [...] na realidade acreditavam muito". Justamente por isso, levavam "muito a sério os jornais murais". Pois bem, se tentarmos lê-los, veremos que as biografias dos detentos reabilitados estão escritas numa "linguagem extraordinariamente semelhante à dos bons trabalhadores de fora da colônia: trabalharam, estudaram, fizeram sacrifícios e tentaram aprimorar-se".[90] O objetivo é "reeducar" os presos, transformando-os em stakhanovistas prontos para participar na primeira fila, e com entusiasmo patriótico, do desenvolvimento do país. Passemos novamente a palavra à historiadora norte-americana do gulag: "Nos campos, assim como no mundo exterior, continuaram a ocorrer as 'competições socialistas', competições de trabalho em que os prisioneiros disputavam sobre quem conseguia produzir mais. Além disso, celebravam os trabalhadores de ponta por sua presumível capacidade de triplicar ou quadruplicar suas cotas".[91] Não por acaso, até 1937, ao se dirigir ao preso, o guarda o chamava de "camarada".[92] A reclusão no campo de concentração não exclui a possibilidade de ascensão social: "Muitos confinados acabaram trabalhando como guardas ou administradores nos campos";[93] acima de tudo, como vimos, muitos aprenderam uma profissão que será exercida mesmo depois de sua liberação.

Claro, um ponto de virada brutal ocorre em 1937. À medida que a terceira guerra civil avança e nuvens cada vez mais ameaçadoras se acumulam no horizonte internacional, a quinta-coluna real ou presumida torna-se objeto de uma caçada cada vez mais obsessiva. Nessas circunstâncias, o preso não é mais um "companheiro" em potencial: agora é proibido chamá-lo dessa forma; sim, ele merece o título de "cidadão", mas se trata de um cidadão que é um potencial inimigo do povo. A partir de agora, o campo de concentração soviético é animado por uma vontade assassina?[94] Isso é o que acredita a estudiosa estadunidense citada repetidamente aqui; porém, mais uma vez, sua própria história a contradiz: "Na década de

90 Ibid., pp. 257 e 260-1.
91 Ibid., p. 259.
92 Ibid., p. 132.
93 Ibid., p. 112.
94 Ibid., pp. 122, 129 e 132.

quarenta, em teoria, o KVC de cada campo tinha pelo menos um instrutor, uma pequena biblioteca e um 'clube', onde eram montados apresentações teatrais e concertos, eram organizadas conferências políticas e realizados debates".[95] Há mais. Enquanto a guerra de aniquilação de Hitler avança e todo o país se encontra em uma situação absolutamente trágica, "tempo e dinheiro" estão sendo generosamente investidos no fortalecimento e na melhora da "propaganda, dos cartazes e das reuniões de doutrinação política" dos prisioneiros:

> Somente entre os papéis da administração do gulag, centenas e centenas de documentos atestam a intensa atividade da seção educacional-cultural. Nos primeiros três meses de 1943, por exemplo, em plena guerra, ocorreu uma frenética troca de telegramas entre os campos e Moscou, pois os comandantes locais tentavam por todos os meios conseguir instrumentos musicais para os presos. Enquanto isso, os campos organizaram um concurso sobre o tema "A Grande Guerra Patriótica do povo soviético contra os ocupantes fascistas alemães": cinquenta pintores e oito escultores participaram.[96]

Ainda no mesmo ano, o responsável por um campo com 13 mil detentos fez um balanço significativo de sua atividade:

> Ele observava com orgulho que 762 conferências políticas foram realizadas na segunda metade do ano, com a presença de 70 mil prisioneiros (provavelmente muitos comparecendo várias vezes). Além disso, o KVC organizou 444 reuniões de informação política, com a participação de 82.400 prisioneiros, publicou 5.046 "jornais murais", lidos por 350 mil pessoas; organizou 232 concertos e espetáculos, exibiu 69 filmes e organizou 38 companhias teatrais.[97]

Claro que, a partir da invasão de Hitler, os presos sentem dramaticamente os efeitos da escassez, mas isso nada tem a ver com a instauração de uma vontade assassina:

95 Ibid., p. 256.
96 Ibid., pp. 263-4.
97 Ibid., p. 264.

> As altas taxas de mortalidade de certos anos nos campos de concentração refletiam em parte os eventos que aconteciam fora [...]. No inverno de 1941-42, quando um quarto da população do gulag morreu de fome, talvez um milhão de habitantes de Leningrado, presos pelo bloqueio alemão, morreram de fome.

A escassez e a desnutrição se alastravam em grande parte da União Soviética.[98] Por outro lado, apesar de uma situação tão desesperadora, em janeiro de 1943 "o governo soviético instituiu um 'fundo alimentar' especial para o gulag", e, em todo caso, "a situação do abastecimento melhorou quando a maré da guerra virou a favor da União Soviética".[99]

Estamos tão longe do advento de uma vontade assassina que o clima de unidade nacional suscitado pela Grande Guerra Patriótica também se faz sentir dentro do gulag. Enquanto isso, o gulag passa por uma expressiva diminuição como resultado de uma série de anistias; vemos sobretudo os ex-presidiários combatendo valorosamente, manifestando satisfação e orgulho pelo fato de terem armas tecnologicamente avançadas produzidas "graças à industrialização do país" (que significou também a primeira expansão substancial do universo concentracionário), fazendo carreira no Exército Vermelho, sendo admitidos no Partido Comunista, obtendo honrarias e medalhas por bravura militar.[100]

Com sua alternância de fases relativamente "prósperas" e "liberais" e fases de claro agravamento da condição econômica e jurídica dos presos, a história do gulag espelha a história da sociedade soviética. As tentativas de alcançar a "democracia soviética", a "democracia socialista" e até um "socialismo sem ditadura do proletariado" no país como um todo correspondem às tentativas de restabelecer a "legalidade socialista" ou a "legalidade revolucionária" no gulag. É por isso que ásperas denúncias do universo concentracionário soviético provêm de dentro dele e de sua cúpula. Em 1930, foi Yagoda quem pediu para intervir em "todo o sistema prisional, que está podre até a medula". Em fevereiro de 1938, foi o próprio Vyshinsky, procurador-geral da URSS, quem denunciou as "condições [...]

98 Ibid., pp. 16 e 435.
99 Ibid., p. 434.
100 Ibid., pp. 467-8.

insatisfatórias de detenção e, em casos individuais, absolutamente intoleráveis", que reduzem os homens "a bestas selvagens". Alguns meses depois, Lavrenti Beria, chefe da polícia secreta sob Stalin, apoiou uma tomada de posição que pedia "punição severa aos investigadores que consideram o espancamento o principal método de investigação e que mutilam os presos quando não têm provas suficientes da sua atividade antissoviética".[101] Não se trata de denúncias rituais: quando descobertos, os responsáveis pelos "abusos" são severamente punidos, até com a morte; muitos outros são demitidos; também não faltam conflitos entre o Poder Judiciário e o aparelho repressivo que se opõe à introdução de "normas" que parecem "uma surpresa extremamente desagradável".[102] Para reforçar o controle, a apresentação de queixas e pedidos por parte dos detentos é encorajada. Outras vezes, tenta-se melhorar a situação com recurso a anistias e ao descongestionamento dos campos.[103] No intervalo entre uma denúncia e outra, há uma verdadeira melhora: são as fases do "liberalismo", logo superadas pela erupção de novas crises. Devido ao entrelaçamento de circunstâncias objetivas e responsabilidades subjetivas, como a sociedade em seu conjunto, o gulag não consegue superar o estado de exceção.

Sibéria czarista, "Sibéria" da Inglaterra liberal e gulag soviético

Devemos aproximar ou mesmo assemelhar o gulag soviético ao *Konzentrationslager* nazista? Esta é uma pergunta que poderia ser respondida com outra: por que limitar a comparação apenas a essas duas realidades? Na Rússia dos czares — sentencia Conquest (na esteira de Soljenítsin) —, o universo concentracionário era menos lotado e menos implacável do que na época de Lenin e principalmente de Stalin.[104] Vale lembrar o que Anton Tchekhov escreveu em 1890:

101 Chlevnjuk (2006), pp. 29,194-5 e 215.

102 Ibid., pp. 212-3.

103 Ibid., pp. 250-1 e 86.

104 Conquest (2006), p. IX.

> Fizemos milhões de pessoas apodrecerem nas prisões sem rumo, sem nenhuma consideração e de forma bárbara, acorrentamos essas pessoas na geada por dezenas de milhares de verstas, infectamos com sífilis e as corrompemos e aumentamos os bandidos, mas mesmo assim todos nós mantemos distância desse assunto, quase como se não nos dissesse respeito.[105]

Ao longo de sua duração secular, o universo concentracionário czarista (que, a partir pelo menos de Pedro, o Grande, à semelhança do gulag, também visou obter a força de trabalho necessária para o desenvolvimento das regiões mais inóspitas e menos desenvolvidas) por muito tempo apresentou traços de extrema crueldade. Uma *via dolorosa* conduzia os condenados ao exílio ou aos trabalhos forçados na Sibéria: "além de serem espancados com um bastão, muitos deles sofreram a mutilação de uma mão, um pé, uma orelha, bem como a humilhação de serem marcados a fogo". Sim, no século XIX, tentou-se erradicar "as formas mais extremas de crueldade", mas se tratava de medidas parciais que, aliás, nem sempre foram bem-sucedidas.[106]

De tudo isto emerge quão frágil é a tentativa de minimizar a Sibéria czarista a fim de isolar o gulag soviético e assemelhá-lo ao *Konzentrationslager* nazista. Mas ainda resta uma consideração mais importante: um comparativismo que confronta uma condição de normalidade a um estado agudo de exceção é metodologicamente incorreta! Lido com maior consciência crítica, o confronto instituído por Conquest pode ter um resultado oposto ao que se proclamou: foi apenas na Rússia pré-revolucionária que a detenção e a deportação por via administrativa foram consideradas uma prática normal, mesmo na ausência de conflitos e perigos. Na Rússia Soviética, por sua vez, o estado de exceção tem uma poderosa influência na gênese e na configuração do universo concentracionário, que se torna tanto mais brutal quanto mais nos afastamos da condição de normalidade.

Agora precisamos dar mais um passo à frente. Além da Rússia (czarista e soviética) e da Alemanha, é preciso incluir no confronto outros países. Uma dupla função também é intrínseca ao universo concentracionário criado pela Inglaterra liberal. No que diz respeito aos "dissidentes irlandeses",

---

105 Em Applebaum (2004), p. 18.
106 Mayer (2000), pp. 236-8.

observou-se que "entre os séculos XVIII e XIX, eles tiveram sua Sibéria oficial na Austrália", que, pelo menos até 1868, engoliu "representantes de quase todos os movimentos radicais existentes na Grã-Bretanha".[107] Isso no que diz respeito à repressão. Mas não devemos perder de vista a função econômica da "Sibéria" da Inglaterra liberal. Imediatamente após a Revolução Gloriosa, os crimes passíveis de pena de morte aumentaram maciçamente. Ela também se aplica aos responsáveis pelo furto de um xelim ou um lenço, ou aos responsáveis pelo corte ilegal de um arbusto ornamental, e não poupa nem meninos de onze anos. Essa legislação terrorista, que com alguma atenuação ainda persistiu no século XIX, previa uma alternativa: os beneficiários do indulto eram submetidos à servidão penal, que os obrigava a trabalhar por um certo número de anos nas ainda pouco cultivadas e exploradas colônias, em particular primeiro na América do Norte e depois na Austrália. Em outras palavras, também no nível econômico, a Austrália constituiu sobretudo a "Sibéria" da Inglaterra liberal: suas funções diminuíram à medida que começou o trabalho primeiro dos escravos negros e depois dos *coolies* indianos e chineses, bem como dos outros povos coloniais.[108]

A "Sibéria" inglesa não é menos cruel que a czarista. Com efeito, desta "sociedade totalitária" que se desenvolve na Austrália, ao mesmo tempo em que se procede ao extermínio dos aborígines, foi traçado um quadro que também se vale da memorialística e que é particularmente arrepiante:

> A intervalos imprevisíveis, os detidos eram arrebanhados, contados e submetidos a revista minuciosa, com inspeção da boca e do ânus. "A comida era trazida aos vários grupos em pratos de madeira ou bandejas de lata e colocada à sua frente como se fossem cães e porcos, e, como cães e porcos, tinham de mordê-la" [...]. A disciplina se baseava na figura do delator [...]. Portanto, não delatar tornou-se um comportamento suspeito em si. Não passava semana sem que complôs mirabolantes fossem revelados, com direito a listas de nomes, numa competição de delações [...]. "Este tráfico de sangue humano [...] era a única forma de obter a indulgência". Quanto às informações, importava muito mais o número do que o conteúdo.

107 Hughes (1990), pp. 212, 226, 230, 244.

108 Cf. Losurdo (2005), em particular cap. III, § 5 e VII, § 2.

> Os delatores tinham sua parcela de denúncias a alcançar e eram "capazes de qualquer ato de perfídia ou de sangue, por mais vil e horrendo que fosse" [...]. As relações normais entre culpa e punição transformaram-se em uma história ininterrupta de sadismo, cujo único objetivo era manter o terror [...]. A autoridade era exercida de forma absoluta e caprichosa [...]. As duzentas chicotadas [punição] foram divididas [em vários dias...]. Os algozes estavam manchados de sangue quase tanto quanto nós [...]. O único modo definitivo de fazer cessar [...] o sofrimento era o suicídio.

E de fato o suicídio não só era generalizado, mas também era uma prática que muitas vezes envolvia toda a comunidade de detentos: "Num grupo de condenados, dois homens tiravam a sorte, e ao primeiro cabia a morte, ao segundo, a tarefa de matar o primeiro. Os demais têm o papel de testemunhas". Assim, durante os poucos dias da viagem e do processo (que ocorria em Sydney, a certa distância da "Sibéria" propriamente dita), antes de ir para a forca, o assassino poderia gozar da condição de um detento normal (tratava-se na verdade de um suicídio indireto e diferido). E essa pausa permitia que as testemunhas respirassem, antes de retornar ao inferno e possivelmente de proceder a um novo sorteio.[109]

O universo concentracionário na Rússia soviética e no Terceiro Reich

Por outro lado, durante a Segunda Guerra Mundial, o campo de concentração também invadiu explicitamente o Ocidente liberal. Na outra margem do Atlântico, Franklin D. Roosevelt mandou internar cidadãos norte-americanos de origem japonesa em campos de concentração, incluindo mulheres e crianças. No entanto, os Estados Unidos estão em uma situação geopolítica marcadamente mais favorável do que a União Soviética. De qualquer forma, após a batalha das Midway, não podemos mais falar em problemas de segurança militar. No entanto, os americanos de origem

109 Hughes (1990), pp. 546-52.

japonesa continuaram presos em campos de concentração: tendo começado gradualmente, o acesso à liberdade só foi concluído em meados de 1946, quase um ano após o fim da guerra. Ainda mais lento é o retorno para casa de cidadãos latino-americanos de origem japonesa dos EUA deportados de treze países latino-americanos: somente em 1948 os últimos foram libertados do "campo de internamento" ou campo de concentração em Crystal City, no Texas.[110] Pois bem, seria pelo menos precipitado explicar este caso partindo não da guerra e do estado de exceção, mas da ideologia de um presidente acusado de "totalitarismo" por seus adversários devido ao intervencionismo econômico que implantou durante a Grande Depressão e também pela desenvoltura constitucional com que arrastou para a guerra um país muito relutante (*supra*, pp. 53-54).

Com esta consideração, deparamo-nos mais uma vez com outra remoção do habitual comparatismo, isto é, o universo concentracionário que também se desenvolveu no Ocidente liberal durante o século XX, por vezes assumindo formas horríveis. Os exilados alemães confinados nos campos de concentração franceses no início da guerra tiveram a impressão de que estavam destinados a "morrer".[111] Os maus-tratos infligidos pelos EUA aos prisioneiros alemães após a guerra foram decididamente revoltantes, conforme documentado na época pelo historiador canadense James Bacque e como, ainda que com relutância e algumas reservas, acabaram reconhecendo os defensores públicos do general Dwight D. Eisenhower. Estudos mais recentes trouxeram à tona outros detalhes. Limito-me a citar um deles: uma comissão norte-americana apurou na época que, de 139 detentos examinados, 137 tinham "os testículos permanentemente destruídos, devido às pancadas recebidas".[112] Veremos também o horror dos campos de concentração em que, no início da Guerra Fria, os britânicos confinaram os suspeitos de comunismo (*infra*, p. 308). Por fim, cabe lembrar o gulag em que, a partir de 1948 e em seguida ao rompimento com a URSS, comunistas leais a Stalin foram presos na Iugoslávia.[113] Pelo menos neste caso, os "stalinistas" não foram os artífices, mas as vítimas do

110 Losurdo (1996), cap. V, § 1.
111 Arendt (1986a), pp. 39-40.
112 Losurdo (1996), cap. IV, § 5; MacDonogh (2007), p. 406.
113 Scotti (1991).

universo concentracionário, instalado por um país que era sim comunista, mas naquele momento aliado do Ocidente.

Mesmo se quisermos partir do pressuposto da dimensão e gravidade particulares do gulag soviético, o problema principal permanece em aberto: ainda é necessário distinguir o papel da ideologia do papel das condições objetivas (a gravidade excepcional do perigo e a escassez generalizada que caracterizavam a URSS). Diante de análises tão complexas, é mais fácil recorrer ao dedutivismo que faz tudo derivar da ideologia e à assimilação dos universos concentracionários produzidos pelas duas ideologias "totalitárias".

Mas nos concentremos na Rússia soviética e no Terceiro Reich. No primeiro caso, o universo concentracionário emerge enquanto o segundo período de conflitos continua se alastrando. Mesmo na década de 1930, o poder não exercia o controle total do território: "A criminalidade comum, até pelas fraturas radicais ocorridas no país, que destruíram as estruturas tradicionais de organização social, havia atingido realmente um patamar preocupante".[114] Muito mais grave é a situação das regiões do Extremo Oriente, que assim se apresenta:

> Espaços de insegurança, mal controlados pelas autoridades, onde se reúnem proscritos e bandidos, onde bandos armados atacam *kolkhozes* isolados e matam os raros "representantes do poder soviético". Espaços de arbitrariedade e violência, onde todos estão armados, a vida humana não tem valor e a caça ao homem, quando ocorre, substitui a dos animais [...]. Espaços em que o Estado, pelo menos aquele definido por Max Weber como o "sistema que reivindica com sucesso o direito de legislar sobre um território, como monopolista do uso legítimo da força", está quase ausente.[115]

Desde o atentado ao embaixador alemão em Moscou, perpetrado em julho de 1918 "durante a sessão do V Congresso Pan-Russo dos Sovietes" pelo membro de um partido (os Socialistas-Revolucionários) que fazia parte do governo, até pelo menos o assassinato de Kirov em frente à porta de seu gabinete por um jovem comunista, o poder soviético está lutando contra o terrorismo (um fenômeno com uma longa história pregressa na Rússia) e

114 Chlevnjuk (2006), p. 103.
115 Werth (2007a), pp. 166-7.

teme a infiltração em todos os níveis do aparato estatal por uma oposição determinada a derrubar o poder dos "usurpadores" e "traidores". Ou seja, somente com o advento da autocracia o poder soviético alcançou controle total do território e do aparato estatal, e o terror foi em primeiro lugar uma resposta a uma crise muito aguda e duradoura.

Mesmo mais tarde, a situação continuou sendo caracterizada por uma mistura de contradições (a formação da tempestade bélica no plano internacional, a guerra civil latente em nível interno, a industrialização em etapas forçadas que é considerada necessária para a salvação do país, mas que, ao mesmo tempo, provoca novos conflitos e novas tensões), que prolongou o estado de exceção em novas formas. Precisamente por isso, como sublinha um estudo recente, "o terror não pode ser interpretado exclusivamente como uma série de ordens dadas por Stalin" e seus cúmplices. Na realidade, nele também atuam "elementos populares" e não falta iniciativa "de baixo"; muitas vezes são os trabalhadores, animados pela "fé furiosa" que já conhecemos, que exigem a sentença de morte dos "traidores" e até a renúncia às "sutilezas jurídicas" de longos e custosos processos judiciais.[116] E tudo isso ocorre durante um processo de democratização limitado, mas ainda assim real, com o desenvolvimento da participação popular na gestão do poder nos locais de trabalho, com a substituição do voto secreto pelo voto aberto e com a possibilidade de escolha, na eleição de dirigentes sindicais e gerentes de fábrica, entre vários candidatos. E os recém-eleitos muitas vezes assumem o compromisso concreto de melhorar as condições de trabalho e reduzir os acidentes de trabalho.[117] Sim, "na psicologia política de Stalin e seus seguidores não há contradição entre repressão e democracia", e nesse sentido podemos até falar de uma "democratização da repressão".[118]

Mas é justamente essa democratização que estimula uma expansão da repressão. Aproveitando a nova possibilidade de questionar funcionários corruptos e ineficientes na fábrica e em cartas à imprensa, o tumultuado movimento popular que assim se desenvolve tende a retratá-los como inimigos do povo e a rotular os acidentes permanentes de trabalho como

116 Goldman (2007), pp. 3-4, 80-1 e 252.
117 Goldman (2007), pp. 120,127-8,146 e 158-9.
118 Ibid., pp. 128 e 240.

uma forma de sabotagem da nova sociedade que ele se compromete a construir.[119] A sensação da crescente ameaça de guerra e a caça obsessiva a uma quinta-coluna difusa capilarmente, mas muito bem escondida, o medo desenfreado e a histeria transformam as assembleias de fábrica, sindicato e partido em uma "guerra de todos contra todos". Às vezes, são Stalin e seus colaboradores mais próximos os forçados a intervir para conter e canalizar essa fúria, alertando contra a tendência de caçar traidores e sabotadores por toda parte e assim destruir organizações partidárias e sindicais.[120] Somos então levados a pensar no Grande Medo que assolou a França em 1789 nas semanas e meses imediatamente posteriores à tomada da Bastilha, quando, ampliando dramaticamente um perigo que não é imaginário, "a imaginação camponesa vê por toda parte os mercenários da conspiração aristocrática e da invasão estrangeira".[121] Na URSS da segunda metade da década de 1930, o perigo era real e gravíssimo, mas a histeria não era menos real.

Para concluir. Na União Soviética, o terror surge no período entre a Primeira Guerra Mundial, que abre o segundo período de conflitos, e a Segunda Guerra Mundial, que ameaça infligir ao país e à nação como um todo uma catástrofe ainda mais colossal: a dizimação e escravização enunciadas claramente em *Mein Kampf*. E o terror emerge no curso da industrialização forçada que visa salvar o país e a nação, e no curso da qual o horror da repressão feroz em grande escala se confunde com processos reais de emancipação (a difusão maciça de educação e cultura, a prodigiosa mobilidade vertical, a emergência do Estado social, o tumultuado e contraditório protagonismo de classes sociais até aquele momento condenadas à total subordinação).

Portanto, restam claras as diferenças em relação ao Terceiro Reich, que, desde seu advento, pôde contar com o pleno controle do território e do aparato estatal e com a tradicional eficiência de uma capilar rede burocrática. Se na Rússia a ideologia desempenha um papel secundário na criação do estado de exceção (preexistente a outubro de 1917 e, no mínimo, prolongado pelo messianismo revolucionário, parcialmente contestado por Stalin),

---

119 Ibid., pp. 8, 28,160 e 245.

120 Ibid., pp. 240 e 243-4.

121 Furet, Richet 1980, p. 93.

na Alemanha o estado de exceção e o universo conectado dos campos de concentração têm, desde o início, o resultado de um projeto político bem definido e de uma visão ideológica bem definida. Hitler chega ao poder com um programa explícito de guerra e expansão territorial: para evitar o colapso da frente interna que ocorreu durante a Primeira Guerra Mundial, ele está determinado a recorrer ao terror mais implacável. O expansionismo da Alemanha nazista também visa reafirmar a supremacia branca e ariana em escala planetária, e retomar e radicalizar a tradição colonial, fazendo-a valer na própria Europa oriental: desde o início, o *Konzentrationslager* visa possíveis opositores da guerra e do império colonial e racial que Hitler pretende conquistar e construir. Um pressuposto para o sucesso desse programa é a neutralização do vírus judeu-bolchevique que semeia a subversão e mina os fundamentos da civilização, pondo em causa a hierarquia natural dos povos e das raças: é necessário, pois, liquidar os judeus, os "comissários" e os quadros políticos comunistas nos territórios a serem conquistados, mas já na Alemanha. O caminho está assim aberto para tratar as raças inferiores da Europa oriental, por um lado, como índios a serem dizimados para dar lugar aos colonos germânicos e, por outro lado, como escravos a serviço da raça branca e ariana dos senhores.

Gulag, *Konzentrationslager* e Terceiro ausente

A partir da invasão primeiro da Polônia e depois da URSS, o universo concentracionário nazista parece retomar e agravar ainda mais os capítulos mais trágicos da história da escravidão colonial. Quando, graças ao tráfico dos negros, a disponibilidade de escravos era quase ilimitada, os proprietários não tinham nenhum interesse econômico em salvá-los; podiam facilmente condená-los a morrer de excesso de trabalho para substituí-los por outros e tirar o máximo proveito possível de cada um deles. Foi assim — observa um economista do século XIX para o qual Marx chama a atenção — que a florescente agricultura das Índias Ocidentais "engoliu milhões de homens da raça africana"; sim, "a vida dos negros é sacrificada sem nenhum escrúpulo".[122] A guerra desencadeada por Hitler na Europa oriental representa uma forma nova e ainda mais brutal do tráfico de escravos. Perseguidos e capturados em massa, os *Untermenschen* eslavos (aqueles que sobreviveram à germanização do território) são forçados a morrer de excesso de trabalho, a fim de viabilizar a civilização da raça dos senhores e alimentar sua máquina de guerra; eles sofrem uma condição semelhante à dos negros (do Caribe) aos quais, de resto, são explicitamente comparados pelo Führer.

O sistema prisional reproduz as relações da sociedade que o expressa. Na URSS, dentro e fora do gulag, assistimos basicamente a uma ditadura desenvolvimentista que procura mobilizar e "reeducar" todas as forças a fim de superar o atraso secular, tornado ainda mais urgente pela guerra que se aproxima e, por declaração explícita do *Mein Kampf*, quer ser de escravização e de aniquilação. Neste quadro, o terror confunde-se com a emancipação das nacionalidades oprimidas, bem como com uma forte mobilidade social e com o acesso à educação, à cultura e mesmo a cargos de responsabilidade e gestão de estratos sociais até então completamente marginalizados. A preocupação produtivista e pedagógica, e consequentemente com a mobilidade, fazem-se sentir, bem ou mal, mesmo dentro do gulag. O universo concentracionário nazista reflete, por sua vez, a hierarquia de base racial que caracteriza o estado racial já existente e o Império racial a ser construído: neste caso, o comportamento concreto de prisioneiros individuais desempenha um papel irrelevante ou muito marginal; portanto, a preocupação pedagógica não teria sentido. Para concluir. O prisioneiro no gulag é um "camarada" em potencial, forçado a participar em condições particularmente duras do esforço produtivo de todo o país e, depois de 1937, é em todo caso um "cidadão" em potencial, ainda que tenha se tornado sutil a linha que o separa do inimigo do povo ou do membro da quinta-coluna, que a guerra total no horizonte ou já em curso obriga a apagar; o prisioneiro no Lager nazista é principalmente o *Untermensch*, marcado para sempre por sua situação ou degeneração racial.

Se se quer mesmo buscar uma analogia para o *Konzentrationslager*, é preciso evocar o universo concentracionário que atravessa profundamente a tradição colonial (em cujas pegadas Hitler pretende explicitamente se

122 Marx, Engels (1955-89), vol. 23, pp. 281-2.

colocar) e que tem como alvo os povos coloniais ou de origem colonial. Aqui está a remoção central dos habituais estudos comparativos! Nesse sentido, poderíamos falar do Terceiro ausente nos estudos comparativos hoje em voga. Dois ilustres historiadores definiram respectivamente os "campos de trabalho militarizados" da Índia colonial em 1877 e os campos de concentração em que os líbios foram encarcerados pela Itália liberal como "campos de extermínio".[123] No entanto, ainda que consideremos esta formulação demasiado enfática, o que nos remete de todo modo ao universo concentracionário do Terceiro Reich são a lógica e a hierarquia racial, que predominam nos impérios coloniais italiano e ocidentais, bem como nos campos de concentração que eles construíram.

Também somos levados a pensar no nazismo quando lemos as maneiras como o "holocausto canadense" — ou a "solução final de nossa questão indígena" — foi perpetrado. A "Comissão da Verdade do Genocídio Canadense" fala de "campos de extermínio", de "homens, mulheres e crianças" que são "deliberadamente exterminados", de um "sistema cujo objetivo é destruir o máximo possível dos povos nativos por meio de doenças, deportações ou o assassinato puro e simples". Para alcançar esse resultado, os campeões da supremacia branca não hesitam em atingir "crianças inocentes" que morrem "por causa de espancamentos ou tortura ou após terem sido deliberadamente expostas à tuberculose e outras doenças"; outros passarão por esterilização forçada. Uma pequena "minoria de colaboradores" conseguirá sobreviver, mas somente depois de renunciar à sua própria língua e à própria identidade e se colocar a serviço dos carrascos.[124] Também neste caso, pode-se supor que a justa indignação contribuiu para carregar nas cores; o fato é que nos deparamos com práticas idênticas ou semelhantes às vigentes no Terceiro Reich e implementadas a partir de uma ideologia mais uma vez semelhante à que preside a construção do estado racial de Hitler.

Passemos agora ao sul dos Estados Unidos: nas décadas que se seguiram à Guerra de Secessão, os detentos negros (a grande maioria da população carcerária) eram frequentemente alugados a empresas privadas, amontoados

123 Davis (2001), pp. 50-1; Del Boca (2006), p. 121.
124 Annett (2001), pp. 5-6, 12 e 16-7.

em "grandes jaulas sobre rodas que seguiam para os campos de empreiteiros e das construções ferroviárias". Emerge dos próprios relatórios oficiais

> [...] "que os presos eram excessivamente e por vezes cruelmente castigados; que eles estavam malvestidos e alimentados, que os doentes eram negligenciados, pois não havia hospital, e eram trancados com prisioneiros saudáveis" Uma investigação do grande júri no Hospital Correcional do Mississippi relatou que todos os presos carregavam "em seus corpos as marcas do tratamento mais desumano e brutal. Muitos têm os ombros lacerados por bexigas, cicatrizes e bolhas, alguns com a pele esfolada após açoites cruéis... Jaziam moribundos, e alguns deles em tábuas nuas, tão fracos e emaciados que seus ossos quase podem ser vistos através da pele, e muitos reclamaram da falta de energia [...]. Além disso, vimos parasitas vivos rastejando em seus rostos, e o pouco tempo de sono e as poucas roupas que possuem estão em farrapos e muitas vezes sujas". Nos campos de mineração de Arkansas e Alabama, os condenados eram obrigados a trabalhar sem sapatos durante todo o inverno, permanecendo na água por muitas horas. Nesses dois estados estava em uso o sistema de trabalho por cota, pelo qual uma equipe de três era obrigada a extrair certa quantidade de carvão por dia, sob pena de açoitamento severo para toda a equipe. Os condenados nos campos de trabalho de terebinto da Flórida, com "algemas nos pés" e "algemas na cintura" presas a seus corpos, eram forçados a trabalhar trotando.[125]

Estamos diante de um sistema que faz uso de "correntes, cachorros, chibatas e armas de fogo" e que "produz um inferno em vida para os presos". A taxa de mortalidade é altamente significativa. Entre 1877 e 1880, durante a construção das linhas ferroviárias de Grenwood e Augusta, "quase 45 por cento" da força de trabalho empregada lá morreu, "e eles eram jovens no auge da vida".[126] Ou podemos citar outra estatística, relativa ao mesmo período: "Nos primeiros dois anos em que o Alabama arrendava seus

125 Woodward (1963), pp. 206-7.
126 Friedman (1993), p. 95.

prisioneiros, morreram perto de 20%. No ano seguinte, a mortalidade subiu para 35%; no quarto ano, quase 45% foram mortos".[127]

Em relação à taxa de mortalidade, seria proveitosa uma comparação estatística sistemática com os campos de concentração da URSS e do Terceiro Reich. No que diz respeito ao gulag, calculou-se que, no início dos anos 1930, antes do recrudescimento causado pelo atentado a Kirov e pelos perigos de guerra aumentados, a taxa de mortalidade anual "correspondia mais ou menos a 4,8% da população média dos acampamentos". Claro, essa estatística não inclui os campos de exploração das jazidas de ouro na área do rio Kolyma; também é preciso levar em conta as "subnotificações características dos relatórios das seções de saúde"; no entanto, mesmo aumentando significativamente os números oficiais, parece difícil atingir a taxa de mortalidade que assolava os prisioneiros afro-americanos que acabamos de ver. Além disso, as razões para as "subnotificações" são significativas. O fato é que "altas taxas de mortalidade e evasão podiam resultar em sanções severas"; "as seções de saúde dos acampamentos temiam ser acusadas de negligência e intempestividade no tratamento dos doentes"; "a ameaça de inspeções pairava constantemente sobre os dirigentes dos campos".[128]

A julgar pela taxa de mortalidade dos semiescravos alugados, não parece que uma ameaça semelhante pairasse sobre os empresários norte-americanos que se enriqueceram com a construção das linhas ferroviárias de Grenwood e Augusta ou com outras empreitadas. De todo modo, é preciso ter em mente um ponto essencial. No sul dos Estados Unidos da América, prisioneiros negros sofrem com condições de vida e trabalho horríveis e morrem em massa em um período de paz: o estado de exceção não desempenha nenhum papel, e a preocupação produtivista também é marginal ou completamente inexistente. O universo concentracionário do sul dos EUA reproduz a hierarquia racial e o estado racial que caracterizam a sociedade como um todo: o prisioneiro negro não é nem um "camarada" em potencial nem um "cidadão" em potencial; é um *Untermensch*. O tratamento infligido a ele pelos brancos é o tratamento considerado normal na relação com raças estranhas à autêntica civilização. E novamente nos deparamos com a ideologia do Terceiro Reich.

---

127 Blackmon (2008), p. 57.

128 Chlevnjuk (2006), pp. 349 e 346-7.

Por outro lado, há eminentes historiadores norte-americanos que comparam o sistema penitenciário que acabamos de ver aos "campos de prisão da Alemanha nazista".[129] E não é por acaso que as experiências médicas realizadas nos *Untermenschen* da Alemanha nazista, nos EUA tenham sido efetuadas assumindo os negros como cobaias.[130] Por outro lado, antes que em seu próprio território, a Alemanha colonialista e imperialista realizou experiências médicas na África e em prejuízo dos africanos nos anos de Guilherme II: nessa atividade destacam-se dois médicos que depois se tornaram mestres de Joseph Mengele,[131] que, na Alemanha nazista, levou a cabo a perversão da medicina e da ciência já delineada no curso da tradição colonial (europeia e norte-americana). Não só o Terceiro Reich não pode ser separado da história da relação estabelecida pelo Ocidente com os povos coloniais ou de origem colonial, mas também é preciso acrescentar que essa tradição continuou dando sinais de vitalidade muito além da derrota de Hitler. Em 1997, o presidente Clinton se sentiu obrigado a pedir desculpas à comunidade afro-americana: "Na década de 1960, mais de 400 homens negros do Alabama foram usados como cobaias humanas pelo governo. Sofrendo de sífilis, não foram tratados porque as autoridades queriam estudar os efeitos da doença em uma 'amostra da população'".[132]

O despertar nacional na Europa oriental e nas colônias: duas respostas antitéticas

Aqui fica evidente o absurdo de uma comparação entre campos de concentração baseada na remoção do tratamento reservado também pelo Ocidente liberal às "raças inferiores", bem como na separação entre política interna e externa, entre práticas repressivas e nas ideologias como seu fundamento. Se trouxermos esses elementos e conexões geralmente ignorados, a assimilação usual dos dois ditadores totalitários é revertida

129 Também Fletcher M. Green, em Woodward (1963), p. 207.
130 Washington (2007).
131 Kotek, Rigoulot (2000), p. 92.
132 E. R. (1997); cf. Washington (2007), p. 184.

em uma antítese. Observou-se que "Stalin ficou muito impressionado" com o despertar de nacionalidades oprimidas ou marginalizadas dentro do Império Habsburgo. A este propósito, faz-se referência às observações que desenvolveu em 1921, durante o X Congresso do Partido Comunista Russo:[133] "cinquenta anos atrás, todas as cidades da Hungria tinham um carácter alemão, agora são magiarizadas"; os "tchecos" também estão experimentando um "despertar". É um fenômeno que abrange toda a Europa: de "cidade alemã" que era, Riga passa a "cidade letã"; da mesma forma, as cidades da Ucrânia irão "inevitavelmente se ucranizar", tornando secundário o elemento russo antes predominante.[134]

A partir da consciência desse processo, considerado progressivo e irreversível, o partido bolchevique como um todo, e Stalin pessoalmente, se engajam em "uma nova e fascinante experiência de governo de um estado multiétnico", que pode ser assim descrita:

> A União Soviética foi o primeiro império mundial fundado na *affirmative action*. O novo governo revolucionário da Rússia foi o primeiro entre os antigos Estados europeus multiétnicos a enfrentar a onda crescente de nacionalismo e a responder a ela promovendo sistematicamente a consciência nacional de suas minorias étnicas e estabelecendo para elas muitas das formas institucionais características do Estado-nação. A estratégia bolchevique era assumir a liderança do que parecia ser o inevitável processo de descolonização e completá-lo de forma a preservar a integridade territorial do antigo Império Russo. Para tanto, o Estado soviético criou não apenas uma dúzia de grandes repúblicas, mas também dezenas de milhares de territórios nacionais espalhados por toda a União Soviética. Novas elites nacionais foram educadas e promovidas a cargos de liderança no governo, nas escolas, nas empresas industriais desses territórios recém-formados. Em cada território, a língua nacional foi declarada a língua oficial do governo. Em muitos casos, isso exigiu a criação de uma linguagem escrita que não existia anteriormente. O Estado soviético financiava a produção em massa, em línguas não russas, de livros, revistas, jornais,

133 Martin (2001), p. 6.

134 Stalin (1971-73), vol. 5, pp. 31 e 42 (= Stalin, 1952-56, vol. 5, pp. 47 e 63).

> filmes, óperas, museus, orquestras de música popular e outros produtos culturais. Nada comparável jamais havia sido tentado antes.[135]

A novidade dessa política é tanto mais forte se comparada com a obsessão pela padronização que ainda grassa nos EUA e no Canadá em pleno século XX: forçados a romper os laços com a comunidade de origem e com a própria família, as crianças indígenas também devem abandonar suas danças e seus trajes "estranhos", têm a obrigação de usar o cabelo curto e, acima de tudo, evitar como uma peste recorrer à sua língua tribal; a violação da regra que exige expressão exclusivamente em inglês acarreta duras punições e, no Canadá, até mesmo ser submetido a choques elétricos.[136]

No que diz respeito à URSS, há um ponto essencial sobre o qual agora existe um certo consenso:

> As repúblicas receberam assim, umas antes que outras, uma bandeira, um hino, uma língua, uma academia nacional, em alguns casos até um comissário de Assuntos Estrangeiros, e conservaram o direito, depois utilizado em 1991, de se separarem da federação, mesmo que o procedimento não tenha sido especificado.[137]

Em *Mein Kampf*, Hitler também começa pela eslavização e o "cancelamento do elemento alemão" (*Entdeutschung*) ocorridos na Europa oriental. A seus olhos, porém, trata-se de um processo que não é progressivo nem irreversível; no entanto, apenas medidas muito radicais podem bloqueá-lo e fazê-lo retroceder. Não se trata de conduzir uma política de assimilação e de promover "uma germanização do elemento eslavo na Áustria"; não, "é possível empreender a germanização do solo, nunca dos homens". Seria ridículo querer fazer "de um negro ou de um chinês um alemão só porque aprendeu alemão, está pronto no futuro para falar a língua alemã e dar seu voto a um partido político alemão": "tal germanização é na verdade uma desgermanização", significaria "o início de um abastardamento" e, portanto, de uma "verdadeira aniquilação do elemento germânico", a

135 Martin (2001), pp. 1-2.

136 Washburn (1992), pp. 252-4; Annett (2001), p. 31.

137 Graziosi (2007), p. 202.

"aniquilação das características, que na época permitiram ao povo conquistador (*Erobererrvolk*) alcançar a vitória".[138] Germanizar o solo sem nunca germanizar os homens só é possível seguindo um modelo preciso: do outro lado do Atlântico, a raça branca expandiu-se para o oeste americanizando o solo, certamente não os peles vermelhas: assim os Estados Unidos permaneceram "um Estado nórdico-germânico" sem se degradar a uma "geleia internacional de povos".[139] Este mesmo modelo deve ser seguido pela Alemanha na Europa oriental.

Se os bolcheviques e Stalin estavam preocupados em promover as *élites* nacionais e uma classe política indígena o mais ampla possível nas repúblicas soviéticas, o exato oposto é o programa anunciado por Hitler para a conquista do Oriente: "todos os representantes da intelectualidade polonesa devem ser aniquilados"; é necessário por todos os meios "impedir a formação de uma nova classe intelectual". Só assim se podem cumprir as tarefas coloniais: os povos destinados a trabalhar como escravos a serviço da raça dos senhores não devem perder de vista que "só pode haver um senhor, o alemão".[140]

Ainda falando em 1921 no XX Congresso do Partido Comunista Russo, Stalin chamou a atenção para outro elemento da virada que estava ocorrendo na história mundial: "Durante a guerra imperialista, os mesmos grupos imperialistas das potências beligerantes foram compelidos a recorrer às colônias, de onde extraíram o material humano para constituir as suas tropas", e isso "não poderia deixar de despertar estas gentes e estas populações para a liberdade e para a luta". O despertar nacional na Europa do leste está ligado ao que se verifica no mundo colonial: "O desenvolvimento da questão nacional na questão geral das colônias não é um fato aleatório do ponto de vista histórico".[141] Se na Europa o despertar nacional é chamado a pôr fim a uma política de discriminação, desnacionalização e opressão em detrimento das minorias, nas colônias ele se destinava a questionar radicalmente o universo concentracionário infligido pelos conquistadores às raças que consideravam inferiores.

138 Hitler (1939), pp. 82 e 428-9.
139 Hitler (1961), pp. 131-2.
140 Hitler (1965), p. 1591 (2 de outubro de 1940).
141 Stalin (1971-73), vol. 5, p. 32 (= Stalin, 1952-56, vol. 5, p. 49).

A novidade de recorrer a tropas negras não escapou nem a Hitler, que logo se apressou em denunciar a traição assim cometida contra a raça branca. A principal responsável por isso é a França, onde se desenvolve rápida e desastrosamente um processo de "abastardamento" e "negrização" (*Vernegerung*) e onde, de fato, se assiste à "emergência de um Estado africano em solo europeu".[142] Aqui não se trata apenas de "preconceitos": estamos diante de um programa político preciso, que olha com horror o emprego de tropas negras e a miscigenação racial também nas relações sexuais e matrimoniais, pois essas práticas, ao desestruturar a barreira entre a raça dos senhores e a raça dos servos, minam a dominação e o universo concentracionário que a primeira é chamada a infligir à segunda no interesse superior da Civilização. Do ponto de vista do líder nazista, o despertar nacional na Europa oriental e o uso de tropas de não brancos em conflitos internos no Ocidente (com o associado encorajamento dos povos coloniais) constituem uma terrível ameaça geral para a civilização e para a raça branca. A construção do Estado e do Império raciais e o desencadeamento da guerra no Oriente também representam uma resposta a essa ameaça, com o afluxo para o universo dos campos de concentração nazistas de uma massa infindável de escravos recrutados de "raças inferiores" destinados ao trabalho forçado e a morrer de trabalhar a serviço da raça dos senhores.

O universo concentracionário nazista é programado para devorar os milhões e milhões de escravos ou supérfluos que surgem inevitavelmente de um programa que visa a uma germanização acelerada do solo excluindo *a priori* a germanização dos autóctones que o habitam. E esse projeto teria devorado uma massa ainda mais imensa de vítimas se não tivesse sido derrotado por um projeto contrário, baseado no reconhecimento dos direitos não só existenciais, mas também culturais e nacionais dos povos autóctones. Devido a uma série de circunstâncias objetivas e a responsabilidades subjetivas, que de forma alguma devem ser minimizadas, este segundo projeto também produziu um universo concentracionário. Mas, apesar de seu horror, ele não pode de modo nenhum ser equiparado ao primeiro, que pressupõe explicitamente a continuação das práticas genocidas já em

142 Hitler (1939), p. 730.

curso no mundo colonial propriamente dito e a sua extensão de forma ainda mais brutal às novas colônias a serem construídas na Europa oriental.

Totalitarismo ou ditadura desenvolvimentista?

Agora podemos entender o caráter inadequado ou enganoso da categoria de totalitarismo, geralmente invocada para consagrar a assimilação da URSS stalinista à Alemanha de Hitler. Um número crescente de historiadores a está questionando ou rejeitando abertamente. Para explicar a história da União Soviética, alguns deles partem de Pedro, o Grande, e, indo ainda mais para trás, da "Moscóvia cercada", com uma situação geopolítica muito frágil, como demonstrado pela invasão de Gengis Khan. Da história e da geografia, Stalin sentiu-se, portanto, chamado a promover o desenvolvimento econômico o mais rápido possível, a fim de salvar tanto a nação quanto a nova ordem político-social que ela havia dado a si mesma.[143] Assim surge e se impõe uma ditadura desenvolvimentista.

Tudo isso no contexto de uma sociedade, por um lado, presumivelmente não de todo alheia ao alerta lançado por Lenin em 1905 ("Aqueles que querem marchar para o socialismo por um caminho diferente da democracia política chegarão inevitavelmente a conclusões absurdas e reacionárias, tanto do ponto de vista econômico quanto político"),[144] por outro, devido tanto a circunstâncias objetivas quanto a fragilidades ideológicas intrínsecas, arrastada por um estado de exceção a outro, de uma guerra civil a outra. Estamos, portanto, diante de uma sociedade caracterizada não pela uniformidade e pelo alinhamento totalitário, mas pela permanência e onipresença da guerra civil, que se manifesta até no seio das famílias, dilaceradas pela atitude oposta assumida por seus membros em relação, por exemplo, ao processo de coletivização do campo: "Uma camponesa, que pertencia à seita evangélica, assassinou a machado o marido, que dormia, porque ele era aparentemente um ativista da fazenda coletiva".

143 Tucker (1990), cap. 1-3.

144 Lenin (1955-70), vol. 9, p. 22.

Atos violentos análogos e às vezes horríveis também mancham o relacionamento entre pais e filhos.[145] O conflito aqui assume a ferocidade da guerra religiosa. E isso vale não só para aqueles que se referem explicitamente a motivos derivados do cristianismo, mas também para os fervorosos seguidores da nova sociedade, eles próprios animados por uma "fé furiosa".

A análise das relações de produção é sobremodo esclarecedora. Tentemos entrar idealmente em uma fábrica soviética ou em um dos muitos canteiros de obra que florescem na onda do gigantesco programa de modernização promovido por Stalin. Enquanto isso, longe de ser decidida uniformemente de cima, sua localização ocorre ao fim de um complexo processo de tomada de decisões feito de discussões apaixonadas e muitas vezes dilacerantes: "ao contrário da estrita centralização da era czarista, a retórica anticolonialista da União Soviética conferiu aos *lobbies* regionais um poder impensável durante o antigo regime". Particularmente forte é o poder daquelas regiões que, precisamente em virtude de seu atraso, pedem ao regime que cumpra suas promessas de acabar com as desigualdades e "as injustiças do imperialismo czarista", a fim de promover a industrialização e a modernização em uma escala nacional.[146]

Uma vez que entramos no local de produção e trabalho, percebemos que nele não há disciplina estrita e obediência cega: ao contrário, não faltam desordens ou conflitos amargos. Enquanto isso, salta aos olhos a forte flutuação da força de trabalho. Stalin foi compelido a lutar tenazmente contra esse fenômeno, e ainda assim, em 1936, "mais de 87% dos trabalhadores industriais desistiram de seus empregos". Também estimulada pela política de pleno emprego e pelas possibilidades concretas de ascensão social, essa flutuação constitui, no entanto, um contrapeso ao poder exercido pela autoridade na fábrica ou no canteiro de obras. Mas isso não é tudo. No geral, assistimos a uma espécie de "cabo de guerra" com três participantes: os dirigentes partidários e sindicais, empenhados em aumentar a produtividade do trabalho; os trabalhadores, geralmente preocupados principalmente em aumentar os níveis salariais; e os técnicos apanhados no meio e incertos sobre o que fazer. Na maioria das vezes,

145 Fitzpatrick (1994), p. 248.

146 Payne (2001), pp. 16,19 e 22.

são os trabalhadores que levam a melhor e, muitas vezes, até os técnicos ignoram "as ordens vindas de Moscou".[147]

Deve-se acrescentar que é a própria classe trabalhadora que está dividida. Embora desperte o entusiasmo de alguns, o chamado para aumentar a produtividade e se engajar plenamente na competição socialista a fim de desenvolver as forças produtivas e alcançar ou superar os países mais avançados do Ocidente causa mal-estar, resistência surda ou a hostilidade aberta de outros. Se os primeiros são tachados pelos segundos de "destacamentos do Anticristo", aos segundos, os primeiros dedicam "um ódio sagrado aos inimigos da nova vida socialista",[148] com uma linguagem que nos remete mais uma vez à "fé furiosa" que inspira toda uma geração.

O conflito que, em última análise, opõe seguidores e oponentes da nova ordem certamente não é o único. Vemos também o enfrentamento dos quadros técnicos, de um lado, e a massa operária, de outro. Os primeiros muitas vezes lutaram contra os bolcheviques e ao lado dos Brancos: portanto se apela para sua expertise, mas, ao mesmo tempo, tenta-se submetê-los a alguma forma de controle. Mas mesmo técnicos e especialistas recém-formados ou aqueles que, apesar de terem sido formados no antigo regime, também colaboram lealmente com o poder soviético a partir de sentimentos patrióticos devem enfrentar o desafio vindo de um novo estrato social, os "trabalhadores da vanguarda". E esse desafio é ainda mais formidável em uma sociedade em que "os trabalhadores são chamados a julgar seus patrões"; então é fácil entender que muitas vezes "engenheiros resistem duramente" ao "controle operário".[149] Mas a resistência está longe de ser fácil: os trabalhadores podem fazer com que suas vozes sejam ouvidas e afirmadas afixando cartazes nos locais de trabalho e escrevendo para a imprensa e líderes partidários; muitas vezes são os técnicos e chefes de produção na fábrica e no local de trabalho que, em geral, se sentem intimidados.[150]

Stalin também menciona esses conflitos quando trata do movimento stakhanovista, que "começou espontaneamente, quase por si próprio, de baixo, sem qualquer tipo de pressão das administrações de nossos

147 Goldman (2007), pp. 14-6 e 19.
148 Kuromiya (1988), pp. 128-9.
149 Payne (2001), pp. 39-40, 5 e 7.
150 Goldman (2007), pp. 28,160 e 245-6.

estabelecimentos e mesmo na luta contra eles"; sim, pelo menos no início, os stakhanovistas são forçados a realizar seus experimentos "às escondidas das organizações econômicas, dos organismos de controle"; um trabalhador empenhado em introduzir "inovações" corre até o risco de ser "dispensado", mas isso é bloqueado pela "intervenção do chefe de seção".[151] Em concorrência e muitas vezes em conflito entre si, vemos uma pluralidade de autoridades industriais, técnicas, administrativas, políticas e sindicais (há também uma distinção entre "partido e sindicato").[152]

Em conclusão, visitando uma fábrica ou canteiro de obras soviético (mesmo dos anos de Stalin), certamente não se tem a impressão de entrar em um local de trabalho "totalitário". O "totalitarismo" foi muito mais desenvolvido na fábrica da Rússia czarista, onde vigorava um princípio inequívoco: "O dono da fábrica é soberano e um legislador absoluto, que não conhece os constrangimentos da lei"; de fato, poderia também recorrer ao chicote, em caso de infrações de certa importância.[153] Ou se tome um país como os EUA. Incorporemos ao nosso quadro o tratamento reservado aos presos (quase sempre afro-americanos) emprestados, como sabemos, a empresas privadas. Estas podiam tirar proveito do "controle absoluto" em troca do dinheiro desembolsado:

> Os guardas tinham o poder de acorrentar os prisioneiros, atirar nos que tentavam fugir, torturar os que se recusavam a se submeter e chicotear os desobedientes, nus ou vestidos que fossem, quase sem limites. Por oito décadas [dos anos de 1870 até a Segunda Guerra Mundial], quase nunca houve condenações de um adquirente desses escravos por maus-tratos ou morte.[154]

Claro, eles eram prisioneiros, mas é preciso lembrar que, para os afro-americanos do Sul, a acusação de "vadiagem" já era suficiente para serem presos, condenados e emprestados a empresários decididos a enriquecer. Noutras vezes, os negros eram simplesmente capturados por fazendeiros e obrigados a fazer trabalhos forçados. Não é por acaso que, já no título e subtítulo de seu livro, o autor aqui citado fala de "escravidão com outro

151 Stalin (1971-73), vol. 14, p. 36 (= Stalin, 1952, p. 604).
152 Payne (2001), pp. 39-40.
153 Figes (2000), pp. 155-6.
154 Blackmon (2008), p. 56.

nome", da "reintrodução da escravidão para os negros norte-americanos desde a Guerra Civil até a Segunda Guerra Mundial".[155] Se mesmo os escravos ou semiescravos obviamente compunham uma pequena porcentagem da força de trabalho total, a permanência prolongada de relações de trabalho escravo ou semiescravo nos locais de produção da sociedade capitalista norte-americana nos dá, de qualquer modo, motivos para pensar.

Além disso, vale a pena fazer uma consideração de caráter mais geral: se observarmos bem, vemos dinâmicas e relações em funcionamento na fábrica soviética que seriam consideradas intoleravelmente indisciplinadas mesmo nas fábricas capitalistas de países democráticos. Uma conhecida tese de Marx (*Miséria da filosofia*) pode ajudar a esclarecer este ponto:

> Ao passo que, dentro da fábrica moderna, a divisão do trabalho é meticulosamente regulada pela autoridade do empresário, a sociedade moderna não tem outra regra, nenhuma outra autoridade, para distribuir o trabalho, senão a livre concorrência [...]. Também pode ser estabelecido, como princípio geral, que, quanto menos a autoridade preside a divisão do trabalho dentro da empresa, mais a divisão do trabalho se desenvolve dentro da fábrica, e está submetida à autoridade de apenas um. Assim a autoridade na fábrica e a autoridade na sociedade, em relação à divisão do trabalho, estão em *proporção inversa* entre si.[156]

Pode-se dizer que, na sociedade soviética, houve por vezes uma inversão da dialética da sociedade capitalista descrita por Marx: a ausência de uma rígida disciplina fabril (com o desaparecimento do despotismo senhorial tradicional mais ou menos acentuado) correspondeu ao terror exercido pelo Estado sobre a sociedade civil. Mas, mesmo nesse aspecto, é preciso estar atento às simplificações: estamos diante de "um Estado mais confuso e menos organizado" do que se possa pensar; "o centro raramente falava em uníssono"; a própria "uniformidade ideológica" era muitas vezes apenas uma "fachada".[157]

155 Ibid., pp. 1 ss. e passim.
156 Marx, Engels (1955-89), vol. 4, p. 151.
157 Payne (2001), pp. 3-4 e 14.

As análises costumeiras do totalitarismo fazem uma completa abstração dos locais de produção e trabalho, e por isso mesmo resultam unilaterais e superficiais. Se dermos fim a essa abstração total e indevida, a categoria de totalitarismo nos aparecerá em toda sua inadequação: ela não nos ajuda em nada a compreender uma sociedade que, em sua fase final, dissipada a "fé furiosa" que não poderia durar eternamente (como Kennan havia previsto lucidamente), é minada por uma autêntica e verdadeira anarquia nos locais de trabalho, deixados em total tranquilidade por seus funcionários que, mesmo quando estão presentes, no entanto parecem estar engajados em uma espécie de greve tácita, mas tolerada: essa foi a impressão, em parte perplexa e em parte admirada, que tiveram as delegações operárias e sindicais em visita à URSS nos últimos anos. Na China, que começava a deixar para trás o maoísmo, os costumes continuaram a se aplicar no setor público, que foram descritos da seguinte forma por um jornalista ocidental: "até o funcionário de mais baixo escalão [...], se quiser, pode decidir não fazer absolutamente nada, ficar em casa por um, dois anos e continuar recebendo salário no final do mês". A "cultura da preguiça" continuou a se fazer sentir até no setor privado da economia, que estava começando a surgir: "Ex-funcionários do Estado [...] chegam atrasados, depois leem o jornal, vão à cantina meia hora mais cedo, saem do escritório uma hora antes" e muitas vezes faltam por motivos familiares, por exemplo, "porque a esposa está mal". E os gerentes e técnicos que buscam introduzir disciplina e eficiência nos locais de trabalho são obrigados a enfrentar não só a resistência e a indignação moral dos funcionários (a multa aplicada a um trabalhador ausente para cuidar da esposa é uma infâmia!), mas às vezes ameaças e até violência vindas de baixo.[158] É muito difícil descrever essas relações com base na categoria de "totalitarismo"; é mais útil orientar-se recorrendo à passagem já citada de Marx. *Miséria da filosofia* pode nos ajudar a entender um fenômeno absolutamente inexplicável do ponto de vista da teoria clássica do totalitarismo: na URSS, nos países do leste europeu e na China, o desmantelamento mais ou menos radical do sistema "totalitário" anda de mãos dadas com um fortalecimento drástico da disciplina

158 Sisci (1994), pp. 102, 86 e 89.

nos locais de trabalho; para dar um exemplo, foi apenas em 1993 que a lei que permite a demissão por absenteísmo foi aprovada na China.[159]

Sem dúvida, especialmente em situações de crise aguda, na URSS e na China maoísta os locais de produção e de trabalho certamente não são poupados do terror, mas o que caracteriza a vida cotidiana é um regime que está longe do totalitarismo. Em síntese, pode-se dizer que o recurso habitual a essa categoria só é persuasivo a partir de uma dupla e arbitrária abstração. A remoção do campo de pesquisa das relações vigentes nos locais de produção e de trabalho permite aproximar a ditadura comunista da ditadura nazista; o silêncio sobre o terror e o universo concentracionário implantados em detrimento das colônias e semicolônias, bem como nas próprias metrópoles, em prejuízo dos povos de origem colonial (como os ameríndios e os afro-americanos), permite cavar um abismo entre o Ocidente liberal e os Estados "totalitários".

Em comparação com a União Soviética de Brejnev e seus sucessores, a de Stalin tem características diferentes, mas o elemento central de diferenciação é constituído pela excepcional mobilização ideológica e política que, antes de esvaziar e perder qualquer credibilidade, por um longo período consegue dar uma contribuição essencial para o funcionamento do sistema produtivo e econômico. Essas são as décadas em que se desenvolve uma ditadura desenvolvimentista: há uma tendência ao mesmo tempo tumultuada e impiedosa, a qual se caracteriza pela "fé furiosa" que alimenta grupos sociais e étnicos que veem o caminho para uma forte ascensão e que alcançam o reconhecimento até então teimosamente negado a eles. Faz pouco sentido comparar essa experiência trágica e contraditória a uma ditadura, a nazista, que se estabeleceu explicitamente em função da guerra, da conquista colonial e da reafirmação das hierarquias raciais, que desde o início dispôs de um aparato estatal e burocrático de consolidada eficiência e se impôs de modo homogêneo em todos os âmbitos da vida social. E, no entanto, essa assimilação é agora uma espécie de lugar-comum. Sua gênese precisa ser investigada.

---

159 Ibid., p. 107, nota 3.

5

REMOÇÃO DA HISTÓRIA E CONSTRUÇÃO DA MITOLOGIA. STALIN E HITLER COMO MONSTROS GÊMEOS

Guerra Fria e *reductio ad Hitlerum* do novo inimigo

Com a eclosão da Guerra Fria, cada um dos dois antagonistas se empenha em carimbar no outro o herdeiro do Terceiro Reich derrubado pouco antes por ambos. "Ninguém", observa Lukács em 1954, "se atreverá a afirmar hoje que o hitlerismo, sua ideologia e seus métodos pertencem completamente à história passada".[1] De fato, nisso os dois lados parecem concordar sem dificuldade. No entanto, ao passo que o filósofo comunista, valendo-se da categoria de imperialismo, aproxima Truman de Hitler,[2] no lado oposto recorre-se à categoria de totalitarismo a fim de subsumir sob ela a Alemanha nazista e a União Soviética.

Ambas as categorias são empunhadas como armas de batalha. A tentativa de assimilar o novo ao velho inimigo não se limita à denúncia do imperialismo ou do totalitarismo. Depois de descrever o caminho ideológico que leva ao triunfo do Terceiro Reich como um processo de "destruição da razão", Lukács sente a necessidade de incluir também a "ideologia do 'mundo livre'" liderada pelos EUA sob a categoria de irracionalismo. A operação não é isenta de dificuldades, e eis que o filósofo húngaro denuncia a "nova forma de irracionalismo disfarçada sob o invólucro de uma aparente racionalidade". Sim, na "nova situação" que se apresenta, "é absolutamente natural que mesmo na filosofia não domine o tipo alemão de irracionalismo, mas o tipo machiano-pragmático",[3] do qual seriam expoentes, entre outros, Wittgenstein, Carnap e Dewey.[4]

O esforço de assimilar o novo ao velho inimigo também se faz sentir do lado oposto. Ao traçar *As origens do totalitarismo*, depois de há muito ter insistido no papel funesto do imperialismo e de ter indigitado sobretudo Lord Cromer a esse respeito, ainda no pós-guerra considerado por Churchill um dos heróis do Império Britânico,[5] Arendt completa a comparação e equiparação entre a Alemanha nazista e a União Soviética stalinista ao remeter, para além do totalitarismo, também a outra categoria, a dos

1 Lukács (1974), p. 772.

2 Ibid., p. 848.

3 Machiano: referente ao físico e filósofo austríaco Ernst Mach (1838-1916), formulador do empiriocriticismo. [N.T.]

4 Lukács (1974), pp. 775, 784 e 786.

5 Churchill (1974), p. 7313.

"pan-movimentos", e assim surge outra analogia: ao pangermanismo do primeiro corresponderia o pan-eslavismo do segundo. Essa conclusão é a linha de chegada de um *tour de force* ainda mais temerário que o observado em Lukács: veremos Churchill comparar o movimento comunista a uma "igreja" caracterizada pelo universalismo expansionista e "cujos missionários estão em todos os países" e em todos os povos; seja como for, o suposto pan-eslavismo stalinista conclama os povos das colônias a varrerem a dominação da raça dos senhores, considerada natural e benéfica pelos teóricos do pangermanismo.

Mas nesse momento, nos dois alinhamentos opostos, a preocupação principal é a construção de analogias e simetrias. Somos levados a sorrir quando lemos em Arendt que os "pan-movimentos" (e, portanto, o nazismo e o comunismo) são caracterizados por "uma pretensão absoluta de eleição": a celebração dos Estados Unidos como o povo eleito de Deus penetra profundamente na tradição política dos EUA e ainda hoje ecoa nos discursos dos presidentes norte-americanos! As necessidades da Guerra Fria claramente têm precedência sobre qualquer outra consideração. Como se confirma pela intervenção em 1950 de um importante historiador estadunidense. Antes ele se opusera a Franklin D. Roosevelt e sua política de aliança com a URSS; desde a eclosão da Guerra Fria, sentiu-se encorajado a reiterar a tese da equivalência política e moral entre Hitler e Stalin. E aqui está ele engajado na assimilação completa entre os dois ditadores. O primeiro insiste no "destino racial dos teutões": o leitor comum poderia ser levado a pensar no "destino manifesto" e providencial que, conforme uma longa tradição, presidiria à expansão irrefreável dos EUA; no entanto, argumentando e se movendo de modo não diferente de Arendt, o historiador aqui citado associa o motivo nazista do "destino racial dos teutões" à "fé de Stalin e Lenin no papel messiânico do proletariado e do movimento revolucionário comunista internacional". E mais. Central na ideologia de Hitler é a celebração da "raça dos senhores": a busca por analogias e precedentes pareceria conduzir ao antigo regime de supremacia branca no sul dos EUA, ao qual o nazismo repetidamente se referiu e que de alguma forma continuava existindo em 1950, ano da publicação do livro aqui discutido. Em vez disso, o historiador norte-americano descobre que, análoga à teoria hitlerista é a teoria da "raça dos senhores" em ação na

União Soviética de Stalin, onde quase "todas as descobertas importantes" são atribuídas a "algum russo desconhecido ou pouco conhecido"![6]

A *reductio ad Hitlerum* do ex-aliado também implica a acusação de genocídio. Talvez a frente hegemonizada pelo movimento comunista e pela União Soviética tenha sido a primeira a se mover nessa direção. Em 1951, em Nova York, o advogado negro William Patterson, diretor do Congresso dos Direitos Civis (organização engajada simultaneamente na luta contra o macarthismo e contra o regime de supremacia branca), supervisionou a publicação de um livro que é, ao mesmo tempo, um apelo à ONU para que tome conhecimento da tragédia que assola os afro-americanos: nos EUA (particularmente no Sul) o regime de discriminação, humilhação e opressão racial e de exclusão social continua em vigor; estupros, linchamentos, execuções legais e extralegais não cessaram, e a violência policial está no auge (ainda em 1963, Martin Luther King falaria dos "horrores indescritíveis da brutalidade policial"). Ao elaborar esta longa lista de injustiças e tormentos, referindo-se à convenção aprovada pela ONU em dezembro de 1948 contra o crime de genocídio e contando com o fato de que, de acordo com esta convenção, o genocídio não envolve necessariamente a aniquilação sistemática de uma etnia inteira, o livro tem um título decididamente provocativo: *We charge genocide.*[7] Aparentemente corroborada pela forte oposição que essa convenção encontrou no mundo político dos EUA, a peça de acusação é traduzida para vários idiomas: na URSS aparece com uma introdução do intelectual de origem judaica Ilya Ehrenburg, que aproxima o Terceiro Reich dos EUA na medida em que ambos são afetados por um delírio racista genocida ou potencialmente genocida. As reações provocadas pelo livro nos EUA são obviamente furiosas e invertem a acusação. Um membro do comitê que invoca a aprovação da convenção da ONU declara: "nos países comunistas é política oficial eliminar grupos inteiros com base em sua origem racial e nacional".[8]

---

6 Arendt (1989c), pp. 325 e passim; Chamberlin (1950), pp. 36-7; Losurdo (2007), cap. II, § 14 e cap. III, §§ 6-7 (para a nação "escolhida" na tradição política norte-americana).

7 "Acusamos o genocídio". [N.T.]

8 Horne (1988), pp. 163-75; Rapoport (1991), p. 193 (no que se refere a Ehrenburg); Hofstadter (1982), vol. 3, p. 451 (no que diz respeito a M. L. King).

Se nos primórdios da Guerra Fria vemos cada um dos antagonistas marcar o outro como uma nova versão do nazismo e sua loucura genocida, com a emergência do triunfo do Ocidente o jogo de analogias se desenvolve de modo cada vez mais exclusivo na direção que agrada aos vencedores. Em particular, tornou-se uma obsessão da ideologia dominante assemelhar Stalin e Hitler o mais completamente possível, a ponto de apresentá-los como monstros gêmeos.

O culto negativo dos heróis

Como alcançar este resultado? Enquanto isso, a atenção se volta exclusivamente para a União Soviética e o Terceiro Reich. Veremos Gandhi juntar em sua condenação a Inglaterra colonialista e a Alemanha de Hitler, o imperialismo britânico e o imperialismo nazista. Estudiosos insuspeitos de antiocidentalismo compararam repetidamente o tratamento dispensado às populações coloniais, e às vezes até explicitamente teorizado, pelo Ocidente liberal com as práticas genocidas do Terceiro Reich. Tal comparação foi feita pela deportação dos Cherokee ordenada por Andrew Jackson (o presidente dos Estados Unidos visitado e celebrado por Tocqueville), pela atitude assumida por Theodore Roosevelt em relação às "raças inferiores" (questão a ser enfrentada com uma "guerra de extermínio", em caso de rebelião contra a "raça superior"), pelo tratamento infligido pela Inglaterra ao povo irlandês (tratado do mesmo modo que os peles-vermelhas e, ainda em meados do século XIX, condenado a morrer em massa por inanição).

Há mais. Os termos-chave usados hoje para descrever o horror do século XX já emergem de estudos que investigam o mundo liberal do século XIX: com referência particular ao "desenvolvimento do capitalismo industrial" na Inglaterra, foi afirmado que "o gulag não é uma invenção do século XX"; uma "sociedade totalitária" foi definida como aquela que engoliu os deportados da Inglaterra na Austrália (muitas vezes miseráveis condenados por furtos insignificantes, aos quais foram levados pela fome); finalmente, no que diz respeito à tragédia dos nativos na América, na Austrália ou nas colônias inglesas em geral, estudiosos respeitados falaram respectivamente de "holocausto americano" (ou seja, a "solução final" da questão ameríndia), de "holocausto australiano" e de "holocaustos vitorianos tardios"; para não falar do "holocausto negro" (a deportação e escravização dos sobreviventes, um em cada três ou quatro), para o qual os afro-americanos tentam chamar a atenção. Finalmente, vimos o "holocausto canadense".

Mesmo no que diz respeito a eventos que ocorrem diante de nossos olhos, em confiáveis órgãos de informação se pode ler que no Afeganistão, um país sob protetorado dos EUA, os talibãs capturados estão espremidos em um lugar que "se assemelha ao campo de concentração nazista de Auschwitz", e que uma espécie de "gulag moderno" funciona em Guantánamo, segundo a definição da Anistia Internacional. Por fim, vale ressaltar que a historiografia norte-americana mais destemida não hesitou em estabelecer um paralelo entre, de um lado, a aniquilação aérea anglo-americana de cidades inteiras (Dresden, Hiroshima e Nagasaki) e, de outro, o genocídio judeu pelos nazistas.[9] Mas tudo isto se dissipa magicamente na ideologia e na historiografia dominantes, assim como se dissipa a realidade do universo concentracionário que, durante a Segunda Guerra de trinta anos, desponta até mesmo em países de tradição liberal mais consolidada; e que esses países, mesmo após a derrota do Terceiro Reich, continuaram a manter de pé por algum tempo, com propósitos antissoviéticos e anticomunistas, e que, de qualquer forma, se expandem nas colônias ou semicolônias.

No entanto, embora colossal, essa remoção não é suficiente para construir o mito dos monstros gêmeos. E é assim que a coisa avança. Da comparação entre a URSS e o Terceiro Reich, se desliza para a comparação entre Stalin e Hitler, ambos descritos abstraindo-se de seus respectivos contextos históricos e projetos políticos. Uma vez desaparecidas as explosivas contradições que caracterizaram, por um lado, o segundo período de conflitos e, por outro, a Segunda Guerra de trinta anos, o terror stalinista aparece como a expressão de uma violência gratuita, motivada exclusivamente pela ideologia totalitária ou mesmo pela paranoia sangrenta de uma personalidade única.

---

9 Markusen, Kopf (1995).

De maneira análoga, a história que opera anteriormente a Hitler é removida. Ele nasceu no final do século XIX. Ainda não terminara o século "mais doloroso" da história humana, o "século das colônias" e sobretudo o "século das raças", a que cabe o mérito de ter refutado de uma vez por todas as ingênuas "ideias de fraternidade universal do século XVIII" e a mitologia da origem comum e a unidade do gênero humano, a parafernália ideológica à qual, apesar das retumbantes negações da história e da ciência, os "socialistas" se apegam pateticamente.[10] Exprime-se assim, em 1898, o autor anglo-alemão Houston S. Chamberlain, que mais tarde se tornaria particularmente apreciado por Hitler, mas que, naquele momento, é aclamado em todo o Ocidente. Ou seja, mesmo para entender o nazismo, é preciso antes de tudo investigar o projeto político que está em sua base, e esse projeto político não apenas não se refere a uma única personalidade criminosa ou insana, mas, para além da Alemanha e do nazismo, interpela outros países e outros movimentos políticos de maneiras diferentes. Nesse sentido, seja qual for seu julgamento em nível artístico, *A resistível ascensão de Arturo Ui*, de Bertolt Brecht, não é convincente. Para ilustrar a personalidade de Hitler, recorre-se a um gênero literário (história criminal) que é enganoso. Pressupõe-se, assim, uma evidência moral que na verdade é construída *a posteriori*. O nazismo afunda suas raízes em um período histórico em que a "evidência" consiste, se tanto, na hierarquização das raças e em um expansionismo colonial muitas vezes sob a égide de práticas genocidas.

É claro que herdar essa tradição em um momento em que ela começa a ser duramente contestada e radicalizá-la a ponto de querer implementá-la também no leste europeu é uma escalada terrível, mas se trata justamente de uma escalada, e não de uma criação do nada. A ideia de "extermínio" racial foi difundida na cultura do século XIX, que — sublinha Disraeli — é expressão de "uma lei irresistível da Natureza". No final do século, Spencer lamenta: "Entramos em uma era de canibalismo social, em que as nações mais fortes estão devorando as mais fracas". Entre os séculos XIX e XX, nos EUA não faltaram nem mesmo apelos para a "solução final" e a "solução final e completa", respectivamente da questão indígena e da

10 Chamberlain (1937), pp. 997 e 33.

questão negra.[11] Durante o mesmo período, uma figura de autoridade da administração canadense também invoca a "solução final de nossa questão indígena".[12] O horror e a infâmia da escalada permanecem, mas ela é sugerida pela experiência de fracasso na tentativa de construir um império colonial ultramarino, na época da eclosão da Primeira Guerra Mundial, imediatamente varrido pela superior frota britânica, que impõe à Alemanha um bloqueio naval devastador e mortal, mesmo para a população civil. Portanto: continuar sendo exposto a esse terrível perigo, ou edificar a qualquer custo um império continental, recorrendo a massacres e práticas genocidas, mas em prejuízo das raças inferiores e em todo o caso seguindo o modelo clássico e consolidado de expansionismo colonial do Ocidente?

Na ideologia dominante, com o desaparecimento de todo projeto político, as infâmias do Terceiro Reich também se configuram como a manifestação de uma doença de origem misteriosa, mas ainda aterrorizante, que responde pelo nome de "totalitarismo". Estava assim aberto o caminho para a assimilação de Stalin a Hitler. Desse modo, a analogia entre "pan-eslavismo" e "pangermanismo", sobre a qual Arendt insiste, torna-se até supérflua (e talvez incômoda), e hoje parece não gozar de especial sucesso. Tudo gira em torno de duas personalidades (doentes e criminosas), cujas biografias por vezes são traçadas paralelamente.[13]

O que mais chama a atenção nesses textos é a ausência da história e, em certo sentido, até da política: desaparecem o colonialismo, o imperialismo, as guerras mundiais, as lutas de libertação nacional, os diferentes e contrapostos projetos políticos. Não se interroga nem mesmo sobre as relações, por um lado, do Ocidente liberal com o fascismo e o nazismo (que se apresentam como campeões do Ocidente mais autêntico e mais consequente) e, por outro, com o antigo regime russo, cujas contradições tendem por muito tempo a ruir numa enorme catástrofe. Tudo isso é substancialmente ofuscado pela absoluta centralidade conferida a duas personalidades criadoras, ainda que perfidamente criadoras.

11 Cf. Losurdo (2005), cap. x, §§ 3-4.
12 Em Annett (2001), p. 6.
13 Bullock (1992).

O teorema das afinidades eletivas entre Stalin e Hitler

Essas duas personalidades — fantasia-se — não só se equivalem no plano político e moral, mas também se ligam entre si por uma espécie de atração mútua. Como prova disso, remete-se ao pacto germano-soviético de não agressão e a delimitação das respectivas esferas de influência. Na realidade, esse pacto de certa forma põe fim ao *Diktat* de Brest-Litovsk; por outro lado, é apenas uma etapa de um contraditório processo de delimitação das esferas de influência das grandes potências que começa em Munique e termina (provisoriamente) em Yalta.[14] Alguns meses após o fim da Segunda Guerra Mundial, em 1946, Ernest Bevin, uma personalidade importante do Partido Trabalhista e ministro das Relações Exteriores britânico, verá o mundo tendencialmente dividido "em esferas de influência ou no que pode ser definido como as três grandes doutrinas Monroe", reivindicadas e aplicadas respectivamente pelos EUA, a URSS e a Grã-Bretanha.[15] Se a Monroe britânica desmorona rapidamente, já em 1961, durante uma conferência ocorrida em Viena, um John Kennedy escaldado na inglória aventura da Baía dos Porcos protesta com Khrushchev pelos resultados e o dinamismo da Revolução Cubana: os EUA não podem tolerar um regime que pretende minar sua hegemonia no "Hemisfério Ocidental", em uma de suas "áreas de interesse vital", assim como a URSS não poderia tolerar um desafio à sua hegemonia em sua área segura, na Europa oriental.[16]

Pode-se considerar particularmente odiosa a delimitação das esferas de influência com base nos protocolos secretos do pacto germano-soviético e estigmatizar o cinismo do movimento que permitiu Stalin ganhar tanto tempo quanto espaço; mas é muito difícil conciliar essa condenação com a tese da atração mútua entre os dois ditadores, com o teorema das afinidades eletivas. Na realidade, imediatamente após o desencadeamento da guerra pela Alemanha nazista, Churchill saudou a entrada das tropas soviéticas na Polônia oriental. Pouco depois, dirigindo-se aos líderes da Letônia, Stalin explicou muito claramente as razões da política que conduziu nos países

14 Gardner (1993).
15 Em Thomas (1988), p. 296.
16 Schlesinger Jr. (1967), p. 338.

bálticos: "Os alemães poderiam atacar. Por seis anos, fascistas alemães e comunistas se amaldiçoaram reciprocamente. Agora, apesar da história, verificou-se uma guinada inesperada, mas não se pode confiar nisso. Devemos estar preparados a tempo. Outros, que não estavam preparados, pagaram as consequências". Só gradualmente, a partir da necessidade de também frustrar as manobras implementadas na região pelo Terceiro Reich, é que o protetorado militar, com o qual Moscou inicialmente parecia satisfeito, se transforma em verdadeira anexação:[17] assim, as perdas de território sofridas pela Rússia soviética no período de sua maior fraqueza são radicalmente revistas, ao mesmo tempo em que se acentua a tendência de assumir sem excessivas limitações a herança da política internacional da Rússia czarista.

Na avaliação que se costuma fazer do pacto germano-soviético estão de todo ausentes os questionamentos que, no entanto, parecem indispensáveis à sua compreensão: quais acordos foram anteriormente pactuados pelo Terceiro Reich? Como explicar a eclosão da guerra entre Alemanha e União Soviética menos de dois anos depois e quais eram os planos do número dois do regime nazista (Rudolf Hess), que, às vésperas da Operação Barbarossa, desembarcou de modo aventureiro na Inglaterra?

Na corrida para alcançar um acordo ou entendimento com o novo regime que assumiu o poder em Berlim, Stalin definitivamente chega por último. É de 20 de julho de 1933 a Concordata entre a Alemanha e a Santa Sé, que garante a fidelidade dos católicos alemães ao novo "governo formado de acordo com a Constituição" (*verfassungsmässig gebildete Regierung*): um reconhecimento que ocorre pouco tempo após a decretação das leis excepcionais, com o uso do terror, e a emergência do estado racial, com as primeiras medidas contra funcionários de "origem não ariana". Duas semanas antes, dissolvera-se o partido católico do Zentrum, cujos militantes haviam se comprometido a oferecer "colaboração efetiva" à "frente nacional encabeçada pelo Chanceler do Reich".[18] Quanto ao mundo protestante, não devemos esquecer que os Deutsche Christen se alinharam a favor de Hitler logo após sua chegada ao poder e assumiram essa posição adaptando o cristianismo às necessidades do Terceiro Reich, relendo a Reforma Protestante em chave nacionalista e até racista para teorizar uma Igreja fundida com

17 Roberts (2006), pp. 38-45 e 55.
18 Rüge, Schumann (1977), p. 50.

a "comunidade popular" alemã e fundada no "reconhecimento da diversidade dos povos e das raças como um ordenamento desejado por Deus".[19]

O movimento sionista também demonstra prontidão semelhante em buscar os favores dos novos governantes. O "Jüdische Rundschau", órgão do movimento que ficou substancialmente imune à onda de proibições e perseguições que atingiu a imprensa alemã imediatamente após o incêndio no Reichstag, conclamou algumas semanas depois, em 7 de abril de 1933, sionistas e nazistas a serem "parceiros honestos". Tudo isso desembocou, em 1935, no acordo de "transferência" para a Palestina de 20 mil judeus, autorizados a levar consigo quase 30 milhões de dólares, com forte impulso à colonização e ao processo que mais tarde levaria à formação do Estado de Israel.[20] Mais tarde, reagindo ao acordo de "transferência", o Grande Mufti de Jerusalém também buscou obter as graças de Hitler. Passemos agora aos partidos políticos alinhados à oposição. O discurso proferido pelo deputado socialdemocrata Otto Wels na sessão do Reichstag que concedeu poderes extraordinários a Hitler foi "muito fraco".[21] Quem alertou e organizou a resistência à barbárie agora no poder foi, em primeiro lugar, o partido comunista e "stalinista".

1935 é também o ano em que se firmou o acordo naval entre a Grã-Bretanha e o Terceiro Reich. Ocorrendo após o início de um rearmamento febril e a reintrodução do serviço militar obrigatório na Alemanha, ele alimentou as esperanças de Hitler de poder chegar a um entendimento estratégico ao reconhecer a proeminência naval da Grã-Bretanha e propor o respeito mútuo dos dois grandes impérios "germânicos": o britânico ultramarino e o continental alemão, a ser edificado com a colonização do leste europeu e a sujeição dos eslavos. A esse respeito, fala-se com razão da "atitude cínica" do governo de Londres, que dá a impressão de endossar um programa infame, já claramente expresso em *Mein Kampf*.[22] Não surpreendem as crescentes preocupações de Moscou, a forte irritação

19 Em Kupisch (1965), pp. 256-8.

20 Losurdo (2007), cap. V, § 1 e § 4.

21 Hitler (1965), p. 238 (assim afirma o organizador).

22 Shirer (1974), p. 453.

de Paris[23] e a alegria incontida de Hitler, que pôde assim celebrar o que definiu como seu "dia mais feliz".[24]

Ainda mais perturbador é o papel da Polônia. Como já se observou, ela se torna inteiramente "subalterna à política alemã" a partir da assinatura do pacto decenal de não agressão com a Alemanha em 26 de janeiro de 1934. No ano seguinte, o ministro das Relações Exteriores Józef Beck declara a seu adjunto: "Há sem dúvida duas formações políticas condenadas a desaparecer, a Áustria e a Tchecoslováquia".[25] A consonância com o programa de Hitler é clara, e não é apenas uma questão de palavras: "O ultimato com que a Polônia pedia à Tchecoslováquia a devolução de Teschen induziu definitivamente Beneš, segundo ele próprio contou, a abandonar qualquer ideia de se opor ao acordo de Munique. Até então, a Polônia fora um chacal mais útil para a Alemanha no Leste do que a Itália vinha sendo no Mediterrâneo". A Conferência de Munique não marca o fim da colaboração do governo de Varsóvia com o Terceiro Reich: "Se Hitler realmente aspirava a pôr os pés na Ucrânia, tinha que passar pela Polônia; e no outono de 1938 tal hipótese não parecia de modo algum uma fantasia política".[26] Parece até ter havido um encorajamento por parte de Varsóvia. Em janeiro do ano seguinte, durante uma entrevista com Hitler, Beck declarou: a Polônia "não atribui nenhum significado ao chamado sistema de segurança".[27]

Stalin tem todos os motivos para estar preocupado ou angustiado. Antes da Conferência de Munique, o embaixador dos Estados Unidos na França, William C. Bullit, havia observado que o importante era isolar o "despotismo asiático", salvando a "civilização europeia" de uma guerra fratricida. Após o triunfo de Hitler, um diplomata inglês anotou em seu diário: "De uma adaga apontada para o coração da Alemanha, a Tchecoslováquia transformou-se rapidamente em uma adaga contra os órgãos vitais da Rússia".[28] Durante a crise que resultou na Conferência de Munique, a URSS tinha sido o único país a desafiar o Terceiro Reich e a confirmar seu

23 Baumont (1969), p. 161.
24 Relatado em Goebbels (1992), p. 867 (nota 22 do organizador).
25 Baumont (1969), pp. 92-3 e 281.
26 Taylor (1996), p. 259.
27 Wolkogonov (1989), p. 468.
28 Em Gardner (1993), pp. 36 e 44.

apoio ao governo de Praga, colocando mais de setenta divisões em alerta. Posteriormente, após o desmembramento da Tchecoslováquia concluído pelo Terceiro Reich em março de 1939, Moscou encaminhou uma dura nota de protesto a Berlim.[29] A reação das outras capitais foi bem mais "contida". Em suma: os agressores nazifascistas haviam devorado sucessivamente Etiópia, Espanha, Tchecoslováquia, Albânia e China na Ásia, graças à cumplicidade direta ou à passividade das potências ocidentais, inclinadas a imputar ao país resultante da Revolução de Outubro as futuras ambições e objetivos expansionistas do Terceiro Reich; a leste, a União Soviética sente a pressão exercida pelo Japão em suas fronteiras orientais. Assim, paira no ar o perigo de invasão e de guerra em duas frentes: é somente nesse ponto que Moscou começa a se mover em direção a um pacto de não agressão com a Alemanha, reconhecendo o fracasso da política das frentes populares.

Levada adiante por Stalin com convicção e decisão, a política das frentes populares custara muito. Ela havia fortalecido a oposição e a agitação trotskista, particularmente nas colônias: que credibilidade poderia ter o anticolonialismo que poupava — assim dizia a acusação — as principais potências coloniais da época, para concentrar fogo em um país, a Alemanha, que em Versalhes havia perdido até as poucas colônias que possuía anteriormente? Acima de tudo, foi difícil para os próprios povos coloniais aceitar o ponto de inflexão. A Inglaterra foi amplamente desacreditada. Na primavera de 1919, ela não só se tornara responsável pelo massacre de Amritsar, que custara a vida de centenas de indianos indefesos, mas também recorrera a "flagelações públicas" e a um desumanizante castigo coletivo, uma terrível humilhação nacional e racial, com a obrigação para os habitantes da cidade de "ter que se arrastar de quatro para voltar para casa ou para sair".[30] Mais tarde, com a eclosão da Segunda Guerra Mundial, o governo imperial reprimiu as manifestações de independência, metralhando-as do alto com a força aérea (*infra*, p. 305). Esses foram os anos em que Gandhi disse: "Na Índia temos um governo hitlerista, embora disfarçado em termos mais brandos". E ainda: "Hitler foi 'o pecado da Grã-Bretanha'. Hitler é apenas a resposta ao imperialismo britânico".[31] De fato, com o fim da guerra, Gandhi irá

29 Wolkogonov (1989), pp. 465 e 460.

30 Brecher (1965), pp. 89-90.

31 Gandhi (1969-2001), vol. 80, p. 200 (*Answers to Questions*, 25 abril 1941) e vol. 86, p. 223 (entrevista para Ralph Coniston de abril de 1945).

mais longe a ponto de prestar homenagem a Subhas Chandra Bose, que, para alcançar a independência, combateu ao lado do Eixo: "Subhas foi um grande patriota e deu a vida pelo bem do país".[32]

Em conclusão: não foi fácil para a URSS transmitir a ideia de que, apesar das aparências, mesmo para os povos das colônias, o principal perigo ainda consistia na coalizão nazifascista, no eixo Alemanha-Japão-Itália e em particular no Terceiro Reich, determinado a retomar e radicalizar a tradição colonial, inclusive recorrendo a meios extremos. Para países como Inglaterra e França, a política das frentes populares envolvia custos muito mais baixos, e mesmo assim eles a sabotaram. A essa altura, a URSS não teve outra escolha senão chegar a um acordo com a Alemanha, uma jogada que tem sido definida como "uma improvisação dramática de última hora", à qual Moscou recorreu na ausência de alternativas, "às vésperas de uma nova guerra europeia".[33]

Ocorre, assim, um ponto de inflexão, geralmente avaliado com um olhar dirigido exclusivamente para a Europa. Mas isso não é motivo para ignorar as repercussões na Ásia. Mao Tsé-Tung expressa sua satisfação: "O pacto representa um golpe para o Japão e uma ajuda para a China", pois "dá à União Soviética maiores possibilidades" de apoiar a "resistência da China contra o Japão".[34] Justamente por isso, o governo japonês considera o comportamento de Berlim[35] "traiçoeiro e imperdoável". De fato, o fluxo de armas e munições russas para a China é muito consistente. Bem diversa é a atitude do Ocidente:

> É uma mancha no grande livro da história a indiferença com que a Europa e a América, mostrando que não tinham uma noção clara da realidade, espontaneamente se abstiveram de fazer o mínimo esforço para barrar o caminho aos fascistas de Tóquio; não só isso, mas o que é pior, os Estados Unidos continuaram enviando petróleo e gasolina ao Japão quase até o grande ataque a Pearl Harbor.[36]

---

32 Gandhi (1969-2001), vol. 98, p. 293.

33 Roberts (2006), p. 5.

34 Mao Tsé-Tung (1969-75), vol. 2, pp. 271 e 275.

35 Coox (1990), pp. 898 e 900.

36 Romein (1969), p. 261.

Deixemos agora a Ásia de lado para nos concentrarmos na Europa. A desconfiança recíproca entre a União Soviética e o Terceiro Reich e a preparação de ambos para um embate frontal nunca desapareceram, mesmo durante os meses do pacto de não agressão. Antes mesmo da assinatura, conversando com o alto-comissário da Liga das Nações em Danzig, Hitler esclareceu:

> Tudo o que empreendo é dirigido contra a Rússia. Se o Ocidente for demasiado estúpido e cego para não entender isso, serei forçado a chegar a um entendimento com os russos e então derrotar o Ocidente, de modo que, após sua derrota, eu possa me voltar contra a União Soviética com todas as minhas forças reunidas.[37]

A julgar por esta passagem, o objetivo constante do Führer é a construção de uma aliança ocidental liderada pelos alemães para a derrubada da União Soviética; se essa aliança não pode ser estabelecida com um acordo preventivo, resta apenas impô-la aos parceiros recalcitrantes após derrotá-los; o acordo de transição com Moscou é apenas um expediente para alcançar a vitória e, assim, criar a aliança ocidental necessária ao acerto de contas definitivo com o bolchevismo. O pacto de não agressão é instrumental a fim de alcançar o objetivo primeiro e permanente do Terceiro Reich, que desencadeia a Operação Barbarossa, apresentando-a como uma cruzada pela Europa, para a qual são chamados a contribuir, e de fato contribuem em várias medidas e com recursos humanos ou materiais, países e povos europeus.

Estaria Stalin contando com a duração eterna ou muito prolongada do pacto? Na verdade, desde o início, ele estava ciente da inevitabilidade do confronto com a Alemanha nazista: "seremos poupados da guerra um pouco mais".[38] Aproveitou o tempo assim obtido para consolidar a posição de seu país. Já em novembro de 1939, aos olhos de Hitler, o país governado pelos comunistas parecia empenhado em se fortalecer militarmente e disposto a respeitar o pacto apenas de acordo com as circunstâncias e conveniências.[39] Este é um ponto reiterado pelo Führer dois meses depois:

---

37 Em Nolte (1987), pp. 313-4.

38 Em Montefiore (2007), p. 354.

39 Hitler (1965), p. 1423.

Stalin é cauteloso, ele está bem ciente da relação de forças, mas espera claramente "uma situação difícil para a Alemanha"; ele não perde de vista nem mesmo a meteorologia e se revela "mais despudorado" que o habitual nos meses de inverno, quando se sente mais protegido da formidável máquina de guerra do Terceiro Reich.[40]

As preocupações do Führer estão longe de ser infundadas. Vejamos qual foi a atitude de Moscou no fim do verão de 1940, em um momento em que, tendo completado triunfalmente a ocupação da França, o Terceiro Reich parece estar a ponto de forçar também a Inglaterra a capitular:

> Enquanto Stalin expressava a Hitler sua confiança em uma rápida conclusão da guerra, seus enviados diplomáticos e seus agentes no exterior favoreciam qualquer forma de resistência à "nova ordem". Os jornais moscovitas, que até então não poupavam comentários irônicos ou desdenhosos aos aliados, passaram a assumir um tom simpático em suas reportagens sobre a batalha da Inglaterra e a encorajar os patriotas franceses em sua luta contra a dominação nazista. Ainda antes, o ministro das Relações Exteriores alemão se viu forçado a protestar contra a propaganda antinazista realizada pela sra. Kollontai, embaixadora da União Soviética na Suécia.[41]

Eloquente é uma conversa ocorrida em Moscou, a 25 de novembro de 1940, entre dois colaboradores próximos de Stalin:

> D[imitrov]: Estamos realizando uma linha de desagregação das tropas alemãs de ocupação nos diversos países e, sem estardalhaço, queremos fortalecer ainda mais este trabalho. Isso não perturba a política soviética?
>
> M[olotov]: Claro, isso deve ser feito. Não seríamos comunistas se não seguíssemos tal linha. Só que isso deve ser feito sem barulho.[42]

Claramente empenhado em encorajar a resistência contra o expansionismo do Terceiro Reich, Stalin também concorda com esta linha.[43] É óbvio

40 Hitler, pp. 1653 e 1655.
41 Deutscher (1969), pp. 633-4.
42 Dimitrov (2002), p. 245.
43 Ibid., p. 258.

que se trata de uma rota de colisão, e Stalin está ciente disso, como evidenciado por suas observações e decisões. Em 7 de novembro de 1940: precisamos estar militarmente à altura de "nossos inimigos (e tais para nós são todos os estados capitalistas, mesmo aqueles que se apresentam como nossos amigos!)".[44] Em 25 de novembro do mesmo ano: "nossas relações com os alemães aparentemente se baseiam na cortesia, mas há sérios atritos entre nós".[45]

Nos primeiros meses de 1941, até as aparências começam a ceder: "Agora a resistência [de Moscou] contra Hitler estava sendo encorajada em todos os lugares e abertamente". Isso é particularmente verdadeiro no que diz respeito aos Bálcãs, onde o conflito de interesses entre os dois signatários do pacto de não agressão de dois anos antes se torna cada vez mais agudo. Stalin recebe o embaixador iugoslavo em Moscou, no Kremlin, e define com ele a linha de oposição à política do Terceiro Reich. Agradavelmente surpreso com essa audácia em relação aos aspirantes a donos do mundo, o representante de Belgrado faz uma pergunta: "E se os alemães, irritados, se voltarem contra você?". A resposta é rápida: "Que venham!".[46] A assinatura do pacto de amizade entre a URSS e a Iugoslávia em 4 de abril de 1941 foi imediatamente seguida da invasão desta última pelo exército de Hitler. Alguns dias depois, relatando o que também era a opinião do líder soviético, Dimitrov anota em seu diário (18 de abril de 1941): "A guerra dos povos grego e iugoslavo contra a agressão imperialista é uma guerra justa", sobre a qual "não há dúvidas".[47] O embate com o Terceiro Reich se desenha cada vez mais claro no horizonte. Em 5 de maio de 1941, Stalin observa: "O exército alemão talvez seja invencível? Não. Ele não é invencível [...]. Agora a Alemanha continua a guerra em nome da escravização, da submissão de outros povos, em nome da hegemonia. Esta é uma grande desvantagem do exército alemão".[48]

Se a aproximação entre o Terceiro Reich e a União Soviética havia causado considerável desconforto entre as fileiras nazistas e em Rosenberg em particular ("tenho a sensação de que mais cedo ou mais tarde o Pacto de

44 Ibid., p. 241.
45 Ibid., p. 246.
46 Deutscher (1969), p. 638.
47 Dimitrov (2002), p. 300.
48 Ibid., p. 309.

Moscou se vingará do nacional-socialismo"), a Operação Barbarossa suscita uma sensação de alívio: a "mancha em nossa honra" foi apagada, Goebbels anota em seu diário.[49] O próprio Führer escreveu a Mussolini: "Sinto-me em paz comigo mesmo"; as "ansiedades" e a sensação de "uma negação de minhas origens, de meus pensamentos e dos compromissos que assumi", os sentimentos que acompanharam o pacto de não agressão se dissiparam. Hitler — comenta um historiador contemporâneo — chega finalmente ao "confronto que por quase duas décadas constituiu o elemento central de seu pensamento" e até de sua "psique". Sempre cobiçada, a aniquilação do bolchevismo oriental e asiático teria permitido alcançar, nas condições impostas por Berlim, uma recomposição da unidade do Ocidente e da raça branca e, em particular, um acordo permanente com o "Império Britânico" que, para o Führer, continuava a ser o "modelo supremo de dominação e exploração".[50] É somente uma homenagem à ideologia da Guerra Fria a declaração de Arendt segundo a qual Hitler "nunca teve a intenção de defender o 'Ocidente contra o bolchevismo'" e que, ao contrário, "sempre esteve disposto a aliar-se a Stalin para destruí-lo".[51]

Na verdade, os líderes do Terceiro Reich não erraram ao se sentirem aliviados por finalmente, com a Operação Barbarossa, poderem enfrentar e liquidar (assim esperavam) o verdadeiro antagonista, o inimigo perene. Mesmo antes de o nazismo chegar ao poder, em 12 de janeiro de 1931, Stalin havia tachado o antissemitismo como uma espécie de "canibalismo" (*infra*, pp. 255-256). Ao advento do Terceiro Reich, em 26 de janeiro de 1934, ele reagiu com uma dura tomada de posição contra o fascismo e principalmente contra o "fascismo de tipo alemão": "Mais uma vez, como em 1914, apresentam-se em primeiro plano os partidos do imperialismo belicista, os partidos da guerra e da vingança". A "nova guerra" que se delineava no horizonte prometia ser particularmente bárbara: era a guerra "organizada por uma 'raça superior', digamos a 'raça' germânica, contra uma 'raça inferior', antes de tudo contra os eslavos".[52] Stalin depois reiterou esse conceito em 25 de novembro de 1936, no momento da apresentação da nova Constituição soviética, que opôs, por seu caráter "profundamente

49 Em Nolte (1987), p. 313; Goebbels (1992), p. 1603 (16 de junho de 1941).

50 Kershaw (2001), pp. 596-7 e 625.

51 Arendt (1989c), p. 429, nota 13.

52 Stalin (1971-73), vol. 13, pp. 260-1 e 263 (= Stalin, 1952, pp. 527-8 e 530).

internacionalista", às "constituições burguesas [que] partem tacitamente da suposição de que as nações e as raças não podem ter direitos iguais". É verdade que aqui o discurso era de caráter geral, como se depreende da referência às "colônias" e à discriminação baseada na "diferença de cor da pele", mas é claro que o alvo principal era a Alemanha nazista, que havia elevado a ideologia racial a doutrina de Estado. Não por acaso Stalin insistia no princípio da igualdade entre as nações "independentemente de sua força ou de sua fraqueza":[53] naquele momento, o Terceiro Reich era o campeão do darwinismo social no plano internacional. A poucos meses da eclosão da guerra na Europa, em 10 de março de 1939, ao alertar as potências ocidentais de que seu "grande e perigoso jogo político" de canalizar o impulso expansionista do Terceiro Reich "para o Oriente, contra a União Soviética" poderia resultar em um "grave fracasso" (ou seja, em um pacto de não agressão entre Moscou e Berlim), Stalin fez um apelo ao término do *appeasement*, a política que fez "seguidas concessões aos agressores", a fim de formar uma frente comum contra os provocadores da guerra.[54]

Removendo inteiramente o quadro histórico aqui delineado de forma sumária, Arendt enuncia o teorema das afinidades eletivas entre Stalin e Hitler: o único homem em quem o primeiro confiava era o segundo, e o único homem admirado pelo segundo era o primeiro (*infra*, pp. 339-340). Depois do que nós vimos, falar sobre confiança entre os dois soa involuntariamente cômico, ao passo que a tese de Arendt sobre a "política pró-Hitler de Stalin"[55] é apenas um adendo banal à ideologia da Guerra Fria. Na Moscou de 1937 — observa Feuchtwanger —, "todos levam em conta a guerra futura com absoluta certeza" e veem o inimigo no "fascista alemão". A razão é clara: "Nossa prosperidade, dizem os soviéticos, está em tão claro contraste com as teorias fascistas que os Estados fascistas, se quiserem continuar vivendo, precisam nos aniquilar".[56] Aqui é prevista com exatidão a guerra de aniquilamento que será depois desencadeada pelo Terceiro Reich; e, longe de desacelerar, a preparação para isso se acentuará até se tornar frenética nos meses do pacto de não agressão.

53 Stalin (1971-73), vol. 14, pp. 68-9 (= Stalin, 1952, pp. 624-5).

54 Ibid., pp. 187 e 190 (= Stalin, 1952, pp. 683 e 685-6).

55 Arendt, 1985, p. 248.

56 Feuchtwanger (1946), pp. 76-7.

Contudo é verdade que, a partir da Operação Barbarossa, Hitler por vezes destaca as capacidades políticas e militares de seu grande antagonista: será esta a confirmação do teorema das afinidades eletivas? Durante a Conferência de Teerã, polemizando de maneira amigável com Franklin D. Roosevelt (propenso a ler Hitler em chave psicopatológica), Stalin, por sua vez, sublinhou que o inimigo comum era "muito hábil", e que somente assim era possível explicar os extraordinários sucessos alcançados por ele:[57] esta seria uma nova confirmação da tese que agora se tornou lugar-comum? Na verdade, quem tinha razão era o líder soviético, não o presidente americano! É preciso ter uma visão muito primitiva do antagonismo para pensar que, para ser autêntico, ele deva implicar um desconhecimento das capacidades do inimigo. Hoje os historiadores concordam em recriminar o Führer por ter subestimado a URSS, e, no entanto, Arendt parte de seu arrependimento tardio e parcial para construir o teorema das afinidades eletivas.

Além disso, Hitler é citado de modo unilateral. É perfeitamente compreensível sua aspiração a explicar os inesperados insucessos ou fracassos na frente oriental, que infligiram um veemente desmentido ao mito da invencibilidade do Terceiro Reich e da Wehrmacht, pelas características incomuns do novo inimigo. Mas tais características nem sempre são definidas em termos lisonjeiros. Já em 14 de julho de 1941, comentando a feroz resistência encontrada pela Operação Barbarossa, o Führer sentencia: "nossos inimigos não são mais seres humanos, mas feras". E, ecoando as opiniões de seu chefe, uma de suas secretárias escreveu a uma amiga: "estamos lutando contra animais selvagens".[58]. Stalin também está claramente incluído entre essas "feras" e esses "animais selvagens", o qual, em outra ocasião, é visto por Hitler como um ser proveniente dos "Ínferos" (*Unterwelt*), confirmando o caráter "satânico" do bolchevismo.[59] Do lado oposto, podemos ver que, tanto antes quanto durante a guerra, Stalin rotula Hitler como o campeão do "canibalismo" antissemita ou de uma "política canibalesca" baseada no "ódio racial".

57 Cf. Roberts (2006), p. 182 (o depoimento de Charles Bohlen é divulgado).

58 Kershaw (2001), pp. 621-2.

59 Hitler (1965), p. 2051 (declaração de 8 de novembro de 1943) e p. 1064 (declaração de 30 de janeiro de 1939).

Deve-se acrescentar que personalidades políticas proeminentes do Ocidente liberal também formularam um julgamento positivo sobre o líder soviético, incluindo Churchill, que expressou um sentimento de simpatia também pelo aspecto humano (*supra*, p. 15). O próprio Franklin D. Roosevelt, quando fala dos "maravilhosos progressos alcançados pelo povo russo", presta indireta homenagem a quem o dirige.[60] Por fim, eminentes historiadores da atualidade sublinham as extraordinárias capacidades militares e políticas de Stalin, sem subestimar nem mesmo as de Hitler. Devemos inserir todas essas personalidades tão diferentes entre si no teorema das afinidades eletivas? Na realidade, quando Arendt e seus seguidores enunciam esse teorema, eles deslizam do nível da pesquisa histórica e filosófica para o plano do beletrismo.

O holocausto ucraniano como contraponto do holocausto judaico

As duas personalidades criminosas, ligadas entre si por afinidades eletivas, produzem dois universos de campos de concentração muito semelhantes: assim procede a construção da mitologia política hoje dominante. Na verdade, ao inaugurar essa linha de pensamento, Arendt faz um discurso mais problemático. Por um lado, alude — ainda que de modo muito sucinto — aos "métodos totalitários" prenunciados pelos campos de concentração em que a Inglaterra liberal encarcerou os bôeres, ou aos elementos "totalitários" presentes nos campos de concentração que a França da Terceira República instalou "após a Guerra Civil Espanhola". Por outro lado, ao estabelecer o confronto entre a URSS de Stalin e a Alemanha de Hitler, Arendt faz algumas distinções importantes: somente no que diz respeito ao segundo país ela fala em "campos de extermínio". E mais: "na URSS os capatazes não eram, como as SS, uma elite especial treinada para cometer crimes". Como é confirmado pela análise de uma testemunha que passou pela trágica experiência de ambos os universos concentracionários: "Os russos [...] nunca

60 Em Butler (2005), p. 82 (mensagem de 8 de agosto de 1942).

manifestaram o sadismo dos nazistas [...]. Nossos guardas russos eram pessoas respeitáveis, e não sádicos, mas observavam escrupulosamente as regras do sistema desumano".[61] Em nossos dias, ao contrário, eliminadas a referência ainda que sumária ao Ocidente liberal e a *alusão* às diferentes configurações do universo concentracionário, todo o discurso gira em torno da equivalência entre o gulag e o *Konzentrationslager*.

Para que essa equivalência seja persuasiva, em primeiro lugar, se dilatam as cifras do terror stalinista. Recentemente uma estudiosa dos EUA calculou que as execuções que de fato ocorreram correspondem a "um décimo" das estimativas correntes.[62] Obviamente, permanece inalterado o horror dessa repressão, ainda em grande escala. No entanto, a desenvoltura de certos historiadores e ideólogos é significativa. Eles não se limitam a aumentar os números. No vácuo da história e da política, a construção do mito dos monstros gêmeos pode dar um passo adiante: o holocausto perpetrado pela Alemanha nazista contra os judeus, sobretudo a partir do atolamento da guerra no leste, corresponderia ao holocausto já antes (no início dos anos trinta) infligido pela URSS stalinista aos ucranianos (o chamado *Holodomor*); neste segundo caso, teria ocorrido uma "carestia terrorista" e planejada, que acabou por resultar numa "imensa Bergen-Belsen", ou seja, num imenso campo de extermínio.[63]

Foi Robert Conquest quem se destacou particularmente na promoção dessa tese. Seus críticos o acusam de ter trabalhado como agente de desinformação nos serviços secretos britânicos e de ter elaborado o dossiê ucraniano se valendo de sua profissão.[64] Mesmo seus admiradores reconhecem um ponto que não deixa de ser importante: Conquest é "um veterano da Guerra Fria" e escreveu seu livro como parte de uma "operação político-cultural", que acabou sendo dirigida, em última análise, pelo presidente dos Estados Unidos Ronald Reagan e obteve "muitos frutos: de um lado, influenciou significativamente o debate internacional sobre o valor e os limites das reformas de Gorbachev, de outro, por meio da posição assumida pelo Congresso dos Estados Unidos, influenciou poderosamente

61 Arendt (1989c), pp. 602-3 e 614-5.
62 Goldman (2007), p. 5.
63 Conquest (2004), pp. 11-4.
64 Tottle (1987), p. 86.

a radicalização dos impulsos independentistas da Ucrânia".[65] Em outras palavras, o livro foi publicado no âmbito de uma "operação político-cultural", destinada a dar o último e decisivo empurrão à União Soviética, desacreditando-a como responsável por infâmias em tudo semelhantes àquelas cometidas pelo Terceiro Reich e estimulando sua desintegração graças à tomada de consciência do povo vítima de um "holocausto", agora impossibilitado de conviver com seus carrascos. Não devemos perder de vista que, no mesmo lapso de tempo, além do livro sobre a Ucrânia, Conquest publicou outro (em colaboração com um certo J. M. White), no qual dá conselhos a seus concidadãos sobre como sobreviver à possível (ou iminente) invasão levada a cabo pela União Soviética (*What to Do When the Russian Come: A Survivalist's Handbook*).[66]

É claro que, independentemente das motivações políticas que a fundamentam, uma tese deve em todo caso ser analisada com base nos argumentos que apresenta. E a tese da "carestia terrorista" planejada por Stalin a fim de exterminar o povo ucraniano poderia ser mais confiável que a do perigo que os Estados Unidos de Reagan corriam de serem invadidos pela URSS de Gorbachev! Então, vamos focar nossa atenção na Ucrânia do início dos anos 1930. Em 1934, voltando de uma viagem à União Soviética que também o levara à Ucrânia, o primeiro-ministro francês Édouard Herriot negou, além do caráter planejado, também a extensão e a gravidade da fome.[67] Feitas pelo líder de um país que assinaria um tratado de aliança com a URSS no ano seguinte, essas declarações são geralmente consideradas pouco confiáveis. No entanto, o testemunho contido nos relatórios dos diplomatas da Itália fascista é insuspeito. Mesmo no período em que a repressão dos "contrarrevolucionários" é mais implacável, ela se entrelaça com iniciativas que vão em direções diferentes e opostas: aqui estão os soldados "enviados à zona rural para colaborar nos trabalhos do campo" ou os operários que acorrem para consertar as máquinas; juntamente com a "ação de destruição de todas as ambições separatistas ucranianas", assistimos a uma "política de valorização das características nacionais ucranianas", que visa a atrair "os ucranianos da Polônia

65 Argentieri (2004), pp. VII-VIII.
66 Tottle (1987), p. 86.
67 Ibid., p. 15.

para uma possível e esperada união com os da URSS"; e esse objetivo é perseguido promovendo a livre expressão da língua, cultura e costumes ucranianos.[68] Stalin se propunha a atrair "os ucranianos da Polônia" para os ucranianos soviéticos, exterminando estes pela fome? Ao que parece, as tropas soviéticas que, logo após a eclosão da Segunda Guerra Mundial, entraram nos territórios ucranianos até então ocupados pela Polônia foram bem recebidas pela população local.[69]

Vejamos agora o quadro que emerge das posições assumidas por outros inimigos de Stalin, desta vez situados no interior do movimento comunista. Trotsky — que, como se sabe, nasceu na Ucrânia e nos últimos anos de vida tratou repetidamente de sua terra natal — posicionou-se a favor do movimento independentista: condenou a ferocidade da repressão, mas, mesmo não poupando acusações a Stalin (em várias ocasiões comparado a Hitler), não fez menção ao chamado "holocausto da fome" planejado em Moscou.[70] Trotsky sublinha que "as massas ucranianas são animadas por uma hostilidade irreconciliável em relação à burocracia soviética", mas identifica o motivo de tal hostilidade na "repressão à independência ucraniana". A julgar pela tese hoje dominante, o *Holodomor* teria ocorrido no início dos anos trinta; mas de acordo com Trotsky "o problema ucraniano tornou-se mais agudo no início deste ano", ou seja, em 1939.[71] Tal como Stalin, o líder da oposição antistalinista também gostaria de unificar todos os ucranianos, mesmo que desta vez não mais sob a URSS, e sim em um Estado independente: mas teria sido sensato formular tal projeto mantendo total silêncio sobre o genocídio já consumado? Aos olhos de Trotsky, a perfídia da burocracia soviética consiste nisto: erguer monumentos ao grande poeta nacional ucraniano (Taras Sevčenko), mas apenas para obrigar o povo ucraniano a homenagear os opressores moscovitas na língua de seu poeta nacional.[72] Como vemos, não se fala em genocídio, tampouco em etnocídio; por mais dura que seja a condenação do regime stalinista, ele não é acusado de destruição física, nem mesmo cultural do

68 Losurdo (1996), cap. V, § 9.
69 Wolkogonov (1989), p. 484; Mayer (2000), pp. 670-1.
70 Trotsky (1988), pp. 1173 ss.
71 Ibid., pp. 1241 e 1243.
72 Ibid., pp. 1174-5.

povo ucraniano. Estejam dentro ou fora do movimento comunista, os inimigos de Stalin acabam por convergir nesse reconhecimento essencial.

A fragilidade e a instrumentalidade da correspondência estabelecida entre o *Holodomor* e a "solução final" começam a ficar claras. Hitler e os outros líderes nazistas proclamam explícita e repetidamente que é necessário proceder à aniquilação dos judeus, comparados a um bacilo, um vírus, um agente patógeno, cujo extermínio permitiria à sociedade recuperar sua saúde. Seria inútil buscar declarações semelhantes em líderes soviéticos sobre o povo ucraniano (ou judeu). Pode ser mais interessante comparar a política da URSS stalinista e a da Alemanha de Hitler em ambos os casos em relação à Ucrânia. Hitler proclama em várias ocasiões que os ucranianos, como todos os "povos subjugados", devem ser mantidos a uma distância segura da cultura e da educação; sua memória histórica também deve ser destruída; é bom que nem saibam "ler e escrever".[73] E não é tudo: pode-se "muito bem prescindir" de 80 a 90 por cento da população local.[74] Acima de tudo, pode-se e deve-se prescindir totalmente dos setores intelectuais. Sua liquidação é a condição para poder transformar os subjugados em uma casta hereditária de escravos ou semiescravos, destinados a trabalhar e morrer de trabalho a serviço da raça dos senhores. O programa nazista é esclarecido ainda mais por Himmler. Trata-se de eliminar imediatamente os judeus (cuja presença é significativa nos setores intelectuais) e reduzir a população ucraniana em geral a um "mínimo" a fim de abrir caminho para a "futura colonização germânica". É assim que — comenta o historiador aqui citado — também na Ucrânia a "construção do Império Nazista" e o "holocausto" andam de mãos dadas; e para isso dão sua contribuição os nacionalistas ucranianos, que constituem a principal fonte e os principais propagandistas do livro de Conquest.[75]

Comparado ao Terceiro Reich, o poder soviético se move exatamente na direção oposta. Conhecemos a política de *affirmative action* promovida pelo poder soviético em relação às minorias nacionais e aos "irmãos e camaradas" ucranianos, para retomar as palavras usadas por Stalin imediatamente após a Revolução de Outubro.[76] De fato, quem promoveu de modo mais

73 Hitler (1989), p. 215.

74 Em Kershaw (2001), p. 668.

75 Lower (2005), pp. 8 e passim; Sabrin (1991), pp. 3-13; Tottle (1987), pp. 75 ss.

76 Stalin (1971-73), vol. 4, p. 6 (= Stalin, 1952-56, vol. 4, p. 17).

decidido a "ação afirmativa" em favor do povo ucraniano foi justamente aquele que hoje é considerado o responsável pelo *Holodomor*. Em 1921, ele rejeitou a tese daqueles segundo os quais "a República Ucraniana e a nação ucraniana eram uma invenção dos alemães": não, "é claro que a nação ucraniana existe e que os comunistas devem desenvolver sua cultura".[77] A partir de tal pressuposto se desenvolve a "ucranização" da cultura, da escola, da imprensa, das editoras, dos quadros partidários e do aparato estatal. A implementação dessa política recebeu um impulso especial de Lazar Kaganovich, que foi colaborador de confiança de Stalin e que em março de 1925 se tornou secretário do partido na Ucrânia.[78] Os resultados não tardaram a chegar: em 1931 a publicação de livros em ucraniano "atingiu seu auge, com 6.218 títulos num total de 8.086, quase 77%", ao passo que "a porcentagem de russos no partido, cerca de 72% em 1922, caiu para 52%". Também é preciso ter em mente o desenvolvimento do aparato industrial ucraniano, necessidade para a qual Stalin insistiu mais uma vez.[79]

Pode-se tentar minimizar tudo isso referindo-se ao persistente monopólio do poder exercido em Moscou pelo Partido Comunista da União Soviética. No entanto, essa política de "ucranização" teve um impacto tão forte que foi forçada a enfrentar a resistência dos russos:

> De todo modo, estes ficaram desapontados com a solução dada à questão nacional na URSS. A paridade da Rússia com as demais repúblicas federativas queimava, os direitos concedidos às minorias dentro da República Russa irritavam, a retórica antirrussa do regime incomodava [...] e pesava o fato de que os russos, única nacionalidade da federação, não tinham partido próprio nem academia de ciências própria.[80]

Não só não faz sentido comparar a política nazista à soviética, mas esta última se mostra claramente superior até mesmo à política dos Brancos (apoiados pelo Ocidente liberal). À sua revelia, o próprio Conquest acaba por reconhecê-lo. Colocando-se em linha de continuidade com relação à autocracia czarista, Denikin "recusava-se a admitir a existência dos

77 Stalin (1971-73), vol. 5, p. 42 (= Stalin, 1952-56, vol. 5, p. 63).
78 Graziosi (2007), p. 205.
79 Ibid., pp. 311 e 202.
80 Ibid., pp. 203-4.

ucranianos". Exatamente oposta é a atitude de Stalin, que saúda a "ucranização das cidades ucranianas". Após o sucesso dessa política, abre-se uma página nova e altamente positiva:

> Em abril de 1923, no XII Congresso do partido [comunista], a política de "ucranização" obteve pleno reconhecimento legal: pela primeira vez desde o século XVIII, um sólido governo ucraniano incluiu em seu programa a defesa e o desenvolvimento da língua e da cultura ucranianas [...]. As personalidades culturais ucranianas que retornaram a seu país o fizeram com a esperança real de que mesmo uma Ucrânia soviética poderia dar vida ao renascimento nacional. E em grande parte, por alguns anos, eles estavam certos. Poesia e ficção, obras linguísticas e históricas se espalharam amplamente e com forte intensidade entre todas as classes, enquanto toda a literatura anterior foi reimpressa em grande escala.[81]

Vimos que esta política vigorou e de fato ainda estava em pleno desenvolvimento na Ucrânia de início dos anos trinta. Claro, em seguida um conflito terrível e a carestia intervêm; no entanto, como em tão pouco tempo se possa passar de uma *affirmative action* em favor dos ucranianos ao planejamento de seu extermínio permanece um mistério. Não se deve esquecer que os círculos nacionalistas ucranianos desempenharam um papel importante na elaboração e divulgação da tese do *Holodomor* e que, depois de desencadear "muitos *pogroms* antijudaicos" nos anos da guerra civil,[82] frequentemente colaboraram com os invasores nazistas empenhados em promover a "solução final": depois de ter funcionado tanto como ferramenta de demonização do inimigo quanto como confortável autoabsolvição, a tese do *Holodomor* tornou-se então uma formidável arma ideológica no período final da Guerra Fria e na política de desmembramento da União Soviética.

Uma última consideração. Ao longo do século XX, a acusação de "genocídio" e a denúncia de "holocausto" foram declinadas das mais diversas maneiras. Já vimos vários exemplos. Convém adicionar outro. Em 20 de outubro de 1941, o *Chicago Tribune* noticiou o apelo apaixonado feito por

81 Conquest (2001), pp. 65 e 79-80.

82 Figes (2000), p. 815.

Herbert Hoover para acabar com o bloqueio imposto pela Grã-Bretanha à Alemanha. A guerra de extermínio desencadeada pelo Terceiro Reich contra a União Soviética já havia começado havia alguns meses, mas o ex-presidente dos EUA não disse uma palavra sobre isso. Concentrou-se nas terríveis condições da população civil dos países ocupados (em Varsóvia, "a taxa de mortalidade infantil é dez vezes superior à taxa de natalidade") e apelou ao fim "deste holocausto", aliás inútil, uma vez que falhou em bloquear a marcha da Wehrmacht.[83] É claro que Hoover se preocupou em desacreditar o país ou países ao lado dos quais F. D. Roosevelt se preparava para intervir, e é o caso de apenas mencionar que se perdeu a memória do suposto "holocausto" do campeão do isolacionismo, posto na conta de Londres e, em parte, de Washington.

A carestia terrorista na história do Ocidente liberal

Contudo, mais até que as distorções, são os silêncios que invalidam em bloco a fala do "veterano da Guerra Fria". Poderíamos começar com um debate realizado na Câmara dos Comuns em 28 de outubro de 1948: Churchill denuncia a propagação do conflito entre hindus e muçulmanos e o "horrível holocausto" que está ocorrendo na Índia após a independência concedida pelo governo trabalhista e o desmantelamento do Império Britânico. E neste ponto um parlamentar trabalhista interrompe o orador: "Por que você não fala sobre a fome na Índia?". O ex-primeiro-ministro tenta escapar, mas o outro insiste: "Por que você não fala sobre a fome na Índia, pela qual o governo conservador anterior era responsável?".[84] A referência é à carestia, teimosamente negada por Churchill, que causou três milhões de mortes em Bengala entre 1943 e 1944. Mas nenhuma das partes evoca a carestia ocorrida algumas décadas antes, novamente na Índia colonial: neste caso, duas ou três dezenas de milhões de indianos perderam a vida, muitas vezes forçados

83 Em Baker (2008), p. 411.
84 Churchill (1974), p. 7722.

a oferecer um "trabalho duro" com uma dieta inferior àquela garantida aos internos do "infame campo de concentração de Buchenwald". Naquela ocasião, o componente racista foi explícito e declarado. Os burocratas britânicos acreditavam que era "um erro gastar tanto dinheiro apenas para salvar um bando de negros". Por outro lado, segundo o vice-rei sir Richard Temple, os que perderam a vida foram principalmente os mendigos sem nenhuma intenção real de trabalhar: "Não serão muitos os que lamentarão o destino que buscaram e que pôs fim a vidas ociosas e muitas vezes criminosas.[85]

No fim da Segunda Guerra Mundial, sir Victor Gollancz, um judeu que chegou à Inglaterra após escapar da perseguição antissemita na Alemanha, publicou *The Ethics of Starvation* em 1946 e *In Darkest Germany* no ano seguinte. O autor denuncia a política de fome que, após a derrota do Terceiro Reich, assolou os prisioneiros e o povo alemão, continuamente exposto à pena de morte por fome: sim, a mortalidade infantil era dez vezes maior do que em 1944, um ano que já tinha sido particularmente trágico; as rações disponíveis para os alemães estavam perigosamente próximas às vigentes em "Bergen-Belsen".[86]

Nos dois casos que acabamos de mencionar, não é a Ucrânia soviética, mas os campos de trabalhos forçados da Índia submetidos pela Inglaterra e o regime de ocupação imposto aos derrotados pelo Ocidente liberal que são comparados a um campo de concentração nazista. Pelo menos a última acusação parece ser mais persuasiva, como é confirmado pelo mais recente e abrangente livro publicado sobre o assunto: "Os alemães foram mais bem alimentados na Zona soviética". O país que havia sofrido com a política genocida do Terceiro Reich e que continuava sofrendo com a penúria era o mais generoso. De fato, o que levou o Ocidente liberal a infligir a morte por fome aos derrotados não foi a escassez de recursos, mas sim a ideologia: "Políticos e militares — como sir Bernard Montgomery — insistiram que nenhum alimento deveria ser enviado da Grã-Bretanha. A morte por fome era a punição. Montgomery afirmou que três quartos de todos os alemães ainda eram nazistas". Justamente por isso, a "confraternização" era proibida: não se devia dirigir a palavra e muito menos sorrir aos membros de um povo tão total e irremediavelmente perverso. Os soldados norte-americanos

85 Davis (2001), pp. 46-51.
86 Em MacDonogh (2002), pp. 362-3.

foram advertidos: "no coração, no corpo e no espírito de todo alemão há um Hitler". Até mesmo uma garota poderia ser mortal: "Não seja como Sansão com Dalila; ela vai adorar cortar seu cabelo e depois sua garganta". Essa campanha de ódio visava explicitamente excluir o sentimento de compaixão e, assim, garantir o sucesso da "ética da condenação à fome". Não, os soldados americanos eram chamados a permanecer impassíveis mesmo diante de crianças famintas: "em uma criança alemã de cabelos amarelos [...] o nazista está à espreita".[87]

Se as tragédias de Bengala e da Ucrânia podem ser explicadas pela escala de prioridades ditada pela proximidade ou recrudescimento da Segunda Guerra Mundial, que impôs a concentração de recursos escassos na luta contra um inimigo mortal,[88] bem se pode falar de carestia planejada e terrorista em relação à Alemanha imediatamente após a derrota do Terceiro Reich, onde a escassez de recursos não desempenha nenhum papel, ao passo que a racialização de um povo tem uma influência considerável, que o próprio F. D. Roosevelt foi tentado por algum tempo a apagar da face da terra por meio da "castração" (*supra*, p. 50). Pode-se dizer que foi a eclosão da Guerra Fria que salvou os alemães (e os japoneses) ou encurtou significativamente seu sofrimento: na luta contra o novo inimigo, a bucha de canhão e a experiência disponibilizada pelo antigo inimigo podiam ser úteis e preciosas.

Mas é inútil procurar referências à carestia na Índia colonial e britânica ou a Bergen-Belsen ocidental da Alemanha no "veterano da Guerra Fria", empenhado em afirmar o esquema construído *a priori* pelo revisionismo histórico: todas as infâmias nazistas são apenas réplica de infâmias comunistas; e, portanto, também a Bergen Belsen de Hitler reproduz a Bergen-Belsen *ante litteram* pela qual Stalin foi responsável.

Em plena coerência com este esquema, Conquest ignora completamente o fato de que o recurso à fome e à ameaça de morte por inanição constituíram uma constante na relação estabelecida pelo Ocidente com os bárbaros e com os inimigos por vezes equiparados a bárbaros. Após a Revolução Negra de Santo Domingo, temendo o efeito de contágio do primeiro país que aboliu a escravidão no continente americano, Jefferson

---

87 Ibid., pp. 366, 363 e 369-70.

88 Cf. Losurdo (1996), cap. V, § 10.

declarou-se pronto a "reduzir Toussaint à morte por inanição". Em meados do século XIX, Tocqueville pede que queimem as colheitas e esvaziem os silos dos árabes que ousavam resistir à conquista francesa da Argélia (*infra*, pp. 374-375). Cinco décadas depois, valendo-se dessa mesma tática de guerra que condena toda uma população à fome ou à morte por inanição, os Estados Unidos sufocaram a resistência nas Filipinas. Mesmo quando não é planejada intencionalmente, a carestia ainda pode ser uma oportunidade irresistível. No mesmo período em que Tocqueville conclama a abrir um deserto em torno dos árabes rebeldes, uma doença devastadora destrói a safra de batata na Irlanda e dizima a população já severamente castigada pelos saques e pela opressão dos colonizadores ingleses. A nova tragédia se mostra aos olhos de sir Charles Edward Trevelyan (nomeado pelo governo de Londres para monitorar e lidar com a situação) como a expressão da "Providência onisciente", que assim resolve o problema da superpopulação (e também da rebelião endêmica de um povo bárbaro). Nesse sentido, o político britânico foi por vezes tachado de um "proto-Eichmann", protagonista de uma tragédia considerada o protótipo dos genocídios do século XX.[89]

Mas vamos nos concentrar no século XX. Os métodos tradicionalmente aplicados contra os povos coloniais também podem ser úteis no curso da luta pela hegemonia entre as grandes potências. Com a eclosão da Primeira Guerra Mundial, a Inglaterra submeteu a Alemanha a um bloqueio naval mortífero, cujo significado Churchill esclareceu da seguinte maneira: "O bloqueio britânico tratou toda a Alemanha como uma fortaleza sitiada, buscando forçá-la a capitular e reduzir explicitamente sua população à inanição: homens, mulheres e crianças, velhos e jovens, feridos e saudáveis". O bloqueio continuou sendo imposto mesmo após o fim do armistício, por meses, e ainda é Churchill quem explica a necessidade, apesar do silêncio das armas, do emprego continuado dessa "arma de desnutrição até a morte, que afeta principalmente as mulheres e as crianças, os velhos, os fracos e os pobres": os derrotados devem aceitar plenamente as condições de paz dos vencedores.[90]

---

89 Losurdo (2005), cap. V, § 8; Losurdo (1996), cap. V, § 10. Uma associação do "judaísmo" nazista com os irlandeses, em vez da fome ucraniana, também pode ser lida em Mayer (2000), p. 639.

90 Em Baker (2008), pp. 2 e 6.

Porém, com o surgimento ameaçador da Rússia soviética, o inimigo agora é outro. Se Jefferson temia o contágio da Revolução Negra, Wilson se preocupa em conter a revolução bolchevique. Os métodos permanecem inalterados. Para impedir que siga o exemplo da Rússia soviética, a Áustria se depara, nas palavras de Gramsci, com uma "intimação miliciana": "Ou a ordem burguesa ou a fome!".[91] De fato, algum tempo depois, foi Herbert Hoover, alto expoente da administração Wilson e futuro presidente dos EUA, quem advertiu as autoridades austríacas de que "qualquer perturbação da ordem pública impossibilitará o abastecimento de gêneros alimentícios e colocará Viena cara a cara com fome absoluta". E, mais tarde, será sempre o mesmo político norte-americano a fazer este balanço, do qual ele explicitamente se vangloria: "o medo de morrer de fome afastou o povo austríaco da revolução".[92] Como se vê, sobretudo em Jefferson e Hoover, teoriza-se explicitamente aquela "carestia terrorista" pela qual Conquest repreende Stalin.

Estamos na presença de uma política que continua a fervilhar nos dias de hoje. Em junho de 1996, um artigo-discurso do diretor do Center for Economic and Social Rights evidenciava as terríveis consequências da "punição coletiva" infligida ao povo iraquiano pelo embargo: "mais de 500 mil crianças iraquianas" já haviam "morrido de fome e doenças". Muitos outros estavam prestes a sofrer o mesmo destino. Uma revista oficiosa do Departamento de Estado, *Foreign Affairs*, procede a uma consideração mais geral alguns anos depois: após o colapso do "socialismo real", em um mundo unificado sob a hegemonia dos Estados Unidos, o embargo é a arma de destruição em massa por excelência; oficialmente imposto para impedir o acesso de Saddam Hussein às armas de destruição em massa, o embargo ao Iraque "causou mais mortes nos anos seguintes à Guerra Fria do que todas as armas de destruição em massa ao longo da história" em conjunto. Portanto, é como se o país árabe tivesse sofrido simultaneamente o bombardeio atômico de Hiroshima e Nagasaki, os ataques de gás mostarda pelo exército de Guilherme II e Benito Mussolini, e mais ainda.[93] Em conclusão: a política da "carestia terrorista" censurada a Stalin percorre

91 Gramsci (1984), pp. 443-4.
92 Rothbard (1974), pp. 96-7.
93 Losurdo (2007), cap. 1, § 5.

em profundidade a história do Ocidente, é implementada no século XX principalmente contra o país resultante da Revolução de Outubro e conhece seu triunfo após o colapso da União Soviética.

Simetrias perfeitas e autoabsolvições: o antissemitismo de Stalin?

Entretanto, por mais sofisticado que seja o jogo de analogias, a construção do mito dos monstros gêmeos parece ainda não estar completa. Apesar das tentativas de fazer o *Holodomor* ucraniano corresponder ao holocausto judaico, o nome de Auschwitz desperta um horror particular na consciência de nosso tempo. Talvez a assimilação de Stalin a Hitler pudesse ser considerada definitivamente concluída se o primeiro também fosse afetado pela loucura que resultou no extermínio de judeus cometido pelo segundo.

Khrushchev lembra que, na última fase da vida, Stalin havia suspeitado de que os médicos que tratavam os líderes do país eram na verdade participantes de uma conspiração imperialista destinada a decapitar a União Soviética. O *Relatório Secreto* não o diz, mas entre os médicos suspeitos não poucos eram judeus.[94] E daí se pode começar a enriquecer o retrato do monstro soviético com um novo e decisivo pormenor: "o antissemitismo de fundo de Stalin e seus seguidores", declara Medvedev, "não era segredo para ninguém". Do "antissemitismo oficial do Estado soviético", aponta Hobsbawm, "há traços inegáveis desde a fundação do Estado de Israel em 1948". O historiador norte-americano da limpeza étnica e do ódio racial que já conhecemos vai um pouco mais longe: "No final da guerra, Stalin compartilhava muitos aspectos do antissemitismo de Hitler". Furet aumenta ainda mais a dose: "Desde o início do hitlerismo, Stalin nunca demonstrou a menor compaixão pelos judeus".[95] O mais radical de todos é naturalmente Conquest: "sempre latente no espírito de Stalin", o

94 Khrushchev (1958), pp. 198-202.

95 Medvedev (1977), p. 629; Hobsbawm (1991), p. 204; Naimark (2002), p. 108; Furet (1995). p. 430.

antissemitismo começou a se manifestar fortemente nele "a partir de 1942-43", tornando-se "onipresente" em 1948.[96] Neste ponto, a construção do mito dos monstros gêmeos pode ser considerada concluída.

Antes de analisar a extrema fragilidade desta construção, deve-se notar que ela também serve para retirar a grave responsabilidade do Ocidente pela tragédia que se abateu sobre os judeus no século XX. É uma tragédia em três atos e com um prólogo. Em 1911, o livro de H.S. Chamberlain (*Os fundamentos do século XIX*) foi traduzido para o inglês, obra totalmente comprometida com a leitura da história do mundo em chave racial (ariana e antissemita). O papel de ponta desempenhado pelo autor anglo-alemão como *maître à penser* do nazismo é, portanto, bem assentado. Goebbels se exprime de maneira particularmente exaltada quando, ao vê-lo acamado e doente, se derrete em uma espécie de oração: "Saudações a você, pai de nosso espírito. Precursor, pioneiro!".[97] Em termos não menos inspirados, Chamberlain, por sua vez, vê em Hitler uma espécie de salvador, e não apenas da Alemanha.[98] Mesmo após a conquista do poder e enquanto se empenha febrilmente na guerra que desencadeou, o Führer recorda com gratidão o encorajamento de Chamberlain enviado a ele durante seu tempo na prisão.[99]

Pois bem, como este texto-chave da visão de mundo e da ideologia racial do nazismo é recebido no Ocidente? A reação da imprensa na Inglaterra foi entusiástica, a começar pela *Times*, que espalma as mãos para aplaudir a obra-prima e saudar "um dos raros livros que têm alguma importância". Do outro lado do Atlântico, o julgamento de um importante estadista como Theodore Roosevelt é amplamente positivo.[100] No campo oposto, em 1914, quem expressou todo seu desprezo por Chamberlain e "teóricos raciais" de toda espécie foi Kautsky, naquele momento (antes da eclosão da guerra) reverenciado como um mestre do movimento operário e socialista em seu conjunto, incluindo Stalin. Este último, em particular, definiu em 1907 o autor alemão como "um distinto teórico da socialdemocracia", também

96 Conquest (1992), p. 290.
97 Goebbels (1992), p. 247 (nota de diário de 8 de maio de 1926).
98 Em Fest (1973), p. 259.
99 Hitler (1980), p. 224 (palestra de 24-25 de janeiro de 1942).
100 Poliakov (1987), p. 365.

devido à sua contribuição para a análise e denúncia do antissemitismo e dos "*pogroms* judaicos" na Rússia czarista.[101]

Vamos agora ao primeiro ato da tragédia. Ele se passa na Rússia pré--revolucionária, que durante a Primeira Guerra Mundial era uma aliada próxima da Entente. Discriminados e oprimidos, os judeus são suspeitos de simpatizar com o inimigo e invasor alemão. O Estado-Maior russo alerta contra um trabalho de espionagem judaico. Alguns são mantidos como reféns e ameaçados de morte se a "comunidade judaica" mostrar pouca lealdade patriótica; supostos espiões são executados.[102] Isso não é tudo; no início de 1915, foi decidida uma deportação em massa nas áreas atingidas pelo avanço do exército guilhermino. Um deputado da Duma descreve os métodos da operação da seguinte forma: em Radom, às 23h,

> a população é informada de que deve sair da cidade, com a ameaça de que quem for pego de madrugada será enforcado [...]. Devido à falta de meios de transporte, idosos, deficientes e paralíticos devem ser carregados nos braços. A polícia e os gendarmes tratam os judeus como criminosos. Em um caso, um trem está completamente lacrado e, quando finalmente é reaberto, a maioria dos que estão lá dentro está morrendo.

Do meio milhão de judeus submetidos à medida de deportação, cem mil não sobrevivem.[103]

No rastro da luta contra a guerra e de seus horrores, irrompe a Revolução de Outubro. Ela remete a Marx e Engels, que em meados do século XIX escreveram: "Os dias daquela superstição que associava a revolução à maldade de um punhado de agitadores há muito se foram".[104] Infelizmente, tratava-se de uma previsão catastroficamente errada. A ascensão ao poder na Rússia de um movimento que invoca o "Marx judeu" e vê uma forte presença judaica em seu grupo dirigente inaugura a era em que a teoria da conspiração celebra seus triunfos. Na Rússia dilacerada pela guerra civil, os *pogroms* e massacres contra judeus — marcados como fantoches do

101 Kautsky (1972), pp. 473-4; cf. Stalin (1971-73), vol. 2, p. 1 (= Stalin, 1952-56, vol. 2, pp. 13 ss.).

102 Lincoln (1994), p. 141.

103 Levin (1990), vol. 1, pp. 28-9.

104 Marx, Engels (1955-89), vol. 8, p. 5.

bolchevismo — estão na ordem do dia. O novo poder soviético se compromete a estancar esse horror: leis muito rígidas são promulgadas, e Lenin pede a liquidação da "hostilidade contra os judeus e o ódio contra outras nações", no contexto de um discurso também gravado em disco para atingir os milhões de analfabetos.[105] A Inglaterra, a França e os Estados Unidos estão alinhados aos Brancos e às vezes participam ativa e diretamente da sangrenta agitação antissemita. No verão de 1918, as forças britânicas desembarcadas no norte da Rússia procedem a uma difusão maciça de panfletos antissemitas, lançados de aviões.[106] Meses depois ocorreram *pogroms* de proporções avassaladoras, nos quais cerca de sessenta mil judeus perdem a vida: "Dizia-se que os Aliados, então empenhados na invasão da Rússia, haviam secretamente apoiado os *pogroms*".[107] Trata-se de um "prelúdio" — observam historiadores abalizados — dos "crimes nazistas", do "extermínio da Segunda Guerra Mundial";[108] um prelúdio que conta com a participação ativa da Grã-Bretanha, então à frente da cruzada antibolchevique.

Assim chegamos ao terceiro ato. Derrotados pelos bolcheviques apesar da ajuda ocidental, os Brancos emigram para o Ocidente levando consigo a denúncia da Revolução de Outubro como conspiração judaico-bolchevique e os *Protocolos dos Sábios de Sião*, que confirmam de modo irrefutável esta leitura.

Tudo isso tem suas consequências. Na Inglaterra, os "tipógrafos oficiais de Sua Majestade" procedem à impressão da edição inglesa dos *Protocolos*, pouco tempo depois citados com grande destaque pela *Times*, como prova ou indicação da ameaçadora conspiração secreta que estava envolvendo o Ocidente.[109] Então se desenvolveu uma campanha da qual também participou Winston Churchill, engajado em denunciar o papel do judaísmo não só na Rússia, mas em todo o ciclo de subversão que assolava o Ocidente desde o século XVIII:

> Esse movimento entre os judeus não é novo. Desde os tempos de Spartakus Weishaupt [os *Illuminati* da Baviera] até os de Karl Marx e depois de

105 Lenin (1955-70), vol. 29, pp. 229-30.
106 Poliakov (1974-90), vol. 4, p. 233.
107 Mosse (1990), p. 176.
108 Cohn (1967), p. 128; Mayer (1990), p. 7.
109 Poliakov (1974-90), vol. 4, pp. 234 e 240-1.

> Trotsky (Rússia), de Béla Kun (Hungria), de Rosa Luxemburgo (Alemanha) e de Emma Goldman (Estados Unidos), essa conspiração mundial se expande visando a derrubada da civilização e a transformação da sociedade com base em um desenvolvimento interrompido, uma inveja nociva e uma igualdade impossível. Como demonstrou sabiamente uma autora contemporânea, a sra. Webster, [tal movimento] desempenhou um papel claro na tragédia da Revolução Francesa. Ele constituía a força motriz por trás de todas as tendências subversivas do século XIX, e agora esse bando de personalidades bizarras, provenientes do submundo das grandes cidades europeias e [norte] americanas, pegou o povo russo pelo pescoço e praticamente se tornou o mestre indiscutível de um poderoso Estado.[110]

Ainda em 1937, ao expressar um juízo positivo sobre Hitler, Churchill sublinha insistentemente a origem judaica de um dos principais líderes da Revolução bolchevique, nomeadamente "Leon Trotsky, aliás Bronstein". Sim, "ele era antes de tudo um judeu. Nada poderia apagar essa característica".[111]

Do outro lado do Atlântico, nos Estados Unidos, quem promoveu a divulgação dos *Protocolos dos Sábios de Sião* foi Henry Ford, que sentenciou: "A Revolução Russa é de origem racial, não política", e ela, recorrendo a palavras de ordem humanitárias e socialistas, exprime na realidade uma "aspiração racial à dominação mundial".[112] Além do magnata da indústria automobilística norte-americana, quem se destacou na denúncia de uma liderança judaica oculta no movimento revolucionário que, após derrubar o regime czarista, abalou o Ocidente foram dois expoentes da *white supremacy*: Madison Grant, que alertou contra a "liderança semita" do "bolchevismo", e Lothrop Stoddard,[113] que rotulou como "em grande parte judaico" o "regime bolchevique da Rússia soviética", tornando-se autor de referência para dois presidentes norte-americanos (*infra*, p. 365).

Nesse clima, vozes se erguem na República da América do Norte clamando por medidas radicais a fim de enfrentar o "imperialismo judeu, com seu objetivo final de estabelecer a dominação judaica em escala mundial".

110 Em Schmid (1974), p. 312.

111 Em Baker (2008), pp. 70-1.

112 Ford (1933), pp. 128 ss. e 145.

113 Grant (1971), p. XXXI; Stoddard (1984), p. 152.

Um destino cruel — trovejam outras vozes, ainda mais ameaçadoras — aguarda os responsáveis por esse projeto infame: preveem-se "massacres de judeus de tal magnitude [...] a ponto de serem considerados impossíveis até agora", portanto, "numa escala sem precedentes nos tempos modernos".[114]

Lendo essas afirmações em Churchill, Ford e outros autores norte--americanos já citados, somos levados a pensar na agitação antissemita desenvolvida em tons ainda mais acalorados pelos nazistas. Da emigração antibolchevique, eles extraem não apenas ideias, mas também meios financeiros, além de militantes e quadros em grau não desprezível.[115] Basta pensar antes de tudo em Rosenberg, um dos maiores intérpretes da Revolução de Outubro como uma conspiração judaica.

Como se vê, ao longo de seu desenvolvimento, a tragédia do povo judeu no século XX teve, de um lado, a participação ativa do Ocidente liberal, de outro, da Rússia pré-revolucionária e contrarrevolucionária. Tudo isso foi sumariamente apagado pela acusação de antissemitismo dirigida ao homem que, mais que qualquer outro, liderou por mais tempo o país resultante da Revolução de Outubro ou da "conspiração judaico-bolchevique".

Antissemitismo e racismo colonial: a polêmica Churchill-Stalin

A lenda infame que estamos analisando também permite remover o racismo colonial ou de origem colonial que ainda assola o Ocidente em pleno século XX. A esse respeito, o significado epocal da ruptura representada pelo leninismo foi assim resumido por Stalin:

> Antes, a questão nacional geralmente se resumia a um pequeno grupo de problemas que diziam respeito sobretudo às nações "civilizadas". Irlandeses, húngaros, poloneses, finlandeses, sérvios e algumas outras nacionalidades da Europa: esse era o grupo de povos, privados da igualdade de direitos,

114 Bendersky (2000), pp. 58, 54 e 96.
115 Fest (1973), p. 201; Poliakov (1974-90), vol. 4, p. 362.

> cujo destino preocupava os heróis da Segunda Internacional. Dezenas e centenas de milhões de homens pertencentes aos povos da Ásia e da África, que sofriam o jugo nacional em suas formas mais brutais e ferozes, geralmente não eram levados em consideração. Não se decidia a pôr num mesmo patamar brancos e negros, "civilizados" e "não civilizados" [...]. O leninismo desmascarou essa escandalosa disparidade; quebrou a barreira que separava brancos e negros, europeus e asiáticos, escravos "civilizados" e "não civilizados" do imperialismo, articulando, desse modo, o problema nacional ao problema das colônias.[116]

Estamos em 1924. São os anos em que um autor, o norte-americano Stoddard, goza de grande prestígio em ambos os lados do Atlântico, empenhado em denunciar o perigo mortal que, para o Ocidente e a raça branca, representa a agitação crescente dos povos coloniais (estimulada ou encorajada pelos bolcheviques) ou a "maré crescente dos povos de cor".[117] Essa tendência a celebrar a *white supremacy* continua se mostrando muito vital nas décadas seguintes.

Se Stalin condena os processos de racialização implementados pelo Ocidente também em prejuízo dos asiáticos, é interessante analisar a ideologia que se manifesta nos EUA por ocasião da guerra contra o Japão. A imprensa e uma propaganda difusa advertem contra a "ameaça racial": estamos diante de "uma guerra santa, uma guerra racial", de "uma guerra perpétua entre ideais orientais e ocidentais". Recorrente é a desumanização dos inimigos, reduzidos a sub-humanos ou a verdadeiras feras. E esta é uma ideologia que não é estranha nem mesmo aos círculos dirigentes da administração de Franklin D. Roosevelt.[118]

Por outro lado, o racismo colonial de algum modo continua se manifestando nas capitais ocidentais mesmo após o colapso do Império do Sol Nascente e do Terceiro Reich. Em Fulton, março de 1946, Churchill dá início à Guerra Fria no plano da propaganda, condenando não só a "cortina de ferro" e o "controle totalitário" impostos pela União Soviética na Europa oriental, mas também celebrando a oposição a tudo isto, como defensores

116 Stalin (1971-73), vol. 6, pp. 122-3 (= Stalin, 1952, pp. 59-60).

117 Stoddard (1971).

118 Dower (1986), pp. 6-11; Losurdo (1997), cap. IV, § 4.

da liberdade e da "civilização cristã" e como líderes do mundo, "os povos de língua inglesa" e o "mundo de língua inglesa".[119] Compreende-se então a resposta irada de Stalin: o estadista inglês é acusado de ter formulado uma "teoria racista" não muito diferente daquela apreciada por Hitler; "somente as nações de língua inglesa são nações autênticas, chamadas a decidir o destino de todo o mundo".[120] Nesta resposta estão patentes as simplificações da Guerra Fria. E, mesmo assim, não faltam semelhanças entre a celebração dos povos de língua inglesa e a mitologia ariana: a partir da comunidade linguística se infere a unidade da raça que a fundamenta; e, como prova da excelência dessa raça, são citados os produtos culturais das línguas arianas ou da língua inglesa. Em sua correspondência com Eisenhower, a linguagem de Churchill é ainda mais perturbadora: o "mundo de língua inglesa" (*English-Speaking world*) é sinônimo de "pessoas brancas de língua inglesa" (*white English-Speaking people*). Sua "unidade" é absolutamente necessária:[121] devem ser liquidados de uma vez por todas os "contrastes entre as raças estreitamente aparentadas da Europa", que provocaram as duas guerras mundiais;[122] só assim será possível enfrentar a ameaça proveniente do mundo colonial e extraocidental. Compreende-se então o apelo lançado em 1953 por Churchill, dirigido antes de tudo aos Estados Unidos: é preciso apoiar a Inglaterra em seu conflito com o Egito "a fim de prevenir um massacre em prejuízo dos brancos" (*of white people*).[123]

Estrangeiros para o Ocidente e para a raça branca não são apenas os árabes. O mundo comunista, que alimenta a revolta dos povos coloniais contra o homem branco, é expressão de "um totalitarismo *semiasiático* agressivo".[124] A Guerra Fria tende a ser interpretada claramente como um embate que vê de um lado o Ocidente, a "civilização cristã" e a raça branca, liderados pelo "mundo de língua inglesa" ou pelo "povo branco de língua inglesa", e, de outro, a barbárie do mundo colonial e comunista. Nesse contexto, a celebração tanto do "Império Britânico" quanto da "raça

119 Churchill (1974), pp. 7285-93.

120 Stalin (1971-73), vol. 15, pp. 30-1 (= Stalin, 1953, p. 36).

121 Boyle (1990), p. 34 (carta ao presidente americano Eisenhower de 5 de abril de 1953).

122 Churchill (1974), p. 7291.

123 Boyle (1990), p. 25 (carta de Churchill a Eisenhower de 18 de fevereiro de 1953).

124 Churchill (1974), p. 7835 (discurso de 23 de julho de 1949); destaque do autor.

britânica" cai como uma luva.[125] E assim como não há menção ao fato de que o extermínio dos judeus tinha ocorrido no coração do Ocidente e do mundo branco, tendo sido perpetrado por uma das "raças estreitamente aparentadas da Europa", do mesmo modo não se faz referência à persistente opressão sofrida pelos afro-americanos nos Estados Unidos da *white supremacy*.

Em Eisenhower a celebração do "mundo ocidental" e da "moralidade ocidental"[126] também tende por vezes a assumir conotações raciais: conversando com Hoover e Dulles em julho de 1956, ele observa que, com a nacionalização do canal de Suez, Nasser pretende "desbancar os brancos" (*the white man*).[127] A memória da Guerra da Coreia ainda está fresca, conduzida por Washington — como reconhece a historiografia norte-americana — com uma atitude de "desprezo" diante de "uma nação inferior" (a chinesa).[128]

Trotsky e a acusação de antissemitismo contra Stalin

Mas voltemos à acusação de antissemitismo dirigida a Stalin. Sancionada como é por não poucos historiadores, ela parece incontestável. Só que, embora às vezes respeitáveis, mas sempre pronunciadas em tom inapelável, as condenações se mostram dificilmente conciliáveis entre si, uma vez que procedem a uma reconstituição diversa e discordante do crime, cujos primórdios se situam em 1948, 1945, 1933 ou mesmo em anos anteriores à Revolução de Outubro.

Para tentar nos orientar, vamos fazer uma pergunta diferente e, em certa medida, preliminar: quando Stalin foi acusado ou suspeito de antissemitismo pela primeira vez? Nesse caso, mais do que a Khrushchev, devemos

125 Ibid., pp. 7288, 7293 (discurso de 5 de março de 1946) e 7902 (discurso de 1º de dezembro de 1949).

126 Boyle (1990), pp. 53-4.

127 Em Freiberger (1992), p. 164.

128 Chen Jian (1994), pp. 50 e 170.

nos voltar a Trotsky, que em 1937, juntamente com a "traição" da revolução, denunciou o possível ressurgimento, na própria União Soviética, da barbárie antissemita: "A história até hoje não forneceu nenhum exemplo de uma reação que tenha se seguido a um impulso revolucionário e que não tenha sido acompanhada pelas paixões chauvinistas mais despudoradas, incluindo o antissemitismo!".[129] Mais do que uma pesquisa empírica, estamos diante de um silogismo construído a priori: a reação, cujo produto necessário é o antissemitismo, infelizmente triunfou no país dominado por Stalin, e portanto... Liquidando as conquistas bolcheviques, o Termidor estava reabrindo as portas aos horrores do antigo regime: juntamente com a superstição religiosa, o culto fetichista da propriedade privada, da herança e da família, não podiam deixar de irromper a hostilidade entre as nações e, sobretudo, o ódio antijudaico? Não por acaso, tal denúncia está contida em um ensaio cujo título já conecta indissoluvelmente *Termidor e antissemitismo*. É verdade:

> A Revolução de Outubro pôs fim ao status de pária dos judeus. Mas isso não significa de forma alguma que apagou o antissemitismo de uma só vez. Mesmo a longa e prolongada luta contra a religião não impediu que milhares e milhares de fiéis lotassem as igrejas, as mesquitas e as sinagogas. A mesma situação prevalece no campo dos preconceitos nacionais. A legislação por si só não modifica os homens. Seus pensamentos, seus sentimentos, suas visões dependem da tradição, das condições materiais de vida, do nível cultural etc. O regime soviético ainda não completou vinte anos. Metade da população, a mais velha, foi educada no czarismo. A outra metade, a mais nova, herdou muito da mais velha. Essas condições históricas gerais já deveriam permitir a todo homem pensante reconhecer este fato: não obstante a legislação exemplar da Revolução de Outubro, é impossível que os preconceitos nacionais e chauvinistas, especialmente o antissemitismo, não tenham sobrevivido tenazmente nas camadas mais atrasadas da população.[130]

Argumentando dessa maneira, Trotsky na verdade deslocou a atenção do Estado para a sociedade civil, do nível subjetivo para o objetivo, do caráter pontual da ação política para a longa duração dos processos históricos: por

129 Trotsky (1988), p. 1050.
130 Ibid., pp. 1042-3.

definição, o peso de uma tradição secular não poderia se dissipar milagrosamente nos estratos que ainda não tinham sido investidos de modo pleno pela cultura moderna e revolucionária. Mas de que adiantava, então, acusar um regime e um grupo dirigente que em nada alteraram a "legislação exemplar" aprovada pelos bolcheviques e que, ao se engajar em um colossal processo de industrialização, alfabetização e difusão da cultura, restringiram em ritmo acelerado a área geográfica e social onde estavam mais profundamente enraizados "os preconceitos nacionais e chauvinistas, em particular o antissemitismo"? Não era o próprio Trotsky quem falava da velocidade sem precedentes com que se desenvolviam a economia, a indústria, a urbanização e a cultura na URSS, constatando a emergência de um "novo patriotismo soviético", um sentimento "certamente muito profundo, sincero e dinâmico", compartilhado pelas diferentes nacionalidades antes oprimidas ou atiçadas umas contra as outras? (*supra*, pp. 172-174).

No mesmo ano em que Trotsky lançou seu ensaio sobre *Termidor e antissemitismo*, foi publicado um "relato de viagem" em Moscou, escrito por um autor alemão em fuga do Terceiro Reich na condição de judeu. O quadro que ele traça é eloquente por si: finalmente "a antiga e aparentemente insolúvel questão judaica" foi resolvida, "é comovente a unanimidade com que os judeus que encontrei demonstraram estar de acordo com o novo Estado". E mais: "Assim como todas as línguas nacionais, o *ídiche* é tratado com amor na União. Há escolas e jornais nesta língua, há literatura, congressos são realizados para a proteção do *ídiche*, e os espetáculos nessa língua desfrutam da maior consideração".[131] Ainda mais significativa é a reação da comunidade judaica norte-americana. Um de seus respeitáveis expoentes assim polemiza com Trotsky: "Se suas outras acusações são tão infundadas quanto seus lamentos sobre o antissemitismo, então ele não tem absolutamente nada a dizer". Outro dirigente afirma: "Em relação ao antissemitismo, costumamos ver na União Soviética nossa única fresta de luz [...]. Portanto, é imperdoável que Trotsky faça acusações infundadas contra Stalin".[132]

Nessa reação ficam evidentes o desapontamento e a irritação com aquilo que é percebido como uma tentativa desastrada de envolver a comunidade judaica internacional na luta pelo poder em curso no PCUS. Enquanto na

131 Feuchtwanger (1946), pp. 72 e 74.

132 Relatado em Rogowin (1998), p. 198.

Alemanha a denúncia da barbárie "bolchevique-judaica" que assolava a União Soviética ressoava mais frenética do que nunca, e o processo que levaria à "solução final" avançava a passos rápidos, uma estranha campanha de insinuações estava sendo lançada contra o país que, como veremos, mais corajosamente do que qualquer outro, tachou o antissemitismo hitlerista de "canibal", contra o país que muitas vezes inspirou aqueles na Alemanha que resistiram à onda de ódio antijudaico. Viktor Klemperer descreveu em termos tocantes os insultos e as humilhações que o uso da estrela de Davi acarretava. No entanto:

> Um carregador que se afeiçoara a mim desde as duas primeiras mudanças [...] de repente se planta em minha frente na Freiberger Strasse, me aperta entre suas grandes patas e murmura, mas de modo que possam escutá-lo até do outro lado da rua: "Então, professor, não se deixe abater! Daqui a pouco os irmãos malditos estarão acabados!"

O filólogo judeu comenta com afetuosa ironia que quem desafiava desse jeito o regime era uma "brava gente que exala a uma milha de distância o pertencimento ao Partido Comunista Alemão"![133] Eram militantes ou simpatizantes de um partido que, no plano internacional, tinha em Stalin um ponto de referência fundamental.

Por outro lado, se passarmos da Alemanha para os Estados Unidos, veremos que, no sul do país, os comunistas às vezes são tachados (e perseguidos tanto pelas autoridades estatais quanto pela sociedade civil) de judeus que se aproveitam da ignorância dos negros para incitá-los contra o regime de *white supremacy*, enlameando a ideia de hierarquia e pureza racial e promovendo a insânia da igualdade e da mistura de raças.[134] Portanto, mesmo na república transatlântica, o anticomunismo se confunde com o antissemitismo (bem como com o racismo colonial), e esse nexo é ainda mais estreito pelo fato de a presença judaica ser forte no partido comunista (e "filo-stalinista") dos EUA.[135]

133 Klemperer (2005), p. 214.
134 Kelley (1990), pp. 16 e 29.
135 Herzstein (1989), p. 123.

Contudo, para além do desapontamento e da irritação, há também um elemento de profunda preocupação na reação da comunidade judaica norte-americana. Para entender isso, vejamos como o argumento de Trotsky se desenvolve:

> Mais que qualquer outro regime no mundo, o regime soviético precisa de um número elevado de funcionários públicos. Os funcionários públicos vêm da população urbana instruída. É claro que os judeus representam uma porcentagem superdimensionada da burocracia, especialmente nos escalões baixos e médios [...]. Já com base em reflexões a priori, deve-se chegar à conclusão de que o ódio contra a burocracia assumirá uma conotação antissemita, pelo menos ali onde os judeus constituem uma porcentagem significativa da população e se distinguem claramente do meio rural. Em 1923, na Conferência do Partido Bolchevique, propus que os funcionários fossem obrigados a falar e escrever na língua da população local. Quantas observações irônicas partiram especialmente dos intelectuais judeus, que falavam russo e não queriam aprender a língua ucraniana! Claro, sob esse aspecto a situação melhorou consideravelmente. Mas a composição nacional da burocracia mudou pouco e — o que é incomensuravelmente mais importante — o antagonismo entre a população e a burocracia cresceu enormemente nos últimos dez ou doze anos.[136]

Como se vê, apela-se à luta contra a burocracia e, ao mesmo tempo, sublinha-se que nela estão fortemente representados os judeus, que muitas vezes se caracterizam pela arrogância em relação à língua e à cultura do povo que administram. Claro, a análise e a denúncia sempre se movem em um nível político e social; mas o fato é que elas, pelo menos do ponto de vista da comunidade judaica, correm o risco de evocar e revitalizar o espectro do antissemitismo que pretendem exorcizar.

136 Trotsky (1988), pp. 1043-4.

Stalin e a condenação do antissemitismo czarista e nazista

Tanto mais singular é a acusação de antissemitismo dirigida a Stalin, pelo fato de ele ter se empenhado em denunciar essa infâmia praticamente ao longo de toda sua trajetória. Já o vemos em 1901, quando ainda era um jovem revolucionário georgiano de vinte e dois anos, em um de seus primeiros escritos apontar entre as tarefas mais importantes do "partido socialdemocrata" a luta contra a opressão que pesa na Rússia sobre as "nacionalidades e confissões religiosas". Os mais afetados são "os judeus, continuamente perseguidos e ofendidos, privados até mesmo daqueles míseros direitos de que gozam os outros súditos russos: o direito ao livre domicílio, o direito de frequentar escolas, o direito de ocupar postos de trabalho etc".[137] Alguns anos depois, estourou a revolução de 1905: o regime czarista reagiu encorajando ou desencadeando os *pogroms*. Stalin não perde tempo em chamar à luta contra uma política que tentava consolidar a autocracia "com o sangue e com os cadáveres dos cidadãos". A conclusão é clara: "A única maneira de erradicar os *pogroms* é a destruição da autocracia czarista".[138] Como se vê, a perseguição antijudaica é uma das peças mais importantes na acusação lançada contra o antigo regime que a revolução é chamada a derrubar.

Trata-se de um ponto que foi desenvolvido nos anos seguintes. Às vésperas da Primeira Guerra Mundial, o caráter de "país semiasiático" da Rússia czarista foi demonstrado a partir da perseguição particularmente odiosa desencadeada contra os judeus; infelizmente, o recurso aos *pogroms* foi favorecido pela "propensão geral das pessoas comuns ao antissemitismo".[139] O colapso do poder do czar e da velha "aristocracia latifundiária" — observa Stalin mais tarde, entre fevereiro e outubro de 1917 — finalmente permitiu liquidar uma política de "opressão nacional" que "poderia assumir, e de fato assumia, as formas monstruosas do massacre e do *pogrom*".[140]

Derrotado na Rússia, o antissemitismo se torna uma ameaça cada vez mais angustiante na Alemanha. Para soar o alarme, Stalin não esperou que

137 Stalin (1971-73), vol. 1, p. 19 (= Stalin, 1952-56, vol. 1, p. 41).
138 Ibid., vol. 1, pp. 71 e 75 (= Stalin, 1952-56, vol. 1, pp. 106 e 111).
139 Stalin (1971-73), vol. 2, pp. 307 e 267 (= Stalin, 1952-56, vol. 2, pp. 363 e 315).
140 Stalin (1971-73), vol. 3, pp. 46-7 (= Stalin, 1952-56, vol. 3, pp. 63-4).

Hitler chegasse ao poder: em um comunicado divulgado em 12 de janeiro de 1931 à Jewish Telegraphic Agency dos EUA, ele classificou o "chauvinismo racial" e o antissemitismo como uma espécie de "canibalismo" e de retorno à "selva"; é uma tomada de posição republicada em russo no "Pravda" de 30 de novembro de 1936, num momento em que se trata de alertar os governos e a opinião pública mundial sobre a terrível ameaça que paira sobre a Europa e o mundo.[141]

A posição assumida por Kirov (cuja esposa é de origem judaica) logo após a ascensão de Hitler ao poder pode ser situada neste mesmo contexto: ele denuncia "o fascismo alemão, com sua ideologia dos *pogroms*, seu antissemitismo, sua visão de raças superiores e inferiores", como o herdeiro das Centúrias Negras russas.[142] Esta última observação é particularmente significativa. A atmosfera de guerra já está no ar, e a aproximação do confronto leva cada vez mais os líderes soviéticos a apelar ao patriotismo e, portanto, a enfatizar o elemento de continuidade na história do povo russo e de sua luta contra os agressores e invasores. Essa é uma tendência que, obviamente, se fortalece com o início da Operação Barbarossa. No entanto, em 6 de novembro de 1941, Stalin não apenas destacou a "natureza pogromista e reacionária" da Alemanha nazista, mas também caracterizou nesses termos o inimigo que agora pressionava os portões de Moscou:

> Em sua essência, o regime de Hitler é uma cópia daquele regime reacionário que existiu na Rússia sob o czarismo. É sabido que os hitleristas espezinham os direitos dos trabalhadores, os direitos dos intelectuais e os direitos dos povos, tal como o regime czarista os espezinhava, e que desencadeiam *pogroms* medievais contra os judeus tal como o regime czarista os desencadeou.
>
> O partido de Hitler é um partido dos inimigos das liberdades democráticas, um partido da reação medieval e dos mais tenebrosos *pogroms*.[143]

Ou seja, mesmo lançando um apelo apaixonado à unidade nacional na Grande Guerra Patriótica contra os invasores, tal como fizera Kirov, Stalin

---

141 Stalin (1971-73), vol. 13, p. 26.

142 Em Tucker (1990), p. 258.

143 Stalin (1971-73), vol. 14, p. 252.

carimba o regime nazista como a continuação, em alguns aspectos essenciais, do czarismo abatido pela Revolução de Outubro. Essa atitude é tanto mais digna de atenção especialmente quando comparada com aquela assumida pelo presidente dos Estados Unidos e seus colaboradores, que "hesitaram em criticar publicamente a política antissemita do ditador alemão".[144] Por outro lado, em 1922 foi o próprio F. D. Roosevelt que se pronunciou em favor de uma redução da presença judaica em Harvard e nas universidades americanas em geral.[145] Muito menos teria sido capaz de fazer uma condenação pública das perseguições antissemitas do Terceiro Reich um estadista como Churchill, que vimos ainda em 1937 sublinhar o papel nefasto do judaísmo na agitação bolchevique. Nesse mesmo ano, o estadista inglês escreveu um artigo (que permaneceu inédito) no qual considera os judeus ao menos parcialmente responsáveis pela hostilidade que se abateu sobre eles.[146] Stalin se posiciona de modo exatamente oposto: os nazistas continuam sendo rotulados em seu discurso de 6 de novembro de 1943 como "heróis dos *pogroms*".[147] Mas o que ele pronunciou no ano seguinte, novamente no aniversário da Revolução de Outubro, é especialmente significativo. Neste caso, a habitual denúncia dos "heróis fascistas dos *pogroms*", de cuja barbárie o povo soviético teve o mérito de salvar a "civilização europeia", enquadra-se num contexto mais geral, que sublinha a centralidade da "teoria racial" e do "ódio racial" na doutrina e na prática do nazismo, e que conduz, portanto, a uma "política canibalesca".[148] O pronunciamento do final de 1944, às vésperas do colapso do Terceiro Reich, retomava assim o tema já presente na entrevista concedida à Agência Telegráfica Judaica dois anos antes de Hitler chegar ao poder.

A partir da agressão à União Soviética, Hitler não só retoma mais obsessivamente do que nunca o tema da luta contra a ameaça judaico-bolchevique, mas também parece querer responder diretamente à denúncia pública vinda de Moscou sobre a "natureza reacionária pogromista" do Terceiro Reich. Trata-se do discurso de Stalin — que já conhecemos — de 6 de novembro de 1941, aniversário da Revolução de Outubro. Dois dias

144 Zinn (2002), p. 464.
145 Em Baker (2008), p. 9.
146 Em De Carolis (2007).
147 Stalin (1971-73), vol. 14, p. 330.
148 Stalin (1971-73), vol. 14, pp. 363-4.

depois, em Munique, numa ocasião igualmente solene para o regime nazista (em que se comemora a tentativa de golpe de Estado de 1923), Hitler faz uma denúncia igualmente pública contra a União Soviética:

> O homem que temporariamente se tornou senhor desse Estado é apenas um instrumento nas mãos do todo-poderoso judaísmo; se Stalin é visível na cena em frente ao sipário, atrás dele estão Kaganovich e todos os judeus que, com ramificações capilares, dirigem esse imenso império.[149]

Essa é uma tese reiterada algum tempo depois, durante uma conversa à mesa: "Atrás de Stalin estão os judeus".[150] Aqui estamos diante de um motivo constante da propaganda nazista: já em 1938, Goebbels havia homenageado um livro (*Juden hinter Stalin*, *Os judeus por trás de Stalin*) que pretendia revelar as infâmias do "judaísmo" na URSS.[151] Partindo desses pressupostos, a guerra pela escravização da União Soviética é ao mesmo tempo a guerra pela aniquilação dos judeus. O famigerado *Kommissarbefehl*, que impõe a liquidação imediata dos comissários políticos do Exército Vermelho e dos quadros do partido e do regime comunista, não poderia deixar de atacar de maneira particularmente implacável o grupo étnico suspeito de fornecer o grosso dos quadros e dos comissários. Em seu discurso de 8 de novembro de 1941, Hitler fala do poder na União Soviética como uma "enorme organização de comissários judeus".[152] E essa também é a convicção dos soldados alemães que, do *front* oriental, denunciam a "crueldade judaica e bolchevique" e constantemente justapõem os "danados judeus" e os "malditos bolcheviques". Sim, a "luta contra o bolchevismo" é, ao mesmo tempo, a "luta contra o judaísmo"; trata-se de aniquilar de uma vez por todas "o regime judaico na Rússia", "o quartel-general dos agitadores judeu-bolcheviques empenhados em tornar 'feliz' o mundo". Olhando mais de perto, trata-se de um país onde "toda a administração de todas as instituições" está nas mãos dos judeus e onde o povo está "sob o chicote do judaísmo". O chamado "paraíso soviético" é na realidade "um paraíso para os judeus", é um "sistema judaico" e, para ser exato, "o sistema mais satânico

149 Hitler (1965), p. 1773.
150 Hitler (1989), p. 448 (palestra de 21 julho de 1942).
151 Goebbels (1996), (nota do diário de 21 de abril de 1938).
152 Hitler (1965), p. 1773.

e criminoso de todos os tempos".[153] Bem se compreende que o grupo étnico particularmente visado pela fúria genocida do Terceiro Reich distinguiu-se na luta contra os seus carrascos: "Durante a guerra, em relação à população, os judeus ganharam mais medalhas do que qualquer outra nacionalidade soviética".[154] Mas este solene reconhecimento oficial é conciliável com a tese do antissemitismo de Stalin?

Vimos a comunidade judaica norte-americana se posicionar claramente contra essa lenda em 1937. Cinco anos depois, Arendt vai ainda mais longe: ela credita à União Soviética ter "simplesmente liquidado o antissemitismo", como parte de "uma solução justa e muito moderna da questão nacional".[155] Este julgamento positivo é tanto mais significativo pelo fato de que a solução exemplar da questão judaica e nacional em geral ocorrida no país governado por Stalin é invocada por Arendt para refutar a tese dos círculos judaicos inclinados a agitar o espectro do antissemitismo eterno. Três anos depois, a eminente pensadora judia reiterou que é mérito da União Soviética ter sabido "*organizar* diferentes populações [incluindo a judaica] com base na igualdade nacional" (*supra*, p. 16).

Pelo menos até 1945, não parecem existir vestígios de antissemitismo na União Soviética, país que aos olhos de Hitler se configura, em todo caso após o desencadeamento da Operação Barbarossa, como "o maior servidor do judaísmo".[156]

Stalin e apoio ao estabelecimento e à consolidação de Israel

Se a afirmação peremptória de Furet segundo a qual Stalin deu provas de indiferença em relação à tragédia judaica ou de genuíno antissemitismo a partir, pelo menos, de 1933, é claramente infundada, mais confiável seria a datação proposta pelo mencionado historiador norte-americano,

153 Em Manoschek (1995), pp. 31, 46, 59-61, 65 e 51.
154 Ignatieff (1997). p. 33.
155 Arendt (1989b), p. 193.
156 Hitler (1965), p. 1773.

que vê essa loucura surgir em Stalin após a Segunda Guerra Mundial? Já conhecemos a reação irritada da comunidade judaica norte-americana à acusação de antissemitismo lançada por Trotsky contra Stalin em 1937. O quadro não mudou oito anos depois. Na verdade, são os ambientes e as personalidades das hierarquias militares dos EUA que estão causando preocupação. Tome-se o general George S. Patton. Ele sonha com uma guerra imediata contra os soviéticos: "Devemos lutar contra eles mais cedo ou mais tarde [...]. Por que não agora que nosso exército ainda está intacto e poderíamos levar esses malditos russos de volta a Moscou em três meses? Poderíamos fazê-lo facilmente com as tropas alemãs que temos, basta armá-las e levá-las conosco. Eles odeiam esses bastardos".[157] Infelizmente, segundo o general norte-americano, são os judeus que se opõem a esses projetos. Cheios de ressentimento em relação à Alemanha, eles nutrem simpatia pela URSS: a "evidente influência semita na imprensa" visa a "promover o comunismo". A linha de continuidade com a leitura nazista do comunismo como subversão e conspiração judaico-bolchevique emerge claramente: os inimigos continuam sendo os comunistas, os soviéticos e os judeus, estes últimos estando "abaixo até dos animais". Após declarações particularmente imprudentes, o general Patton acaba sendo deposto, mas não é a orientação de um personagem isolado.[158]

Acusada também por causa de seus laços com o judaísmo, a União Soviética de fato segue uma política profundamente solidária com relação a um povo que se recupera de uma terrível perseguição. Na reconstrução deste capítulo da história, vou me valer principalmente de um livro que também se empenha em denunciar o "antissemitismo" do campo socialista liderado pela URSS. Comecemos pela Hungria. A espinha dorsal do regime comunista que toma posse na esteira do Exército Vermelho são "quadros que ficaram em Moscou, quase todos judeus". O fato é que "Stalin não teve outra escolha, pois ele apenas confiava" neles. "Quando ocorrerem as primeiras eleições do Comitê Central, um terço dos membros é de judeus". Os principais líderes também revelam a mesma origem étnica, a começar por Rakosi, "o primeiro rei judeu da Hungria". O autor dessa simpática definição é um dos colaboradores mais próximos de Stalin, ou

157 Em Pauwels (2003), p. 128.
158 Bendersky (2000), pp. 356-8.

seja, Beria (provavelmente também de origem judaica).[159] A situação no resto do campo socialista não é muito diferente. Limitemo-nos a mais alguns exemplos. Na Polônia foi relevante a "presença judaica nas fileiras comunistas e, sobretudo, nos mais altos escalões do regime". E isso não é tudo. "O setor em que a identificação entre os judeus e o poder comunista se mostrava mais forte era muito particular: o aparato de segurança".[160] Na Tchecoslováquia não são apenas os judeus como tais, mas os próprios sionistas que são "favorecidos pelo governo depois da guerra" e que estão presentes em seu interior.[161]

Uma consideração semelhante pode ser feita a respeito da Alemanha: "Na Zona Russa, os judeus tendiam a receber os melhores cargos". Por outro lado, a atividade cultural era dirigida no campo soviético por um brilhante historiador da arte, o coronel Aleksandr Dymshitz, ele mesmo de origem judaica. E a presença em Gotha da intelectualidade judaico-alemã é fortemente sentida no renascimento cultural que começa a emergir dos lutos e das ruínas.[162] A situação certamente não muda com a fundação da República Democrática Alemã:

> Na Alemanha comunista, nascida oficialmente em 7 de outubro de 1949, os judeus inicialmente gozam de um tratamento favorável, para não dizer privilegiado. Como ex-perseguidos, têm direito a pensões especiais para idosos e para jovens doentes ou inválidos, e a Constituição garante a liberdade religiosa. Peter Kirchner relata: "As pensões para nós, judeus, eram muito mais altas do que para os outros. Elas oscilavam entre 1.400 e 1.700 marcos, quando as normais não ultrapassavam os 350" [...]. Os judeus, portanto, sentiram-se tranquilizados pela política da nova Alemanha comunista em relação a eles, especialmente porque estavam amplamente representados nas instituições. Nas eleições de 1950, quinze judeus foram eleitos para o parlamento nas listas de quase todos os partidos, exceto o comunista. Além disso, o ministro da Propaganda e Informação Gerhart Eisler, o diretor de serviços de informação da rádio estatal Leo Bauer, o

159 Eschenazi, Nissim (1995), p. 50; Thomas (1988), p. 112 (sobre Beria).

160 Ibid., p. 150.

161 Ibid., p. 366.

162 MacDonogh (2007), pp. 332 e 215-24.

diretor do jornal comunista *Neues Deutschland* Rudolf Herrnstadt e o chefe de seção do Ministério da Saúde Leo Mandel eram judeus.[163]

É também por esse motivo que a União Soviética goza de tanta simpatia junto aos "sionistas de todo o mundo". Chegam a ponto de "admirar tudo o que é russo": quem observou isso foi Arendt, que, ainda em maio de 1948, expressou seu desapontamento com a "orientação pró-soviética e antiocidental" do movimento sionista, inclinado a condenar como "antissemita" a Grã-Bretanha e como "imperialistas" os Estados Unidos.[164]

A atitude que aqui se deplora é bastante compreensível. Em Nuremberg, foram antes de tudo os representantes soviéticos da promotoria que chamaram a atenção para o horror do assassinato de judeus, e que chamaram a atenção não sem ênfase retórica, formulando uma tese firmemente intencionalista: "Os conspiradores fascistas planejaram o extermínio até o último homem do povo judeu em todo o mundo, implementando-o durante todo o período de sua conspiração a partir de 1933" (na realidade, a "solução final" começa a tomar forma somente após as dificuldades da Operação Barbarossa). Um dos momentos mais dramáticos do julgamento consistiu no depoimento, novamente promovido por representantes soviéticos da acusação, de quatro judeus, entre os quais uma mulher que se expressou da seguinte forma: "Em nome de todas as mulheres da Europa que se tornaram mães no campo de concentração, pergunto às mães alemãs: 'Onde estão agora os nossos filhos?'".[165]

Acima de tudo, esses são os anos em que a URSS apoia fortemente o sionismo e a criação de Israel. Stalin desempenha um papel de liderança e talvez até decisivo: sem ele, "o Estado judeu dificilmente teria visto a luz na Palestina" — como diz um historiador russo, usando documentos recentemente desclassificados em seu país.[166] Em todo caso, como outro autor (desta vez do Ocidente) observou, o discurso em maio de 1948 do ministro das Relações Exteriores soviético, Andrej A. Gromyko, proferido na ONU, se apresenta "quase como um manual de propaganda sionista": a fundação de Israel é necessária devido ao fato de que "nos territórios

163 Eschenazi, Nissim (1995), p. 442.
164 Arendt (1989a), pp. 88-90.
165 Taylor (1993), pp. 336 e 346.
166 Mlečin (2008), p. 9.

ocupados pelos hitleristas, os judeus sofreram uma aniquilação física quase completa", enquanto "nenhum Estado da Europa Ocidental foi capaz de fornecer assistência adequada ao povo judeu na defesa de seus direitos e de sua própria existência".[167]

Além disso, ao apoiar o sionismo, Stalin por vezes entra em conflito com a Grã-Bretanha. Esta recorre às forças militares da antiga República de Saló e aos "porcos" da Décima Flotilha de Meios de Assalto (MAS) para bombardear "um navio (mas talvez fossem dois navios) que, já encerradas as operações bélicas, carregava armamentos da Iugoslávia para os judeus na Palestina".[168] Nesse momento, é o governo de Londres que é percebido como "o principal inimigo dos judeus";[169] a suspeita ou a denúncia de antissemitismo não recai certamente sobre a União Soviética, empenhada em apoiar a fundação do Estado de Israel em nível militar e diplomático, mas sobre a Grã-Bretanha, que, na tentativa de impedir esses planos, não hesita em utilizar círculos políticos e militares que inclusive, no âmbito da República de Salò, deram sua boa contribuição para a "solução final"!

Todavia é possível fazer uma consideração de caráter mais geral. Após a guerra, Stalin segue "uma política palestina fundamentalmente pró-judaica". Cálculos políticos e geopolíticos certamente contribuíram para sugeri-la: o desejo de minar as posições britânicas no Oriente Médio (objetivo também perseguido por Truman, ele também favorável a apoiar, não por acaso, a fundação do Estado de Israel) e conquistar o apoio ou pelo menos a benevolência das comunidades judaicas norte-americanas e europeia durante a Guerra Fria, com a esperança de que o novo Estado, fundado com a contribuição decisiva de imigrantes do leste europeu e muitas vezes de esquerda, assumisse uma posição pró-soviética. Resta o fato de que a ajuda militar concedida em 1945 ao movimento sionista por meio da Iugoslávia não foi um gesto isolado. Três anos depois, dessa vez com a colaboração da Tchecoslováquia, a União Soviética fornece armas a Israel e, mesmo violando a resolução do Conselho de Segurança da ONU de 29 de março de 1948, organiza o afluxo de jovens judeus da Europa oriental, que vão fortalecer o exército do Estado judeu na guerra com os países árabes vizinhos. Graças

167 Roberts (2006), p. 339.
168 De Felice (1995), p. 133.
169 MacDonogh (2007), p. 330.

também a Moscou, o que foi chamado de "eixo Praga-Jerusalém" está funcionando. Sim, "as armas que os soldados do nascente Estado de Israel estão empunhando para travar sua guerra de independência são de produção tchecoslovaca [...]. Justamente quando os governos se recusavam a vender armas ao Estado judeu, a Tchecoslováquia decidiu continuar a vendê-las abertamente, praticando além disso preços vantajosos [...]. Assim, a força aérea israelense foi fundada em território tcheco: aqui foram organizados os treinamentos dos paraquedistas".[170] Uma autêntica ponte aérea entra em ação, abastecendo o exército sionista com armas, instrutores e até voluntários.[171] No outono do mesmo ano, o ministro das Relações Exteriores de Israel relatou satisfeito de Paris ao primeiro-ministro Ben Gurion que os delegados soviéticos na Conferência da ONU sobre a questão palestina se apresentaram como os advogados de Israel.[172]

O mínimo que se pode dizer é que a União Soviética de Stalin contribui de maneira essencial para a fundação e consolidação do Estado judeu. Também no que diz respeito à relação com o judaísmo e à cultura judaica em geral, surgem elementos interessantes. Ainda em meio à chamada "campanha antissemita", um "subúrbio residencial de Moscou" leva o nome de "Nova Jerusalém": quem tem ali sua dacha é Ilya Ehrenburg, intelectual judeu que desempenhou um importante papel cultural e político na União Soviética da época e não por acaso recebeu o Prêmio Stalin, reconhecimento também alcançado por outros escritores judeus e por "alguns músicos judeus de fama internacional".[173]

Qual é o sentido, então, de falar em "antissemitismo" a propósito de Stalin? O apoio que ele prestou à fundação e à consolidação do Estado judeu foi, ao mesmo tempo, o contributo que deu à *Nakbah*, ou seja, à "Catástrofe" nacional do povo palestino, que há décadas continua definhando em campos de refugiados e nos territórios submetidos a uma implacável ocupação militar e a um processo galopante de colonização. Se, por absurdo, um "antissemitismo" devesse ser atribuído a Stalin, seria um "antissemitismo" antiárabe. No entanto, sobre este ponto é preciso esclarecer que a opção preferida pela União Soviética era a de "um Estado

170 Berner (1976), pp. 625-6; Eschenazi, Nissim (1995), pp. 376-8.

171 Mlečin (2008), pp. 130-8.

172 Berner (1976), p. 626.

173 Rapoport (1991), p. 193 (sobre a "Nova Jerusalém"); Conquest (1996), p. 48.

independente e multinacional, que respeitasse os interesses tanto de judeus quanto de árabes".[174]

O ponto de virada da Guerra Fria e a chantagem ao casal Rosenberg

Ainda às vésperas da morte de Stalin, Kerensky, que nesse meio tempo está nos EUA, observa, em conversa com um historiador israelense, que a acusação de antissemitismo feita contra a União Soviética naqueles anos é apenas uma invenção da Guerra Fria.[175] Sim, esse é o ponto de virada, e para entendê-lo é melhor voltar ao clima daqueles anos. Uma Guerra Fria que a qualquer momento está pronta a se transformar em um holocausto nuclear certamente não conhece limites no nível ideológico. Em ambos os lados, há uma acusação furiosa de antissemitismo na formação inimiga. O julgamento e a sentença de morte nos Estados Unidos do casal Rosenberg, comunistas e judeus, acusados de traição e espionagem a serviço de Moscou, são quase contemporâneos aos julgamentos e às sentenças de morte que no campo socialista atingem as personalidades "sionistas" acusadas de traição e espionagem em favor de Tel Aviv e Washington. Suspeita de baixa lealdade e chamada a dar provas inequívocas de patriotismo, em ambos os casos, a comunidade judaica é submetida a pressões e chantagens mais ou menos explícitas.

O clima de desconfiança não era menos opressivo nos EUA do que na URSS. Não é fácil reviver esse momento em nossos dias, quando a relação especial entre Washington e Tel Aviv está à vista de todos; contudo, quando estourou a Guerra Fria, a situação era bem diferente: muitas vezes os centros urbanos "só para brancos" ou "só para caucasianos" continuavam a excluir também os judeus, considerados "estúpidos" mais ou menos como os negros. Ainda em 1959, a Liga Antidifamação sentiu a necessidade de denunciar as situações de assédio sofrido por judeus devido à persistência

174 Roberts (2006), p. 339.
175 Em Rogowin (1998), pp. 198-9.

dessa prática.[176] Em síntese: "As décadas de 1940 e 1950 constituíram uma era politicamente traumática para a minoria judaica".[177] Ainda eram ativos os círculos que associavam judaísmo e comunismo, que consideravam os judeus como estrangeiros em solo norte-americano e cúmplices do mortal inimigo soviético e que, junto com os textos de Henry Ford, chegaram a republicar os *Protocolos dos Sábios de Sião*.[178] Claro, depois de Auschwitz, ou seja, após a revelação do horror a que o antissemitismo havia levado, este já não podia desfrutar dos favores de antes. No entanto: "A ameaça representada pelo preconceito antijudaico estava longe de desaparecer. Em 1953, os judeus constituíam a maioria dos funcionários suspensos ou transferidos para outras funções nos laboratórios do radar de Fort Monmouth, em Nova Jersey".[179]

Segundo o líder comunista francês Jacques Duclos, que esteve ativamente envolvido na denúncia da perseguição ao casal Rosenberg nos Estados Unidos, o antissemitismo não desempenhou nenhum papel nos julgamentos que, na Tchecoslováquia, atingiram justamente os traidores "sionistas" a serviço da política de guerra de Washington.[180] A visão que os inimigos da União Soviética se comprometem a difundir é especularmente oposta. Ao rejeitar a acusação de antissemitismo lançada por Duclos contra os Estados Unidos, o Comitê Judaico Americano se pronuncia sem hesitação a favor da execução do casal Rosenberg e se opõe a qualquer medida de clemência: todos nos EUA deveriam saber que "as fileiras dos judeus americanos olhavam apenas com horror" para os espiões e agitadores comunistas (fossem gentios ou judeus);[181] não surpreendentemente, entre os colaboradores de McCarthy também havia dois judeus empenhados em combater o comunismo, mas também em demonstrar a lealdade patriótica de sua comunidade.[182]

176 Loewen (2006), pp. 125-7.
177 Sachar (1993), p. 640.
178 Dinnerstein (1994), pp. 163-5.
179 Sachar (1993), p. 639.
180 Ibid., p. 635.
181 Ibid., p. 636.
182 Handlin, Handlin (1994), p. 198.

Não se trata apenas de defender os Estados Unidos das acusações de antissemitismo. O FBI traça um plano, ao qual se presta um advogado judeu; ele é encarregado de uma tarefa bem precisa:

> Ganhar a confiança do casal Rosenberg na prisão e tentar convencê-los de que, na realidade, a URSS era uma potência antissemita determinada a exterminar os judeus. Uma vez dissipadas suas ilusões sobre a União Soviética, os Rosenberg poderiam usufruir da clemência em troca de um "apelo aos judeus de todos os países para sair do movimento comunista e tentar destruí-lo".[183]

Ineficaz no caso dos dois militantes comunistas que enfrentaram corajosamente a cadeira elétrica em 19 de junho de 1953, a chantagem por outro lado alcança o resultado almejado: "Na atmosfera intimidadora da Guerra Fria, dificilmente se pode estranhar que vários dos mais respeitados intelectuais judeus da nação, incluindo alguns anteriormente situados à esquerda, se sentiram obrigados a buscar abrigo e até se tornar vira-casacas";[184] não poucos se comprometeram a denunciar o "antissemitismo" de Stalin e da União Soviética.

No entanto, antes de se firmar, essa lenda infame encontrou sérias dificuldades. Ainda em 1949, vemos um dos campeões da Guerra Fria, Churchill, fazer repetidas vezes uma eloquente comparação entre o nazismo e o comunismo: o primeiro era menos perigoso, uma vez que podia apoiar-se "apenas no orgulho *Herrenvolk* e no ódio antissemita"; não era assim o segundo, que pode contar com "uma igreja de adeptos comunistas, cujos missionários estão em todos os países" e em todos os povos. Portanto, de um lado, temos o atiçamento de ódios nacionais e raciais a partir daquele que tem como alvo o povo judeu; de outro, uma força universalista, ainda que instrumentalmente subserviente a um desígnio de "expansão imperialista".[185] Talvez ainda mais significativo seja o discurso de Adorno em 1950. Ao publicar seus estudos sobre a "personalidade autoritária", ele destaca "a correlação entre antissemitismo e anticomunismo" e acrescenta:

183 Sachar (1993), pp. 636-7.
184 Ibid., p. 640.
185 Churchill (1974), pp. 7800 e 7809 (discurso de 25 a 31 março de 1949).

"Durante os últimos anos, todo o mecanismo de propaganda na América dedicou-se a desenvolver o anticomunismo no sentido de um 'terror' irracional, e provavelmente poucas pessoas — além dos seguidores da 'linha partidária' — conseguiram resistir à pressão ideológica incessante".[186] Neste momento, longe de ser dirigida a Stalin e seus seguidores, a acusação de antissemitismo continua a atingir os anticomunistas.

Desequilibrada desde o início, a relação de forças entre os dois blocos da Guerra Fria vê a prevalência cada vez mais clara do Ocidente, tanto no plano militar propriamente dito, quanto em termos de ofensiva ideológica e de poder de fogo multimídia. Das duas acusações opostas de antissemitismo, hoje apenas uma permaneceu de pé: da outra, até a memória se perdeu. Acrescente-se que, para além de Stalin, essa acusação atinge também seus sucessores, a começar por Khrushchev: ele também teria dado provas, não se sabe bem por quê, de "forte antissemitismo"![187] No entanto:

> Em 1973, os judeus, que constituíam 0,9% da população soviética, representavam 1,9% de todos os estudantes universitários do país, 6,1% de todo o pessoal científico, 8,8% de todos os cientistas.[188]

Por outro lado, um historiador inglês que também se empenhou em rotular Stalin de antissemita desde pelo menos a década de 1930 não só reconhece que as pessoas que o líder soviético frequentava e até "muitos" entre seus "colaboradores mais próximos" eram de "origem judaica", mas também acrescenta que, em 1937, "os judeus constituíam a maioria no governo" (ou do aparato governamental).[189] Dados estatísticos e pesquisas empíricas dificilmente podem ser invocados para apoiar a tese do antissemitismo stalinista e soviético.

186 Adorno (1997), p. 324.
187 Knight (1997), p. 209.
188 Roccucci (2001), p. 32.
189 Montefiore (2007), p. 347.

Stalin, Israel e as comunidades judaicas da Europa oriental

Claro, a comunidade judaica não foi poupada dos conflitos que caracterizaram a história da União Soviética e do campo socialista como um todo. Vamos primeiro lidar com a situação que surgiu na Europa oriental com o fim da Segunda Guerra Mundial e a fundação de Israel. Vimos a forte presença judaica no aparato estatal e governamental. Para além da composição das instituições, é preciso levar em conta o sentimento de gratidão dos judeus, por exemplo na Hungria, pelo fato de que — relata uma testemunha autorizada — "foram os soldados soviéticos, e não outros, que nos resgataram da morte certa".[190] No entanto, a lua de mel que parece reinar por algum tempo revela-se efêmera. O conflito não tarda a se manifestar: os judeus que retornavam à Hungria e tinham conseguido escapar da política genocida do Terceiro Reich e seus criminosos deviam se engajar na reconstrução do país destruído ou, ao contrário, emigrar para o Estado judeu que se formava no Oriente Médio? Inicialmente, os defensores dessa segunda opção agem sem serem importunados:

> Quadros sionistas [...] dirigem a seção húngara do Comitê Conjunto Judaico-Americano, que depois da guerra doou enormes fundos para a reconstrução das comunidades judaicas. Este foi o canal mais importante de assistência econômica para os sobreviventes. Um simpatizante sionista, dr. Fabian Herskovits, tornou-se rabino na sinagoga mais prestigiosa de Budapeste, na rua Dohàny, e dali todas as semanas ele faz discursos em favor da emigração para Israel [...]. Na época, dizia-se que os sionistas tinham uma organização mais ampla e eficiente do que a dos próprios comunistas húngaros [...]. Estima-se que cerca de um quinto da população judaica tenha emigrado.[191]

Essa emigração em massa, uma verdadeira sangria sobretudo no plano qualitativo, que privou o país dos quadros de que necessitava desesperadamente

190 Eschenazi, Nissim (1995), p. 43.
191 Ibid., p. 46.

para renascer das ruínas da guerra, não podia deixar de preocupar o governo e o partido (incluídos os judeus que recusaram a opção sionista):

> Os comunistas [...] não apenas bloquearam o êxodo judaico em 1948, mas conseguiram afirmar sua hegemonia no mundo judaico. O líder sionista Ariè Yaari lembra: "Para nós, foi bastante problemático convencer as pessoas a se mudarem para a Palestina. Principalmente os mais velhos tinham medo de começar uma vida nova, com um novo idioma. Já o regime ofereceu a eles cargos políticos que os judeus nunca haviam ocupado. Eles poderiam se tornar juízes, oficiais, entrar no governo. O movimento comunista era bastante frágil e precisava de muitos quadros. Como os judeus poderiam resistir à tentação?".[192]

Como se vê, não faz sentido falar em antissemitismo. Não apenas não há nenhum traço de discriminação negativa contra os judeus, mas eles desfrutam de tratamento preferencial quando concordam em permanecer na Hungria. Acrescente-se que, antes mesmo de se contrapor a comunidade judaica ao mundo comunista, a batalha aqui analisada dilacera a comunidade judaica como tal. Derrotados principalmente por judeus que optam por se integrar ao país de que são cidadãos, os sionistas:

> apesar de todos os esforços, não conseguiram semear a ideia de separação étnica entre os judeus. Quando os comunistas baniram o movimento sionista no final da década de 1940, a grande maioria dos judeus demonstrou que não tinha absolutamente aceitado um discurso de identidade nacional judaica. A ideia de que a comunidade judaica deveria definir-se como uma minoria nacional foi a última coisa que passou pela cabeça dos judeus, que mais uma vez se encaminharam para a busca de uma nova assimilação.[193]

Uma crise semelhante se verifica na União Soviética; e mesmo neste caso o conflito acaba atravessando a própria comunidade judaica. Quem alerta contra o perigo representado pelo sionismo (culpado de obstruir a reconstrução do país devastado e martirizado pelo exército de Hitler, expoente da

192 Eschenazi, Nissim (1995), p. 46.
193 Ibid., p. 47.

causa do socialismo no mundo, e de reabrir uma questão judaica felizmente resolvida na União Soviética de então) é o escritor de origem judaica Ilya Ehrenburg, nas colunas do *Pravda* de 21 de setembro de 1948;[194] a posição tomada contra o sionismo se entrelaça com a condenação do antissemitismo, significativamente rotulado na esteira de Stalin como uma expressão de "chauvinismo racial" e de "canibalismo".[195]

Eloquente é a conversa ocorrida em Moscou em 1948 entre Golda Meir e Ilya Ehrenburg. À primeira, que demonstra seu desprezo pelos judeus assimilados ("lamento ver judeus que não falam hebraico ou pelo menos ídiche"), o segundo reage com raiva: "A senhora é uma serva dos Estados Unidos".[196] Falando com outro interlocutor, o escritor soviético afirma:

> O Estado de Israel deve entender que não há mais uma questão judaica neste país, que os judeus da URSS devem ser deixados em paz e que todas as tentativas de os induzir ao sionismo e à repatriação devem ser interrompidas. Eles sofrerão forte oposição não apenas das autoridades [soviéticas], mas também dos próprios judeus.[197]

Não há dúvida: a colossal fuga de cérebros que se aproximava abria uma disputa independentemente da Guerra Fria, até porque, para atingir seu objetivo, os representantes diplomáticos israelenses em Moscou contornaram as autoridades soviéticas e estabeleceram contato direto com a comunidade judaica soviética.[198] Em todo caso, a disputa tornou-se tanto mais séria quanto mais claramente emergia o alinhamento de Israel com o Ocidente: os numerosos e valentes cientistas soviéticos de origem judaica foram chamados pela propaganda sionista a emigrar e a fazer parte de um alinhamento determinado a esmagar o país que havia possibilitado sua emancipação e ascensão social. E ainda: "Apesar do atrito crescente, respeitáveis representantes da URSS repetidamente garantiram o apoio soviético a Israel, mas o fizeram sob a condição de uma atitude neutra

194 Berner (1976), pp. 626-7.
195 Rapoport (1991), p. 119.
196 Ibid., p. 119.
197 Ibid., p. 120.
198 Berner (1976), pp. 626-7.

do governo israelense no conflito entre Oriente e Ocidente".[199] Mas as últimas ilusões de Moscou desaparecem rapidamente. A ruptura com o Estado judeu é também a colisão frontal com círculos sionistas ainda muito ativos no campo socialista e que agora são implacavelmente reprimidos. Na Tchecoslováquia, Slànsky foi atingido e condenado à morte — o qual, segundo o testemunho da filha, "favorecia a emigração para Israel".[200]

Mais afortunada é Ana Pauker na Romênia, que se safa após alguns meses de prisão. No entanto, estamos diante de um caso análogo: "O sionismo era há tempos uma ideologia condenada pelo regime, mas isso não impediu o fluxo de judeus romenos para Israel até a expulsão de Pauker em 1952, que discretamente manteve aberto o caminho para a Terra Prometida"; graças a ela, "nada menos que 100.000 judeus deixaram a Romênia para se estabelecer em Israel".[201]

Compreende-se então a crescente desconfiança de Stalin, a quem se atribui a afirmação de que "todo judeu é um nacionalista, é um agente da espionagem americana".[202] Para muitos comunistas, a virada ocorrida na atitude das comunidades judaicas da Europa oriental deve ter feito pensar na "traição" atribuída ao Partido Socialdemocrata Alemão no início da Primeira Guerra Mundial. Devemos ler o conflito que irrompe como "a guerra de Stalin contra os judeus"? Isso já é sugerido no próprio título de um livro dedicado ao assunto por um jornalista do *Jerusalem Post*. Mas essa leitura é realmente mais persuasiva do que a fornecida por Stalin, que denunciava a "guerra sionista contra a União Soviética e o campo socialista"? Um historiador (Conquest), embora comprometido em reduzir o bolchevismo e o comunismo a um fenômeno criminoso, reconhece que na União Soviética "o antissemitismo como tal nunca foi uma doutrina oficial", que "a perseguição aberta aos judeus por serem judeus era proibida" e que não havia nenhuma referência à "teoria da raça".[203]

Então qual é o sentido de comparar Stalin a Hitler? O referido historiador acrescenta que o primeiro "esperava usar Israel contra o Ocidente

---

199 Ibid., p. 627.
200 Eschenazi, Nissim (1995), p. 399.
201 Ibid., p. 311.
202 Em Medvedev, Medvedev (2006), p. 374 (nota do organizador).
203 Conquest (1996), pp. 46-7.

e continuava acusando o Ocidente de antissemitismo".[204] Mas não parece que o líder nazista rotulasse seus inimigos de antissemitas! Conquest parte do pressuposto de que as acusações de antissemitismo de Stalin dirigidas contra o Ocidente são totalmente ridículas, mas nem mesmo se questiona sobre a validade das acusações ocidentais de antissemitismo dirigidas contra Stalin. Por que o instrumentalismo deveria estar apenas de um lado? E por que o país que, durante muito tempo, foi acusado por Hitler (mas também por importantes setores da opinião pública ocidental) como a encarnação do "complô judaico-bolchevique" e confirmação definitiva da validade e gravidade da conspiração revelada pela publicação dos *Protocolos dos Sábios de Sião* seria o herdeiro do antissemitismo do Terceiro Reich? De todo modo, os numerosos e muitas vezes altamente respeitados israelenses não acreditavam no mito da "guerra de Stalin contra os judeus"; tanto é que, ao ouvir a notícia da morte do líder soviético, choraram por ele e lhe prestaram homenagens como a um "sol" que "se pôs" (*supra*, p. 13).

No entanto, o triunfo de Israel na Guerra dos Seis Dias e o agravamento da tragédia palestina aprofundam ainda mais o fosso que divide o poder comunista na Europa oriental da comunidade judaica e dos círculos pró-Israel e pró-Ocidente que vão se organizando em torno dela. Mas devemos falar de antissemitismo? Apoiando-nos na reconstrução dos dois estudiosos de origem judaica que já foram mencionados várias vezes aqui, vejamos o que aconteceu em Praga em 1967: "A simpatia dos estudantes tchecos por Israel tem [...] um motivo bastante trivial: a antipatia que eles alimentam contra os estudantes árabes, presentes aos milhares na universidade". Algo semelhante ocorreu em Varsóvia: "De repente as pessoas se lembraram de que muitos judeus que viviam na Palestina vieram da Polônia". E eis um motorista de táxi que exclama: "Nossos bravos judeus poloneses estão ensinando uma lição a esses malditos árabes russos".[205] No confronto que se verifica com o poder comunista, alinhado aos países árabes, quem está dando provas de racismo? Estamos diante de um racismo antijudaico ou de um racismo antiárabe?

204 Ibid., p. 47.

205 Eschenazi, Nissim (1995), pp. 405 e 184.

A questão do "cosmopolitismo"

A própria "conspiração dos médicos", geralmente alegada para confirmar o antissemitismo de Stalin, demonstra, se tanto, o contrário: afinal, até o fim, ele confiou o cuidado com sua saúde a judeus. Por outro lado, entre os médicos acusados, apenas alguns são judeus, e a "conspiração" como um todo é rotulada pelos dirigentes soviéticos e pela imprensa "como capitalista e imperialista, e não como sionista".[206] A suspeita foi provocada apenas por paranoia? Um detalhe nos faz pensar: "A CIA tornou-se mais amigável [com o Estado judeu] a partir do momento em que se valeu de fontes de inteligência israelenses na Europa Oriental e na URSS. Por exemplo, os agentes do Mossad foram os primeiros *outsiders* a receber o texto completo do discurso secreto de Khrushchev sobre os crimes de Stalin"[207] e a repassá-lo aos serviços dos EUA.

Não devemos esquecer que a "era da suspeita", como foi corretamente definida, estimula uma caça às bruxas de maneiras obviamente distintas em ambos os lados.[208] Além disso, não é mistério para ninguém que os serviços secretos dos EUA estavam ocupados na eliminação física de Stalin, bem como na de Castro, de Lumumba e de outros "cães raivosos".[209] Como chegar ao líder indiscutível do movimento comunista internacional senão contando com pessoas próximas a ele e suscetíveis de ser recrutadas pelos serviços secretos ocidentais na onda de um conflito recente, como o que eclodiu em seguida à fundação do Estado judeu e à política de imigração dos judeus almejada por ele? Na época da divulgação da "conspiração", "pelo menos um proeminente diplomata ocidental presente em Moscou, o inglês *sir* A. ('Joe') Gascoigne [...], pensava que provavelmente os médicos do Kremlin eram realmente culpados de traição política".[210] Além disso, a desconfiança em relação aos médicos parece um motivo recorrente na história da Rússia: um historiador israelense de origem russa atribui a morte do czar Alexandre III aos médicos alemães que o trataram (*infra*, p. 292).

206 Roberts (2006), p. 342.
207 Elon (2004), p. 15.
208 Flores (1995).
209 Thomas (1995), pp. 225-9, 233 e passim.
210 Rapoport (1991), p. 181.

Acrescente-se que um recente livro publicado nos Estados Unidos formula a tese de que os "tratamentos" médicos determinaram a morte de Zdanov. Devemos então concluir que as preocupações de Stalin não eram infundadas? Sem apresentar nenhuma evidência e, de fato, reconhecendo que não há nenhum documento para apoiar sua tese, os autores do livro se apressam em esclarecer que quem orientou os médicos assassinos não foram os inimigos da União Soviética, mas o ditador do Kremlin em pessoa! Por outro lado, afora um técnico de radiologia, nenhum dos médicos que cuidavam de Zdanov era judeu![211] Como já ficou claro, estamos no reino da mitologia, e de uma mitologia de tons perturbadores: só é legítimo suspeitar de médicos se eles forem alemães ou russos "não judeus"! Mas voltemos ao campo da pesquisa histórica: deve-se ter em mente que pode ter sido o próprio Stalin quem suspendeu a investigação, talvez percebendo o erro em que havia caído.[212]

Na falta de mais argumentos, para se agarrar à tese do antissemitismo de Stalin, cita-se sua condenação ao "cosmopolitismo": quem seriam os cosmopolitas senão os judeus? Na verdade, a acusação de cosmopolitismo deve ser inserida no contexto de um debate muito acirrado de ambos os lados. Aqueles que estão determinados a se engajar principalmente na construção do socialismo no país nascido em outubro de 1917, renunciando à expectativa messiânica do advento ou exportação da revolução para todo o mundo, são acusados de "mesquinhez nacional" e "limitação nacional",[213] assim como de provincianismo: se Stalin é o "pequeno provinciano" com a "rudeza do camponês" (*supra*, pp. 14 e 29), não melhor aos olhos de Trotsky é Molotov, que "não conhecia nenhum país estrangeiro e nenhuma língua estrangeira".[214] Ambos, no entanto, cometem o erro de se apegar ao "papel reacionário do Estado nacional" de forma provinciana e obscurantista.[215] Aqueles que são atacados dessa forma reagem rotulando seus acusadores de cosmopolitas abstratos e incapazes de realmente construir uma nova ordem social.

211 Brent, Naumov (2004), p. 8.
212 Medvedev, Medvedev (2006), p. 35.
213 Relatado em Stalin (1971-73), vol. 9, p. 25 (= Stalin, 1952-56, vol. 9, p. 42).
214 Trotsky (1988), p. 1228.
215 Ibid., p. 1283.

Ler a condenação do "cosmopolitismo" em chave antissemita significa empobrecer um problema que está no centro de todas as grandes revoluções animadas por uma carga universalista. Rejeitando a tese da exportação da revolução cara aos proponentes da "República única e universal" ou da "República, ou melhor, conflagração universal",[216] Robespierre esclarece que a nova França não contribuiria para a causa da revolução no mundo, apresentando-se como a "capital do globo" de onde se enviariam os "missionários armados" para a conversão e a "conquista do mundo".[217] Não, não serão os "feitos bélicos", mas a "sabedoria de nossas leis" que colocará o antigo regime em crise na Europa.[218] Em outras palavras, o poder revolucionário desempenhará uma verdadeira função internacionalista na medida em que souber cumprir sua tarefa nacional de construir a nova ordem na França.

Esse é um problema sobre o qual o idealismo alemão se empenhou em refletir profundamente. Aos olhos de Kant — que, escrevendo em 1793-94, de algum modo traça o balanço histórico e filosófico da Revolução Francesa —, se o patriotismo corre o risco de resvalar no exclusivismo e perder de vista o universal, o amor abstrato pela humanidade "dispersa sua inclinação devido à sua universalidade excessivamente estendida". Trata-se, portanto, de conciliar o "patriotismo global" (*Weltpatriotismus*) com o "patriotismo local" (*Localpatriotismus*), ou melhor, com o "amor à pátria"; aquele que é autenticamente universalista "em seu apego ao próprio país deve ter a inclinação a promover o bem de todo o mundo".[219] É uma linha de pensamento desenvolvida posteriormente por Hegel: depois de celebrar como uma grande conquista histórica a elaboração do conceito universal de homem (titular de direitos "enquanto homem, e não enquanto judeu, católico, protestante, alemão, italiano etc."), a *Filosofia do Direito* (§ 209 A) acrescenta, porém, que isso não deve levar ao "cosmopolitismo" e à indiferença ou oposição à "concreta vida estatal" do país do qual se é cidadão. "O amor universal dos homens" corre o risco de assumir a forma de uma "universalidade vazia" e desprovida de conteúdo (§ 126 Z): o indivíduo contribui para o universal, em primeiro lugar, comprometendo-se

216 Robespierre (1912-67), vol. 10, pp. 275 e 267.
217 Robespierre (1912-67), vol. 8, p. 81 e vol. 10, p. 361.
218 Robespierre (1912-67), vol. 10, p. 568.
219 Kant (1900-), vol. 27, pp. 673-4.

concretamente com o círculo específico (a família, a sociedade, a nação) em que vive. Caso contrário, o conclamado "amor universal dos homens" é, na melhor das hipóteses, uma declaração de nobres intenções, na pior, uma técnica de evasão do campo das responsabilidades concretas.

Este é um problema que, com seu universalismo ainda mais enfático, a Revolução de Outubro herda de forma mais aguda da Revolução Francesa. Bem antes de Stalin, é Herzen que, mesmo exilado em Paris, se mostra desconfiado e crítico em relação a um cosmopolitismo alheio à ideia de nação e à responsabilidade nacional (*supra*, p. 135). Trata-se de uma polêmica que ultrapassa as fronteiras da União Soviética. Ao rejeitar as "acusações de nacionalismo" dirigidas à maioria do PCUS e sobretudo a Stalin,[220] Gramsci assume uma posição clara contra um "suposto 'internacionalismo'", que na realidade é sinônimo de "vago 'cosmopolitismo'". O alvo principal aqui é Trotsky, criticado como "cosmopolita" pelo fato de ser "superficialmente nacional" e, portanto, incapaz de "depurar o internacionalismo de todo elemento vago e puramente ideológico (no mau sentido)", e contraposto a Stalin e antes disso e acima tudo a Lenin, o qual demonstra um internacionalismo maduro justamente por se revelar ao mesmo tempo "profundamente nacional".[221]

Na URSS, a crítica ao cosmopolitismo se acentua à medida que se agrava a ameaça do fascismo e do nazismo. Sabemos do apelo apaixonado de Dimitrov, dois anos após a ascensão de Hitler ao poder, aos revolucionários para que rejeitassem o "niilismo nacional". Um internacionalismo que leva ao niilismo nacional: isto é o cosmopolitismo. Também vimos Stalin às vésperas da Operação Barbarossa sublinhando que, diferentemente de um "cosmopolitismo" incapaz de assumir suas responsabilidades nacionais, o internacionalismo deve saber combinar-se com o patriotismo. Ou seja, longe de ser sinônimo de antissemitismo, a crítica do cosmopolitismo é um elemento essencial na luta contra o nazifascismo (e o antissemitismo). Essa crítica torna-se novamente urgente com a eclosão da Guerra Fria, quando uma nova e terrível ameaça paira sobre a URSS.

Tal crítica ao cosmopolitismo é ainda mais forte se o país onde eclodiu a revolução está engajado em uma luta pela sobrevivência nacional. Na China, Sun Yat-Sen escreveu: "As nações que se valem do imperialismo

220 Gramsci (1975), p. 1729.
221 Ibid., pp. 325, 866 e 1729.

para conquistar outros povos e assim tentar promover sua posição de senhores do mundo são a favor do cosmopolitismo" e buscam de todas as maneiras desacreditar o patriotismo como "algo tacanho e antiliberal".[222] Mao segue esta linha, segundo a qual o internacionalismo de forma alguma torna obsoleto o patriotismo: "as verdades universais do marxismo devem ser integradas às condições concretas dos diferentes países, e há unidade entre internacionalismo e patriotismo".[223]

Na URSS, os "cosmopolitas" eram predominantemente judeus; sendo assim, o anticosmopolitismo seria apenas uma forma mal disfarçada de antissemitismo? Vale a pena notar que, ao desenvolver sua polêmica contra o cosmopolitismo, Sun Yat-Sen convida o povo chinês a tomar como exemplo os judeus que, apesar de milênios de opressão e diáspora, nunca perderam o sentido de sua identidade e, portanto, da obrigação de solidariedade recíproca.[224] Mas vamos nos concentrar na União Soviética: na realidade, a presença judaica também é forte nas fileiras da maioria do PCUS. E, em todo caso, um dos primeiros a lançar a acusação de cosmopolitismo contra o líder da oposição é o escritor alemão de origem judaica (Feuchtwanger), que já conhecemos: "Trotsky nunca foi um patriota russo", sua única preocupação era a "revolução mundial".[225]

Além disso, com base na hermenêutica da suspeição afirmada contra Stalin, nem mesmo Trotsky poderia escapar à acusação de antissemitismo. Este último, ao desenvolver a análise da Rússia pré-revolucionária, sublinha como "a aristocracia da bolsa" havia "transformado o governo do czar em um de seus vassalos financeiros", que garantia "lucros usurários".[226] Deve-se acrescentar que "o domínio da bolsa de valores" é representado "por Rothschild e por Mendelsohn", aliás, pelo "internacional Mendelsohn" e, em todo caso, por indivíduos comprometidos em respeitar "as leis de Moisés como as da bolsa de valores".[227] Como se vê, neste caso a referência ao mundo judaico é explícita. Devemos, portanto, concluir que a controvérsia contra a "aristocracia da bolsa de valores" na verdade tem como alvo os

222 Sun Yat-Sen (1976), pp. 53-4.
223 Em Mao Tsé-Tung (1998), pp. 242-3.
224 Sun Yat-Sen (1976), p. 52.
225 Feuchtwanger (1946), p. 96.
226 Trotsky (1969a), p. 47.
227 Ibid., pp. 21, 30 e 120.

judeus em sua condição de judeus, de modo que nos encontramos diante de mais uma manifestação de antissemitismo? Tal forma de argumentar seria absurda, e não apenas por causa da origem judaica de Trotsky: mais significativo é o fato de que, no mesmo texto, ele dedica páginas comoventes à descrição da "sombria bacanal" de sangue encenada por gangues antissemitas, toleradas ou encorajadas pelas autoridades e pelo "próprio Nicolau Romanov, o augustíssimo protetor dos pogromistas", por sorte corajosa e decididamente combatidos pelo movimento revolucionário e socialista.[228] Mas não menos claro é Stalin em sua condenação do "canibalismo" antissemita.

Stalin na "corte" dos judeus, os judeus na "corte" de Stalin

A URSS é o "país que salvou o maior número de judeus": a observação é de um jornalista e estudioso de formação trotskista que, como "testemunha daqueles anos", considera necessário se posicionar contra a campanha hoje em curso no Ocidente. Ele continua: "nenhum país teve nos quadros superiores do exército tantos judeus quanto o Exército Vermelho". Isso não é tudo: "tanto um dos filhos de Stalin quanto sua filha se casaram com judeus".[229] Pode-se acrescentar que os judeus foram muito bem representados até o fim, e nos níveis mais altos, dentro do grupo dirigente stalinista. Para continuar de pé, mesmo que de modo trêmulo e vacilante, a tese do "antissemitismo" de Stalin exige a desjudaização dos judeus que colaboraram com ele. É exatamente isso que ocorre: é verdade, "Yagoda, Kaganovich e muitos outros na Rússia e na Europa Central e Oriental" desempenharam um papel importante ao lado de um ditador feroz, mas se trata de "judeus apóstatas" — assim se expressa um intelectual judeu, com uma linguagem que remete claramente à história das religiões.[230] Noutras

228 Trotsky (1969a), pp. 108 e 126-7.
229 Karol (2005), p. 12.
230 Besançon (1998), p. 123.

vezes, o peso da tradição religiosa se faz sentir de forma mais mediada e menos consciente: eis um jornalista denunciando, no jornal italiano mais difundido, os "judeus renegados na corte de Stalin".[231]

Na realidade, o discurso relativo aos "apóstatas", aos "renegados" (ou aos "judeus da corte"), constitui uma negação implícita da acusação de antissemitismo que, como racismo, visa um grupo étnico independentemente do comportamento religioso e político de cada um dos membros. Reconhecer a presença de judeus em posições de liderança na URSS de Stalin e no campo socialista que ele liderou significa admitir que, naqueles países, o acesso ao poder e a posição social e política eram determinados não pela afiliação racial imutável, mas pelo mutável comportamento político. No entanto, a desjudaização (como "apóstatas", "renegados", inautênticos e "de corte") dos judeus hoje considerados incômodos permite transformar o antissemitismo em uma categoria capaz de resistir a qualquer negação vinda da análise empírica e, portanto, suscetível de ser aplicado não apenas a Stalin, mas a toda a história da União Soviética.

Imediatamente após a Revolução de Outubro, a campanha contra o obscurantismo atribuído às várias religiões (incluído o judaísmo) desenvolveu-se com a participação em cargos dirigentes de importantes círculos judaicos. E aqui está o comentário do já citado jornalista do *Corriere della Sera*: "Foi a Yevsektia, a seção judaica do PCUS, que fomentou o novo antissemitismo".[232] Um professor da Universidade Hebraica de Jerusalém argumenta de modo análogo: "durante a revolução bolchevique [...] muitos bolcheviques judeus se dedicaram à causa do nacionalismo revolucionário russo com tanto vigor que se tornaram antissemitas".[233] Já tachados de "apóstatas" e "renegados", os judeus de orientação comunista agora se tornam "antissemitas" *tout court*. Neste ponto, além de Stalin, a acusação de "antissemitismo" envolve o próprio Lenin, o líder supremo dessas campanhas "antissemitas".

No entanto, é o mesmo historiador israelense já citado quem escreve: "Provavelmente Lenin sempre foi muito cético quanto à capacidade de organização dos russos. Em uma conversa privada com Gorki, ele observou que não havia russo inteligente que não fosse judeu ou, pelo menos,

231 Caretto (1997).
232 Ibid.
233 Agursky (1989), p. 52.

tivesse judeus entre seus ancestrais e um pouco de sangue judeu nas veias". A opinião do líder soviético é também a de seu interlocutor: "Gorki não teria se contrariado se os judeus tivessem assumido a direção da economia russa, e em 1916 ele escreveu que 'o gênio dos judeus para a organização, sua flexibilidade e sua energia indomável devem ser levadas em consideração em um país tão mal organizado como é nossa Rússia'".[234] Portanto, de acordo com esse texto, Lenin e Gorki (que também adere ao partido comunista) poderiam ser acusados se tanto de racismo antirrusso, certamente não de antissemitismo.

O papel de primeiro plano desempenhado pelos judeus não se limitou à derrubada do antigo regime na Rússia. O historiador judeu continua assim: à "minoria judaica onipresente" Lenin atribuía o papel de ser "precursora do comunismo". Ou seja: "Não foram os eslavos, mas sim os judeus que se tornaram a principal ponta de lança do avanço russo na arena internacional, isto é, contra a Europa e o resto do mundo. Foi uma brilhante intuição de Lenin confiar neles e em outras minorias étnico-nacionais para o sucesso da revolução".[235] Como se vê, os judeus "antissemitas" contribuíram significativa e talvez decisivamente para a expansão do comunismo: o complô judaico-bolchevique de que os nazistas falavam é relido aqui como uma agitação ou conspiração orquestrada sim por judeus, mas por judeus antissemitas!

Trata-se de uma agitação e de um complô com uma longa, longuíssima história atrás de si. Ainda segundo o historiador citado, Lenin teria aproveitado os judeus que haviam rompido com sua comunidade de origem do mesmo modo que o cristianismo se servira deles.[236] E novamente as analogias emergem com a leitura da história cara ao nazismo, que denunciava o papel dos judeus no ciclo ruinoso que do cristianismo levou ao bolchevismo. A única novidade agora é a ênfase segundo a qual os judeus que desempenham esse papel, tendo aderido primeiro ao cristianismo e depois ao bolchevismo, deveriam ser considerados "apóstatas", "renegados" e, finalmente, "antissemitas". No esforço de golpear Stalin e a experiência

234 Ibid., pp. 158 e 161.
235 Ibid., pp. 159 e 164.
236 Ibid., p. 159.

soviética como um todo, a acusação de "antissemitismo" acaba reproduzindo, com algumas variações modestas, a filosofia nazista da história!

De Trotsky a Stalin, do monstro "semita" ao monstro "antissemita"

A tese do antissemitismo de Stalin revela-se insustentável à luz da reflexão histórica e conceitual. Como quer que se date o surgimento desta doença (a ser localizada em 1948, ou 1945, ou 1933, ou 1879, ano do nascimento e concepção de Stalin), o diagnóstico acaba se revelando não apenas infundado, mas também muito ofensivo para os judeus, que continuaram até o fim, e em número bastante expressivo, prestando homenagem ao seu carrasco. Como então explicar a origem dessa lenda infame? Voltemos aos anos imediatamente posteriores à Revolução de Outubro. Em 4 de outubro de 1919, o *Völkischer Beobachter*, que nesse momento não é órgão do Partido Nacional Socialista (ainda não fundado), coloca o horror bolchevique na conta de uma "horda terrorista judaica", de "asiáticos circuncidados", e, a esse respeito, sublinha que sangue judeu também corre nas veias de Lenin. Denúncias semelhantes ressoam na Inglaterra e no Ocidente como um todo.[237] Dados estes pressupostos, é compreensível que, ainda mais que Lenin, Trotsky seja "o alvo principal, mefistofélico, dos cartazes de propaganda antibolchevique".[238] Ele é tachado de "o exterminador judeu do povo russo".[239] Um cartaz de propaganda anticomunista difundido durante a Guerra Russo-Polonesa de 1920 o pintou com características que não eram propriamente humanas, com a estrela de Davi em volta do pescoço, observando do alto uma montanha de caveiras.[240] Em 1929, "Trotsky, ou melhor, Bronstein" — isto é, o bolchevique judeu por excelência — era aos

237 Diamond (1985), pp. 97-8.
238 Poliakov (1974-90), vol. 4, p. 200.
239 Figes (2000), p. 813.
240 Relato em Traverso (2002), foto 17.

olhos de Goebbels aquele que "talvez tenha em sua consciência o maior número de crimes que já pesou sobre um homem".[241]

Por outro lado, ainda durante a invasão da União Soviética, propalada como uma cruzada pela salvação da civilização europeia e ocidental da barbárie bolchevique, asiática (e judaica), vimos Hitler pintar Stalin como um fantoche do judaísmo internacional, como um judeu se não de sangue, então de espírito. Nos anos em que o antissemitismo fervilhava ou ganhava crédito generalizado no Ocidente, o monstro por excelência só podia assumir as feições do judeu. A situação que surgiu após o colapso do Terceiro Reich e a revelação da infâmia da "solução final" é diferente: hoje o monstro capaz de despertar horror tende a ser, mais que qualquer outro, o monstro antissemita. No entanto, apesar de suas variações, a continuidade do *topos* é evidente, e o retrato de Stalin antissemita não é muito mais persuasivo do que aquele que Trotsky pintava enquanto exibia a estrela de Davi e contemplava a massa infinita de suas vítimas.

241 Em Reuth (1991), p. 147.

6

PSICOPATOLOGIA, MORAL E HISTÓRIA NA LEITURA DA ERA STALINISTA

Geopolítica, terror e a "paranoia" de Stalin

Qual abordagem nos permite compreender melhor a gênese, as características e o significado do stalinismo? Segundo Arendt, a obsessão pelo "inimigo objetivo" teria levado o totalitarismo stalinista (assim como o de Hitler) a buscar sempre novos alvos para sua máquina repressiva: depois dos "descendentes das velhas classes dominantes" é a vez dos *kulaks*, dos traidores dentro do partido, dos "alemães do Volga" etc.[1] Para perceber a futilidade desse esquema, basta refletir sobre o fato de que ele poderia ser aplicado sem dificuldade à história dos Estados Unidos: no final do século XIX, eles participaram da celebração da comunidade das nações ou raças germânicas (EUA, Grã-Bretanha e Alemanha) que estão na vanguarda da civilização; a partir da intervenção na Primeira Guerra Mundial e durante décadas, os alemães (e os norte-americanos de origem alemã) tornam-se o inimigo por excelência; é o momento da Grande Aliança com a União Soviética que, no entanto, após o colapso do Terceiro Reich, se torna o inimigo como tal, de modo que os alvos da perseguição não são mais os norte-americanos de origem alemã (ou japonesa), mas os norte-americanos suspeitos de simpatizar com o comunismo; pelo menos na última fase da Guerra Fria, Washington pode contar com a colaboração, por um lado, da China, por outro, dos muçulmanos *freedom fighters* que alimentam a resistência antissoviética no Afeganistão; porém, com a derrota do Império do Mal, a nova encarnação do Mal é representada pelos antigos aliados: os *freedom fighters* (e seus simpatizantes nos Estados Unidos e em todos os cantos do mundo) tomam o caminho de Guantánamo. É sobretudo um detalhe que revela a pobreza do esquema de Arendt, a qual põe na conta da obsessão pelo "inimigo objetivo" a deportação dos "alemães do Volga" durante a Segunda Guerra Mundial. Na realidade, medidas semelhantes foram tomadas em 1915 pela Rússia czarista, então aliada do Ocidente liberal; acima de tudo, imediatamente após Pearl Harbor, F. D. Roosevelt se comporta de maneira semelhante em relação ao "inimigo objetivo" representado desta vez por cidadãos norte-americanos de origem japonesa. Levando em consideração a situação geográfica e militar, a preocupação do ditador soviético parece mais justificada do que a do presidente dos Estados Unidos.

---

1 Arendt (1989c), pp. 581-2.

Às vezes, Arendt parece perceber a natureza problemática da categoria que ela usa. A primeira edição de *Origens do totalitarismo* denuncia a obsessão pelo "inimigo potencial" (*potential enemy*); mas, enquanto a Segunda Guerra dos Trinta Anos recrudesce e o povo soviético é ameaçado por um perigo mortal, dificilmente se pode considerar uma expressão de paranoia estar em alerta contra um inimigo potencial. As edições posteriores da obra preferiram, então, falar em "inimigo objetivo" (*objective enemy*), a fim de acentuar o caráter psicopatológico de um comportamento que continua sendo atribuído exclusivamente a ditadores totalitários.[2]

Mas esse ajuste linguístico em nada modifica os termos do problema. Embora se opusesse resolutamente à Alemanha nazista e simpatizasse com o país da Terceira República e da Grande Revolução, no momento da eclosão da Segunda Guerra Mundial Arendt foi confinada precisamente na França, em um horrível campo de concentração, e sofreu esse destino em última análise na condição de "inimiga potencial" ou "inimiga objetiva". Logo veremos que essa categoria também opera na Inglaterra de Churchill ou nos EUA de F. D. Roosevelt.

Infelizmente, Arendt se move em um plano puramente ideológico, sem nem mesmo se pôr o problema de uma análise comparativa da política seguida pelos grupos dirigentes de diferentes países em situação de crise aguda. Convém tentar preencher essa lacuna. Após o fim da Segunda Guerra Mundial, Churchill fez o seguinte balanço da situação existente em seu país às vésperas do gigantesco confronto: "Sabia-se que naquele momento havia vinte mil nazistas organizados na Inglaterra: um período agudo de sabotagem e crime, como prelúdio à eclosão da guerra, teria obedecido ao procedimento já adotado em outros países amigos".[3] Desta forma, o estadista justifica a política que ele seguiu durante o conflito, quando na Inglaterra os suspeitos de "simpatizar" com o inimigo ou com seu sistema político eram passíveis de prisão: "'Simpatizar' era o termo abrangente que permitia ao governo prender sem julgamento e por tempo indeterminado membros não só de organizações fascistas, mas também de qualquer grupo considerado pelo ministro do Interior simpático aos

2 Arendt (1951), pp. 400-2; Arendt (1966), pp. 422-4; Arendt (1989c), pp. 578-81.
3 Churchill (1963), p. 437.

alemães, inclusive aqueles que defendiam as negociações com Hitler".[4] Os alvos não são os responsáveis por ações concretas e específicas, mas "inimigos potenciais" ou "objetivos".

Protegidos pelo Atlântico e pelo Pacífico, bem como por uma marinha militar poderosa, os EUA não deveriam se sentir particularmente ameaçados. Mas F. D. Roosevelt adverte: o inimigo não se deixa desencorajar pelo oceano, é preciso tirar proveito da "lição da Noruega, cujos principais portos foram capturados graças à traição e à surpresa preparadas ao longo de vários anos". Uma ameaça análoga paira sobre o continente americano:

> A primeira fase da invasão deste hemisfério não será o desembarque de tropas regulares. Os pontos estratégicos essenciais serão ocupados por agentes secretos e pelos ingênuos a seu serviço, e eles já são numerosos aqui e na América Latina.
> Enquanto as nações agressoras mantiverem a ofensiva, serão elas, e não nós, que escolherão a hora, o local e o método de seu ataque.[5]

E não é só: é preciso também lidar com as agressões perpetradas "através da divulgação secreta de propaganda venenosa daqueles que tentam destruir a unidade e promover a discórdia". A essa altura, traidores ou inimigos "objetivos" já tendem a ser aqueles que expressam opiniões consideradas contrárias ao interesse nacional, e a resistência assume a forma de uma tarefa que deve ser cumprida não só pelo exército, mas por todo o país. Ambos devem demonstrar compacidade sem rachaduras:

> Aqueles que estão engajados em nossas linhas de defesa e aqueles que constroem essas linhas na retaguarda devem ter a energia e a coragem que vêm de uma fé inabalável no modo de vida que estão defendendo. A ação poderosa que estamos conclamando não pode ser baseada na falta de respeito em relação às coisas pelas quais lutamos.[6]

4 Costello (1991), p. 158.
5 Em Hofstadter (1982), vol. 3, pp. 387-8.
6 Ibid., pp. 387 e 390.

Uma agressão onipresente, que se manifesta também no plano político, só pode ser liquidada por uma mobilização total que acaba por envolver também a esfera política. A partir desses pressupostos, uma "campanha midiática bem orquestrada" entra em campo:[7] "Quando Hitler vai invadir os EUA?", pergunta um cartaz, com a imagem de paraquedistas nazistas prestes a cair sobre indefesas cidades americanas, as quais também estão expostas — reforça um segundo cartaz — a um ataque e um desembarque vindo do mar. O perigo é ainda mais grave pelo fato de que "o exército de Hitler está aqui". Essa é pelo menos a opinião de um terceiro cartaz que adverte contra "a quinta-coluna nos EUA".[8] A gravidade dessa ameaça é ressaltada por filmes e livros que fazem grande sucesso, enquanto o comitê que supervisiona as atividades "antiamericanas" calcula até 480 mil seguidores de organizações prontas a ajudar os invasores![9] E, assim como na Inglaterra, também nos EUA a categoria de agente e cúmplice do inimigo se alarga para incluir todos aqueles que gostariam de evitar que o país fosse envolvido ou arrastado para a guerra.[10] Sim, eles são acusados de constituir "a correia de transmissão dos nazistas", o "cavalo de Troia" do Terceiro Reich ou, para citar desta vez o próprio F. D. Roosevelt, a "quinta-coluna do *appeasement*". Esta última expressão é particularmente significativa: uma atitude política é sinônimo de traição, e quem a adota torna-se alvo de denúncias, julgamentos e intimidações; isto é, eles são visados como inimigos "potenciais" ou "objetivos".

Um clima de medo e desconfiança se espalha por todo o país, prontamente utilizado pelas autoridades para "aumentar o poder do FBI".[11] O presidente revela à imprensa que elementos pró-alemães se infiltraram no "exército e na marinha militar" e organizaram ou tentaram operações de sabotagem em "quarenta ou cinquenta fábricas deste país". Mesmo um intelectual equilibrado como William L. Shirer conclama a se preparar, com a guerra já às portas, para enfrentar a "sabotagem implementada por milhares de agentes nazistas de costa a costa". Em todos os lugares se suspeita ou se vislumbra a ação do inimigo. A quinta-coluna desempenhou

7 Herzstein (1989), pp. 284 e 334-5.
8 Ibid., foto divulgada nas páginas 344-5.
9 Ibid., pp. 279-81.
10 Ibid., pp. 240, 327 e 332.
11 Cole (1971), pp. 55 e 104-9; Herzstein (1989), pp. 327, 332 e 336.

um papel fundamental na desarticulação da Bélgica e da França desde dentro; pois bem — argumenta-se — os "cupins" nazistas também estão trabalhando na República norte-americana, que corre o risco de sofrer o mesmo destino.[12] Ao que parece, se verificam "algumas tentativas" de agentes do Terceiro Reich "para estimular ou explorar o descontentamento dos operários da fábrica e impedir a produção de munições para os aliados"; segundo o cônsul-geral alemão, esses "atos de sabotagem" são na verdade "incidentes industriais atribuídos por Roosevelt aos nazistas".[13] Não é de estranhar, então, que "as crianças pequenas às vezes se assustassem com a propaganda alarmista", incansável em anunciar e pintar nas cores mais horríveis a iminente irrupção das hordas hitleristas.[14]

Quando os EUA por fim intervêm oficialmente na guerra, o clima fica ainda mais carregado. Há um alerta obsessivo contra espiões, contra a conversa casual ("Controle sua língua", "Silêncio significa segurança", é possível matar até com "discursos ingênuos"; eles não se cansam de enfatizar os cartazes de guerra que exibem rostos de meninos na iminência de ficar órfãos por causa de falastrões irresponsáveis), contra as "sabotagens" (outro cartaz proclama um novo crime, o do "mau uso de ferramentas de trabalho", e mostra "o senhor Quebra-ferramentas", mister Toolwrecker, acusado e detido por um policial).[15] Obviamente, a situação de perigo real se entrelaça com a manipulação habilidosa da situação real. O historiador americano que aqui acompanho conclui: "FDR entendeu bem o valor da ansiedade nacional"; "FDR e seus apoiadores por vezes cruzaram a linha que separa a preocupação pública da histeria em massa".[16]

Estamos na presença dos elementos constitutivos do terror que assola a Rússia Soviética. Sem dúvida, aqui os fenômenos analisados em relação à Inglaterra e aos EUA se mostram de forma monstruosamente ampliada: mas é a ideologia, a paranoia ou a situação objetiva que desempenha o papel decisivo? Além da mutável e incessante guerra civil, a geopolítica deve ser levada em conta. Em abril de 1947, enquanto a Guerra Fria já se aproximava, numa conversa com o candidato republicano Harold Stassen,

12 Herzstein (1989), pp. 338-9.
13 Chamberlin (1950), p. 10; Herzstein (1989), p. 333.
14 Herszstein (1989), comentário à foto divulgada nas páginas 344-5.
15 Veem-se os cartazes divulgados em Gregory (1993), pp. 60-1 e 104.
16 Herzstein (1989), pp. 240 e 327.

Stalin enfatizou com certa inveja a situação extraordinariamente favorável dos EUA, protegidos por dois oceanos e limitados ao norte e ao sul por Canadá e México, dois países fracos, que certamente não representam uma ameaça.[17]

As coisas são bem diferentes na Rússia soviética. Pode-se zombar da "paranoia" de Stalin, mas vimos Goebbels constatando o amplo sucesso da espionagem alemã na França e seu total fracasso na URSS (*supra*, p. 45). Por outro lado, os primeiros a insistir no alastramento da quinta-coluna alemã na Rússia são precisamente os inimigos do bolchevismo. Aos olhos de Kerensky, como demonstra a "capitulação de Brest-Litovsk" e a assinatura de uma "traidora paz separada", os protagonistas de Outubro de 1917 operam a serviço de Guilherme II, por quem são maciçamente financiados e assistidos; sempre de acordo com o líder menchevique, os serviços secretos alemães desempenharam um papel importante já na agitação pacifista que minou o esforço de guerra do país.[18] Churchill argumenta da mesma maneira, sublinhando o peso do "ouro alemão" nas convulsões na Rússia.[19]

Hoje, recuando nitidamente no passado, um historiador israelense (proveniente da União Soviética) acredita poder identificar a mão da Alemanha imperial, determinada a enfraquecer por todos os meios a potência vizinha e rival, já na morte prematura em 1894 de Alexandre III, "morto porque uma equipe de médicos (entre os quais a maioria era de alemães) o submeteu a tratamentos errados", ou no assassinato de Piotr Stolypin em 1911, ocorrido com o "envolvimento" de "alguns grandes oficiais russos pró-alemães", ou em certas peculiaridades de Nicolau II ("sua esposa era uma princesa alemã").[20] De qualquer forma, no que diz respeito ao colapso do regime czarista, não se deve perder de vista a "efetiva quinta-coluna alemã presente na corte russa e no alto comando do exército" e, portanto, no topo do poder. Sim, "em maio de 1915 Moscou foi palco de vários *pogroms* antialemães", mas "a minoria alemã que ocupava os escalões superiores ainda estava intacta". Em conclusão: "Os historiadores que deram preferência exclusiva à espontaneidade revolucionária ou às manobras liberais ignoraram outras evidências factuais, que mostram

17 Stalin (1971-73), vol. 17, p. 72.

18 Kerensky (1989), pp. 525 e 328 ss.

19 Em Schmid (1974), p. 17.

20 Agursky (1989), pp. 84 e 90.

que o movimento revolucionário poderia ter sido em parte causado pela camarilha pró-alemã ou por uma intervenção direta da espionagem alemã de acordo com um plano traçado por Brockdorff-Rantzau".[21]

A imagem desenhada aqui é plausível ou ela própria é afetada pela paranoia geralmente atribuída a Stalin? Seja como for, pode-se partir de um pressuposto: se a derrota do Segundo Reich o enfraquece por algum tempo, não anula a atividade dos serviços secretos na Rússia, onde, por outro lado, a dissolução do antigo regime coincide com o fortalecimento da presença em todos os níveis das grandes potências ocidentais. No geral, basta ler uma história da Guerra Fria para perceber que o país nascido da Revolução de Outubro esteve particularmente exposto ao perigo não só de invasão militar, mas também de infiltração e espionagem. Na década de 1920, graças à colaboração de exilados russos, a Inglaterra conseguiu decodificar as mensagens criptografadas da União Soviética, que continua sendo o principal alvo de seus serviços secretos ainda "em meados da década de 1930". Nesse ínterim, há o advento do Terceiro Reich, que, para preparar a agressão, pode valer-se da habilidade consumada do coronel Reinhard Gehlen, "um mestre da inteligência, da subversão e do despiste"; mais tarde, imediatamente após a derrota da Alemanha de Hitler, Allen Dulles revelou-se "clarividente" ao colocar a serviço da nascente CIA o homem que "havia desempenhado um grande papel no ataque alemão à Rússia em 1941".[22] Durante a Guerra Fria, além da espionagem, a atividade dos serviços secretos ocidentais incluía também "operações de sabotagem" e, por vezes, o apoio a movimentos insurrecionais.[23]

Mais de vinte anos após a morte de Stalin, o quadro não muda. Isso pode ser inferido a partir de um artigo em um prestigioso jornal dos Estados Unidos. O autor relata satisfeito "como uma campanha da CIA de sabotagem de computadores, que resultou [em 1974] em uma enorme explosão na Sibéria — tudo organizado por um economista de boas maneiras chamado Gus Weiss —, ajudou os Estados Unidos a vencer a Guerra Fria".[24] Se levarmos em consideração que a prática de sabotagem também tem uma peculiar tradição russa por trás dela (*supra*, p. 93), podemos chegar a uma

21 Ibid., pp. 253-4 e 256.
22 Thomas (1988), pp. 315 e 248.
23 Ibid., p. 314; Roberts (2006), p. 338.
24 Safire (2004).

conclusão: para entender o que aconteceu nos anos de Stalin, em vez de recorrer a uma única personalidade paranoica como *deus ex machina*, é melhor seguir a abordagem sugerida por uma ilustre testemunha que, na Moscou de 1937, fala de indubitáveis "atos de sabotagem" e ao mesmo tempo de uma "psicose de sabotagem" que se difunde a partir dessa realidade.[25]

A "paranoia" do Ocidente liberal

Entretanto, se Arendt se limita a remeter à loucura inerente ao totalitarismo (de Stalin ou de Hitler), François Furet vai ainda mais longe: "O revolucionário precisa ter motivos para odiar": isso é verdade para os jacobinos, mas ainda mais para os bolcheviques e, de maneira muito particular, para Stalin, que "precisa invocar, a serviço de seus objetivos mirabolantes, a luta contra os sabotadores, os inimigos, os imperialistas e seus agentes".[26] O historiador francês fala da "revolução" em geral, mas na realidade ele visa apenas à Rússia e à França e assim se esquece de acrescentar que, além dos bolcheviques e dos jacobinos (e Rousseau), os protagonistas da revolução puritana foram frequentemente submetidos a um tratamento psicanalítico análogo, bem como os da "revolução" abolicionista que afastou a instituição da escravidão primeiro na Inglaterra e depois nos EUA. E Furet nem leva em conta o fato de que, aos olhos de um eminente historiador norte-americano, o "estilo paranoico" caracteriza profundamente a história de seu país. A crença, muito viva até mesmo em George Washington, na intenção de Londres de escravizar os colonos estabelecidos do outro lado do Atlântico é um elemento central da Revolução Americana; quando então, no final do século XVIII, surgem agudas contradições no novo grupo dirigente, se Jefferson é suspeito de ser um agente da França, Hamilton é rotulado como um agente britânico. Uma dialética semelhante se manifestou algumas décadas depois, por ocasião da crise que levou à Guerra Civil, quando as duas partes contrapostas trocaram acusações de ter traído o legado

25 Feuchtwanger (1946), p. 40.
26 Furet (1995), pp. 172-3.

dos Pais Fundadores.[27] Sem contar que, aos olhos de Nietzsche, a relação conturbada com a realidade caracteriza toda a tradição revolucionária, a começar por aqueles "agitadores cristãos" que são os "Pais da Igreja" e, antes ainda, pelos profetas judeus.

A personalidade de Stalin se caracteriza por traços mórbidos particularmente marcantes? Se partíssemos deste pressuposto, seria inexplicável o fascínio que exerceu sobre as principais personalidades do Ocidente. No entanto, um fato nos dá o que pensar: Freud, que morreu em 1939, achou oportuno fazer um estudo psicanalítico não sobre Stalin, e na verdade nem mesmo sobre Hitler, mas sobre Wilson, incluído na categoria desses perigosos "fanáticos" que estão convencidos de que "têm uma relação especial e pessoal com a divindade" e que, a partir disso, se consideram investidos da missão providencial de orientar e transformar o mundo.[28] E certamente parece um tanto fora do comum que, ao precipitar seu país na Primeira Guerra Mundial, apesar de ter sob os olhos a realidade da carnificina e apesar de ser movido por interesses materiais e geopolíticos robustos, ele celebre a intervenção dos EUA como uma "guerra santa, a mais sagrada de todas as guerras", e os soldados americanos como "cruzados", protagonistas de um "empreendimento transcendente".[29]

Mas Furet se concentra na leitura psicopatológica da história iniciada em outubro de 1917 e sobretudo dos trinta anos de Stalin: este não suspeita, como um verdadeiro paranoico, de perigos, emboscadas e conspirações por toda parte? O que dizer então de F. D. Roosevelt e seus colaboradores que, apesar de poderem contar com uma conjuntura política e geopolítica muito mais favorável, já nos meses que antecederam a intervenção dos Estados Unidos na Segunda Guerra Mundial, soaram o alarme — como sabemos — para um iminente desembarque alemão na América, rotulando o anti-intervencionismo como sinônimo de traição nacional e advertindo contra a "sabotagem" industrial provocada pelo inimigo e contra uma quinta-coluna de meio milhão de pessoas? É por isso que Hitler acusa o presidente dos EUA de ter uma "fantasia boba" e doentia, a fantasia de um

27 Davis (1982), pp. 5, 65 e passim.
28 Freud (1995), pp 35-7.
29 Losurdo (2007), cap. VI, § 11.

homem que é "realmente um doente mental".[30] Como se vê, a acusação de paranoia ou insanidade não é nova, pode ser lançada pelos personagens mais inesperados e pode atingir os mais diversos alvos.

Mas outra consideração é mais importante: as duas teorias da conspiração que talvez mais tenham marcado a história da primeira metade do século XX registram, sim, a forte presença dos bolcheviques, mas não como protagonistas, porém como alvos; e essas teorias foram desenvolvidas e divulgadas com a contribuição decisiva dos Estados Unidos. Em setembro de 1918, Wilson autorizou a publicação de documentos contendo revelações sensacionais: não apenas a Revolução de Outubro não passava de uma conspiração alemã, mas, mesmo após a conquista do poder, Lenin, Trotsky e outros líderes bolcheviques continuaram a serviço (remunerado) da Alemanha imperial; aliás, a laceração aparentemente dramática que surgiu durante Brest-Litovsk teria sido toda uma encenação destinada a ocultar o controle permanente sobre a Rússia soviética exercido pelo Estado-Maior alemão. Tudo isso teria sido demonstrado pelos chamados *Sisson Papers*, batizados em homenagem ao representante russo do *Committee on Public Information*, o comitê criado por Wilson com vistas à mobilização total também das informações. Em apoio à autenticidade dos supostos documentos (que mais tarde se revelaram uma falsificação clamorosa), também se alinharam historiadores norte-americanos respeitáveis, que posteriormente se justificaram aludindo às pressões exercidas sobre eles "em nome da necessidade dos tempos de guerra".[31] Trata-se de um caso que ecoou até mesmo fora dos Estados Unidos. Em *Il Grido del Popolo*, Gramsci ironiza: "Os dois cidadãos que se chamam Lenin e Trotsky na Rússia são dois sósias fabricados em laboratórios científicos alemães, que, feitos por uma máquina, não podem ser mortos por disparos de revólver dos terroristas" (a alusão é ao atentado sofrido por Lenin em 30 de agosto de 1918).[32]

Mais tarde, uma segunda teoria da conspiração intervém para explicar a Revolução de Outubro que, além dos habituais bolcheviques, desta vez não acusa os alemães, mas os judeus. Depois de ganhar grande ressonância nos EUA, a denúncia das maquinações bolcheviques-judaicas, que

30 Hitler (1965), p. 1175 (discurso de 28 de abril de 1939); Hitler (1980), p. 178 (palestra de 4-5 de janeiro de 1942).

31 Kennan (1956), pp. 441-57; Aptheker (1977), pp. 367-70; Filene (1967), pp. 47-8.

32 Gramsci (1984), p. 297.

espalham a sedição por todo o mundo e ameaçam a ordem e a civilização como tais, desempenhará depois um papel de destaque na "solução final" (*supra*, pp. 242-247).

Imoralismo ou indignação moral?

Se a abordagem psicopatológica é enganosa, a leitura da grande crise histórica que se abateu sobre a Rússia no século XX não é mais persuasiva, acusando os bolcheviques e Stalin em particular de terem desenvolvido uma visão de mundo completamente surda às razões da moral e da humanidade. No entanto, se partirmos dos anos ou décadas anteriores a outubro de 1917, veremos que os lados entre acusados e acusadores podem facilmente se inverter: são os protagonistas do movimento revolucionário que rotulam no mundo que pretendem derrubar o responsável pelos crimes que hoje lhes são atribuídos. O comunismo desemboca no genocídio? Nos anos da Primeira Guerra Mundial, a sociedade liberal e burguesa é que era sinônimo de um genocídio que se tratava de derrubar. Se Stalin fala de "massacre sangrento" e de "extermínio em massa das forças vivas dos povos",[33] Bukharin fala de "horrível fábrica de cadáveres".[34] Terrível e ainda mais ameaçadora é sobretudo a descrição que Rosa Luxemburgo faz: nos campos de batalha, o "extermínio em massa" e o "genocídio" (*Völkermord*) tornam-se um "assunto diário e tediosamente monótono", de modo que "uma atmosfera de assassínio ritual" se difunde até mesmo nas retaguardas. A lutar contra o "genocídio", ou melhor, contra o "triunfo do genocídio" também conclama Karl Liebknecht, que ainda condena a "adoração da violência brutal", o "naufrágio" de "tudo o que é nobre no homem" e a desenfreada "barbárie moral"; enquanto o pressiona a saudar a Revolução de Outubro, a indignação moral com o horror inédito da Primeira Guerra Mundial induz Liebknecht a almejar na Rússia soviética o surgimento de um poder não apenas "sólido", mas também "rude", em todo caso capaz de

33 Stalin (1971-73), vol. 3, p. 34 (= Stalin, 1952-56, vol. 3, p. 49).
34 Bukharin (1984), p. 45.

impedir a repetição da tragédia e o regresso de um sistema já às vésperas da guerra denunciado como carente de "escrúpulos morais".[35]

Convém por fim citar Trotsky: "A obra de Caim da imprensa 'patriótica'" dos dois lados contrapostos é "a demonstração irrefutável da decadência moral da sociedade burguesa". Sim, não se pode deixar de falar em "decadência moral", quando se vê a humanidade cair na "barbárie cega e desavergonhada": assiste-se ao alastramento de uma "competição de loucura sangrenta" a fim de usar a tecnologia mais avançada para objetivos de guerra; é uma "barbárie científica", que usa as grandes descobertas da humanidade "apenas para destruir os fundamentos da vida social civilizada e aniquilar o homem". Tudo de bom que a civilização produziu afunda no sangue e na lama das trincheiras: "a saúde, o conforto, a higiene, as habituais relações cotidianas, os laços de amizade, as obrigações profissionais e, por fim, as aparentemente inabaláveis regras de moralidade".[36] O termo "genocídio" é também utilizado com uma pequena variação por Trotsky, que em 1934 adverte contra a nova guerra mundial, contra o novo "recurso ao genocídio" (*Völkermorden*) que se desenha no horizonte.[37] Novamente em 31 de agosto de 1939, Molotov acusa a França e a Inglaterra de terem rejeitado a política soviética de segurança coletiva, na esperança de atiçar o Terceiro Reich contra a URSS, sem hesitar, pois, em provocar "um novo grande massacre, um novo holocausto das nações".[38]

É claramente a indignação moral que inspira essa denúncia dos horrores da guerra. Um proeminente estadista americano como Theodore Roosevelt tem uma atitude muito diferente a esse respeito. Na virada do século XIX ao XX, ele procede a uma celebração vitalista da guerra como tal, partindo de um ponto de vista que de alguma forma quer estar — pode-se dizer com Nietzsche — "além do bem e do mal". Lemos: "Todo homem que tem o poder de se alegrar na batalha sabe que sente isso quando a besta começa a entrar em seu coração; ele então não recua horrorizado com o sangue ou pensa que a batalha deva cessar; mas gosta da dor, da pena, do perigo,

35 Luxemburgo (1968), pp. 19-20, 31 e 33; Liebknecht (1958-68), vol. 8, pp. 230 e 266-83, vol. 9, p. 503 e vol. 6, pp. 297-9.

36 Trotsky (1998), pp. 98-9, 139, 238-9 e 270.

37 Trotsky (1997-2001), vol. 3, p. 536.

38 Em Roberts (2006), p. 34.

como se adornassem seu triunfo".[39] São motivos que, de forma ligeiramente atenuada, continuam a ressoar em Churchill, que, referindo-se às expedições coloniais, afirma: "A guerra é um jogo durante o qual se deve sorrir". A furiosa carnificina na Europa a partir de agosto de 1914 não afeta essa visão: "A guerra é o maior jogo da história universal, estamos jogando aqui as apostas mais altas"; a guerra constitui "o único sentido e propósito de nossas vidas".[40] Com a passagem de uma celebração cruamente vitalista da guerra para sua transfiguração em chave espiritualista, a Primeira Guerra Mundial é saudada como "grande e maravilhosa" por Max Weber, ao passo que uma "regeneração da vida social presente" é esperada por Benedetto Croce,[41] e com ele numerosos outros expoentes do Ocidente liberal da época. Entre esses, também deve ser mencionado Herbert Hoover, um alto expoente da administração americana e futuro presidente dos EUA, que imediatamente após a assinatura do armistício atribui ao conflito que acaba de se encerrar uma função de "purificação dos homens" e, portanto, de preparação para "uma nova idade de ouro: estamos orgulhosos de ter participado deste renascimento da humanidade".[42]

Por outro lado, Lenin continua firme na condenação político-moral da guerra e, junto com ela, acusa o sistema político-social que a seus olhos a engendrou. É evidente o páthos moral que inspira a análise de Lenin sobre o capitalismo e, em particular, sobre o colonialismo. Assim se descreve a guerra italiana na Líbia, esta "típica guerra colonial de um Estado 'civilizado' do século XX": vemos "uma nação civil e constitucional" avançar em sua obra de "civilização" "por meio de baionetas, balas, corda, fogo, estupros", até a "carnificina". Na realidade, trata-se de "um massacre de homens civilizado, aperfeiçoado, um massacre de árabes com armas 'moderníssimas' [...]. 'Como punição', cerca de 3 mil árabes foram massacrados, famílias inteiras foram saqueadas e massacradas, crianças e mulheres foram massacradas".[43] O advento da mais avançada república burguesa não pôs fim

39 Divulgado em Hofstadter (1960), p. 208.
40 Em Schmid (1974), pp. 48-9.
41 Losurdo (1991), cap. 1, §§ 1 e 3 (para Weber); Croce (1950), p. 22.
42 Em Rothbard (1974), p. 89.
43 Lenin (1955-70), vol. 18, pp. 322-3.

a esse horror de modo algum: "os exércitos da França 'republicana' [...] exterminaram os povos africanos com não menos crueldade".[44]

A denúncia das práticas genocidas do Ocidente ocupa um papel central sobretudo no quadro traçado por Lenin nos *Cadernos do Imperialismo* — e traçado a partir da coleta e citação de material retirado da literatura liberal-burguesa da época. Já um ano antes da eclosão do gigantesco conflito, num livro de um autor alemão podemos ler: "A luta pela existência torna-se mais dura, exacerba a hostilidade entre os europeus e leva a tentativas de aniquilação mútua". Por outro lado, a política de aniquilação já é uma realidade nas colônias: na África, os Herero são "amplamente aniquilados" pela Alemanha, que além disso, ao reprimir a "revolta dos hotentotes", pode valer-se da colaboração ativa da Inglaterra. Mas vejamos como o país líder do Ocidente liberal da época se comporta em suas colônias: "Os ingleses exterminaram os habitantes da Tasmânia até o último deles. Mas os irlandeses não são tasmanianos! Não é possível simplesmente matar a todos". Embora submetidos a uma dominação e repressão implacáveis, os negros na África do Sul estão se multiplicando de forma preocupante: "Alguns colonos querem até uma insurreição, para conter o crescimento perigoso da população cafre e fazer tábula rasa de seus direitos e suas terras".[45] De frias e distanciadas que eram, essas descrições se carregam de indignação moral na passagem dos historiadores burgueses a Lenin, que anota: aqui estão os "resultados das guerras coloniais"; graças à expropriação e aniquilação dos Herero, os recém-chegados podem "rapinar a terra *e* tornar-se proprietários".[46]

Não menos carregada de indignação moral é a leitura que Stalin faz do colonialismo. No entanto, Theodore Roosevelt parece responder antecipadamente à denúncia da escravatura e das práticas genocidas ocorridas nas colônias: "Muito felizmente os homens políticos, duros e enérgicos que realizaram o difícil trabalho de civilizar territórios bárbaros como pioneiros não se deixam vencer por falsos sentimentalismos"; os "filantropos sentimentais" que se comovem com o destino dos povos coloniais devem ser considerados piores que "criminosos profissionais".[47] De modo análogo,

44 Lenin (1955-70), vol. 24, p. 423.

45 Lenin (1955-70), vol. 39, pp. 492, 652 e 488-9.

46 Ibid., p. 652.

47 Em Hofstadter (1960), pp. 209 e 205.

algumas décadas antes o general Bugeaud debochara de "excelentes filantropos", inquietos com a brutalidade ou o horror da conquista francesa da Argélia, mas apontado por Tocqueville como modelo de "energia" e "vigor incomparável" na condução "do único tipo de guerra praticável na África".[48]

O comunismo é sinônimo de estado total e totalitarismo em nossos dias? Nos anos da Primeira Guerra Mundial, quem encarnava tudo isso eram os países capitalistas, inclusive os de orientação liberal. Lenin sublinha o fato de que bloquear a "confraternização" no *front* é "uma disciplina de colônia penal", e que até as retaguardas se transformaram em "casas de correção militar".[49] A própria sociedade civil está sujeita à arregimentação e ao punho de ferro; a este respeito, o revolucionário russo sublinha a atualidade da análise feita algumas décadas antes por Engels, segundo a qual a crescente militarização e "a concorrência nas conquistas levam o poder público a uma altura a partir da qual ameaça engolir toda a sociedade e até o Estado".[50] Por sua vez, Bukharin, ao denunciar a "centralização do Estado-quartel" e "a bota ferro do Estado militarista", vê surgir no horizonte um "novo Leviatã, ante o qual a imaginação de Thomas Hobbes parece uma brincadeira de criança".[51] É um motivo que também se encontra em Stalin, segundo o qual a guerra acaba por mutilar ou destruir a "democracia" mesmo onde esta parece mais enraizada: ao contrário da Rússia, na Inglaterra a "opressão nacional" não assumia o gênero de "formas monstruosas de massacre e *pogrom*", era "menos grave, menos desumana"; mas, com a eclosão das hostilidades, a situação piora drasticamente, como irlandeses e indianos tiveram que experimentar na própria pele.[52] Mesmo as democracias ocidentais tendem a não mais se distinguir de um país caracterizado por uma autocracia feroz e "desumana". Poder-se-ia contrastar esta linguagem com "o uso muito frequente na prosa de [Th.] Roosevelt de palavras como 'viril', 'imperioso', 'hábil'",[53] uma prosa que mais uma vez remete a uma atitude "para além do bem e do mal" e a um culto à vontade de poder que não tolera os limites morais.

---

48 Cf. Losurdo (2005), cap. VII, § 6.

49 Lenin (1955-70), vol. 24, p. 329 e vol. 25, p. 363.

50 Marx, Engels (1955-89), vol. 21, p. 166; Lenin (1955-70), vol. 25, p. 370.

51 Bukharin (1984), pp. 137 e 141-2.

52 Stalin (1971-73), vol. 3, pp. 15 e 46 (= Stalin, 1952-56, vol. 3, pp. 27-8 e 63).

53 Hofstadter (1960), p. 207.

Como se vê, não resiste a uma análise histórica o lugar-comum que adora contrapor o robusto senso moral do mundo liberal-burguês ao maquiavelismo inescrupuloso dos protagonistas do movimento comunista. Imediatamente após a Revolução de Outubro, saudada com favor, o jovem Lukács vê no "movimento histórico" do "socialismo" um radical acerto de contas com a "*Realpolitik*";[54] aos olhos de Benedetto Croce, ao contrário, a figura odiosa e ridícula do "moralista político" se encarna nos bolcheviques, nos "revolucionários russos". Eles "abriram um grande tribunal de justiça convocando, em nome da moralidade, todos os povos ao exame de seus propósitos de guerra, a fim de revisá-los e admitir os honestos e excluir os desonestos; e, assim, procedendo de forma moralista, tornaram públicos os tratados diplomáticos", tachados de imorais, pelo fato de terem planejado a guerra para obter conquistas territoriais. Mas, objeta o filósofo liberal, é absurdo querer "pronunciar juízos de moral sobre os Estados" e "tratar a política como moral, quando política (e aqui está a simples verdade) é política, precisamente política, e nada mais que política; e [...] sua moralidade consiste total e unicamente em ser excelente política". Portanto, não faz sentido argumentar "atribuindo direitos a quem não sabe conquistá-los ou não sabe defendê-los, e limites e deveres a quem, dominando a própria mente e derramando o próprio sangue, justamente não reconhece outro limite e dever que não aqueles que a própria mente e a própria força lhe aconselham e impõem".[55] Pode-se dizer que Croce foi respondido idealmente por Stalin em 10 de março de 1939, no momento em que o desmembramento e a tragédia da Tchecoslováquia ocorriam graças a Munique e à cumplicidade do Ocidente que, recusando-se a condenar e conter a vontade de poder e a vitalidade expansionista do Terceiro Reich, apenas tenta canalizá-los mais para leste: "É ingênuo pregar moral a pessoas que não reconhecem a moralidade humana. Política é política, como dizem os velhos e consumados diplomatas burgueses".[56]

Mas vamos nos concentrar na Primeira Guerra Mundial. Vale a pena reler o que Vilfredo Pareto escrevia em 1920: antes da conflagração, "os proletários e especialmente os socialistas" diziam estar prontos para

54 Lukács (1967), p. 5.
55 Croce (1950), pp. 251-3.
56 Stalin (1971-73), vol. 14, p. 190 (= Stalin, 1952, p. 686).

impedi-la com uma greve geral ou meios ainda mais radicais. "Depois de discursos tão bonitos, vem a Guerra Mundial. Não se viu sombra de greve geral; ao contrário, nos vários parlamentos, os socialistas aprovavam as despesas para a guerra, ou não faziam muita oposição a elas", de modo que "o preceito do mestre [Marx]: 'Proletários de todos os países, uni-vos!' viu-se implicitamente transformado em outro: 'Proletários de todos os países, matem-se'".[57] Para Pareto, ao menos naquele momento um típico representante do mundo liberal-burguês, que não esconde seu cinismo e sua satisfação com a sangrenta contestação sofrida pelo internacionalismo socialista, parece responder antecipadamente Stalin, cujas palavras ressoam, ao contrário, de indignação moral e ao mesmo tempo de esperança (tinha estourado a Revolução de fevereiro):

> Três anos se passaram desde que os trabalhadores de todos os países, ontem ainda irmãos, vestiram o uniforme, se alinharam como inimigos e hoje se mutilam e se matam, para deleite dos inimigos do proletariado. A Revolução Russa foi a primeira a romper o muro que dividia os trabalhadores entre si. No momento da embriaguez "patriótica" geral, os trabalhadores russos são os primeiros a lançar a palavra de ordem esquecida: "Proletários de todos os países, uni-vos!".[58]

Na nova situação que se apresenta na Rússia (e no mundo) é possível relançar a luta a fim de pôr fim ao massacre e promover a "confraternização em massa nas linhas de frente" e os "novos laços de fraternidade entre os povos".[59] Com a finalidade de alcançar esse resultado, porém, é preciso ir além da Revolução de fevereiro. "A vida nas trincheiras, a verdadeira vida dos soldados, criou um novo instrumento de luta: a confraternização das massas", que, no entanto, se opõe ao governo provisório, que apela a uma "ofensiva" e a novos banhos de sangue[60] e que ameaça remeter o "culpado" a tribunais militares justamente por "confraternização".[61]

---

57 Pareto (1966), p. 940.
58 Stalin (1971-73), vol. 3, p. 34 (= Stalin, 1952-56, vol. 3, p. 49).
59 Ibid., pp. 34-5 (= Stalin, 1952-56, vol. 3, pp. 49-50).
60 Ibid., pp. 54-5 (= Stalin, 1952-56, vol. 3, p. 73).
61 Ibid., pp. 75-6 (= Stalin, 1952-56, vol. 3, p. 99).

É verdade que, no período da clandestinidade, o partido bolchevique e Stalin lideraram a luta contra a autocracia com métodos bastante inescrupulosos (assalto a bancos ou a carros-fortes), e foi aí que os historiadores se empenharam em denunciar Stalin como um *gangster* já na juventude. O que dizer dessa abordagem? Vamos fazer uma comparação com Churchill, cinco anos mais velho que Stalin. O futuro estadista inglês iniciou sua carreira combatendo e descrevendo com simpatia as guerras do Império Britânico, mesmo as menos gloriosas: se no Sudão não fazem prisioneiros, na África do Sul, os conquistadores erguem campos de concentração destinados a se tornar um triste modelo. A partir dessas experiências, Churchill começa a se destacar como líder político, lutando ardorosamente pela defesa da "raça britânica" e da raça branca em geral. Para chegar a esse resultado, não basta fortalecer o controle sobre os povos coloniais, é preciso também intervir na metrópole: é preciso proceder à esterilização forçada dos "débeis mentais", dos desajustados, dos presumíveis delinquentes habituais; por sua vez, os "vagabundos ociosos" deveriam ser encarcerados em campos de trabalhos forçados. Só assim será possível enfrentar adequadamente "um perigo nacional e racial impossível de superestimar". O autor que cita essas passagens comenta: como ministro do Interior, em 1911, Churchill era o proponente de medidas "draconianas" que "teriam dado a ele, pessoalmente, um poder quase ilimitado sobre a vida dos indivíduos".[62] Os primórdios de Churchill são realmente mais edificantes do que aqueles de Stalin? Alguns anos depois, enquanto este último, da prisão em que esteve confinado pelo regime czarista aliado da Inglaterra, sonha com a confraternização de soldados e povos, o primeiro se empenha em travar até as últimas consequências uma guerra que a seus olhos é chamada a fortalecer a hegemonia do Império e da "raça britânica".

Em conclusão, para um historiador que interrompesse seu relato com o outubro de 1917, seria bem difícil apontar no partido bolchevique e em Stalin a parte da luta que ignora as razões da moral.

62 Ponting (1992).

A *reductio ad Hitlerum* e suas variantes

As abordagens psicopatológicas e morais mostram-se ainda mais inconclusivas pelo fato de que a tragédia ocorrida na Rússia do século XX foi prevista com décadas ou séculos de antecedência por personalidades muito diferentes umas das outras: portanto, ela dificilmente pode ser explicada pela anomalia psicológica ou a depravação moral de indivíduos isolados. Por outro lado, tal como a primeira, a segunda abordagem também poderia ser usada para acusar os líderes do Ocidente liberal. Pode-se partir do apoio prestado em particular pela Grã-Bretanha à tentativa de golpe de Estado de Kornilov e posteriormente aos Brancos, ainda numa época em que estes desencadeavam uma sangrenta caçada humana contra os judeus e eram culpados de massacres que, em certa medida, eram um prelúdio à "solução final". A fim de impor à Rússia a participação permanente naquilo que os comunistas denunciavam como o "genocídio" da Primeira Guerra Mundial, o Ocidente liberal fechava os olhos para outros crimes monstruosos.

Após o triunfo militar, chega o momento da divisão do butim colonial. Os britânicos ficam, entre outras coisas, com o Iraque, que, no entanto, se insurge em 1920. E é assim que um dos países-guia do Ocidente liberal lida com a situação: as tropas britânicas desencadearam "cruéis represálias", "incendiaram suas aldeias e cometeram outras ações que hoje consideraríamos excessivamente repressivas, ou até mesmo bárbaras". Certamente não é Churchill quem os detém, pelo contrário, ele convida a força aérea a dar uma dura lição aos "nativos recalcitrantes", atingindo-os com um "trabalho experimental" baseado "em projéteis de gás e sobretudo de gás mostarda".[63] Neste caso, somos levados a pensar não na "solução final", mas na guerra colonial desencadeada pela Itália fascista contra a Etiópia e conduzida de forma particularmente bárbara, fazendo uso de armas proibidas pelas convenções internacionais: Churchill aparece aqui como precursor de Mussolini. Por outro lado, quando se trata de salvaguardar ou expandir o Império, os métodos apressados do estadista inglês são uma constante: em 1942 as manifestações pró-independência na Índia são reprimidas com o "recurso a meios extremos, como o uso de aviação

63 Catherwood (2004), pp. 89 e 85.

para metralhar as multidões de manifestantes";[64] nos dois anos seguintes, Churchill teimosamente nega e negligencia a realidade da fome que dizima a população da Bengala indiana. Por fim, ainda sobre o tema das colônias e dos povos de origem colonial, em que medida a "solução final da nossa questão indígena" no Canadá, que até 1931 faz parte do Commonwealth britânico, também lança uma sombra numa autoridade da classe política inglesa como Churchill? No entanto, como primeiro-ministro de 1951 a 1955, ele deve ser responsabilizado pelas práticas genocidas do governo de Londres na tentativa de esmagar a revolta dos Mau (*infra*, p. 370).

Mas voltemos ao período pré-guerra e à Europa. Depois que Hitler chegou ao poder, o governo de Londres tentou de todas as formas desviar a fúria expansionista do Terceiro Reich para o leste e principalmente para a União Soviética. A esse respeito, dois historiadores canadenses chegaram a uma conclusão instigante: "A responsabilidade pela tragédia da Segunda Guerra Mundial, incluindo o Holocausto, deve recair em parte sobre Stanley Baldwin, Neville Chamberlain, Lord Halifax e seus aliados próximos".[65]

No entanto, a Grã-Bretanha não consegue evitar o embate com a Alemanha nazista e a enfrenta recorrendo antes de tudo ao bombardeio indiscriminado e terrorista das cidades alemãs, com o consequente massacre da população civil: isso levou dois historiadores norte-americanos a fazerem uma comparação com o tratamento infligido pelo nazismo ao povo judeu (*supra*, p. 215). Foi a liderança soviética que tentou contê-lo, como evidenciado por uma entrada no diário de Dimitrov datada de 17 de março de 1945:

> À noite, na casa de Stalin, com Molotov. Discutimos assuntos relativos à Alemanha. Os britânicos querem dividir a Alemanha (Baviera e Áustria, a região do Reno etc.). Eles tentam por todos os meios destruir seu concorrente. Bombardeiam furiosamente as fábricas alemãs. Nós não deixamos a força aérea deles passar para a nossa zona da Alemanha. Mas eles tentam de todas as maneiras bombardear ali também [...]. É necessário que surjam alemães que atuem para salvar o que ainda pode ser salvo para a vida do povo alemão. Organizar as cidades, regular a vida econômica etc.

64 Torri (2000), p. 598.
65 Leibowitz, Finkei (2005), p. 21.

em territórios ocupados e em via de ocupação pelo Exército Vermelho. Criar órgãos administrativos dos quais um governo alemão possa finalmente emergir.[66]

O inferno de fogo desencadeado pela aviação britânica parece ainda mais odioso pelo fato de, duas semanas após a eclosão da guerra, o primeiro-ministro britânico Chamberlain ter declarado: "Independentemente do ponto a que outros possam chegar, o governo de Sua Majestade jamais recorrerá ao ataque deliberado contra mulheres e crianças para meros fins terroristas".[67] Na realidade, os planos de bombardeios indiscriminados e terroristas haviam começado a tomar forma durante a Primeira Guerra Mundial: enquanto ela se arrastava sem chegar a uma conclusão, Churchill "havia previsto, para 1919, um ataque de mil bombardeiros sobre Berlim". Tais planos continuam a ser desenvolvidos após a vitória.[68] Em outras palavras, seria possível dizer — imitando a maneira apressada de argumentar dos ideólogos hoje na moda — que o país-guia naquele momento do Ocidente liberal planejava um novo "genocídio", enquanto levava a cabo aquele iniciado em 1914. Em todo caso, justamente a Inglaterra se torna protagonista da destruição sistemática infligida às cidades alemãs ainda no fim da Segunda Guerra Mundial (pense-se sobretudo em Dresden), uma destruição planejada e conduzida com o objetivo declarado de não deixar saída para a população civil, perseguida e engolfada pelas chamas, bloqueada em sua tentativa de escapar de bombas de efeito retardado *e* muitas vezes metralhada de cima.

Essas práticas parecem ainda mais sinistras quando pensamos na declaração de Churchill feita em abril de 1941: "Existem menos de 70 milhões de hunos perversos. Alguns (*some*) destes podem ser curados, outros (*others*) devem ser mortos". Se não em um autêntico genocídio, como Nolte acredita, é claro que aqui se pensa em alguma medida numa redução maciça da população alemã.[69] É nessa perspectiva que podemos colocar a campanha de bombardeios estratégicos: "Em 1940-45, Churchill liquidou os habitantes de Colônia, Berlim e Dresden como se fossem hunos".[70] O primeiro-mi-

66 Dimitrov (2002), p. 817.
67 Em Markusen, Kopf (1995), p. 151.
68 Friedrich (2004), pp. 19 e 52-3.
69 Churchill (1974), p. 6384 (discurso de 27 de abril de 1941); Nolte (1987), p. 503.
70 Friedrich (2004), pp. 227-8.

nistro britânico não se mostrou menos implacável ao recortar a zona de influência de Londres e ao liquidar sistematicamente as forças guerrilheiras consideradas hostis ou suspeitas. As instruções dadas à força expedicionária britânica na Grécia são eloquentes: "Não hesitem em agir como se estivessem em uma cidade conquistada na qual tivesse estourado uma revolta local". E mais: "Certas coisas não devem ser feitas pela metade".[71]

Voltemos agora à Guerra Fria. Algum tempo atrás, o *The Guardian* revelou que, entre 1946 e 1948, a Grã-Bretanha montou campos na Alemanha onde eram confinados comunistas ou elementos suspeitos de simpatias pelo comunismo, autênticos ou presumidos espiões soviéticos: "as imagens mostram rostos abatidos e sofridos de jovens com físico esquelético, submetidos durante meses à privação de alimentação e de sono, repetidamente espancados e expostos a baixíssimas temperaturas. Tratamentos desumanos que causaram a morte de alguns presos". Neles também se encerraram "dezenas de mulheres que não foram poupadas da tortura". Para implementá-la, foram usados instrumentos às vezes herdados da Gestapo; de fato, trata-se de campos "dignos dos Lager nazistas".[72] Como se vê, emerge continuamente a comparação entre as práticas adotadas no século XX pela Grã-Bretanha e as práticas caras ao Terceiro Reich.

Chegamos a resultados não diversos quando lidamos com os Estados Unidos. Nesse caso, a hipocrisia que vimos caracterizar Chamberlain atinge seu ápice. Imediatamente após a eclosão da Segunda Guerra Mundial, foi Franklin D. Roosevelt quem condenou como contrário aos sentimentos de "todo homem e mulher civilizados" e à "consciência da humanidade", uma expressão de "barbárie desumana", os bombardeios aéreos que atingiam a população civil.[73] Mais tarde, uma "barbárie desumana" ainda mais aguda se mostrou precisamente pela máquina de guerra dos EUA, que prosseguiu com a destruição sistemática e terrorista de cidades japonesas e participou ativamente de operação análoga realizada contra cidades alemãs. Tampouco devem ser subestimados os bombardeios que se abateram sobre a Itália, os quais também visaram a golpear a população civil e a minar seu moral. O próprio F. D. Roosevelt destaca isso: "Vamos deixar os

71 Fontaine (2005), pp. 72-3.

72 Cobain (2005); Cobain (2006).

73 Em Dower (1986), p. 39.

italianos saborearem o gosto de um verdadeiro bombardeio, e estou mais que convencido de que eles não ficarão de pé sob uma pressão como esta".[74]

A campanha de bombardeios terroristas culmina, sob a administração Truman, no uso de armas nucleares contra um país então exaurido. Outro detalhe macabro deve ser acrescentado: já se notou que a aniquilação da população civil de Hiroshima e Nagasaki, mais que ao Japão próximo à capitulação, visou à União Soviética, contra a qual se lançava uma pesada advertência.[75] Portanto estamos perante dois atos de terrorismo de grande envergadura, aliás transversais: dezenas e dezenas de milhares de civis indefesos do velho inimigo (ou melhor, do ex-inimigo que nos preparamos para transformar em aliado) são massacrados para aterrorizar o aliado, já apontado como novo inimigo e novo alvo das práticas genocidas que acabam de ser testadas!

Mas a guerra na Ásia se presta a outras considerações. Agora é amplamente aceito nos Estados Unidos a tese de que o ataque a Pearl Harbor já era mais que previsto (e na verdade provocado por um embargo de petróleo que deixou o Japão com poucas alternativas). Mas, uma vez que o ataque ocorreu, a guerra foi conduzida por Washington sob a bandeira de uma indignação moral certamente hipócrita — à luz do que hoje sabemos — e ainda mais letal. Não se trata apenas da destruição de cidades. Pense-se na mutilação de cadáveres e até na mutilação do inimigo que ainda dá os últimos suspiros de vida, a fim de extrair dele um suvenir, muitas vezes ostentado de modo tranquilo ou orgulhoso. A ideologia que preside a essas práticas é sobretudo significativa: os japoneses são tachados de "subumanos", recorrendo-se a uma categoria central do discurso nazista.[76] E somos novamente conduzidos a esse discurso quando vemos F. D. Roosevelt jogar com a ideia de "castração" a ser infligida aos alemães. Terminada a guerra, estes são encerrados em campos de concentração onde, por puro sadismo ou puro espírito de vingança, são obrigados a sofrer a fome, a sede e privações e humilhações de toda espécie, enquanto sobre o povo derrotado como um todo paira o espectro da morte por inanição.

---

74 Em Butler (2005), p. 99 (mensagem de 25 de novembro de 1942).

75 Alperovitz (1995).

76 Fussel (1991), pp. 151-4.

Ainda sobre o estadista que talvez mais que qualquer outro tenha sido estilizado como o campeão da liberdade: ele não muda a política tradicionalmente seguida por Washington na América Latina e, em 1937, chega ao poder na Nicarágua, graças à Guarda Nacional montada pelos EUA, um ditador sanguinário como Anastasio Somoza.[77] Internamente, as cidades construídas sob a administração de F. D. Roosevelt continuam a excluir explicitamente os afro-americanos; aliás, "os alojamentos para os trabalhadores dedicados à defesa, construídos ou financiados pelo governo durante a Segunda Guerra Mundial, foram deliberadamente submetidos a uma segregação ainda mais rígida do que a vigente nas habitações das comunidades vizinhas". Além disso, "as forças armadas também mantiveram uma segregação estrita durante a guerra". E mais: apesar da solicitação de setores do Partido Republicano, "o presidente nunca pressionou por um projeto de lei contra linchamentos",[78] que continuaram sendo encenados no sul como um espetáculo para uma massa de homens, mulheres e crianças que desfrutavam a visão das humilhações e torturas mais sádicas e o suplício infligido à vítima, um suplício lento, prolongado o mais possível, interminável (*infra*, p. 372).

Por fim, depois de ter celebrado os Estados Unidos em janeiro de 1941 como o país que evolui incessantemente e de modo pacífico, "sem campos de concentração",[79] logo após a eclosão da guerra, F. D. Roosevelt recorreu a essa instituição total para privar soberana e coletivamente da liberdade, sem distinções de idade ou sexo, a comunidade norte-americana de origem japonesa.

Hoje em dia é quase uma obviedade comparar Stalin e Hitler, mas pode ser interessante ler o balanço que um autor alemão traça dos bombardeios estratégicos sobre a Alemanha, partindo sobretudo das chamas que devoraram Dresden e seus habitantes:

> O destino dos cadáveres reflete os métodos de execução. A vítima de uma ação de extermínio não tem túmulo próprio, não tem morte própria, porque não lhe é reconhecido o direito de viver [...], a morte de milhares de

77 Smith (1995), p. 248.
78 Loewen (2006), p. 43.
79 Em Hofstadter (1982), vol. 3, p. 391.

> crianças menores de dez anos não é uma punição. O bombardeiro Harris [o diretor da campanha aérea sobre as cidades alemãs] não lhes atribui nenhuma culpa. Churchill apenas afirmou que não tinham nenhum direito a reivindicar em relação a ele. Talvez ainda tivessem algum na Primeira Guerra Mundial, mas não na Segunda. Hitler, Churchill e Roosevelt os tinham subtraído.[80]

A justaposição dessas três personalidades é certamente uma forçação polêmica, que parece reproduzir um estado de espírito generalizado na Alemanha do imediato pós-guerra, uma Alemanha destruída, isolada pela proibição de confraternização e levada ao limiar da fome pelo Ocidente liberal. Circulou uma conversa que, na Zona norte-americana, ocorreu entre dois cidadãos alemães exasperados:

> Sim, Hitler era ruim, nossa guerra foi injusta, mas agora eles estão fazendo a mesma injustiça contra nós, são todos iguais, não há diferença, eles querem escravizar a Alemanha da mesma forma que Hitler desejava escravizar os poloneses, agora somos nós os judeus, a "raça inferior".[81]

Se o primeiro dos dois últimos textos citados procede a uma comparação parcial de Hitler, Churchill e F. D. Roosevelt, o segundo avança até sua total assimilação. A ideologia dominante hoje, ao contrário, assemelha Stalin a Hitler, mas, ao fazê-lo, é tão precipitada quanto os dois cidadãos alemães exasperados pela fome e pela humilhação: "não há diferença"!

Conflitos trágicos e dilemas morais

Mesmo que queiramos nos concentrar na dimensão propriamente moral, o confronto entre os protagonistas da Grande Aliança antifascista certamente não é isento de claros-escuros. Mas como explicar a oposição maniqueísta

80 Friedrich (2004), p. 381.
81 MacDonogh (2007), p. 365.

de hoje? Voltemos ao processo secular por trás da catástrofe que explode com o colapso da autocracia czarista. Infelizmente, avalizada no momento da reconstituição histórica, a perspectiva da longa duração desaparece como num passe de mágica quando se passa à formulação de um juízo moral: tudo se resume à demonização do período iniciado em outubro de 1917, e de Stalin de modo particular. Aqueles que, por tanto tempo, apoiaram um regime caracterizado por relações sociais tão violentas e tão violentamente desumanizantes a ponto de despertar o presságio da catástrofe em personalidades tão diferentes (Maistre, Marx, Witte) não têm nenhuma responsabilidade? Aqueles que desencadearam a Primeira Guerra Mundial e que no Ocidente, para forçar a Rússia a participar dela até o fim, não têm nada a ser censurado por armar e apoiar até mesmo as mais ferozes gangues reacionárias? Se, como afirma um dos autores do *Livro negro do comunismo*, o "stalinismo" começou a tomar forma em 1914, por que os que estão sentados no banco dos réus não são os responsáveis pela carnificina, mas apenas aqueles que tentaram impedi-la ou apressar seu fim?

Pelo menos no que diz respeito à gênese e ao desenvolvimento da Segunda Guerra Mundial, o carácter problemático do juízo moral a ser formulado sobre os estadistas ocidentais e liberais não escapou aos autores mais atentos. Vimos dois historiadores canadenses atribuírem aos protagonistas ingleses da política de *appeasement* e, na verdade, de desvio para o leste do expansionismo nazista, a corresponsabilidade "pela tragédia da Segunda Guerra Mundial, incluindo o Holocausto".

Depois, há o problema de como, uma vez iniciada, a guerra foi conduzida pelo Ocidente liberal. É claro que, mesmo neste caso, a ideologia dominante se safou por um baixo custo. Um historiador e jornalista de sucesso, cujos artigos também são publicados no *New York Times*, tem tão poucas dúvidas "sobre a conveniência ou correção moral" no uso da bomba atômica contra o Japão que afirma que não a usar "teria sido ilógico e até irresponsável". Certamente houve um massacre da população civil inocente, mas "os que morreram em Hiroshima e Nagasaki foram vítimas não tanto da tecnologia anglo-americana, mas de um sistema de governo paralisado, devido a uma ideologia perversa, que tinha liquidado não só os valores morais absolutos, mas também a própria razão".[82] Essas

82 Johnson (1991), pp. 425 e 427.

tranquilas certezas se assentam sobre um pressuposto muito simples: a responsabilidade por uma ação horrenda não deve necessariamente ser atribuída ao autor material dessa ação. Os dirigentes da URSS argumentaram de maneira análoga por muito tempo: obviamente reconheceram o horror ocorrido em momentos cruciais da história do país, mas atribuíram a responsabilidade por isso ao "cerco imperialista" e à política agressiva das grandes potências capitalistas. É o caso de apenas notar que o jornalista-historiador hospedado e homenageado pelos meios de comunicação mais conceituados faz valer o critério enunciado por ele somente para o Ocidente liberal e anglo-saxão. No entanto, afirmar um critério apenas para si e sua própria parte é a definição mesma de dogmatismo no plano teórico e de hipocrisia no plano moral.

Felizmente, vozes mais inquietas podem ser ouvidas sobre Dresden, Hiroshima e Nagasaki. Um ilustre filósofo norte-americano, Michael Walzer, observa que, por parte dos já "vitoriosos" americanos, recorrer à bomba atômica e "matar e aterrorizar civis" sem sequer tentar negociações reais com os japoneses foi "um duplo crime". E Walzer chega a uma conclusão semelhante a respeito da destruição de Dresden e outras cidades alemãs e japonesas, realizada "após a guerra estar virtualmente vencida".[83] O problema se coloca de modo diverso nos anos em que se parece assistir ao triunfo do Terceiro Reich, quando a Grã-Bretanha inicia sua campanha de bombardeios estratégicos que atingem, de forma sistemática e implacável, a população civil na Alemanha. Trata-se de um momento trágico, e os governantes ingleses se deparam com um terrível dilema moral que pode ser assim formulado:

> Soldados e estadistas podem atropelar os direitos de pessoas inocentes para salvar sua própria comunidade política? Eu estaria inclinado a responder afirmativamente à pergunta, embora não sem hesitação e preocupação. Que outra escolha eles teriam à disposição? Eles podem sacrificar a si mesmos a fim de defender a lei moral, mas não podem sacrificar seus compatriotas. Diante de um horror sem saída, suas possibilidades de escolhas se esgotam, e eles farão o que for necessário para salvar sua gente.[84]

---

83 Walzer (1990), pp. 350 e 342.

84 Ibid., p. 332.

O perigo de um triunfo do Terceiro Reich, "a personificação do mal no mundo", determina uma "emergência suprema", um "estado de necessidade"; pois bem, deve-se notar que "a necessidade não conhece regras". É claro que bombardeios com o objetivo de matar e aterrorizar a população civil do país inimigo são crime, contudo, "ouso dizer que nossa história seria apagada, e nosso futuro comprometido, se eu não aceitasse assumir o peso de um ato criminoso aqui e agora". O jovem Lukács argumenta de maneira semelhante quando, movido pelo horror da carnificina da Primeira Guerra Mundial, amadurece sua escolha revolucionária. Ao afirmar a inevitabilidade da "culpa" e ao apelar à "seriedade", à "consciência" e ao "sentido de responsabilidade" moral, ele exclama com Hebbel: "E se Deus, entre mim e a tarefa que me foi confiada, tivesse posto o pecado, quem sou eu para poder escapar a esta escolha?".[85] Presumivelmente, com esse mesmo estado de espírito, o filósofo húngaro encarou mais tarde os anos do terror stalinista conforme a ameaça do Terceiro Reich se tornava cada vez mais iminente.

Agora podemos voltar nosso olhar para a União Soviética. Vale notar que a tese formulada na época por Toynbee, segundo a qual Stalingrado só foi possível pelo caminho percorrido pela URSS stalinista "de 1928 a 1941",[86] é hoje confirmada por não poucos historiadores e estudiosos de estratégia militar; é altamente provável que, sem o abandono da NEP, sem a coletivização da agricultura (com a estabilização do fluxo de recursos alimentares do campo para a cidade e para o *front*) e a industrialização forçada (com o desenvolvimento da indústria armamentista e o surgimento de novos centros industriais nas regiões orientais, a uma distância segura do exército invasor), teria sido impossível conter vitoriosamente a agressão de Hitler: "A contribuição incomparável e indiscutível da Rússia soviética para a derrota da Alemanha nazista está intimamente relacionada à teimosa Segunda Revolução de Stalin".[87] Aliás, a julgar por Churchill, até mesmo o processo contra Tukhachevski e o Grande Terror como um todo teriam desempenhado um papel positivo e muito relevante no fracasso da Operação Barbarossa. Devemos então justificar o universo

85 Walzer (1990), pp. 333 e 340; Lukács (1967), pp. 6-11.

86 Toynbee (1992), p. 19.

87 Mayer (2000), p. 607; cf. também Tucker (1990), pp. 50 e 98; Bullock (1992), pp. 279-80; Schneider (1994).

concentracionário que permitiu evitar "um horror sem escapatória" para o povo soviético e toda a humanidade?

Walzer, com razão, submete o princípio por ele enunciado a rigorosas restrições: só pode ser considerado válido se, além de "realmente inusitado e horrendo", o perigo também for "iminente"[88]. Pode-se dizer que pelo menos o segundo requisito está ausente na União Soviética: Stalin inicia a coletivização forçada da agricultura e a industrialização em etapas forçadas — o que acaba provocando uma expansão terrível do universo concentracionário — quando o perigo de guerra ainda é remoto, e Hitler ainda nem havia conquistado o poder. No entanto, pode-se contestar que a Grã-Bretanha também promove o plano de construir uma frota aérea adequada para futuros bombardeios estratégicos pelo menos duas décadas antes do início da "emergência suprema". Com efeito, esse plano começa a tomar forma durante a Primeira Guerra Mundial e, por isso, inspira-se numa corrida pela hegemonia que transcorre pelo menos desde finais do século XIX.

Bem diferente é o quadro que se apresenta no país que saiu da Revolução de Outubro. Largamente difundida na Europa, a análise feita, entre outros, pelo general Foch logo após a assinatura do Tratado de Versalhes ("não é paz, é apenas um armistício por vinte anos"[89]) está bem presente em Stalin, que adverte para a urgência da tarefa de remediar o atraso revelado pela Rússia durante a Primeira Guerra Mundial. No que diz respeito ao *front* oriental, tal conflito foi repetidamente lido por Guilherme II como uma guerra racial em que estava em jogo a própria "existência" dos povos combatentes, o "ser ou não ser da raça germânica na Europa". Tratava-se de um confronto que excluía qualquer reconciliação ou reconhecimento recíproco: a paz "não é possível entre eslavos e alemães". A partir de então, especialmente depois de Brest-Litovsk, surgiram rumores no Reich guilhermino que buscavam no leste uma solução para o problema do espaço vital e que previa um acordo com a Inglaterra para desmembrar a Rússia e "criar as condições para a posição da Alemanha no mundo com uma grandiosa política continental".[90] Alguns anos depois, em *Mein Kampf*, Hitler expôs claramente

88 Walzer (1990), pp. 330-1.
89 Em Kissinger (1994), p. 250.
90 Fischer (1965), pp. 33, 743-5 e 803.

seu programa para a construção de um império continental alemão a ser erguido principalmente sobre as ruínas da União Soviética. Não é difícil identificar a linha que vai de Brest-Litovsk à Operação Barbarossa, e isso explica suficientemente as angústias de Stalin. De qualquer forma, a categoria de iminência do perigo está longe de ser unívoca: não há quantidade de tempo determinada para medi-la; iminente é um perigo que, para ser tratado adequadamente, não admite demora. Se então, além do sentido temporal, entendermos a "iminência" no sentido espacial, claramente era a União Soviética que estava exposta a um perigo mais "iminente". Por fim: enquanto a matança sistemática da população civil por bombardeios aéreos *é um crime em si*, a coletivização da agricultura e a industrialização forçada *acabam* resultando em uma série de crimes.

Daria prova de dogmatismo e hipocrisia quem se questionasse apenas sobre os dilemas morais dos estadistas anglo-saxões. Por outro lado, ainda que afirmemos com Walzer que perante a "emergência suprema" um estadista deve saber assumir "o peso do ato criminoso aqui e agora", é difícil passar do geral ao particular.

Ao lermos cada um dos episódios atrozes de que foram vítimas os indivíduos detidos no gulag, dominados por um horror cuja origem e razão nem sequer conseguem compreender, somos levados a exclamar com Petrarca: "*Povera et nuda vai filosofia*" (*Rime*, VII, 10). Mas uma consideração análoga se aplica às vítimas dos bombardeios estratégicos. A "emergência suprema" pode realmente justificar o que a crônica relata? "A primeira série de bombas caiu às 9h da manhã nas ruas repletas de filas de compras e matou setecentas pessoas, quase todas mulheres e crianças. Então os caças-bombardeiros perseguiram e atingiram os cidadãos que fugiam para os bosques ao leste". E em outras localidades: "os caças-bombardeiros começam a metralhar pedestres, ciclistas, passageiros de trens, agricultores que trabalhavam na lavoura".
"Os funerais ocorreram sob o fogo de ataques de baixa intensidade; na falta de caixões, usavam-se lençóis". "As bombas penetram nas casas, ficam presas no teto falso, explodem dias depois, à luz do sol e na escuridão da noite: derrubam as paredes, matam os habitantes durante o sono". "As pessoas tiveram que fugir entre as chamas e se apressavam em direção

à morte; acontecia até de tirarem a própria vida ou de empurrar umas às outras para as chamas".[91]

Criminosas em um momento em que a derrota do Terceiro Reich já se delineia, essas ações são justificáveis enquanto a emergência suprema se aproxima? A dificuldade de passar do geral para o particular é evidente.

A Katyn soviética e a "Katyn" norte-americana e sul-coreana

Ao contrário da coletivização da agricultura e da industrialização em etapas forçadas, o massacre de oficiais poloneses, decidido pelos dirigentes soviéticos e realizado em Katyn em março-abril de 1940, é um crime em si. O peso do confronto com a Finlândia ainda se fazia sentir: depois de uma vã tentativa de proceder a uma troca consensual de territórios, empreendida por Stalin a fim de dar a profundidade territorial mínima à defesa de Leningrado (cidade que mais tarde seria protagonista de uma resistência épica à agressão nazista), a guerra agora corria o risco de se espalhar e generalizar. Como os oficiais poloneses capturados pela URSS teriam reagido em tal ocasião após o desmembramento da Polônia? Da parte de Moscou, tentou-se em vão fazê-los recuar de suas orgulhosas posições antissoviéticas, legado do conflito que havia começado com o colapso do Império czarista e que, portanto, tendia a assumir as características brutais de uma guerra civil. A situação tornou-se muito difícil: pairava o perigo de que a URSS como tal fosse engolida pela guerra, e não faltavam círculos ocidentais que pensavam na derrubada do regime stalinista (*supra*, p. 103). Foi esse "grave problema de segurança" que precipitou a "horrível decisão", da qual mais tarde Stalin deve ter "se arrependido amargamente pelos consequentes embaraços e complicações".[92] Em outras palavras, mesmo no caso das execuções de Katyn não estão ausentes os dilemas morais a serem enfrentados, sobre os quais Walzer chama a atenção. No entanto, seria errado invocar

91 Friedrich (2004), pp. 129-30, 135, 292 e 297.

92 Roberts (2006), pp. 47 e 170-1.

a "emergência suprema" também neste caso, ampliando ainda mais um critério que já em si corre o risco de ser muito frouxo.

Porém, ainda que injustificável, o crime de que ora estamos tratando não se refere às características peculiares da personalidade de Stalin ou do regime por ele dirigido. Pense-se no crime cometido pelo general norte-americano Patton quando, ao desembarcar na Sicília, ordenou a morte de soldados italianos que, após dura resistência, se renderam.[93] Mesmo que se trate de uma infâmia de menor escala, deve-se ainda ter em mente que o que a motivou não foi uma preocupação real com a segurança do país, mas sim um espírito de vingança ou talvez até de desprezo racial. Ou seja, neste caso, trata-se de um crime por motivos abjetos.

Entretanto, se quisermos buscar uma analogia real com Katyn, devemos nos referir a outras tragédias e outros horrores. Dez anos depois da Katyn soviética, verifica-se o que poderíamos chamar de "Katyn" norte-americana e sul-coreana. A Guerra da Coreia está em andamento. Do Norte selvagemente bombardeado, uma massa de refugiados irrompeu no Sul. Como eles são recebidos? "O exército dos EUA tinha uma política de matar os civis que se aproximassem da Coreia do Sul": as vítimas eram "principalmente mulheres e crianças", mas se temia que norte-coreanos estivessem infiltrados entre elas, ainda que durante a investigação de um dos casos talvez mais documentados (os assassinatos que ocorreram em No Gun Ri) "nenhuma evidência de inimigos infiltrados tenha surgido".[94] Não estamos aqui na presença das disposições de um único, embora brilhante e autoritário general ou marechal, como era Patton, mas sim de uma política sancionada pela cúpula militar (e política) dos EUA. E essa circunstância nos faz pensar justamente em Katyn, até porque em ambos os casos a segurança estava em jogo.

Para garanti-la, os EUA e seus aliados não se limitaram a matar os refugiados. Eles também consideram necessário liquidar a potencial quinta-coluna. Por exemplo, "na cidade de Taejon, em julho de 1950, 1.700 coreanos acusados de comunismo receberam ordens da polícia para cavar suas sepulturas, após o que foram executados". Uma testemunha diz:

93 Di Feo (2004); Di Feo (2005).

94 Hanley, Mendoza (2007).

> Num domingo de madrugada, na cidade aparentemente deserta de Chochiwon, vi uma procissão de homens e mulheres, amarrados uns aos outros com as mãos atrás das costas, golpeados e espancados, enquanto caminhavam da delegacia de polícia rumo aos caminhões em que iam sendo carregados. Depois foram executados e deixados insepultos a uma ou duas milhas de distância.[95]

Foi uma operação em grande escala:

> Em uma mina de cobalto perto de Daegu, no Sul do país, os investigadores encontraram até agora os restos mortais de 240 pessoas. É apenas uma fração dos presumíveis 3.500 prisioneiros ou suspeitos de comunismo, entre julho e setembro de 1950, arrancados de suas celas ou de suas casas e depois fuzilados e jogados nas profundezas da mina.

Às vezes, as vítimas de "execuções sumárias" também eram "mulheres e crianças".[96] Parece que em tais casos nem mesmo a família do suposto comunista foi poupada. A obsessão pela segurança não afeta apenas a retaguarda, mas também as cidades recém-conquistadas ou reconquistadas. Aqui está o que aconteceu em uma delas: "Eles nos disseram para acender nossos cigarros. Então começaram a descarregar seus fuzis e metralhadoras. Após uma pausa, um oficial gritou: 'Qualquer um de vocês que ainda esteja vivo pode se levantar e ir para casa'. Aqueles que o fizeram foram atingidos pelo fogo novamente".

Qual o número de vítimas dessas duas práticas, o assassinato de refugiados e a liquidação dos suspeitos de comunismo? Na realidade, a extensão do que "os parentes das vítimas chamam de campos de extermínio coreanos" ainda não foi totalmente mensurada. Por ora, pode-se fazer uma avaliação provisória: "Os investigadores identificaram até agora 1.222 casos prováveis de assassinatos em massa [...]. Os casos incluem 215 incidentes nos quais sobreviventes dizem que aviões e tropas terrestres americanos assassinaram refugiados desarmados".[97]

---

95 Warner (2000).
96 Sang-Hun Choe (2007).
97 Ibid.

A "Katyn" norte-americana e sul-coreana não parece ser de proporções menores que a soviética e, em todo caso, revela um adicional de despudor (para uma guerra travada a milhares de quilômetros de seu país, os dirigentes de Washington não poderiam ter invocado nem mesmo a sombra da "emergência suprema"). Mas aqui não se trata de hierarquizar dois crimes injustificáveis; trata-se, ao contrário, de reconhecer a inadequação da abordagem moral maniqueísta para a compreensão de Stalin e do país que ele governou.

Inevitabilidade e complexidade do juízo moral

Se, por um lado, é inevitável, o juízo moral seria superficial e hipócrita se fosse formulado abstraindo-se do contexto histórico. Daí sua complexidade e sua natureza problemática. Ao mesmo tempo, é preciso ter em mente e desvendar o entrelaçamento de circunstâncias objetivas e responsabilidades subjetivas e, quanto a estas últimas, é necessário distinguir entre responsabilidades que pertencem a um grupo dirigente como um todo e aquelas que envolvem indivíduos singulares. Quanto ao grupo dirigente da Rússia soviética, ele chegou ao poder em um período em que — para citar uma testemunha cristã que simpatizava com a virada de outubro de 1917 — "a piedade foi assassinada pela onipresença da morte",[98] e foi compelido a enfrentar um estado de exceção muito prolongado, numa situação caracterizada — para retomar a análise de um dos autores do *Livro negro do comunismo* — por uma "brutalidade inaudita", generalizada e "sem termos possíveis de comparação com aquela conhecida pelas sociedades ocidentais". Ou seja, se os protagonistas do século XX foram compelidos a enfrentar os devastadores conflitos e dilemas morais que caracterizaram a Segunda Guerra dos Trinta Anos, Stalin também teve que lidar com os conflitos e os dilemas morais peculiares à história russa e ao "segundo período de agitação". Pode-se dizer que a sombra da "emergência suprema" ofuscou os trinta anos em que exerceu o poder.

98 Assim como Pierre Pascal, relatado em Furet (1995), p. 129.

No entanto, não devemos perder de vista que não foram apenas as condições objetivas que dificultaram ou impossibilitaram seriamente a passagem do estado de exceção à condição de normalidade. Para isso também contribuiu o messianismo, fortemente estimulado pelo horror da Primeira Guerra Mundial e, no entanto, intrínseco a uma visão que espera o desaparecimento do mercado, do dinheiro, do Estado, da norma jurídica. A decepção ou a indignação pelo não advento de tudo isso estimulou ainda mais o conflito, e um conflito que não pode ser regulado por normas jurídicas puramente "formais", pois elas mesmas eram destinadas a desaparecer. O resultado é um suplemento de violência que não pode ser justificado com referência ao estado de exceção ou à "emergência suprema". Nesse sentido, o juízo moral coincide com o julgamento político.

Isso também vale para o Ocidente liberal. Sobre o coordenador dos bombardeios estratégicos contra a Alemanha observou-se:

> Quando jovem piloto, Harris havia bombardeado civis indianos rebeldes. Sua psicologia do choque também foi originalmente experimentada como choque cultural. As tribos primitivas que viviam em aldeias de palhoças se prostravam fascinadas aos pés do Império colonial e de seu arsenal industrial.[99]

Por outro lado, foi sobretudo Churchill quem promoveu esse tipo de guerra, que já vimos por um lado sugerir atacar os "nativos recalcitrantes" no Iraque com bombardeios à base "de projéteis de gás e especialmente de gás mostarda", por outro, comparar os alemães a "hunos malvados". Sabemos também do peso da ideologia racial na guerra dos Estados Unidos contra o Japão (*supra*, p. 309), que não por acaso sofreu depois o bombardeio atômico. Aqui novamente emerge um suplemento de violência que não pode ser justificado pela "emergência suprema", mas se refere à ideologia colonial compartilhada pelo Ocidente liberal e pela Alemanha. Se o Terceiro Reich compara os "indígenas" da Europa oriental a "peles-vermelhas" a serem dizimados e a negros a serem escravizados, a Inglaterra e os Estados Unidos acabam tratando os alemães e os japoneses como povos coloniais que devem ser reconduzidos à obediência.

---

99 Friedrich (2004), p. 287.

Stalin, Pedro, o Grande e o "novo Lincoln"

Em relação especificamente ao papel que desempenhou no segundo período de agitação, não poucos estudiosos, retomando um tema que já vimos presente em Churchill, compararam Stalin a Pedro, o Grande.[100] Mesmo a objeção levantada a esse respeito ("Pedro, ao contrário de Stalin, olhou para o Ocidente e queria abrir seu Estado a ele"[101]) não me parece persuasiva. A condenação das "disposições asiáticas", das "medidas bárbaras asiáticas" e das "decisões asiáticas", de que são responsáveis o governo e a burguesia da Rússia czarista, é um momento essencial da agitação revolucionária de Stalin.[102] Pelo menos até outubro de 1917, não há dúvida de que seu país está, em todos os níveis, mais atrasado que as democracias ocidentais, onde não ocorrem os sangrentos *pogroms* antijudaicos que assolam um "país semiasiático" (*supra*, p. 255). Após a conquista do poder, Stalin não apenas insistiu na necessidade de assimilação da tecnologia ocidental, mas também declarou que, se realmente quisessem viver de acordo com os "princípios do leninismo", os quadros bolcheviques deveriam ser capazes de entrelaçar "o ímpeto revolucionário russo" com "o espírito prático americano". Em 1932, referindo-se novamente aos Estados Unidos, expressou seu apreço pelas "tradições na indústria e na práxis produtiva": elas "têm algo de democrático".[103]

A referência a Pedro, o Grande para explicar a história da Rússia soviética parece tanto mais persuasiva pelo fato de que ele é mencionado explicitamente por Lenin (já em maio de 1918) e sobretudo por Stalin, que às vezes parece assumir a figura do grande czar como modelo.[104] O próprio Trotsky, ao denunciar a "traição" da revolução, escreve: "Com relação a muitas regiões e nacionalidades, o regime [stalinista] realiza em grande parte o trabalho histórico que Pedro I e seus auxiliares fizeram pela velha Moscou; só que o faz em maior escala e a um ritmo mais veloz".[105]

100 Em particular Tucker (1990), pp. 13-24.
101 Graziosi (2007), p. 24.
102 Stalin (1971-73), vol. 2, pp. 107-8 e 114-5 (= Stalin, 1952-56, vol. 2, pp. 134, 142 e 144).
103 Stalin (1971-73), vol. 6, pp. 164-5 (= Stalin, 1952, p. 95); Stalin (1971-73), vol. 13, pp. 100-2.
104 Lenin (1955-70), vol. 27, p. 309; Stalin (1971-73), vol. 11, p. 221.
105 Trotsky (1988), p. 863 (= Trotsky, 1968, pp. 156-7).

É interessante também notar que, no fim de sua viagem à União Soviética, em 1927, um grande filósofo como Benjamin se refere com interesse simpático à tese de alguns "escritores [...] que veem no bolchevismo a maior conquista de Pedro, o Grande".[106] Por fim, pode-se recorrer ao passado e recordar uma previsão de Marx. Depois de ter mencionado as convulsões de uma crise de violência sem precedentes que teria sido causada por contradições seculares da Rússia czarista, ele concluiu: "O 1793 russo [...] será o segundo ponto de virada na história russa e introduzirá uma civilização real e geral, em lugar da falsa e enganosa civilização introduzida por Pedro, o Grande".[107]

No entanto, embora possa servir parcialmente para iluminar a relação com a história da Rússia e com o segundo período de agitação, a analogia em questão deixa na sombra a Segunda Guerra dos Trinta Anos e a extraordinária influência exercida por Stalin em nível mundial. A condenação, em 1924, da "disparidade escandalosa" entre as nações teorizada e imposta pelo imperialismo e a convocação para derrubar "a barreira que separava brancos e negros", povos considerados "civilizados" e povos excluídos dessa dignidade (*supra*, pp. 247-248); o lançamento de uma Constituição "profundamente internacionalista" — como sublinha Stalin ao apresentar o projeto — e baseada no "princípio da igualdade de direitos entre todas as nações e raças", independentemente da "cor da pele", da língua e do nível de desenvolvimento econômico e militar de cada um deles:[108] tudo isso não poderia deixar de suscitar um profundo eco não só nas colônias, mas também nos povos de origem colonial situados no coração do Ocidente.

No sul dos EUA, ainda assolado pelo regime de *white supremacy*, um novo clima se difunde: olha-se com esperança para a União Soviética e para Stalin como o "novo Lincoln", o Lincoln que desta vez poria fim, de modo concreto e definitivo, à escravidão dos negros, à opressão, à degradação, à humilhação, à violência e aos linchamentos que eles continuaram sofrendo.[109]

Conforme avança para a autocracia, a URSS de Stalin influencia poderosamente a luta dos afro-americanos (e dos povos coloniais) contra o

106 Benjamin (2007), p. 45.

107 Marx, Engels (1955-89), vol. 12, p. 682.

108 Stalin (1971-73), vol. 14, p. 69 (= Stalin, 1952, pp. 624-5).

109 Kelley (1990), p. 100.

despotismo racial. No sul dos EUA assiste-se a um fenômeno novo e preocupante do ponto de vista da casta dominante: é o crescente "despudor" dos jovens negros. Graças aos comunistas, estes estão de fato começando a receber aquilo que o poder obstinadamente lhes negava: uma cultura que vai muito além da educação elementar tradicionalmente ministrada àqueles destinados a prestar um trabalho semisservil à raça dos senhores. Agora, porém, nas escolas organizadas pelo partido comunista no norte dos EUA ou nas escolas de Moscou, na URSS de Stalin, os negros se empenham em estudar economia, política, história mundial; eles questionam essas disciplinas para entender as razões do duro destino que lhes é reservado em um país que também se diz campeão da liberdade. Uma mudança profunda ocorre naqueles que frequentam essas escolas: o "despudor" que lhes é imputado pelo regime de *white supremacy* é, na verdade, sua autoestima até então impedida e pisoteada. Uma mulher negra, delegada do Congresso Internacional de Mulheres Contra a Guerra e o Fascismo realizado em Paris, em 1934, fica extraordinariamente impressionada com as relações de igualdade e fraternidade, apesar das diferenças de língua e raça, que se estabelecem entre os participantes dessa iniciativa promovida pelos comunistas: "Era o paraíso na Terra". Quem chega a Moscou — observa um historiador norte-americano contemporâneo — "experimenta uma sensação de liberdade nunca vista no Sul". Um homem negro se apaixona por uma soviética branca e se casa com ela, mesmo que não possa levá-la consigo quando voltar para casa, sabendo bem o destino que aguarda aqueles do sul que se mancham da culpa da *miscegenation* e do abastardamento racial.[110]

As esperanças depositadas pelos afro-americanos no "novo Lincoln" não eram tão ingênuas quanto podem parecer. Vamos refletir sobre os tempos e os métodos que marcaram o fim do regime de supremacia branca. Em dezembro de 1952, o ministro da Justiça dos Estados Unidos envia uma eloquente carta à Suprema Corte, na qual se ocupava em discutir a questão da integração nas escolas públicas: "A discriminação racial leva água ao moinho da propaganda comunista e suscita dúvidas mesmo entre nações amigas sobre a intensidade de nossa devoção à fé democrática". Washington — observa o historiador americano que reconstrói essa história — corria o

110 Ibid., pp. 94-6.

risco de afastar-se das "raças de cor" não apenas no Oriente e no Terceiro Mundo, mas também no próprio coração dos Estados Unidos: também aqui a propaganda comunista teve um sucesso considerável em sua tentativa de conquistar os negros para a "causa revolucionária", erodindo sua "fé nas instituições americanas".[111] Não há dúvida: nesta questão desempenharam um papel essencial a preocupação com o desafio representado objetivamente pela URSS e a influência que exerceu sobre os povos coloniais *e* os povos de origem colonial

Não é apenas pelo impulso dado de algum modo ao processo de emancipação dos afro-americanos que Stalin influenciou indiretamente a configuração da própria democracia no Ocidente. O discurso de apresentação do projeto de uma nova Constituição condenou em bloco as três grandes formas de discriminação que caracterizaram a história do Ocidente liberal: "Não é riqueza, nem nacionalidade, nem gênero" que devem determinar a posição política e social, mas apenas "as habilidades pessoais e o trabalho pessoal de cada cidadão".[112] No momento em que assim se expressa, as três grandes formas de discriminação ainda estão presentes em várias formas e diversos graus, neste ou naquele país do Ocidente liberal. Por fim, ao se pronunciar pela superação das três grandes discriminações, Stalin também declara que a nova Constituição é chamada a garantir "o direito ao trabalho, o direito ao descanso, o direito à educação" e a garantir "melhores condições materiais e culturais", tudo no contexto da realização da "democracia socialista".[113] É a teorização dos "direitos sociais e econômicos" que, segundo Hayek, representa o legado ruinoso da "revolução marxista russa" e influencia profundamente a reivindicação do Estado de bem-estar no Ocidente.[114]

Voltemos à Rússia. O leitor deve ter notado que, ao falar de "stalinismo", uso aspas. Os atuais seguidores de Trotsky usam o termo em relação às mais diversas realidades políticas, por exemplo, para rotular o grupo dirigente da China pós-maoísta. Mas, mesmo referindo-se exclusivamente à URSS, a categoria de "stalinismo" não é persuasiva: parece pressupor um conjunto homogêneo de doutrinas e comportamentos

111 Em Woodward (19662), pp. 131-4.

112 Stalin (1971-73), vol. 14, pp. 69-70 (= Stalin, 1952, p. 625).

113 Ibid., pp. 74 e 89 (= Stalin, 1952, pp. 629 e 643).

114 Hayek (1986), p. 310.

que não existe. Nas três décadas em que geriu o poder, vemos Stalin esforçando-se arduamente para elaborar e implementar um programa de governo, percebendo a perspectiva evanescente do triunfo planetário da revolução socialista e debatendo-se entre a utopia (que, por um lado, é a herança da teoria de Marx, por outro, a expectativa messiânica de um mundo totalmente novo despertado pelo horror da Primeira Guerra Mundial) e o estado de exceção (que na Rússia assume duração e agudeza excepcionais devido à convergência de duas gigantescas crises, o segundo período de agitação e a Segunda Guerra dos Trinta Anos). Não obstante sua vontade de não questionar o monopólio do poder exercido pelo Partido Comunista, Stalin tenta repetidamente passar do estado de exceção para uma condição de relativa normalidade, com a criação de uma "democracia soviética", de um "democratismo socialista" e de um socialismo "sem a ditadura do proletariado". Mas essas tentativas falham. É significativo como, imediatamente após a morte de Stalin, o problema da sucessão é "resolvido": a liquidação de Beria é uma espécie de acerto de contas mafioso, uma violência privada que não se refere a nenhum sistema jurídico estatal nem ao estatuto do partido.

A comparação entre Stalin e Pedro, o Grande parece então problemática. Olhando mais de perto, o segundo período de agitação não termina nem mesmo com o advento da autocracia. Tal advento coincide com a abertura de um novo estado de exceção prolongado, que vê eclodir primeiro uma nova e assustadora guerra mundial e depois uma Guerra Fria suscetível de se transformar a qualquer momento num apocalipse nuclear. Pode-se dizer que o segundo período de agitação na verdade termina com o colapso da URSS: assim como os jacobinos, nem mesmo os bolcheviques conseguem se adaptar ao desaparecimento ou à atenuação do estado de exceção e, portanto, acabam parecendo obsoletos e supérfluos para a maioria da população. Tendo conseguido a superação da "crise de toda a nação russa", os bolcheviques são finalmente subjugados pelo advento daquela relativa normalidade, que também é resultado de suas ações.

Por outro lado, no plano internacional, a influência da Revolução de Outubro e do homem que durante três décadas dirigiu a Rússia soviética revelou-se mais sólida. Pode-se ironizar a grandiloquência de uma Constituição que nunca entrou em vigor, mas é preciso ter em mente que mesmo declarações de princípios puramente abstratas têm eficácia histórica. Pode-se recuar horrorizado diante de um quadro que vê a democracia (com o colapso do despotismo racista e colonialista e das três grandes formas de discriminação) e ainda mais a socialdemocracia avançando na onda de um desafio proveniente de um regime ditatorial propenso ao terror; mas abandonar-se a uma reação desse tipo significa, em última análise, evitar a complexidade do processo histórico. Aqueles que prefeririam ter diante de si um quadro mais simples fariam bem em refletir sobre uma observação de Marx: "É o lado ruim que produz o movimento que faz a história".[115]

115 Marx, Engels (1955-89), vol. 4, p. 140.

7

A IMAGEM DE STALIN ENTRE A HISTÓRIA E A MITOLOGIA

As diferentes fontes históricas da imagem atual de Stalin

E, no entanto, a historiografia atual tem dificuldade de distanciar-se da imagem de Stalin como um "monstro humano enorme, sombrio, caprichoso, degenerado", e tão desprovido de capacidades intelectuais e políticas que chega a ser ridículo. Até para a mitologia é preciso buscar a origem na história. Convém partir do estudioso (Deutscher) a quem acabo de me referir, o qual, noutra circunstância e num período de tempo diferente, observa: "Ao contrário dos jacobinos, os bolcheviques não executaram seus girondinos", isto é, os mencheviques, que foram 'autorizados' e até 'encorajados a deixar a Rússia e a estabelecer o seu centro político no exterior'".[1] A partir daí se desenvolve uma forte campanha contra o país liderado primeiro por Lenin e, depois, durante um período muito mais longo, por Stalin. Deutscher continua:

> É certo que Stalin meditou durante muito tempo sobre o terrível precedente francês e que, durante alguns anos, isso o dissuadiu de recorrer aos meios de repressão mais drásticos. Mais de uma vez Stalin se expressou publicamente nesse sentido [...]. Em 1929 ele decidiu exilar Trotsky da Rússia. Ainda não era concebível que Trotsky fosse preso, muito menos colocado diante de um pelotão de fuzilamento.[2]

Com a chegada do líder da oposição a Constantinopla, formou-se um novo e mais empenhado centro político, desta vez dedicado exclusivamente ao desmascaramento e à denúncia de todos os aspectos da personalidade e da atividade de Stalin. Nesse mesmo contexto, podemos colocar desertores como o general Orlov, que, tendo desembarcado no Ocidente, se dedicou a revelar os "segredos do Kremlin", ganhando um "enorme honorário" e, presumivelmente, um honorário tanto mais elevado quanto mais sensacionais eram os segredos trazidos à luz. Recebidas com avidez na própria União Soviética desde os anos Gorbachev e ainda hoje "uma das fontes

1 Deutscher (1969), p. 498 e Deutscher (1972b), p. 216.
2 Ibid., pp. 498-9.

mais importantes" da sovietologia ocidental, essas revelações estão, no entanto, consteladas de "mentiras".[3]

Obviamente, não se deve perder de vista o centro político especificamente ocidental da agitação antistalinista. Suas motivações foram previamente esclarecidas por Lloyd George, que, no verão de 1919, observou que uma Rússia unida, bolchevique ou não, constituía de todo modo uma fonte de perigo para o Império Britânico.[4] Ou seja, uma larga opinião pública (primeiramente inglesa e depois norte-americana) vê Stalin como a personificação de uma dupla ameaça, aquela representada pela agitação comunista na metrópole capitalista e sobretudo nas colônias, e aquela representada por uma grande potência, agora bem mais perigosa e muito mais expansionista, por inspirar e dirigir um movimento político presente em todos os cantos do mundo.

Qual dos diferentes centros políticos foi mais implacável? Às vezes se tem a impressão de estar assistindo a uma competição. Imediatamente após o pacto de não agressão entre o Terceiro Reich e a União Soviética, Trotsky lança uma espécie de grito de triunfo: agora, finalmente, até mesmo "os apologistas profissionais do Kremlin" e de Stalin compreenderão, "os idiotas 'pró-soviéticos' de todas as cores", que se iludiram com a possibilidade de poder contar com o apoio de Moscou para conter o expansionismo da Alemanha nazista. Neville Chamberlain está particularmente sob sua mira. Sim, o primeiro-ministro inglês, já naquele momento acusado por Churchill pela política de *appeasement* que buscou em relação a Hitler, é duramente criticado por Trotsky por ter alimentado ilusões sobre... Stalin! "Apesar de toda sua aversão ao regime soviético", o líder conservador inglês "tentou por todos os meios estabelecer uma aliança com Stalin": uma prova colossal de ingenuidade! Desde o advento do Terceiro Reich, ele, Trotsky, tinha repetidamente esclarecido que, apesar de toda a balela nas frentes populares antifascistas, "o verdadeiro objetivo da política externa de Stalin era a conclusão de um acordo com Hitler"; agora todos são obrigados a admitir que o ditador do Kremlin é o "mordomo de Hitler".[5]

3 Khlevniuk (1998), pp. 23-7.
4 White (1980), p. 82.
5 Trotsky (1988), pp. 1256-9.

Posto em sérias dificuldades pela resistência épica da União Soviética contra o Terceiro Reich, este jogo especulativo foi retomado com força após o XX Congresso do PCUS e o *Relatório Secreto*. Khrushchev acusa Stalin de ter se afastado de Lenin? Na realidade — Orlov imediatamente dobra a posta, ao publicar um artigo na *Life* que já anuncia um "segredo sensacional" no título —, foi um agente da polícia secreta czarista quem dirigiu a União Soviética durante três décadas, alguém obviamente disposto a qualquer coisa para liquidar os infelizes que tiveram conhecimento de seu passado inconfessável. Um estudioso russo (Rogowin), fervoroso seguidor de Trotsky, ainda hoje parece sustentar esta revelação.[6]

O jogo especulativo pode assumir as formas mais singulares. Em 1965, Deutscher refletiu sobre a evolução do líder menchevique Dan, que, patrioticamente deslumbrado com a imagem da Rússia "emergindo triunfante de uma guerra catastrófica, com o Terceiro Reich prostrado a seus pés", acabou por reconhecer as razões históricas da Revolução de Outubro, mas também, infelizmente, do "stalinismo, com todas as suas prevaricações ideológicas e a sua violência". Só há uma circunstância atenuante para esta indulgência quanto a um bolchevismo "degenerado" e "corrupto": o fato é que, "quando Dan escreveu parte dessas páginas, a onda pró-stalinista nos países aliados, sobretudo nos Estados Unidos do imediato pós-guerra, foi muito forte"![7] Felizmente, para refutar e ridicularizar de uma vez por todas os ingênuos e incautos, que de alguma forma morderam a isca da propaganda de Moscou, as informações provinham precisamente da capital da União Soviética e de dentro do próprio partido comunista daquele país.

Apenas em virtude dessa convergência de interesses heterogêneos é possível explicar o paradoxo de uma historiografia que, embora não se cansasse de denunciar o carácter farsesco dos processos levados a cabo por Stalin em Moscou, aceitou pacificamente a legitimidade do julgamento de Stalin, feito com diferentes métodos e objetivos, movido primeiro por Trotsky e depois por Khrushchev!

6 Khlevniuk (1998), pp. 25-6; Rogowin (1998), pp. 531 ss.
7 Deutscher (1972b), pp. 221-2.

Os altos e baixos da imagem de Stalin

A imagem do "monstro humano enorme, sombrio, caprichoso, degenerado" é hoje tão difundida que esquecemos a história contraditória que precede a afirmação desta imagem. Vimos o reconhecimento na época prestado a Stalin por ilustres estadistas, diplomatas e intelectuais. Mesmo as páginas de seus trinta anos de governo, hoje consideradas simplesmente monstruosas, foram lidas de modo muito diferente no passado.

Hoje em dia, é um lugar-comum retratar a revolução feita pelo alto, que mudou radicalmente a face da agricultura na União Soviética, como um produto exclusivo da fúria ideológica. Mas em 1944, ao mesmo tempo em que destacava os terríveis custos humanos, De Gasperi também expressava uma opinião fundamentalmente positiva sobre o "grande empreendimento econômico" da coletivização do campo e da industrialização, tornado necessário pelo perigo da guerra e pela "ameaça revelada pelo *Mein Kampf*".[8]

Atualmente, bem poucos se atrevem a questionar a tese segundo a qual a repressão sangrenta e em grande escala de Stalin foi única e exclusivamente produto de sua *libido dominandi* ou de sua paranoia. No entanto, entre o fim da década de 1920 e o início da década de 1930, Malaparte falava calmamente sobre os preparativos para um golpe de Estado em Moscou e sobre a hesitação de Stalin em atacar (*supra*, p. 92); foi ainda mais longe um prestigioso órgão da imprensa alemã, que ironizou a ingenuidade que o ditador do Kremlin demonstrou "ao não enviar Trotsky e toda a sua camarilha para o além". [9] Cerca de vinte anos depois, foi Churchill em pessoa quem endossou indiretamente pelo menos os processos contra Tukhachevski e outros líderes militares (foi "um expurgo político-militar implacável, mas talvez não inútil", que eliminou "todos os elementos pró-alemães") e, em certa medida, até mesmo os julgamentos de Moscou enquanto tais (no banco dos réus sentavam dirigentes soviéticos "cheios de ciúmes contra Stalin, que os havia deposto").[10] Essa posição assumida pelo estadista inglês, campeão da luta total contra a Alemanha hitlerista, é tanto mais significativa quanto é formulada em polêmica com Chamberlain, o

8 De Gasperi (1956), p. 17.
9 Em Broué (1991), p. 578.
10 Churchill (1963), pp. 320-1.

protagonista da política de *appeasement*. Mais radical ou mais explícito que Churchill foi o embaixador norte-americano na URSS, Joseph Davies, que "continuou sempre a afirmar que realmente houve uma conspiração, que os julgamentos foram realizados de forma justa e que, consequentemente, o poder soviético saiu reforçado depois deles".[11] Provavelmente nessa mesma esteira, De Gasperi também sublinhou na Itália, em 1944, que a plausibilidade das acusações feitas contra a oposição antistalinista foi confirmada por "informes objetivos dos americanos". [12]

Houve em seguida uma virada radical, mas a fragilidade e a inconsistência da imagem de Stalin que nos foi dada primeiro pela Guerra Fria e depois pelo *Relatório Secreto* começam a emergir das pesquisas de um número crescente de estudiosos. Em alguns aspectos, assiste-se até a uma inversão clamorosa. Veja-se o Grande Terror. Juntamente com as principais figuras políticas já citadas, foi um fervoroso admirador de Trotsky, nomeadamente Deutscher, quem considerou os julgamentos de Moscou mais ou menos confiáveis em 1948. Aos seus olhos, o assassinato de Kirov não tinha sido absolutamente um ato encenado pelo regime. A longa tradição que na Rússia czarista tinha "ousado atacar a autocracia com bombas e revólveres" começou a influenciar novamente os jovens comunistas: "Entre os conspiradores que tentaram matar o czar Alexandre III não estava também o irmão de Lenin? Os livros didáticos envolveram esses mártires e heróis em uma auréola romântica: e assim as sombras sagradas do passado pareciam agora armar a mão do mais impaciente *komsomoltsy* antistalinista". As "ideias de terrorismo revolucionário" expandiram-se a ponto de constituir "um estado de espírito generalizado entre os jovens" e de armar a mão do assassino de Kirov.[13] Ainda em 1948, Deutscher reconheceu certa "verdade psicológica" nos julgamentos de Moscou em geral, e uma verdade factual quanto à execução de Tukhachevski em particular: em relação a este último caso, se certas fontes falam de uma maquinação por parte dos serviços secretos de Hitler, "numerosas fontes antistalinistas sustentam que os generais planejaram verdadeiramente um golpe de

11 Taylor (1996), p. 159.
12 De Gasperi (1956), p. 17.
13 Deutscher (1969), pp. 508 e 510.

Estado";[14] em ambos os casos, a paranoia ou *libido dominandi* de Stalin não desempenhou nenhum papel.

Deve-se acrescentar que, alguns anos depois, sem se impressionar com as revelações do *Relatório Secreto*, um historiador norte-americano não isento de simpatias pela oposição antistalinista, que definia como "a consciência da revolução", escreveu: "A escolha feita por Bukharin em suas confissões de culpa, e o que se sabe de outras fontes, torna plausível muito do que foi revelado no processo, apesar das suspeitas provocadas pela natureza desses julgamentos".[15]

Hoje em dia, são os próprios estudiosos de orientação trotskista que chamam a atenção para a guerra civil que eclodiu no seio do grupo dirigente soviético e reivindicam os méritos da oposição por ter promovido, por todos os meios, a derrubada do regime termidoriano imposto pelos traidores da revolução. É significativo que a virada também abranja o campo dos seguidores de Trotsky, aquele que em seu tempo esteve talvez mais empenhado que qualquer outro em denunciar os processos de Moscou como uma farsa pura e simples.

Em relação aos rumos da URSS nas vésperas e durante a Segunda Guerra Mundial, a evolução de Deutscher é particularmente dolorosa e significativa. Já conhecemos o quadro muito lisonjeiro de Stalin como líder de guerra que ele pintou em 1948 (*supra*, p. 14). Em 1956, escrevendo sob a impressão imediata do *Relatório Secreto*, Deutscher acreditou facilmente nas "revelações" segundo as quais, nos dias imediatamente seguintes ao desencadeamento da Operação Barbarossa, Stalin se retirou inerte, "sombrio e taciturno em sua tenda", para então, cedendo aos apelos e orações de seus colaboradores, voltar a dirigir o país e a conduzir a guerra "traçando frentes e linhas de ataque em um mapa-múndi na mesa". A única objeção que Deutscher dirige a Khrushchev e ao seu círculo é não ter seguido a recomendação formulada por Trotsky já em 1927, ou seja, não ter percebido "o dever de derrubar Stalin, a fim de poder conduzir a guerra de uma forma mais eficiente e garantir a vitória final"![16] Dez anos mais tarde, voltando a este tema, Deutscher escreve: "Não me agrada aceitar sem reservas as

14 Ibid., pp. 540 e 542.

15 Daniels (1970), p. 144.

16 Deutscher (1972a), pp. 19 e 32-3.

chamadas 'revelações'" de Khrushchev, em particular sua declaração de que, na Segunda Guerra Mundial [e na vitória sobre o Terceiro Reich], Stalin desempenhou um papel praticamente irrelevante".[17] Não é preciso dizer que a pesquisa histórica mais recente vai muito além desta reflexão tardia, parcial e tímida.

Quanto à tese da opressão das nações, já conhecemos a novidade radical e positiva da *ação afirmativa* implementada na URSS em favor das minorias nacionais (*supra*, pp. 196-198). Mas agora vale a pena ler o balanço traçado recentemente por outro historiador norte-americano:

> Está a emergir um novo consenso segundo o qual, longe de ser o "assassino das nações" familiar à história ocidental e nacionalista anterior, o governo soviético empreendeu um esforço ambicioso, complexo e sustentado para construir nações etnicamente definidas dentro de um Estado unitário em nível político e econômico. Para estimular essa "primavera das nações soviéticas", o Estado soviético conferiu a igualdade jurídica e política dos russos aos povos do antigo Império [...]. Nestes novos territórios nacionais, reservou um lugar privilegiado às línguas das minorias nacionais, mesmo quando os etnógrafos soviéticos precisaram criar um alfabeto para os dialetos locais, devido ao fato de estes nunca terem assumido uma forma escrita. Essa política de promoção de uma cultura nacional autônoma chegou ao ponto de tentar assimilar os russos; os funcionários e gestores soviéticos eram obrigados a aprender a língua das nações onde trabalhavam.[18]

Chega às mesmas conclusões um estudioso francês da Ásia Central, Olivier Roy, calorosamente citado num ensaio publicado na *The New York Review of Books*, que sintetiza as perspectivas atuais dessa área nos seguintes termos: Estados sólidos e que funcionem bem serão capazes de se estabelecer se souberem como valorizar "inteligentemente" o "legado" soviético. "Os artífices moscovitas da política das nacionalidades [...] codificaram línguas (por vezes criando novos alfabetos para elas), construíram parlamentos nacionais, bibliotecas nacionais e instituíram

17 Deutscher (1969), p. 12 (trata-se do prefácio, datado de 11 de outubro de 1966, à segunda edição da biografia de Stalin).

18 Payne (2001), p. 8.

políticas de *affirmative action* em favor dos 'quadros locais'". Quem se destacou entre os protagonistas desta política esclarecida foi "antes de tudo Stalin". Quão longe estamos da tese da Guerra Fria formulada por Arendt, segundo a qual Stalin desorganizou e desarticulou deliberadamente as "nacionalidades" para criar condições favoráveis ao triunfo do totalitarismo! No reconhecimento dado à União Soviética (e a Stalin) pela política das nacionalidades, um autor, que, na altura era um líder da "dissidência" antissoviética, expressou-se em termos decididamente enfáticos: "Nas décadas de poder soviético, os elementos positivos foram tantos para a solução da questão nacional que é difícil encontrar um exemplo comparável na história da humanidade".[19]

No conjunto, o retrato caricatural de Stalin traçado primeiro por Trotsky e depois por Khrushchev já não goza de muito crédito. Da pesquisa de estudiosos eminentes e insuspeitos de indulgência em relação ao "culto à personalidade" emerge hoje o retrato de um político que ascendeu e se estabeleceu no topo da URSS sobretudo pelo fato de que, em termos de compreensão dos métodos de funcionamento do sistema soviético, "supera em muito os seus camaradas de luta";[20] de um líder com "talento político excepcional" e "enormemente dotado";[21] de um estadista que salva a nação russa da dizimação e da escravização a que está destinada pelo Terceiro Reich graças não só à sua astuta estratégia militar, mas também a discursos de guerra "magistrais", por vezes verdadeiras "obras primas" que, em momentos trágicos e decisivos, conseguem estimular a resistência nacional;[22] de uma personalidade não desprovida de qualidades mesmo no campo teórico, como demonstra, entre outras coisas, a "perspicácia" com que tratou a questão nacional no escrito de 1913 e o "efeito positivo" de sua "contribuição" para a linguística.[23]

Evidentemente, ao mesmo tempo se sublinha, e com razão, que tal reconhecimento não é uma sentença de absolvição moral; ainda assim, a total falta de confiabilidade do *Relatório Secreto* agora é clara. Nele não

19 Caryl (2002), p. 29; Arendt (1989c), p. 442; Zinoviev (1988), p. 101.

20 Khlevniuk (1998), p. 367.

21 Medvedev, Medvedev (2006), pp. 369-71 (bem como em N. Werth e R. H. McNeal, citados no *Posfácio* do editor).

22 Roberts (2006), pp. 94 e 109.

23 Graziosi (2007), p. 78; Medvedev, Medvedev (2006), p. 242.

há nenhum detalhe que hoje não seja contestado. Vejamos a história do suposto colapso psicológico de Stalin nos dias imediatamente seguintes ao início da Operação Barbarossa: segundo a análise já citada de dois historiadores russos (de orientação certamente antistalinista), trata-se de um "episódio" que foi "totalmente inventado" (*supra*, pp. 30-32) e que — insiste um historiador francês — está em "plena contradição" com os testemunhos e documentos que vão surgindo gradualmente.[24] Mas não se trata apenas de um "episódio", embora muito significativo. Ainda sobre a chamada conspiração dos médicos: "Khrushchev distorceu grosseira e deliberadamente os fatos".[25] Sim, ele "tomou não poucas liberdades quanto à verdade".[26] Tem um valor de caráter geral a observação (feita desta vez pelo historiador inglês várias vezes citado) sobre "a liderança de guerra de Stalin": "Para compreender a verdade, é necessário olhar para além das controvérsias ocidentais da Guerra Fria e das circunstâncias da desestalinização na União Soviética".[27]

Motivos contraditórios na demonização de Stalin

Durante muito tempo, no Ocidente, predominou de modo incontestável, e foi repetida de modo acrítico, a tese formulada por Arendt segundo a qual se demonstra a atração irresistível que, apesar de tudo, se estabelece entre o "totalitarismo" comunista e o "totalitarismo" nazista: "o único o homem por quem Hitler tinha 'respeito incondicional' era o 'genial Stalin'"; por outro lado, "sabemos pelo discurso de Khrushchev no XX Congresso do Partido que Stalin só confiava num homem, e esse homem era Hitler". Tanto é verdade que, apesar de todas as advertências, até o fim "ele se recusou a acreditar que Hitler violaria o tratado"; para confirmar isso, Arendt cita novamente o *Relatório Secreto* ou, mais precisamente, "o discurso de

24 Fontaine (2005), p. 60.
25 Medvedev, Medvedev (2006), p. 30.
26 Fontaine (2005), p. 61.
27 Roberts (2006), p. 374.

Khrushchev no texto divulgado pelo Departamento de Estado americano".[28] Esta afirmação, que se baseia em um discurso imediatamente político e decerto não tocado pela preocupação com o rigor histórico, poderia ser contrastada com a análise bem documentada segundo a qual, na Hungria e na Europa oriental do pós-Segunda Guerra, Stalin "só confiava" nos quadros de origem judaica, que de fato foram chamados a constituir a espinha dorsal do novo aparelho de Estado (*supra*, pp. 259-261). Como podemos ver, a antítese em relação a Hitler não poderia ser mais nítida.

Mas nos concentremos mais uma vez na fragilidade do motivo ideológico caro a Arendt e à ideologia dominante. Nos últimos tempos, se assiste a uma inversão de posições. Há alguns anos, acadêmicos respeitados e incansáveis ideólogos anticomunistas insistem em retratar Stalin como um expansionista insaciável, pronto a atacar no momento certo a própria Alemanha, à qual está ligado por um pacto de não agressão. A este respeito, cita-se em particular o discurso de Stalin aos formandos da Academia Militar e que aqui, por razões de brevidade, cito no resumo contido no diário de Dimitrov: "Nossa política de paz e segurança é ao mesmo tempo uma política de preparação para a guerra. Não há defesa sem ataque. É preciso educar o exército no espírito do ataque. É preciso se preparar para a guerra".[29] Estamos em 5 de maio de 1941, o mesmo dia em que Stalin convoca os mais altos cargos do partido e do Estado, evidentemente em antecipação ao confronto frontal com o Terceiro Reich. O já citado desenvolvimento substancial dos armamentos soviéticos tinha sido promovido por Stalin em antecipação a uma guerra ofensiva, contra a qual Hitler tenta se defender.[30] Esta tese, hoje incessantemente promovida pelo revisionismo histórico, pode ser facilmente refutada recorrendo ao que relata um autor que também está entre os principais expoentes dessa corrente historiográfica e ideológica: já no início de maio de 1941, o general Antonescu, que havia pouco assumira o poder na Romênia, informou a seus aliados alemães que "as fábricas nos arredores de Moscou tinham recebido a ordem de transferir seus equipamentos para o interior do país".[31] Por outro lado, os nazistas procuravam desesperadamente um *casus belli*.

28 Arendt (1989c), pp. 428-9 e nota 14.
29 Dimitrov (2002), p. 310.
30 Hoffmann (1995).
31 Irving (2001), p. 457.

O chefe de espionagem almirante Canaris anotou em seu diário: "O general Jodl revelou-me que estão muito preocupados com a atitude pacata e indulgente dos soviéticos em relação a nós, e [...] acrescentou, em parte brincando: 'Se esses indivíduos (ou seja, os soviéticos) continuarem a ser tão complacentes e deixarem tudo passar, caberá ao senhor organizar um incidente que dê início à guerra".[32] Entretanto, apeando os historiadores revisionistas de seu novo cavalo de batalha, esses testemunhos evidenciam de modo inequívoco quem é o agressor. Em segundo lugar, esclarecem que o que deixou o Terceiro Reich nervoso foi precisamente a atitude que Khrushchev desaprovou em Stalin.

O fato é que a nova acusação contra Stalin encontrou sua consagração na grande imprensa, que, para legitimá-la ainda mais, não hesitou em ressuscitar o discurso de 19 de agosto de 1939, comentado com sábia indignação por um ilustre eslavista: embora se preparasse para enviar seu fiel Molotov a Berlim a fim de estipular o pacto de não agressão, Stalin já havia traçado, com repugnante cinismo, um plano para agredir e sovietizar no momento adequado toda a Europa, incluindo a Alemanha.[33] Na realidade, esta é uma grosseira falsificação histórica (*supra*, p. 34). Mas este não é o ponto mais importante. A revelação da nova infâmia de Stalin poderia ser a oportunidade para rediscutir a tese desenvolvida por Arendt, graças também ao *Relatório Khrushchev*, da relação tenaz entre as duas maiores encarnações do "totalitarismo". No entanto, nada disso ocorreu!

Os historiadores do universo concentracionário denunciam, com razão, a repressão ainda maior vivida pelo gulag e a "superexploração dos prisioneiros", que atingiu seu terrível ápice após o "crescimento vertiginoso dos planos econômicos em 1940-41" (portanto, nos meses do pacto de não agressão), quando a liderança soviética, em antecipação à guerra, espezinha qualquer outra consideração a fim de acelerar tanto quanto possível a realização de planos "de grande importância estratégica e econômica", como a construção de aeroportos, fábricas de aviões e de indústrias essenciais ao esforço de guerra.[34] À luz desta acusação, o clichê endossado por Arendt parece mais grotesco do que nunca, mas continua sendo martelado obsessivamente:

32 Ibid., p. 456.
33 Strada (1996).
34 Khlevniuk (2006), pp. 263-277.

ainda é necessário demonstrar que Stalin confiava cegamente em Hitler! Ou seja, a ideologia dominante lança com tranquilidade as afirmações e acusações mais contraditórias: o importante é que sejam difamatórias. A tendência de deslizar da história para a mitologia política é clara.

A necessidade de demonização, seja qual for o motivo, também se manifesta em outros campos. Hoje em dia, a lenda infame do antissemitismo de Stalin é incontestada. Mas não faltam pontos de vista diametralmente opostos. Aqui está a investigação de um jornalista norte-americano e judeu, que relata a "propensão (*fondness*) de Stalin para os judeus", aos quais confiou a gestão dos campos de concentração onde estavam detidos os alemães destinados a serem expulsos da Polônia. Assim, aqueles que escaparam da "solução final" podiam vingar-se terrivelmente e se tornarem algozes de seus algozes, tudo graças à astúcia e à perfídia do ditador soviético.[35] Este último é acusado — num livro escrito por um autor próximo aos círculos militares da República Federal da Alemanha — de ter colocado em circulação a "propaganda de guerra" das câmaras de gás e o plano de extermínio total da população judaica pelo Terceiro Reich, a fim de desacreditar os seus inimigos.[36] É evidente o contraste total com a visão de um Stalin antissemita, que, no entanto, continua a gozar de grande sucesso.

Finalmente, vale a pena notar como o tema da "paranoia" de Stalin é frequentemente expresso de maneira contraditória. Destaca-se pela arrogância com que diagnostica esta doença um historiador que, ao mesmo tempo, sublinha o papel que Beria [Lavrenti Beria, chefe da polícia secreta sob Stalin] teria tido na morte do líder soviético.[37] Claro, se podia dizer que ele acaba sendo vítima do clima que ele mesmo criou; contudo, permaneceria o fato de que, pelo menos a partir de determinado momento, o perigo era algo real, e não o produto de uma fantasia mórbida. Ou ainda: aqueles que acusam Stalin de paranoia são por vezes personalidades e autores que, sem fornecer qualquer prova, o rotulam de responsável pela morte de seus colaboradores mais próximos, como Kirov e Jdanov. Não se recorre aqui à mesma atitude censurada ao ditador? Contudo, estas

35 Sack (1993), pp. 53 e passim.

36 Hoffmann (1995), pp. 154-5.

37 Montefiore (2007), pp. 370, 381 e 727 ss.

questões e estes problemas nem sequer emergem: o importante é reiterar de todo modo a infâmia do déspota comunista e oriental.

Luta política e mitologia entre a Revolução Francesa e a Revolução de Outubro

Em junho de 1956, sob a impressão imediata da leitura do *Relatório Khrushchev*, Deutscher observou: "os comunistas se prostraram durante mais de um quarto de século" aos pés de um tirano monstruoso e repugnante, tanto no plano moral quanto intelectual; bem, como tudo isto pôde ter acontecido?[38] Continuando nesta linha, ele poderia ter acrescentado: o que levou ilustres filósofos e estadistas ocidentais a prestarem àquele monstro declarações de estima e respeito e, em alguns casos, até de admiração? Estas questões são legítimas e até inevitáveis, mas talvez devessem ser completadas por outra: como é que o próprio Deutscher se deixou contagiar por aquela atitude que tão duramente denuncia em 1956? Sim, depois do fim da Segunda Guerra Mundial e na ocasião da morte de Stalin, ele tinha prestado homenagem ao estadista que contribuiu decisivamente para a derrota do Terceiro Reich e construiu o socialismo na URSS. Naquela época, o monstro de abjeção e de imbecilidade ainda não havia entrado em cena e, portanto, a questão do enorme crédito de que ele gozara, apesar de tudo, durante muito tempo ainda não havia surgido. Mas talvez, em 1956, ao ler o *Relatório Khrushchev*, Deutscher tivesse feito melhor se se perguntasse algo bem diferente: guiada por um "generalíssimo" e por um líder político tão risível, como é que a União Soviética conseguiu derrotar a terrível máquina de guerra nazista que subjugara rapidamente o resto da Europa continental? E como é que a União Soviética, partindo de uma posição de extrema fragilidade, se tornou uma superpotência militar e industrial?

Sim, olhando mais de perto, meio século depois da morte de Stalin e da clamorosa desestalinização, é oportuno retomar a questão formulada por Deutscher para invertê-la radicalmente: como pôde alcançar a dignidade de

38 Deutscher (1972a), p. 20.

dogma historiográfico e político um retrato tão grotesco e caricatural quanto o traçado por Khrushchev? Aliás, esse dogma foi gradualmente enriquecido com novos detalhes, cada vez mais fantasiosos: a partir das "revelações" do *Relatório Secreto*, que atribuem a Stalin uma confiança cega no respeito de Hitler pelo pacto de não agressão, Arendt, nas edições sucessivas das *Origens do totalitarismo*, construiu o teorema das afinidades eletivas entre os dois ditadores, e este teorema identificou gradualmente novos pontos de contato e novas simetrias até que os dois monstros se tornaram perfeitamente equivalentes em todos os aspectos de sua ação política e de sua ideologia, incluindo a consumação de um holocausto e o ódio antissemita.

A chave para explicar este fenômeno singular pode ser encontrada na história das mitologias políticas. Depois do Termidor, os jacobinos também foram condenados à guilhotina, inclusive no plano moral. Tornam-se "aqueles sultões", "aqueles sátiros" que criaram "lugares de prazer" e "locais de orgia" em quase todos os espaços, nos quais "se entregavam a todo tipo de excesso".[39] Para além da luxúria sexual, o que devorava Robespierre era sobretudo sua *libido dominandi*; ele se preparava para "casar com a filha de Capeto" a fim de ascender ao trono da França.[40] Sem dúvida a acusação era sensacional, mas não faltavam provas, aliás, elas eram abundantes: "o contrato de casamento" já havia sido assinado; por outro lado, o "selo com o lírio da França" foi encontrado na casa do tirano recentemente executado, ou seja, o selo da dinastia Bourbon.[41] A execução ou assassinato de Luís XVI apareceu então sob nova luz: o responsável por este ato talvez pretendesse apenas se livrar de um rival e varrer o obstáculo que o impedia de subir ao trono.

A decapitação moral de Robespierre estava entrelaçada com a decapitação mais especificamente intelectual. Durante o período jacobino, ocorreram episódios populares, não promovidos pelo alto, de vandalismo e iconoclastia revolucionária que atingiram os símbolos do antigo regime. Tais episódios continuaram a ocorrer durante o Termidor, desta vez visando tudo o que lembrasse o Terror. Mas eis como os novos governantes movem seu processo contra os jacobinos: por ódio à cultura da

39 Baczko (1989), p. 23 e nota 11.
40 Ibid., pp. 10 ss.
41 Ibid., pp. 15-6.

qual estavam completamente privados, tinham planejado queimar as bibliotecas, ou melhor, já haviam posto em ação esse projeto alucinado. Por meio de sucessivos avanços, a acusação se expande cada vez mais e se transforma em um fato tanto mais incontestável quanto mais perde o contato com a realidade. Boissy d'Anglas pode, então, apontar os jacobinos para o escárnio público:

> Esses ferozes inimigos da humanidade, sem dúvida, concordaram em permitir que seus delitos fossem momentaneamente iluminados apenas pela luz das bibliotecas incendiadas, pois esperavam que a escuridão da ignorância se aprofundasse ainda mais. Bárbaros! Eles fizeram com que o espírito regredisse muitos séculos.[42]

Os jacobinos haviam introduzido a escolaridade obrigatória, e contra eles e a Revolução Francesa como tal, o jornalismo contrarrevolucionário nunca se cansou de denunciar a *hubris* da razão e de celebrar, por contraste, a função benéfica do "preconceito"; porém, no clima ideológico e político do Termidor, Robespierre e seus colaboradores são acusados de terem querido espalhar as "trevas da ignorância". E a nova acusação é lançada sem qualquer esforço para repensar a anterior: a coerência lógica é a menor das preocupações.

Mesmo no que diz respeito ao número de vítimas do Terror, assistimos a um processo semelhante ao já observado para as bibliotecas. Passemos sempre a palavra ao eminente estudioso que aqui acompanhamos: "Não economizemos nos números: dezenas de milhares, centenas de milhares, fala-se até de milhões". Trata-se, em suma, de um genocídio, como denunciou a *jeunesse dorée*, que, em sua contra-*Marselhesa*, troveja contra os "bebedores de sangue humano", "essa horda antropófaga", "esses canibais horríveis".[43] Esta é uma acusação repetida e radicalizada à esquerda. Imediatamente após o Termidor, Babeuf fala de um "sistema de despovoamento" (*dépopulation*) implementado na Vendeia por Robespierre, que chegou a perseguiu o "objetivo político infame e sem precedentes" de

42 Ibid., p. 245.
43 Ibid., pp. 244-5.

"erradicar a raça humana".[44] Assim, testemunhamos uma convergência entre a direita e a extrema esquerda do espectro político, ambas concordes em traçar um retrato de Robespierre como de um monstro genocida. No entanto, esse paradoxo dura pouco. Babeuf não demora muito para compreender o verdadeiro significado do Termidor: diante dos juízes que se preparam para condená-lo à morte, ao denunciar a situação desesperadora a que estão agora condenadas as massas populares, ele, por um lado, se refere a Saint-Just e a sua ideia de "felicidade" e de fuga para todos da miséria, por outro, exprime desdém pelo "sistema da fome" implementado pelos novos governantes e classifica o termidoriano Boissy d'Anglas como "genocida" (*populicidè*).[45] A acusação de genocídio sofre, assim, uma inversão radical: já não atinge Robespierre, mas sim os seus inimigos vitoriosos.

Seria interessante proceder a uma análise comparativa das mitologias surgidas a partir das grandes revoluções. Depois de outubro de 1917, os jacobinos "bebedores de sangue humano" foram substituídos pelos bolcheviques que, como relataram refugiados da Rússia soviética nos EUA, inventaram e usaram freneticamente uma guilhotina elétrica capaz de matar quinhentos homens por hora. Vimos os jacobinos serem rotulados de frequentadores de "casas de prazer" e organizadores de "orgias"; no outono de 1919, o líder comunista húngaro Bela Kun é acusado de ter criado "um harém esplendidamente mobiliado", onde ele, o pérfido e insaciável judeu, poderia "estuprar e desonrar as castas virgens cristãs às dezenas".[46] Quem chama a atenção para esta infâmia é um jornal que mais tarde se tornará o órgão do partido hitlerista, mas que, naquele momento, ao expressar seu horror diante dos acontecimentos no leste europeu, partilha uma orientação amplamente difundida na opinião pública ocidental em ambas as margens do Atlântico. Mesmo nos EUA, os bolcheviques são sinônimo de libertinagem e depravação moral: na Rússia, introduziram a nacionalização das mulheres, como revelam documentos publicados com a autorização do presidente Wilson e como um jornal de prestígio como o *New York Times* esclarece com riqueza de detalhes: sim, toda menina que completa dezoito anos é obrigada a se inscrever em um "cartório de amor

44 Ibid., pp. 210-1.

45 Babeuf (1988), pp. 316-8.

46 Diamond (1985), pp. 97-8.

livre", que então atribui a infeliz a um homem escolhido arbitrariamente, obrigada a sofrer no corpo e na alma a imposição do órgão governamental.[47]

Se os jacobinos são "bárbaros", ainda mais o são os protagonistas da Revolução de Outubro, inicialmente rotulados de agentes da Alemanha imperial (ou seja, "hunos" e "vândalos", como os alemães são definidos pela propaganda da Entente durante a Primeira Guerra Mundial), e depois de agentes do judaísmo internacional, duplamente estranho à civilização autêntica, quer por sua origem geográfica, quer pelo contributo dado à revolta das colônias e dos povos de cor, como a propaganda nazista não se cansa de repetir. Finalmente, se durante algum tempo Robespierre foi acusado por Babeuf de ter querido "erradicar a raça humana" como um todo, Conquest contentou-se em atribuir a Stalin o planejamento da morte por inanição do povo ucraniano.

Os temas aqui esboçados constituem apenas sugestões modestas para o futuro historiador. Enquanto se espera pelo desejável comparatismo das mitologias políticas, vale a pena observar que Stalin teve um destino pior que o de Robespierre: sim, na Rússia de hoje não faltam manifestações populares que erguem seu retrato, e a maioria dos adultos se expressa positivamente sobre Stalin e vê nele o "líder enérgico" de que o país precisava em tempos tão calamitosos. Entre os antigos "dissidentes", vemos Alexandr Zinoviev rotular Yeltsin de líder de uma "contrarrevolução criminosa" e de uma "democracia colonial", traçando um balanço surpreendente da história da União Soviética como um todo, incluindo as três décadas da era stalinista: "Foi precisamente graças ao comunismo que a Rússia foi capaz de evitar males ainda piores" e alcançar "em condições históricas muito difíceis" progressos que "só um canalha cínico pode negar".[48] No Ocidente, porém, mesmo na esquerda, a acusação de "stalinismo" está pronta para atingir qualquer um que se atreva a levantar dúvidas ou fazer perguntas. Na verdade, é no campo "burguês" que podemos vislumbrar alguns tímidos sinais de reavaliação. Poucos meses após o colapso da União Soviética, um conceituado jornal italiano noticiou: "Um milhão e meio de pessoas correm o risco de não sobreviver ao inverno, devido à falta de alimentos e

47 Filene (1967), pp. 46-7.

48 Roberts (2006), p. 3 (pela popularidade persistente de Stalin na Rússia); Zinoviev (1994), pp. 11, 17, 54 e 133.

medicamentos em toda a URSS: isto é afirmado por um relatório da Cruz Vermelha Internacional".[49] Algum tempo depois, analisando a Rússia de Yeltsin, um ilustre cientista político, Maurice Duverger, destacou o "colapso da expectativa de vida média", cuja responsabilidade recaiu sobre os poucos privilegiados que conseguiram "acumular enormes riquezas" de origem especulativa e parasitária, se não abertamente ilegal, e denunciou um "verdadeiro genocídio dos velhos".[50] Se não uma reversão, a acusação de genocídio ganha, no entanto, uma aplicação mais ampla com a condenação de um herói do Ocidente (Yeltsin), e com ele do Ocidente como tal, considerado responsável por uma tragédia que ocorre não durante uma situação de crise política e econômica aguda, mas após o fim da própria Guerra Fria, num período em que, pelo menos nos países mais avançados, a escassez é apenas uma memória distante.

Vem à mente a avaliação traçada por Edgar Quinet sobre a Revolução Francesa: "O Terror foi a primeira calamidade; a segunda, a que arruinou a República, foi o processo movido contra o Terror".[51]

49 Franceschini (1991).
50 Duverger (1993).
51 Em Baczko (1989), p. 191.

8

DEMONIZAÇÃO E HAGIOGRAFIA NA LEITURA DO MUNDO CONTEMPORÂNEO

Do esquecimento do Segundo período de agitação na Rússia ao esquecimento do Século de humilhações na China

Começando sobretudo com a eclosão da Guerra Fria, durante décadas a campanha anticomunista do Ocidente girou em torno da demonização de Stalin. Até a derrota da União Soviética, não havia necessidade de exagerar nas polêmicas contra Mao, nem mesmo contra Pol Pot, até o último momento apoiado por Washington contra os invasores vietnamitas e seus apoiadores soviéticos. O monstro gêmeo de Hitler era apenas um: assolou Moscou durante trinta anos e continuou pesando desastrosa e maciçamente sobre o país que ousou desafiar a hegemonia dos EUA.

O quadro não poderia deixar de mudar com a prodigiosa ascensão da China: agora é o grande país asiático que deve ser pressionado até perder sua identidade e autoestima. Para além de Stalin, a ideologia dominante está empenhada em identificar outros monstros gêmeos de Hitler. E eis que conquista grande sucesso internacional um livro que classifica Mao Tsé-Tung como o maior criminoso do século XX, ou talvez de todos os tempos.[1]

Os métodos da "demonstração" são os que já conhecemos: começam pela infância do "monstro", e não pela história da China. É, portanto, aconselhável tentar preencher essa lacuna. Com uma longa história pregressa, que a viu em uma posição eminente no desenvolvimento da civilização humana durante séculos ou milênios, mesmo em 1820 a China ostentava um Produto Interno Bruto (PIB) que constituía 32,4% deste índice no panorama mundial; em 1949, no momento de sua fundação, a República Popular da China era o país mais pobre ou um dos mais pobres do mundo.[2] Esse colapso foi determinado pela agressão colonialista e imperialista que começou com as Guerras do Ópio. Celebradas em termos enfáticos até pelos mais ilustres representantes do Ocidente liberal (pense-se em Tocqueville e John Stuart Mill), estas guerras infames abrem um capítulo decididamente trágico para o grande país asiático. O déficit da balança comercial chinesa causado pela vitória dos "*narcotraficantes* britânicos", a terrível humilhação sofrida ("Mulheres chinesas são abordadas e violadas"

1 Chang, Halliday (2006).
2 Davis (2001), p. 299.

pelos invasores. "As sepulturas são violadas em nome da curiosidade científica. O minúsculo pé enfaixado de uma mulher é removido de seu túmulo") e a crise evidenciada pela incapacidade de o país se defender das agressões externas desempenharam um papel preponderante na eclosão da revolta de Taiping (1851-64), que colocou na ordem do dia a luta contra o ópio. É "a guerra civil mais sangrenta da história mundial, com uma estimativa de vinte a trinta milhões de mortes".[3] Depois de ter contribuído fortemente para provocá-la, o Ocidente torna-se o beneficiário, uma vez que pode estender seu controle sobre um país dominado por uma crise cada vez mais profunda, e cada vez mais indefeso. Começa um período histórico que vê a "China crucificada" (a Rússia e o Japão, entretanto, se juntaram aos algozes ocidentais). Sim:

> À medida que nos aproximamos do final do século XIX, a China parece tornar-se vítima de um destino contra o qual não pode lutar. É uma conspiração universal dos homens e dos elementos. A China dos anos 1850-1950, aquela das mais terríveis insurreições da história, alvo de canhões estrangeiros, país de invasões e guerras civis, é também o país de grandes cataclismos naturais. Sem dúvida, o número de vítimas na história mundial nunca foi tão elevado.

A redução geral e drástica do nível de vida, a desintegração do aparelho estatal e governamental, juntamente com sua incapacidade, a corrupção e a crescente subordinação e subjugação ao estrangeiro, tudo isto torna o impacto das cheias e da carestia ainda mais devastador: "A grande fome no norte da China de 1877-78 [...] matou mais de nove milhões de pessoas".[4] É uma tragédia que tende a ocorrer periodicamente: em 1928, as mortes totalizaram quase três milhões só na província de Shanxi".[5] Não há como escapar nem da fome nem do frio: "Queimam as vigas das casas para se aquecerem".[6]

---

3 Losurdo (2005), cap. IX, § 6 e VIII, § 3 (sobre Tocqueville e J. S. Mill); Davis (2001), pp. 22 e 16; Spence (1998), pp. 53, 62, 134-5 e 234-5 (sobre as infâmias dos invasores e a rebelião Taiping contra o ópio).

4 Gernet (1978), p. 579; Roux (2007), p. 40.

5 Ibid., p. 580.

6 Roux (2007), p. 41.

Não se trata apenas de uma crise econômica devastadora: "O Estado está quase destruído". Um dado é significativo por si só: "130 guerras ocorreram entre 1.300 senhores da guerra de 1911 a 1928"; as "camarilhas militares" contrapostas são por vezes apoiadas por esta ou aquela potência estrangeira. Por outro lado, "as repetidas guerras civis entre 1919 e 1925 podem ser consideradas como novas Guerras do Ópio. O que está em jogo é o controle de sua produção e transporte".[7] Para além das forças armadas dos senhores da guerra, um autêntico banditismo se alastra, alimentado por desertores do exército e armas vendidas por soldados. "Estima-se que, por volta de 1930, os bandidos na China cheguem a 20 milhões, 10% de toda a população masculina".[8] Por outro lado, é fácil imaginar o destino que paira sobre as mulheres. No geral, trata-se da dissolução de todos os laços sociais: "Às vezes o agricultor vende a mulher e os filhos. A imprensa descreve as fileiras de jovens vendidas desta forma, que andam nas ruas supervisionadas por traficantes, na Shanxi devastada pela fome de 1928. Elas se tornarão escravas domésticas ou prostitutas". Só em Xangai existem "cerca de 50 mil prostitutas regulares". E tanto as atividades de banditismo quanto a rede de prostituição podem contar com o apoio ou a cumplicidade das concessões ocidentais, que desenvolvem "atividades lucrativas" neste sentido.[9] A vida dos chineses vale agora muito pouco, e os oprimidos tendem a partilhar este ponto de vista com os opressores. Em 1938, numa tentativa de impedir a invasão japonesa, a força aérea de Chiang Kai-sheck explodiu as barragens do Rio Amarelo: 900 mil camponeses morreram afogados enquanto outros 4 milhões foram forçados a fugir.[10] Cerca de quinze anos antes, Sun Yat-Sen expressou o receio de que se pudesse chegar "à extinção da nação e à aniquilação da raça"; sim, talvez os chineses estivessem se preparando para sofrer o fim infligido aos "peles vermelhas" do continente norte-americano.[11]

Esta trágica história por trás da revolução desaparece na historiografia e nas publicações que giram em torno do culto negativo dos heróis. Se, na leitura da história da Rússia, procede-se à remoção do Segundo período

7 Ibid., pp. 34-6.
8 Ibid., pp. 39 e 37.
9 Roux (2007), pp. 41 e 37.
10 Ibid., p. 72.
11 Sun Yat-Sen (1976), pp. 27 e 42-3.

de agitação, no caso do grande país asiático, se negligencia o Século das humilhações (o período que vai da Primeira Guerra do Ópio até a conquista comunista do poder). Tal como na Rússia, também na China, o que em última análise salva a nação e até o Estado, é a revolução liderada pelo partido comunista. Na biografia acima mencionada sobre Mao Tsé-Tung, não só o contexto histórico aqui sumariamente reconstruído é ignorado, mas também o primado do horror imputado ao líder comunista chinês é obtido colocando-se em sua conta as vítimas causadas pela carestia e pela fome que afligiram a China. Observa-se um rigoroso silêncio sobre o embargo imposto ao grande país asiático imediatamente após a chegada ao poder dos comunistas.

Sobre este último ponto, vale a pena consultar o livro de um autor norte-americano que descreve com simpatia o papel de liderança desempenhado durante a Guerra Fria pela política de cerco e estrangulamento econômico implementada por Washington contra a República Popular da China. No outono de 1949, esta encontra-se numa situação desesperadora. Entretanto, deve-se notar que a guerra civil estava longe de terminar: a maior parte do exército do Kuomintang refugiou-se em Taiwan, e de lá continuou ameaçando o novo poder com ataques aéreos e incursões, especialmente porque bolsões de resistência continuavam agindo no continente. Mas este não é o aspecto principal: "Depois de décadas de guerras civis e internacionais, a economia nacional estava à beira do colapso total". Ao colapso da produção agrícola e industrial se junta a inflação. E isso não é tudo: "Naquele ano, graves inundações devastaram grande parte do país, e mais de 40 milhões de pessoas foram afetadas por essa catástrofe natural".[12]

O embargo decretado pelos EUA interveio prontamente para tornar esta gravíssima crise econômica e humanitária mais catastrófica ainda. Os objetivos emergem claramente dos estudos e projetos da administração Truman e das admissões ou declarações de seus líderes: garantir que a China "sofra a praga" de "um nível de vida geral próximo ou abaixo do nível de subsistência"; causar "atraso econômico", "atraso cultural", "taxa de natalidade primitiva e descontrolada", "agitação popular"; infligir "um custo pesado e muito prolongado a toda a estrutura social" e criar, em última

12 Zhang (2001), pp. 52 e 56.

instância, "um estado de caos".[13] É um conceito que se repete obsessivamente: é preciso conduzir um país com "necessidades desesperadas" para uma "situação econômica catastrófica", "em direção ao desastre" e ao "colapso".[14] Esta "arma econômica" apontada para um país superpopuloso é mortal, mas isso não é suficiente para a CIA: a situação causada "pelas medidas de guerra econômica e pelo bloqueio naval" poderia ser ainda agravada por uma "campanha de bombardeios aéreos e navais contra portos escolhidos, entroncamentos ferroviários, instalações industriais e depósitos"; em todo caso, com a ajuda dos EUA, os ataques aéreos do Kuomintang às cidades industriais da China continental, incluindo Xangai, continuam.[15]

Na Casa Branca, um presidente sucede a outro, mas o embargo permanece e inclui medicamentos, tratores e fertilizantes.[16] No início dos anos 1960, um colaborador da administração Kennedy, nomeadamente Walt W. Rostow, salientava que, graças a essa política, o desenvolvimento econômico da China tinha sido adiado pelo menos por "dezenas de anos", ao passo que os relatórios da CIA sublinham "a grave situação agrícola na China comunista", agora seriamente enfraquecida pelo "excesso de trabalho e pela subnutrição" (*overwork and malnutrition*).[17] Trata-se então de reduzir a pressão sobre um povo reduzido à fome? Pelo contrário, o embargo não deve ser afrouxado "nem mesmo para ajuda humanitária". Aproveitando também o fato de a China "ser desprovida de recursos naturais essenciais, em particular petróleo e terras aráveis", e valendo-se também da grave crise que nesse meio-tempo ocorreu nas relações entre a China e a URSS, pode-se tentar o abalo definitivo: trata-se de "explorar as possibilidades de um embargo ocidental total contra a China" e de bloquear as vendas de petróleo e trigo tão completamente quanto possível.[18]

Faz então sentido atribuir exclusiva ou principalmente a Mao a responsabilidade pela catástrofe econômica que há muito se abatia sobre a China, e que foi planejada de forma lúcida e impiedosa em Washington a partir do outono de 1949? Ocupados como estão em pintar o grande

13 Ibid., pp. 20-1.
14 Ibid., pp. 24, 32 e 71.
15 Ibid., pp. 24, 32 e 71.
16 Ibid., pp. 83, 179 e 198.
17 Ibid., pp. 250 e 244.
18 Ibid., pp. 249-52.

retrato caricatural de Mao e em denunciar suas experiências alopradas, os autores do livro de sucesso não se colocam este problema. No entanto, são os próprios líderes norte-americanos que, no momento de impor o embargo, sabem que ele será ainda mais devastador devido à "inexperiência comunista no âmbito da economia urbana".[19] Não é por acaso que os vimos falar explicitamente sobre "guerra econômica" e "arma econômica".

Trata-se de uma prática que não desapareceu mesmo após o fim da Guerra Fria. Alguns anos antes da entrada da China na Organização Mundial do Comércio, um jornalista norte-americano descreveu assim o comportamento de Washington em 1996: "Os líderes americanos exibem uma das armas mais poderosas do seu arsenal comercial, visando ostensivamente a China, e depois discutem furiosamente sobre apertar o gatilho ou não". Uma vez implementada, a suspensão das relações comerciais normais ameaçada por eles teria constituído, "em termos de dólares, a maior sanção comercial da história dos EUA, excluindo as duas guerras mundiais"; teria sido "o equivalente comercial a um ataque nuclear".[20] Esta foi também a opinião de um ilustre cientista político norte-americano, nomeadamente Edward Luttwak: "Com uma metáfora, seria possível afirmar que o bloqueio às importações chinesas é a arma nuclear que a América mantém apontada contra a China".[21] Brandida como uma ameaça na década de 1990, a "arma nuclear" econômica foi sistematicamente utilizada durante a Guerra Fria contra o grande país asiático, enquanto Washington se reservava explícita e repetidamente o direito de também recorrer a armas nucleares reais.

No momento da conquista do poder, Mao estava bem consciente de que uma "tarefa muito difícil de reconstrução econômica" o esperava: sim, era necessário "aprender a trabalhar no campo industrial e econômico" e "aprender com cada especialista (seja ele quem for)".[22] Nesse contexto, o Grande Salto Adiante surge como uma tentativa desesperada e catastrófica de fazer frente ao embargo.[23] O mesmo vale, em parte, à própria Revolução Cultural, ela mesma caracterizada pela ilusão de ser capaz de

19 Ibid., p. 22.
20 Dale (1996).
21 Luttwak (1999), p. 151.
22 Zhang (2001), pp. 53 e 55.
23 Ibid., pp. 218 e 235.

promover o rápido desenvolvimento econômico apelando à mobilização das massas e aos métodos utilizados com sucesso na luta militar. Tudo isso sempre na esperança de pôr fim, de uma vez por todas, à devastação da "guerra econômica", por trás da qual se vislumbrava a ameaça de uma guerra ainda mais total. Mesmo no que diz respeito ao comportamento de déspota oriental assumido por Mao, sobretudo durante a Revolução Cultural, ele certamente se explica tanto pela história da China quanto pela ideologia e personalidade daqueles que exercem o poder; o fato é que nunca se viu um país avançar na via da democratização depois de ser brutalmente atacado em nível econômico, isolado em nível diplomático e submetido a uma terrível e constante ameaça em nível militar. Sendo assim, é duplamente grotesco atribuir exclusivamente a Mao "mais de setenta milhões de pessoas [...] que morreram em tempos de paz devido ao seu mau governo".[24]

Na realidade, "as conquistas sociais da era Mao" foram "extraordinárias", quando se assistiu a uma clara melhoria das condições econômicas, sociais e culturais e a um forte aumento da "expectativa de vida" do povo chinês. Sem estes pressupostos não se pode compreender o prodigioso desenvolvimento econômico que posteriormente libertou centenas de milhões de pessoas da fome e até da morte por inanição.[25] No entanto, na ideologia dominante, assiste-se a uma verdadeira inversão de responsabilidades: o grupo dirigente que pôs fim ao Século das humilhações se transforma em um bando de criminosos, ao passo que os responsáveis pela enorme tragédia de um século e aqueles que tudo fizeram com o embargo para prolongá-la aparecem como os campeões da liberdade e da civilização. Vimos Goebbels em 1929 rotular Trotsky como aquele que "talvez" possa ser considerado o maior criminoso de todos os tempos (*supra*, p. 231); nos anos seguintes, talvez Goebbels tivesse atribuído a primazia da criminalidade a Stalin. Em todo caso, o modo de argumentar do chefe do aparelho de propaganda e manipulação do Terceiro Reich deve ter parecido demasiado problemático aos autores da biografia sobre Mao aclamada no Ocidente. Eles não têm dúvidas: o primado absoluto da criminalidade na história universal passou agora ao líder chinês!

---

24 Chang, Halliday (2006), p. 734.

25 Arrighi (2008), pp. 406-7.

A remoção da guerra e a produção em série dos monstros gêmeos de Hitler

A remoção da história e sobretudo do colonialismo e da guerra é uma constante da mitologia empenhada em transformar todos os líderes do movimento comunista e anticolonial em monstros mais ou menos gêmeos de Hitler, para além de Stalin. Esta é uma operação bastante fácil em relação a Pol Pot. Por isso vale a pena focar nele, certamente não para reabilitá-lo ou para redimensionar o horror do qual foi responsável, mas para melhor esclarecer as formas como é construída a mitologia hoje dominante. Ao fazer isto, utilizarei quase exclusivamente o livro de um estudioso americano da Ásia e, sobretudo, a monografia sobre o Camboja escrita por um jornalista que trabalhou para o *Times*, o *Economist* e a BBC. Comecemos, portanto, por nos perguntarmos: quando e como começou a tragédia que culminou no horror do regime de Pol Pot? Aqui está uma resposta inicial, fornecida pelo estudioso norte-americano:

> No início da década de 1970, o presidente Richard Nixon e seu conselheiro de segurança nacional, Henry Kissinger, ordenaram o lançamento de mais bombas nas zonas rurais do Camboja do que as que tinham sido lançadas sobre o Japão durante a Segunda Guerra Mundial, matando pelo menos 750.000 camponeses cambojanos.[26]

O cálculo da monografia sobre o Camboja de Pol Pot é mais conservador: as vítimas ascenderiam a "meio milhão". No entanto, continua a ser verdade que "as bombas caíram em massa e sobretudo sobre a população civil", que foi dizimada, com os sobreviventes muitas vezes horrivelmente mutilados em seus corpos e, de todo modo, traumatizados pela experiência cotidiana dos bombardeios terroristas e pela fuga do campo (reduzido a uma "paisagem lunar") em direção às cidades nas mãos das tropas governamentais e, portanto, poupadas do inferno, mas cada vez mais à mercê do caos após o crescente afluxo de refugiados, forçados a levar "uma existência precária que beira a morte por fome": no fim da guerra, só na capital, havia dois milhões de cambojanos desenraizados pela guerra e

26 Johnson (2001), p. 31.

amontoados em "barracas" e "favelas", com os doentes e feridos internados em hospitais, mas "com pouca esperança de sobrevivência".[27] A tudo isto devemos acrescentar os "massacres em larga escala" perpetrados pelas tropas de Lon Nol, que chegou ao poder em 1970 com um golpe de Estado arquitetado em Washington. Eis como o regime dos EUA, alimentado por "centenas de milhões de dólares", lida com o problema representado pelas minorias étnicas: "Nas aldeias vietnamitas dos subúrbios ao norte de Phnom Penh, pelo menos três mil habitantes, todos homens acima de quinze anos de idade, foram presos, levados rio abaixo e fuzilados. As mulheres restantes foram estupradas". Ou: "Na área chamada Bico do Papagaio, os detidos [vietnamitas] de um campo foram avisados de um iminente ataque vietcongue e receberam ordem de fugir. Enquanto corriam, os guardas cambojanos [aliados ou subservientes aos EUA] abriram fogo com metralhadoras". Estes são apenas dois exemplos. Prestigiosos testemunhos jornalísticos relatam a impressão que imediatamente se tem ao visitar este ou aquele local semelhante aos que acabamos de ver: "Parecia um matadouro e cheirava como tal".[28]

Sejamos claros: a fúria das tropas de Lon Nol não se abateu apenas sobre os vietnamitas: "os comunistas feitos prisioneiros eram geralmente eliminados"; além disso, os responsáveis por esses assassinatos adoram ser fotografados enquanto exibem com orgulho e sorriso nos lábios as cabeças decepadas dos guerrilheiros.[29] Por outro lado, seria errado atribuir a culpa apenas aos asiáticos pelas atrocidades que ocorrem no Camboja e, de um modo mais geral, na Indochina. Dá a pensar o que um professor norte-americano relata numa revista de seu país sobre um agente da CIA que vivia no Laos, "numa casa decorada com uma coroa de orelhas arrancadas das cabeças de comunistas [indochineses] mortos".[30]

Neste ponto uma nova questão se impõe: existe uma ligação entre o primeiro ato da tragédia cambojana e os subsequentes? Ao tentar minimizar esta relação, o livro que utilizei não se mostra isento de contradições ou oscilações: "É possível que os bombardeios tenham contribuído para criar um clima que teria levado ao extremismo. Mas a guerra por terra o teria

27 Short (2005), pp. 351, 287, 289-290, 334 e 361-2.
28 Ibid., pp. 18 e 277-8.
29 Ibid., p. 331; cf. também foto referida p. 376 e p. 377.
30 Wilder (1999).

causado de qualquer maneira". A "guerra por terra" era uma fatalidade? Não é da guerra como tal que se deve começar? "A equação 'sem guerra do Vietnã, sem Khmer Vermelho' é demasiado simplista, mas reflete uma verdade inegável".[31] O jornalista-escritor inglês tem dificuldade em admiti-lo e, no entanto, a partir de suas próprias formulações embaraçosas, pode-se deduzir que os primeiros responsáveis pela tragédia devem ser procurados em Washington. E de seu relato emerge uma verdade ainda mais chocante do que a vulgata atualmente em voga. É assim que a monografia sobre o Camboja se refere à conquista de Phnom Penh pela guerrilha: depois de tudo o que aconteceu "poderia ter sido muito, muito pior".[32] Pelo menos no que diz respeito à primeira fase da gestão do poder, Pol Pot recebe aqui uma patente de moderação que dificilmente poderia ser reconhecida aos dirigentes de Washington!

Por outro lado, os novos governantes estavam diante de dificuldades reais e dramáticas: será que os EUA iniciariam uma nova onda de bombardeios terroristas? E como alimentar uma população urbana que cresceu desproporcionalmente, com a agricultura devastada pela transformação do campo numa "paisagem lunar"? E como enfrentar a ameaça da CIA, que "instalou transmissores de rádio secretos e células clandestinas de espionagem" nas cidades?[33] É claro que o populismo extremista e visionário de Pol Pot também determinou a decisão de evacuar as cidades, mas mesmo essa atitude é estimulada pelo espetáculo de cidades terrivelmente superlotadas, expostas à ameaça do inimigo e tomadas pelo caos, com uma grande população em larga medida incapaz de desempenhar uma função produtiva.

Concluindo: por que o julgamento moral sobre Pol Pot deveria ser mais severo do que sobre Nixon e Kissinger (os responsáveis pela guerra)? O mesmo autor inglês que tenho acompanhado até aqui, embora por um lado rejeite a explicação intencional dos massacres que conduziram à aventura de Pol Pot ("essa nunca foi a linha política do PCK", isto é, do partido comunista cambojano; "o objetivo não era destruir, mas transformar"), por outro lado observa a ferocidade da guerra dos EUA: "Os bombardeios

31 Short (2005), pp. 289 e 586.
32 Ibid., p. 359.
33 Ibid., pp. 380-1.

tornaram-se um símbolo de virilidade".[34] Acrescente-se que, após a tomada do poder, durante o conflito subsequente com o Vietnã, Pol Pot foi apoiado em nível político e diplomático pelos EUA. No entanto, a ideologia dominante ignora o papel primário e decisivo de Nixon e Kissinger na tragédia cambojana. É sabido: os bárbaros estão sempre fora do Ocidente, e se for necessário prosseguir com a criminalização dos líderes políticos, eles são os responsáveis pela revolução, nunca pela guerra.

Essa hipocrisia é ainda mais repugnante pelo fato de que, embora Pol Pot tenha parado de atormentar e matar, a guerra dos EUA continua fazendo sentir seus efeitos com força. "Em toda a Indochina há pessoas que morrem de fome, de doenças e de artefatos não detonados".[35] Pelo menos no que diz respeito ao Vietnã, vale a pena ter presente o cálculo feito há algum tempo por um jornal francês conservador, segundo o qual, trinta anos após o fim das hostilidades, ainda havia "quatro milhões" de vítimas com os corpos devastados pelo "terrível agente laranja" (referindo-se à cor da dioxina derramada impiedosamente pelos aviões norte-americanos sobre uma população inteira).[36] E no Camboja? Deixemos de lado a devastação infligida aos corpos. Quantos cambojanos ainda sofrem com os devastadores e "irreversíveis danos psicológicos" causados pelos bombardeios?[37] Uma conclusão se impõe: concentrar-se exclusivamente em Pol Pot significa contentar-se com uma meia verdade, que de fato acaba se constituindo numa total mentira, culpada por deixar passar em silêncio os principais responsáveis pelo horror.

Socialismo e nazismo, arianos e anglo-celtas

Depois de ter assemelhado os "monstros do totalitarismo", a ideologia dominante hoje vai mais longe. Para além das personalidades individuais que historicamente o encarnaram, o comunismo como tal estaria intimamente ligado por afinidades eletivas e laços de simpatia com o nazismo.

34 Ibid., pp. 382 e 326.
35 Chomsky, Herman (2005), p. 60.
36 Hauter (2004).
37 Short (2005), pp. 289 e 290 nota.

O mais empenhado neste sentido é Conquest, que inicia sua "demonstração" afirmando sobre Hitler: "E, embora odiasse o comunismo 'judeu', não odiava os comunistas".[38] A hostilidade entre os dois movimentos políticos é apenas um erro. O que dizer desse novo teorema?

Imediatamente após chegar ao poder, o Führer explica aos comandantes das forças armadas que pretende antes de tudo liquidar o "veneno" representado pelo "pacifismo, marxismo, bolchevismo".[39] Poucos dias depois, Göring esclarece melhor o programa do novo governo de luta contra o marxismo (e o bolchevismo): "Não só aniquilaremos esta praga, como arrancaremos a palavra marxismo de todos os livros. Em cinquenta anos, na Alemanha, nenhum homem poderá saber o que o termo significa".[40] Às vésperas da Operação Barbarossa, Goebbels anota em seu diário:

> O bolchevismo está morto (*ist gewesen*). Desse modo, cumprimos nossa autêntica tarefa perante a história [...]. O veneno bolchevique deve ser expulso da Europa. Os próprios Churchill ou Roosevelt têm pouco a objetar contra esse empreendimento. Talvez possamos também convencer o episcopado alemão de ambas as confissões a abençoar esta guerra como desejada por Deus [...]. Agora nós realmente aniquilamos aquilo contra o que lutamos durante toda nossa vida. Converso sobre isso com o Führer e ele concorda plenamente comigo.[41]

Não é uma questão de palavras, como demonstra a aniquilação sistemática dos quadros comunistas decidida por Hitler nas vésperas da Operação Barbarossa. Há mais: "No final de 1941, os alemães haviam capturado três milhões de prisioneiros soviéticos. Em fevereiro de 1942, dois milhões destes prisioneiros haviam morrido, principalmente de fome, doenças e maus tratos. Além disso, os alemães procederam diretamente à execução de prisioneiros suspeitos de serem comunistas".[42] Isto é, já nos primeiros meses da Operação Barbarossa, os nazistas mataram ou causaram a morte de mais de dois milhões de soviéticos, tendo como alvo principal

38 Conquest (1992), p. 174.
39 Em Ruge, Schumann (1977), p. 24.
40 Ibid., pp. 32-3.
41 Goebbels (1992), pp. 1585 e 1603 (24 de maio a 16 de junho de 1941).
42 Roberts (2006), p. 85.

os comunistas. E isso não é tudo. Enquanto é forçado a esconder-se para escapar à "solução final", Klemperer, o eminente intelectual alemão de origem judaica que já conhecemos, escreve uma nota no diário sobre a qual vale a pena refletir. Estamos em agosto de 1942 e a Zeiss-Ikon recorre ao trabalho forçado de operárias polacas, francesas, dinamarquesas, judias e russas; a situação destas últimas é particularmente dura: "Elas sofrem tanto de fome que suas companheiras judias intervêm para ajudá-las. Isso é proibido, mas se deixa cair uma fatia. Depois de um tempo, uma russa se curva e desaparece com o pão no banheiro".[43] Portanto, de acordo com seu testemunho, a condição das escravas russas (ou soviéticas) era às vezes ainda pior do que a das escravas judias.

Em suas declarações peremptórias, Conquest não para no meio caminho. Trata-se de demonstrar o teorema das afinidades eletivas entre o comunismo e o nazismo muito além da personalidade de Stalin e das fronteiras da União Soviética. Portanto ele diz: a "longa e mútua hostilidade" entre os "partidos totalitários" é uma mera aparência. A realidade é diferente e oposta: "Gramsci, por exemplo, foi um dos companheiros mais próximos de Mussolini".[44] No entanto, todos deveriam saber que, enquanto o líder comunista definhava nas prisões fascistas, seu perseguidor recebeu homenagens de expoentes de primeiro plano do mundo liberal. Pensemos em particular em Churchill, que declarou a respeito do *duce* em 1933: "O gênio romano personificado por Mussolini, o maior legislador vivo, mostrou a muitas nações como se pode resistir à pressão do socialismo e indicou o caminho que uma nação pode seguir quando é conduzida com coragem".[45] Quatro anos depois — entretanto a Itália fascista tinha completado a conquista da Etiópia com métodos bárbaros e estava totalmente empenhada na derrubada da República espanhola — o estadista inglês reitera sua opinião: "Seria uma perigosa loucura do povo britânico subestimar a posição duradoura que Mussolini irá ocupar na história mundial ou as surpreendentes qualidades de coragem, inteligência, autocontrole e perseverança que ele personifica".[46]

43 Klemperer (1996), vol. 2, p. 194.
44 Conquest (1992), p. 174.
45 Em Canfora (2006), p. 232.
46 Em Baker (2008), p. 73.

Acima de tudo, vale a pena ler o balanço feito por Croce no final da Segunda Guerra Mundial. O que é objeto de crítica é a "atitude submissa dos conservadores da Inglaterra diante dos líderes da Alemanha, Itália e Espanha".[47] Na verdade, pelo menos no que diz respeito ao fascismo italiano, a Inglaterra foi ainda mais longe: "seus políticos, e alguns dos maiores, prestaram homenagem e adularam o fascismo, visitaram seu líder e uns até usaram distintivos fascistas".[48] Sim, Mussolini "recebeu homenagens do mundo inteiro, e na linha de frente estavam os políticos ingleses, e [...], pelo que me dizem pessoas que vivem na Inglaterra, ele ainda é considerado um grande homem pela opinião pública inglesa".[49] A atitude pró-fascista do Ocidente encontra sua consagração inclusive no campo filosófico. Pensemos em um autor como Ludwig von Mises, que ainda hoje é considerado um mestre do liberalismo e que em 1927 prestou homenagem ao golpe de Estado de Mussolini que desbaratou o perigo comunista e salvou a civilização: "o mérito assim conquistado pelo fascismo viverá para sempre na história".[50]

Em 1937, o próprio Hitler é retratado em termos lisonjeiros por Churchill, que aprecia nele não apenas o político "extremamente competente", mas também a "maneira educada", o "sorriso desarmante" e o "magnetismo pessoal sutil", aos quais é difícil escapar.[51] Mais enfático é o ex-primeiro-ministro David Lloyd George, que fala do Führer como um "grande homem", enquanto já às vésperas da eclosão da guerra é considerado aceitável o programa enunciado pelo *Mein Kampf* de subjugação e escravização dos eslavos pelo embaixador britânico em Berlim, desde que, é claro, ele não "se volte simultaneamente contra o Império Britânico".[52] Em todo caso, independentemente do julgamento sobre o Führer, segundo a opinião expressa em 1938 pelo embaixador dos EUA em Paris, é necessário fazer de tudo para construir uma frente comum contra o "despotismo asiático", a fim de salvar a "civilização europeia" (*supra*, p. 221). Nos *Cadernos do cárcere*, porém, em 1935, Gramsci escreve: "após as manifestações de brutalidade e ignomínia

47 Croce (1993), vol. 2, p. 88.
48 Ibid., p. 408.
49 Ibid., p. 366.
50 Mises (1927), p. 45.
51 Em Baker (2008), p. 70
52 Em Kershaw (2005), pp. 52 e 75 e 228.

sem precedentes da 'cultura' alemã dominada pelo hitlerismo", é hora de todos tomarem nota de quão "frágil é a cultura moderna".[53]

Por fim, ao levar a cabo sua cruzada que, para além do comunismo, visa também as correntes de alguma forma influenciadas pelo socialismo, Conquest afirma: "a eugenia, com todas as suas implicações racistas, estava na moda mesmo entre os fabianos".[54] Neste ponto, o *tour de force* chega à sua conclusão, e agora basta uma vaga veleidade reformista no que diz respeito à sociedade capitalista para que se seja carimbado de partidário ou gêmeo de Hitler. Naturalmente, para se argumentar desse modo, cabe não se deixar impedir pela pesquisa histórica empírica: já como um termo, antes mesmo como uma "ciência", a eugenia nasceu na Inglaterra liberal e gozou imediatamente de grande prestígio nos Estados Unidos. A República norte-americana é explicitamente referida por autores austríacos e alemães que, ainda antes de Hitler, recomendavam a "higiene racial": à semelhança do que acontece do outro lado do Atlântico, trata-se também de introduzir na Áustria e na Alemanha regras que proíbam relações sexuais e conjugais entre raças diferentes e de valores diferentes. Não por acaso, o termo chave do programa eugenista e racial do Terceiro Reich, nomeadamente *Untermensch*, é apenas a tradução do inglês *Under Man*, neologismo cunhado por Lothrop Stoddard, autor celebrado tanto nos EUA quanto na Alemanha e consagrado por homenagens de dois presidentes norte-americanos (Harding e Hoover) e do próprio Führer, por quem foi recebido pessoalmente com todas as honras.[55] É importante notar que é Antonio Gramsci, o teórico e líder comunista particularmente visado por Conquest,[56] quem critica esta corrente de pensamento, empenhada em celebrar a supremacia branca e nórdica e em defendê-la no campo da eugenia.

A esse autor, obcecado pela ideia de descobrir nos lugares mais remotos e inesperados movimentos e personalidades que apresentem afinidades ideológicas com o nazismo, gostaria de fazer uma sugestão: poderia tentar submeter seus livros ao mesmo tratamento infligido aos livros de orientação mesmo que vagamente socialista. A tese formulada numa das últimas publicações de Conquest dá o que pensar: a civilização autêntica encontra

53 Gramsci (1975), p. 2326.
54 Conquest (1992), p. 175.
55 Losurdo (2007), cap. III, §§ 4-5.
56 Gramsci (1975), p. 199 (a referência é principalmente a Madison Grant).

a sua expressão mais completa na "comunidade de língua inglesa" e a primazia desta comunidade tem uma base étnica própria e precisa, constituída pelos "anglo-celtas".[57] A mitologia anglo-céltica aqui esboçada evoca a mitologia ariana de sinistra memória. Há apenas um esclarecimento a fazer. A mitologia ariana, cara a uma longa tradição que se desenvolveu em ambos os lados do Atlântico e depois conduziu ao nazismo, tendia a identificar-se com a mitologia branca; em todo caso, prestava homenagem aos povos nórdicos e a todos os povos originários de solo germânico, incluindo os ingleses e os norte-americanos. A comunidade anglo-céltica é, em vez disso, definida em contraste não apenas com os bárbaros que são completamente estranhos ao Ocidente, mas também com a Europa continental. O clube dos povos autenticamente civilizados, tão caro a Conquest, é sem dúvida mais exclusivo.

A Nuremberg anticomunista e a negação do princípio do *tu quoque*

Agora a tendência é clara. Muitas vozes se levantaram no campo dos vencedores para recomendar ou exigir uma espécie de Nuremberg anticomunista; e esta é a orientação que inspira a ideologia e a historiografia dominantes. Sabe-se que, durante os julgamentos de Nuremberg, foi negada aos réus nazistas a possibilidade de fazer uso do princípio *tu quoque*, ou seja, de partir dos crimes de que foram acusados para chamar a atenção para crimes semelhantes cometidos por seus acusadores. O julgamento de Tóquio ocorreu da mesma forma. Claro, é a justiça do vencedor. Por outro lado, no fim de um conflito gigantesco, que também se desenvolveu como uma guerra civil internacional e como um choque planetário entre revolução e contrarrevolução (pense-se na teorização nazista do direito da raça dos senhores de escravizar as "raças inferiores", com um retrocesso substancial e assustador em comparação com o processo de abolição da escravatura colonial), vemos o surgimento em vários países (pense-se na Itália) de

57 Conquest (2001), pp. 275 ss. e 307.

tribunais revolucionários que, no caso da Alemanha e do Japão (onde a frente interna resistiu até o fim), são impostas de cima e de fora. Os atuais julgamentos historiográficos da Nuremberg anticomunista são a réplica ridícula de uma grande tragédia. É evidente que um julgamento histórico é impensável sem a reconstrução do clima da época: os estudos comparativos e o recurso ao princípio *tu quoque* são absolutamente inevitáveis. E é à luz destes critérios que pretendo analisar a habitual criminalização do caso que começou com a Revolução de Outubro e em particular de Stalin.

Não há dúvidas sobre as modalidades terroristas do poder que ele exerceu. Mas vamos trazer o princípio *tu quoque*. Já sabemos das centenas de milhares de vítimas causadas pelos ataques aéreos americanos no Camboja. Aqui quero chamar a atenção sobretudo para um detalhe:

> Os camponeses foram vítimas de um terror cego. "As suas mentes congelaram e vagaram silenciosamente, sem falar durante três ou quatro dias", recordou um jovem aldeão. "Seus cérebros estavam completamente desorientados [...] eles não conseguiam nem engolir uma refeição".

E muitos, "meio loucos de terror", nunca conseguiram se recuperar.[58]

O terror nem sempre é exercido de forma "asséptica", bombardeando do alto dos céus. No que diz respeito aos EUA, o século XX começou enquanto a guerra de guerrilha ainda estava em curso nas Filipinas, reprimida — segundo um historiador norte-americano — com o "massacre de aldeias inteiras", ou com a execução de todos os homens acima de dez anos de idade.[59]

Noutras vezes, o terror é exercido delegando as tarefas mais sujas a terceiros, que são, de qualquer forma, ajudados. Vejamos como os EUA se livraram dos seus adversários políticos na Indonésia: centenas de milhares de comunistas foram assassinados em seguida ao golpe de Estado de 1965, orquestrado e apoiado por Washington. O uso do terror e até do sadismo é sistemático:

> Os assassinatos em massa começaram em outubro de 1965 [...]. Os militares compilaram e distribuíram listas de "comunistas" a grupos muçulmanos

58 Short (2005), pp. 289 e 290, nota.
59 McAllister Linn (1989), p. 27.

> de direita, armaram-nos com *parangs* e transportaram-nos em caminhões para aldeias, onde mataram e mutilaram os habitantes. As crianças em idade escolar eram convidadas a apontar os "comunistas", muitos dos quais foram mortos no local com todas as suas famílias. Inúmeras pessoas foram denunciadas após disputas pessoais, e "bastava uma palavra ou um dedo apontado para serem levadas e fuziladas". O número de vítimas foi tão elevado que deu origem a graves problemas de saúde no leste de Java e no norte de Sumatra, onde corpos em decomposição empesteavam o ar e impediam a navegação nos rios [...]. Em 1968, as execuções em massa recomeçaram e, de um só vez, o exército e a guarda civil teriam matado no centro de Java "35.000 supostos seguidores do PKI, batendo-lhes na nuca com barras de ferro" [...]. Segundo a Anistia Internacional, "meninas de apenas treze anos, idosos, pessoas fracas e doentes não escaparam à tortura, usada não só em interrogatórios, mas também como castigo ou por simples sadismo.[60]

É um terror que os países do Ocidente liberal só exercem fora do seu território nacional? Não é assim; basta pensar na violência que ainda assolava os negros nas primeiras décadas do século XX e que era muitas vezes encenada como um espetáculo pedagógico de massa:

> As notícias dos linchamentos eram publicadas em jornais locais, e vagões adicionais foram acrescentados aos trens para os espectadores, às vezes milhares deles, vindos de quilômetros de distância. Para testemunhar o linchamento, as crianças em idade escolar podiam ter um dia de folga. O show podia incluir castração, esfolamento, queimadura, enforcamento, tiros. Os *souvenires* para os compradores podiam incluir os dedos das mãos e dos pés, dentes, ossos e até órgãos genitais da vítima, bem como cartões postais ilustrados do evento.[61]

Por outro lado, "a solução final da nossa questão indígena" arrastou-se no Canadá mesmo após a conquista da independência.

---

60 Chomsky, Herman (2005), pp. 227-9.
61 Segundo Woodward, em Losurdo (2005), cap. X, § 5.

Mas nos concentremos na década de 1930, quando o terror de Stalin se desencadeou na URSS. Nos EUA, as manchetes e reportagens dos jornais locais são em si eloquentes. "Grandes preparativos para o linchamento desta noite". Nenhum detalhe deve ser negligenciado: "Receia-se que os tiros dirigidos ao homem negro errem o alvo e atinjam espectadores inocentes, entre os quais mulheres com filhos no colo"; mas, se todos seguirem as regras, "ninguém ficará desapontado". Vemos outras manchetes: "o linchamento realizado quase como previsto no anúncio (*advertised*)"; "a multidão aplaude e ri da morte horrível de um negro"; "coração e órgãos genitais arrancados do cadáver de um negro". [62] É correto falar de terror, e não apenas tendo em conta os efeitos que o espetáculo de uma violência tão brutal, e tão alegremente anunciada numa espécie de anúncio, teve na comunidade negra. Há mais. Não foram apenas os negros culpados de "estupro" ou, na maioria das vezes, de relações sexuais consensuais com uma mulher branca que sofreram linchamento. Bastava muito menos para serem condenados à morte: a "Constituição de Atlanta" de 11 de julho de 1934 informa sobre a execução de um homem negro de 25 anos "acusado de ter escrito uma carta 'indecente e insultuosa' a uma jovem branca do condado de Hinds"; neste caso, a "multidão de cidadãos armados" contentou-se em encher de balas o corpo do infeliz.[63] Além disso, tal como sobre os "culpados", a morte, infligida de forma mais ou menos sádica, também paira sobre os suspeitos. Continuamos a folhear os jornais da época e a ler as manchetes: "Absolvido por júri e depois linchado"; "Suspeito enforcado em um carvalho na praça pública de Bastrop"; "O homem errado linchado".[64] Por fim, a violência não se limita a atingir o responsável ou o suposto responsável: acontece que, antes de proceder ao seu linchamento, a cabana onde mora sua família é incendiada e completamente queimada.[65]

Para além dos negros, o terror também afeta os brancos que, ao se familiarizarem excessivamente com os negros, se tornam traidores de sua raça. Isto é o que fica claro no título de um artigo no *Galveston (Texas) Tribune* de 21 de junho de 1934: "Uma jovem branca está trancada na prisão, seu amigo negro é linchado". O fato é que — comenta um editorial do

62 Ginzburg (1988), pp. 221-2, 205 e 211.

63 Ibid., p. 220.

64 Ibid., pp. 212, 219 e 232.

65 Ibid., p. 222.

Chicago Defender poucos dias depois — "no estado do Texas uma mulher branca pode acasalar mais livremente com um cachorro do que com um homem negro".[66] E, se ela não levar isso em conta, o regime terrorista da supremacia branca atinge-a de duas maneiras: privando-a de sua liberdade pessoal e golpeando-a severamente em seus afetos. Portanto, o terror atinge também cidadãos (negros e brancos) que não exercem qualquer atividade política, mas que são considerados culpados de levar uma vida privada contrária às normas da sociedade.

A "traição" à raça branca pode assumir formas ainda mais graves. Os comunistas empenhados numa campanha contra a prática do linchamento são tachados de "amantes dos negros" (*nigger lovers*) e, portanto, também afetados pelo terror exercido pelo regime de supremacia branca e forçados a "enfrentar a possibilidade de prisão, de espancamento, de sequestro e até de morte".[67] E mais uma vez as reportagens dos jornais da época são esclarecedoras: "'Medo do comunismo' citado como motivo dos linchamentos".[68]

Voltemos à URSS de Stalin. Não há dúvida de que, a partir sobretudo da coletivização forçada da agricultura, o universo dos campos de concentração que já começara a tomar forma imediatamente após a Revolução de Outubro conheceu um desenvolvimento assustador. Mas apliquemos também o princípio *tu quoque* neste caso. Sobrevoando o universo dos campos de concentração (que já conhecemos) vigentes no sul dos EUA entre finais do século XIX e início do século XX, vejamos o que aconteceu em meados do século passado. Entre 1952 e 1959, a revolta dos Mau Mau eclodiu no Quênia. É assim que o governo de Londres mantém a ordem em sua colônia: no campo de concentração de Kainiti, as mulheres:

> [...] eram interrogadas, chicoteadas, passavam fome (*starved*) e eram submetidas a trabalhos forçados que incluíam encher valas comuns com peso de cadáveres provenientes de outros campos de concentração. Várias davam à luz em Ramiti, mas a taxa de mortalidade infantil foi esmagadora. As mulheres enterravam seus filhos em montes de seis a cada vez.[69]

66 Ibid., pp. 217-8.
67 Kelley (1990), pp. XII-XIII.
68 Ginzburg (1988), p. 203.
69 Ascherson (2005), p. 29.

Também no que diz respeito às práticas genocidas, mais usuais que nunca, a acusação não aplica o princípio *tu quoque*. Não sei se podemos definir o massacre dos comunistas na Indonésia (promovido ou encorajado pela CIA) como "o segundo dos maiores holocaustos do século XX". Em todo caso, foi um massacre realizado sem a eficiência industrial dos nazistas e, portanto, com um suplemento de sadismo. No entanto, todos deveriam saber que, mesmo após o fim do Terceiro Reich, as intervenções do Ocidente liberal nas colônias ou semicolônias resultaram não só no estabelecimento de ditaduras ferozes, mas também na ajuda prestada no cumprimento de "atos de genocídio": isto é enfatizado na Guatemala pela "comissão da verdade", que se refere ao destino dos índios maias, culpados de terem simpatizado com os opositores do regime caro a Washington.[70]

Enfim. Vimos que os jacobinos são "canibais horrendos" aos olhos da burguesia termidoriana; mais tarde, porém, serão os descendentes desta burguesia os atingidos pela denúncia que a Comuna de Paris faz das "façanhas canibalescas dos bandidos de Versalhes".[71] No que diz respeito ao século XX, enquanto a guerra civil recrudesce, os bolcheviques apelam à luta contra o "canibalismo burguês";[72] mais tarde, como sabemos, o próprio Stalin classificou o racismo antissemita como uma expressão de "canibalismo". Mas hoje se parte da tragédia e do horror da ilha de Nazino, com a ocorrência de casos reais de canibalismo, para reduzir a simples barbárie a história que começou com a Revolução de Outubro e denunciar o "canibalismo vermelho".[73]

Na verdade, episódios de canibalismo já tinham ocorrido anteriormente: em 1921 a severidade da fome atingiu "o ponto de provocar casos de antropofagia".[74] No ano seguinte, o filósofo liberal italiano Guido De Ruggiero observou:

> O bloco da Entente que queria aniquilar o bolchevismo matou homens, mulheres e crianças russos; será que os pobres famintos poderiam algum dia discutir em termos de elegância democrática com os causadores da

70 Navarro (1999).

71 Marx, Engels (1955-89), vol. 17, p. 334.

72 Bukharin, Preobrazenskij (1920), p. 106.

73 Werth (2007a); Galli Della Loggia (2007).

74 Souvarine (2003), p. 401.

> fome da Entente? Eles, como era natural, reuniram-se em torno de seu próprio governo e identificaram em seus inimigos os próprios inimigos.[75]

Como podemos ver, o filósofo liberal põe em causa a Entente, e não o poder soviético. Mesmo os "casos comprovados de antropofagia" que ocorreram em certas regiões da China em 1928[76] dificilmente podem ser atribuídos aos comunistas, que conquistaram o poder mais de vinte anos depois; na verdade, põem em causa o Ocidente que, a partir das guerras do ópio, empurrara o grande país asiático para o abismo. Mas voltemos à década de 1930, passando, no entanto, da União Soviética de Stalin para os Estados Unidos de Franklin D. Roosevelt. Veja-se como uma massa de facinorosos se enfurece contra um homem negro no Alabama:

> Primeiro, cortaram-lhe o pênis e o obrigaram a comê-lo. Depois lhe cortaram os testículos e o obrigaram a comê-los e dizer que eram bons. Posteriormente, cortaram com facas os quadris e a barriga em fatias e qualquer um, ora um ora outro, podia remover um dedo da mão ou do pé. Ferros ardentes foram usados para queimar o negro de cima a baixo. Durante a tortura, uma corda era ocasionalmente amarrada ao pescoço de Neal, enquanto ele era empurrado de um pódio até quase ser estrangulado; mas então a tortura sempre recomeçava. Depois de várias horas desse castigo, decidiram matá-lo. O corpo de Neal foi amarrado com uma corda na traseira de um carro e arrastado pela rua até a casa de Cannidy. Aguardava com entusiasmo sua chegada uma multidão de 3.000 a 7.000 pessoas, vindas de vários estados do Sul.

A diversão sobre o cadáver continua por muito tempo e termina com a venda de fotografias "a cinquenta cêntimos cada",[77] mas aqui paramos. Permanece claro que a aplicação do princípio *tu quoque* nos levou a descobrir nos EUA de F. D. Roosevelt um caso não de antropofagia causada pela escassez geral, desorganização e fome, mas antes de autocanibalismo forçado organizado como um espetáculo de massa numa sociedade que no entanto goza de bem-estar.

---

75 De Ruggiero (1963), p. 437.

76 Roux (2007), p. 41.

77 Ginzburg (1988), p. 223.

Em conclusão, o contraste habitual entre o movimento comunista de um lado e o Ocidente liberal do outro faz com que este último se abstraia do destino reservado aos povos coloniais ou de origem colonial e das medidas lançadas em situações de crise mais ou menos aguda. O maniqueísmo é o resultado da comparação entre duas grandezas heterogêneas: um mundo analisado exclusivamente em seu espaço sagrado e em períodos de normalidade é contrastado de forma triunfalista com um mundo que, ao questionar a barreira entre espaço sagrado e espaço profano, entre civilizados e bárbaros, é forçado a enfrentar um prolongado estado de exceção e a hostilidade irredutível dos guardiões do exclusivo espaço sagrado.

Demonização e hagiografia: o exemplo do "maior historiador moderno vivo"

Segundo Conquest, a catástrofe do século XX começou na verdade com a irrupção do *Manifesto do Partido Comunista* na "ordem cívica e democrática" do Ocidente: as ideias enunciadas por Marx e Engels "causaram problemas consideráveis em todo o mundo durante cinco gerações".[78]

Vejamos então qual era a situação do mundo em 1848, ano da publicação do fatídico *Manifesto*. Comecemos pela Grã-Bretanha, que, para Conquest, é um dos dois centros da comunidade "anglo-céltica" exclusiva e superior e, portanto, da civilização autêntica. Pois bem, em meados do século XIX, aos olhos de Tocqueville, a zona industrial de Manchester e os bairros operários aparecem como um "labirinto infecto", um "inferno": os casebres miseráveis são como "o último abrigo que o homem pode ocupar entre a miséria e a morte". E ainda: "os seres infelizes que ocupam tais cubículos despertam a inveja de alguns de seus pares". Passemos agora aos locais de trabalho, dando sempre a palavra ao liberal francês: eles oferecem o espetáculo "da mais horrenda e mais repugnante miséria"; de um lado, os doentes incapazes de trabalhar e à espera da morte; de outro, mulheres

78 Conquest (2001), p. 48.

e crianças amontoadas ao acaso, "como porcos na lama de sua pocilga; é difícil não pisar em um corpo seminu".

Na França, as classes populares não se conformam com esta condição. E eis como Tocqueville conclama que se enfrente a revolta de junho de 1848: qualquer pessoa flagrada "em atitude defensiva" deve ser fuzilada no local. Por outro lado, não é possível contentar-se com "paliativos": é preciso liquidar de uma vez por todas os focos de subversão, varrendo não só a Montanha de inspiração jacobina, mas também "todas as colinas circundantes"; nem se deve hesitar diante de "um remédio [...] heroico".

Em meados do século XIX, um dos países que faziam parte da Grã-Bretanha era a Irlanda, onde vimos o "proto-Eichmann" condenar centenas de milhares de pessoas à morte por inanição. Nas outras colônias do Reino Unido, a situação não é melhor. Em 1835, o vice-rei informou a Londres sobre as consequências da destruição do artesanato têxtil local, varrido pela grande indústria inglesa: "É uma miséria que dificilmente encontra precedentes na história do comércio. Os ossos dos trabalhadores têxteis embranquecem as planícies da Índia". A tragédia não termina aqui. Dois anos depois, ocorre uma fome tão terrível em certas regiões que — afirma com franqueza outra fonte britânica, completamente ocupada em celebrar a glória do Império — "os residentes britânicos [...] são forçados a suspender seus habituais passeios noturnos devido ao fedor dos cadáveres, numerosos demais para serem enterrados". Nem parece haver quaisquer perspectivas de melhora para os passeios noturnos: "a cólera e a varíola que surgiram posteriormente ceifaram uma multidão que tinha sobrevivido à fome".[79] O massacre não é apenas o resultado de processos econômicos "objetivos": na Nova Zelândia — observa o *Times* em 1864 — os colonos, com o apoio do governo londrino, estão levando a cabo o "extermínio dos nativos".

E agora vejamos o que acontece no outro centro da comunidade "anglo-céltica" e da civilização autêntica. Quando o *Manifesto do Partido Comunista* irrompe ruinosamente na Europa, a escravidão está em pleno florescimento nos Estados Unidos, que pouco antes a haviam reintroduzido no Texas arrancado ao México pela força das armas, e que ainda antes tinham declarado, com Jefferson, que pretendiam reduzir à "inanição" o povo de São Domingos-Haiti, culpado de ter rompido as cadeias da escravidão.

79 Em Chamberlain (1937), p. 997 e nota 2; Martineau (1857), p. 297.

À tragédia dos negros nos EUA soma-se a dos índios. Quanto a este último, mencionamos aqui apenas um capítulo, assim resumido por um historiador norte-americano: "A degradação e a aniquilação dos índios da Califórnia representam uma das páginas mais vergonhosas da história americana, uma desgraça indelével para a honra e a inteligência dos Estados Unidos. Não se tratou de uma guerra, mas de uma espécie de esporte popular".

Na relação com os povos coloniais ou de origem colonial, a brutalidade da "ordem cívica e democrática" ocidental não só é posta em prática, mas também é explicitamente teorizada por autores que foram igualmente aceitos sem problemas no panteão liberal. Tocqueville convida seus compatriotas a não se deixarem atrapalhar por escrúpulos morais residuais e a tomarem consciência da realidade: para completar a conquista da Argélia, à qual em nenhum caso é permitido renunciar, é inevitável "que as colheitas sejam queimadas, que se esvaziem os silos e que finalmente tomemos posse dos homens desarmados, das mulheres e das crianças". Na verdade, é preciso ir ainda mais longe, como emerge de uma terrível palavra de ordem: "Destruir tudo o que se assemelhe a uma agregação permanente de população ou, em outras palavras, a uma cidade [...]. Não permitir que nenhuma cidade exista ou surja nas regiões controladas por Abd el-Kader" (o líder da resistência).[80]

A imagem edulcorada que Conquest traça do mundo antes da publicação do *Manifesto do partido comunista* pode ser comparada à análoga oleografia que um crítico do abolicionismo traçou da sociedade escravista no início do século XIX:

> Abrigados das adversidades da vida, rodeados de confortos desconhecidos na maior parte dos países europeus, seguros no gozo de seus bens (pois tinham bens e estes eram sagrados), cuidados na doença com despesas e atenção que não se veem em muitos hospitais alardeados da Inglaterra, protegidos, respeitados nas enfermidades da velhice, em paz com seus filhos, com suas famílias [...] libertados quando prestaram serviços importantes: este era o retrato autêntico e não enfeitado da administração de nosso negros [...]. O afeto mais sincero ligava o senhor ao escravo; dormíamos

80 Sobre esse ponto, cf. Losurdo (2005), cap. V, § 8; VI, § 3; III, § 2; X, § 1; VII, § 1; IX, § 2 e VII, § 6.

> em segurança entre esses homens que se tornaram nossos filhos e muitos de nós não tínhamos fechadura nem cadeado nas portas.[81]

E ainda assim Conquest, o "veterano da Guerra Fria", é celebrado como o "maior historiador moderno vivo", na verdade por obra de outro historiador da corte.[82] É claro: a *reductio ad Hitlerum* da história que começou com a Revolução de Outubro e, acima de tudo, da personalidade que dirigiu a União Soviética durante mais tempo que qualquer outra é apenas a outra face da moeda da insossa hagiografia do mundo antes de 1917 e mesmo antes da publicação do *Manifesto do partido comunista*.

Revoluções abolicionistas e demonização dos "brancófagos" e bárbaros

Os estudos comparativos podem mais uma vez ajudar a esclarecer a lógica subjacente a estes processos ideológicos. Existem três grandes movimentos revolucionários que, de diferentes modos, questionaram radicalmente a escravatura ou semiescravidão dos povos coloniais e o regime racista de supremacia branca existente em nível nacional ou internacional. Em primeiro lugar, devemos pensar na grande revolução dos escravos negros que eclodiu em São Domingos na sequência da Revolução Francesa: dirigida por Toussaint Louverture, o "jacobino negro", ela resultou na Proclamação da Independência de São Domingos-Haiti, o primeiro país do continente americano a se livrar da instituição da escravidão. O segundo grande movimento revolucionário é aquele que nos EUA, a partir da agitação abolicionista e da Guerra Civil, resultou durante um curto período de tempo (os anos da *Reconstruction*) no estabelecimento de uma sociedade multirracial, dentro da qual os negros agora libertos gozavam plenamente não apenas dos direitos civis, mas também dos direitos políticos. Por fim, devemos referir-nos à Revolução de Outubro, que lançou o apelo aos escravos das colônias para

81 James (1968), p. 105.

82 O elogio de Paul Johnson aparece na contracapa de Conquest (2001).

quebrarem suas cadeias e que estimulou poderosamente o que até então eram as "raças inferiores" na luta pela descolonização e emancipação.

Todos esses três grandes movimentos sofreram e ainda sofrem parcialmente uma liquidação sumária ou confinamento na obscuridade ou semiobscuridade da história. Vejamos a revolução liderada por Toussaint Louverture. Nas primeiras décadas do século XIX, aqueles que a olhavam com simpatia eram tachados de "comedores de brancos e assassinos". Falando de São Domingos, Tocqueville limitou-se por sua vez a mencionar a "catástrofe sangrenta que pôs fim à sua existência". Paradoxalmente, a ilha deixa de existir no momento em que põe fim, pela primeira vez no continente americano, à instituição da escravatura! Mas talvez, para transmitir o clima da época, seja melhor citar sobretudo um famoso conto de Heinrich von Kleist (*O noivado em S. Domingos*), ambientado no início do século XIX, "quando os negros matavam os brancos" e, na verdade, se consumava o "massacre dos brancos" em nome de uma "vertigem geral de vingança". Esta criminalização de uma grande revolução continuou a dominar incontestada durante muito tempo. Pode ser vista no início do século XX em Lothrop Stoddard: juntamente com a revolução dos escravos negros de São Domingos, o teórico da *white supremacy* também condena a segunda e a terceira fases da luta antiescravista e antirracista, rotulando coerentemente quer os jacobinos franceses como traidores da raça branca, quer os expoentes norte-americanos do abolicionismo radical e da causa da igualdade racial, quer os bolcheviques.

No que diz respeito à chamada *Reconstruction*, deve-se ter em mente a advertência de um eminente historiador americano: "Apesar de sua derrota militar, o Sul é há muito tempo o vencedor da guerra civil ideológica".[83] [84] Pode parecer que, pelo menos neste caso, não deveria haver dúvidas: na medida em que tem séculos de escravidão às suas costas, a Reconstrução é depois forçada a dar lugar a um regime de terror antinegro tão feroz que pode ser identificado como o momento mais trágico na história dos afro-americanos. No entanto, vejamos como Wilson resume esse período histórico: "os escravos domésticos eram quase sempre tratados com indulgência e até de modo afetuoso por seus senhores". Assim a Reconstrução

83 Grégoire (1996), p. 75.
84 Davis (2000).

interveio na esteira da emancipação, com a formação no sul de maiorias baseadas nos negros: foi "um extraordinário carnaval de crimes públicos", que felizmente terminou com "a ascensão natural e inevitável dos brancos".[85] O que enche de horror uma personalidade que se tornou parte do panteão dos Estados Unidos e do Ocidente não é o período em que o poder absoluto do proprietário de escravos assola seu gado humano, nem o período em que o regime da supremacia branca organiza como espetáculo de massas o linchamento e martírio lento de ex-escravos; o que é sinônimo de "crime público" é o curto período que se segue à Guerra Civil, durante o qual se está empenhado, apesar de tudo, em levar a sério os direitos humanos dos afro-americanos.

Durante muito tempo, a *Reconstrução negra* ou a *radical Reconstruction* foi tachada como sinônimo de "totalitarismo" ou como um fenômeno que antecedeu o "fascismo e o nazismo": imposta ao fim de uma guerra muito semelhante à "guerra total dos nazistas", ela havia pretendido realizar, pela força, o princípio da igualdade racial e da mistura racial, atropelando a vontade da maioria da população (branca) e recorrendo às populações selvagens, com a consequente "submissão, graças à força física, da civilização à barbárie". Felizmente, para contestar ou conter esse horror havia os cavaleiros imaculados e destemidos da Ku Klux Klan, a organização na qual a "ordem de cavalaria", que há muito caracterizava o sul dos EUA, continuava a operar! Essas são as razões alegadas por uma historiografia que continuou a fazer sentir sua influência para muito além da queda do Terceiro Reich.[86]

Por fim, a história que começou em outubro de 1917, com o apelo dirigido aos escravos das colônias para que quebrassem suas cadeias, culminou com o advento da autocracia de Stalin.

Naturalmente, não se trata de forma nenhuma de idealizar os protagonistas destas três grandes lutas de emancipação. Um eminente historiador da revolução dos escravos negros em São Domingos argumenta contra "a lenda corrente segundo a qual a abolição da escravatura resultou no extermínio dos brancos";[87] mas é incontestável que ocorreram massacres

85 Em Blackmon (2008), p. 358.

86 Sobre a nostalgia da tradição sulista, cf. Weaver (1987), pp. 78, 161, 160-70; em sentido crítico, cf. Franklin (1989), pp. 10-40 e Davis (2000).

87 James (1968), p. 117.

de ambos os lados. Também não há dúvidas sobre a brutalidade até agora inédita com que a guerra civil americana foi conduzida pelo Norte e sobretudo por Sherman, que explicitamente pretendia atingir a população civil e "fazer latir a Geórgia",[88] a quem não por acaso Hitler parece olhar como a um modelo. Finalmente, está fora de discussão o caráter implacável da ditadura exercida primeiro por Lenin e depois, ainda mais, por Stalin. Pelo menos o segundo dos conflitos aqui evocados parece agora ter sido perdido pelo sul escravista também no plano historiográfico: já não é politicamente correto lamentar a instituição da escravidão ou o regime de *white supremacy*. No entanto, tornaram-se um lugar-comum a interpretação do "stalinismo" (e da história iniciada com a Revolução de Outubro) numa chave meramente criminosa e a assimilação de Stalin àquele que, herdando e radicalizando a tradição colonial, reivindicou explicitamente o direito da "raça dos senhores" de dizimar e escravizar as "raças inferiores": é o sinal de que os entusiastas do colonialismo não perderam a batalha nem em nível político, nem muito menos em nível historiográfico.

A história universal como "história grotesca de monstros" e "teratologia"?

Condenado à *danatio memoriae* está o movimento histórico que mais radicalmente que qualquer outro questionou a arrogância da "raça dos senhores", a qual durou séculos, desde a tradição colonial clássica até a tentativa do Terceiro Reich de radicalizá-la e torná-la válida dentro da própria Europa.

No entanto, não existe movimento histórico que não possa ser submetido a uma criminalização análoga. Tome-se o liberalismo. Se ignorarmos as páginas importantes que escreveu (a afirmação da necessidade da limitação do poder e do governo da lei, ou a compreensão do poderoso estímulo que pode derivar do mercado, da concorrência e da emulação individual) e nos concentrarmos exclusivamente no destino infligido aos povos coloniais

88 Em Weaver (1987), p. 168.

ou aos povos de origem colonial (durante séculos sujeitos à escravidão, a formas mais ou menos brutais de trabalhos forçados e a práticas genocidas ou mesmo a "holocaustos", segundo a expressão utilizada tantas vezes pelos historiadores), o liberalismo também pode ser lido em uma chave mais ou menos criminosa.

No atual clima de "guerra ao terror", certamente não faltam livros que, a partir dos ataques suicidas ou do horror de Beslan na Rússia em 2004 (quando a violência cega e ilimitada também atinge as crianças), reconstroem a expansão do Islam como a história de uma conquista sangrenta e implacável, que ataca selvagemente os vencidos e deixa apenas um imenso rasto de sangue. Assim, é esquecido e removido o papel do Islam na criação da grande civilização multiétnica e multicultural que caracterizou a Espanha antes da reconquista cristã, no questionamento radical da sociedade de castas na Índia, mais genericamente na promoção, a partir do século XIX, da luta para a emancipação dos povos coloniais.

Na vertente oposta, porém, podemos registrar a publicação de uma monumental *História criminosa do cristianismo*, inteiramente centrada na denúncia da acusação de intolerância e violência já inerente à pretensão de conhecer o único Deus verdadeiro, na indignada condenação das cruzadas de extermínio (promovidas contra os infiéis de fora e os hereges de dentro), das guerras religiosas, da Inquisição, da caça às bruxas, da legitimação do expansionismo colonial do Ocidente com seu rasto de horrores, do apoio ainda prestado no século XX a regimes tirânicos e sanguinários.[89] E mais uma vez a desenvoltura se confunde com a remoção: ao pregar a ideia de igualdade entre os homens e continuar alimentando o movimento abolicionista e antiescravista nos séculos XVIII e XIX, o cristianismo constitui um capítulo essencial do processo de formação da sociedade democrática. Nietzsche o entendeu bem em seu ódio lúcido, mas, a partir disso, pôde precisamente denunciar a carga violenta e criminosa intrínseca que, apesar das aparências, caracteriza o cristianismo e, antes mesmo, o judaísmo dos profetas: pregando a ideia de igualdade e culpando a riqueza, o poder e a condição senhorial em geral, os profetas judeus seriam os principais responsáveis pelos massacres ocorridos durante a guerra camponesa, a revolução puritana, a Revolução Francesa e a Comuna de Paris. Uma linha

89 Deschner (1988).

de continuidade que o antissemitismo do século XX e Hitler estenderam posteriormente ao movimento comunista e à revolução "judaico-bolchevique" de outubro de 1917.

Por outro lado, o movimento comunista tem sido frequentemente comparado ao cristianismo primitivo ou ao Islam: o quadro da história universal entendida como a história universal do crime está, portanto, quase completo. As motivações desta série de crimes e as razões de sua duração ininterrupta nos escapam, de modo que a história em seu conjunto se configura, para usar as palavras de Hegel, como um "matadouro" de dimensões planetárias[90] ou como um imenso e insondável *mysterium iniquitatis*. Neste ponto — podemos observar com Gramsci — o "passado" como tal nos parece "irracional" e "monstruoso": a história como um todo assume a forma de uma "sucessão grotesca de monstros", de uma "teratologia".[91]

À redução ao crime ou à loucura criminosa do caso iniciado em outubro de 1917, autores e personalidades empenhados em defender de algum modo a honra do comunismo por vezes reagem distanciando-se das páginas mais sombrias da história daquele movimento e carimbando-as como traição ou degeneração dos ideais originais da revolução bolchevique ou dos ensinamentos de Lenin ou Marx. Olhando mais de perto, esta abordagem também acaba tendo um resultado não muito diferente daquele que acabamos de analisar. Todas as páginas descritas impiedosamente na *História criminosa do cristianismo*, que já conhecemos, são uma "traição" ou uma "degeneração" do cristianismo? Serão os regimes que então se afirmam no terreno do protestantismo uma "degeneração" da Reforma (e do princípio da liberdade cristã solenemente proclamado por Lutero)? Seguindo nesta linha, Cromwell é um "degenerado" em comparação com os protagonistas iniciais da revolução puritana e o Terror jacobino é uma "degeneração" das ideias de 1789. O fundamentalismo islâmico de hoje também é uma "degeneração" do Alcorão e da doutrina de Maomé? De acordo com esta abordagem, quem quiser pode considerar a escravização e a aniquilação dos povos coloniais levadas a cabo pelo Ocidente liberal como uma degeneração do "liberalismo". Portanto Washington, Jefferson, Madison, todos proprietários de escravos, seriam "traidores", ou Franklin, segundo quem,

---

90 Hegel (1969-79), vol. 12, p. 35.
91 Gramsci (1975), p. 1417.

"entre os planos da Providência está a erradicação desses selvagens [os peles-vermelhas] para dar lugar aos cultivadores da terra". Locke deveria, assim, ser também tachado de traidor do liberalismo, embora seja geralmente considerado o pai desta corrente de pensamento, já que não só legitima a expropriação (e deportação) dos peles-vermelhas, mas também é, como foi observado por um eminente estudioso (David B. Davis), "o último grande filósofo a tentar justificar a escravidão absoluta e perpétua". Ao fazê-lo, porém, transformamos o panteão dos grandes espíritos do liberalismo numa galeria de traidores ignóbeis.

Essa forma de argumentar é ainda mais questionável se refletirmos sobre o fato de que, aos olhos de um grande teórico liberal da escravidão como John C. Calhoun, são precisamente os abolicionistas que, com seu jacobinismo e fanatismo antiescravidão, traem os ideais liberais de tolerância e respeito aos direitos de propriedade em todas as suas formas. Essa abordagem não se torna mais persuasiva se a aplicarmos à história do marxismo e do comunismo. A partir especialmente do XX Congresso do PCUS, é Stalin o criminoso e o traidor por excelência. Mas não devemos esquecer que, segundo os líderes do Partido Comunista Chinês ou Albanês, os culpados de traição e de "revisionismo" foram precisamente os campeões da desestalinização. Hoje em dia o processo de criminalização afeta também Lenin, Mao Tsé-tung, Tito, para não falar de Pol Pot, e não poupa nem Ho Chi Minh e Fidel Castro. Insistir na categoria de traição leva a um resultado muito ruim.

A história do movimento comunista como crime, traçada de forma pomposa pela ideologia dominante, é simplesmente rebatizada por aqueles que buscam se reconhecer na ideologia dominante, como a história da traição aos ideais originários. Resultados não muito diferentes seriam alcançados na leitura do liberalismo ou do cristianismo se quiséssemos descrever as páginas mais sombrias de um ou de outro como uma expressão da traição aos ideais originários. Concluindo, a abordagem aqui criticada incorre no erro de fazer sumir a história real e profana, que é substituída pela história de uma infeliz e misteriosa corrupção e distorção de doutrinas alçadas *a priori* ao empíreo da pureza e da santidade.

No entanto, a teoria nunca é inocente. A leitura da história da Rússia soviética em termos de "traição" e "degeneração" dos nobres ideais originários é rejeitada com desdém sobretudo pela historiografia atual, fortemente empenhada não só em criminalizar os bolcheviques como um todo, mas também em denunciar os pressupostos teóricos do terror e do gulag nos autores a que os bolcheviques se referem. Mesmo que seja preciso evitar traçar linhas rígidas de continuidade e confundir responsabilidades muito diferentes entre si, é no entanto legítimo e mesmo necessário questionar o papel (indireto e mediado) desempenhado por Marx e Engels, rejeitando o mito da inocência da teoria elaborada por eles e investigando a história real de sua fortuna e as razões dessa fortuna. Sendo assim, deve-se proceder de modo análogo em relação a todos os grandes intelectuais, mesmo aqueles que pertencem a uma tradição de pensamento diferente e oposta. Veja-se Locke. Existe uma relação entre sua recusa em estender a tolerância e mesmo a "compaixão" aos "papistas" e os massacres sofridos pelos católicos na Irlanda? E que ligação existe entre sua teorização da escravidão nas colônias e o tráfico e a tragédia dos negros, aquilo que os militantes afro-americanos de hoje gostam de chamar de *Black Holocaust*? Ou tomemos como referência o tempo histórico de Marx e Engels: um teórico como John Stuart Mill, defensor do "despotismo" do Ocidente sobre as raças "menores" (por sua vez obrigadas à "obediência absoluta") e do carácter benéfico da escravidão imposta às "tribos selvagens", arredias ao trabalho e à disciplina, deve ser considerado corresponsável pelo terror e pelos massacres que acompanham a expansão colonial?

Nenhum movimento e nenhuma personalidade podem ser subtraídos a estes questionamentos. Vimos Nietzsche partir das filípicas exaltadas contra o poder e a riqueza feitas pelos profetas judeus e pelos Padres da Igreja para explicar as características desastrosas e sangrentas do ciclo revolucionário. Na vertente oposta, aqueles que denunciam os protagonistas das cruzadas como traidores do cristianismo fariam bem em não perder de vista um detalhe que normalmente é negligenciado: parte integrante do texto sagrado desta religião é o Antigo Testamento, que legitima e celebra as "Guerras do Senhor" mesmo em suas formas mais cruentas. Também neste caso é errôneo contrapor a mediocridade ou o horror da história real à nobreza dos ideais originários.

Uma vez reiterada a não inocência da teoria, trata-se de diferenciar os graus de responsabilidade. Entre os séculos XVII e XVIII, os corpos de não poucos escravos negros eram gravados com a marca RAC, as letras iniciais da Royal African Company (empresa que administrava o comércio de escravos), da qual Locke era acionista. O mínimo que se pode dizer é que os autores do *Manifesto do partido comunista* não se beneficiaram do trabalho forçado que, décadas após sua morte, caracterizaria o gulag. Marx e Engels podem ser acusados de terem legitimado antecipadamente uma violência que, de qualquer modo, será posta em ato após sua morte, décadas mais tarde. Mill, por outro lado, procede à legitimação de práticas contemporâneas a ele; da mesma forma, em Tocqueville podemos ler a recomendação explícita de práticas coloniais mais ou menos genocidas (a destruição sistemática dos centros urbanos localizados em área controlada pelos rebeldes), que se referem não ao futuro, mas ao presente imediato.[92] Ou seja, pelas infâmias do colonialismo, que ocorrem sob seus olhos e às vezes com sua aprovação explícita, os expoentes da tradição liberal aqui citados têm uma responsabilidade muito mais direta do que a atribuída a Marx e Engels pelas infâmias do regime soviético e pelo "stalinismo". Se o caminho que leva de Marx a Stalin e ao gulag é problemático, acidentado e, em todo caso, mediado por acontecimentos completamente imprevisíveis como a Primeira Guerra Mundial e o estado de exceção permanente, a linha que liga Locke ao tráfico de escravos ou Mill e Tocqueville ao trabalho forçado imposto aos povos indígenas e aos massacres coloniais é imediatamente evidente.

Tal como a teoria, também a utopia não pode reivindicar nenhuma inocência. Neste ponto os liberais têm razão, embora infelizmente recorram a este argumento de forma dogmática, tornando-o válido apenas para os seus adversários e não para si mesmos: que terríveis custos humanos e sociais acarretou a utopia de um mercado autorregulado, com a rejeição, pois, de qualquer intervenção estatal, uma utopia à qual a Inglaterra permaneceu fiel mesmo quando, em meados do século XIX, uma praga que destruiu a colheita de batatas e a fome decorrente ceifou a vida de centenas e centenas de milhares de irlandeses? Ou, para dar um exemplo mais recente: quantas catástrofes foram causadas e continuam sendo causadas pela utopia (cara a Wilson mesmo antes que a Bush Jr., bem como a ilustres filósofos contemporâneos como Popper) de uma paz perpétua a ser alcançada mediante a difusão planetária da democracia pelas armas? Para evitar cair precisamente no dogmatismo, uma questão análoga deve

92 Cf. Losurdo (2005), cap. I, § 6 e VII, §§ 3 e 6.

ser formulada também em relação à história da União Soviética. Não falta quem leia a história do país nascido da Revolução de Outubro lamentando a progressiva "traição" das ideias elaboradas por Marx e Engels; na realidade, de certa forma, foram justamente essas ideias "originárias" (a expectativa messiânica de uma sociedade sem Estado e sem normas jurídicas, sem fronteiras nacionais, sem mercado e sem dinheiro, desprovida em última análise de qualquer conflito real) que desempenharam um papel nefasto, dificultando a passagem para uma condição de normalidade e prolongando e agravando o estado de exceção (causado pela crise do antigo regime, pela guerra e pelas sucessivas agressões).

Embora diferentes entre si, as duas abordagens aqui criticadas, que insistem respectivamente na categoria de crime (ou loucura criminosa) ou de traição, têm uma característica comum: tendem a concentrar a atenção na natureza criminosa ou traidora, respectivamente, de indivíduos isolados. De fato, desistem de compreender o real desenvolvimento histórico e a eficácia histórica dos movimentos sociais, políticos e religiosos que exerceram uma capacidade de atração planetária e cuja influência se desdobra em um arco temporal muito longo.

Tal modo de proceder se mostra inconclusivo e enganoso também no que diz respeito ao Terceiro Reich (que durou apenas 12 anos e conseguiu exercer atração apenas no âmbito da "raça dos senhores"). É demasiado conveniente pôr exclusivamente na conta de Hitler as infâmias do nazismo, removendo o fato de ele ter retomado do mundo que lhe era pré-existente, radicalizando-os, os dois elementos centrais de sua ideologia: a celebração da missão colonizadora da raça branca e do Ocidente, agora chamados a estender seu domínio também à Europa oriental; a leitura da Revolução de Outubro como uma conspiração judaico-bolchevique que, ao estimular a revolta dos povos coloniais e ao minar a hierarquia natural das raças e, de modo mais amplo, ao infectar o organismo da sociedade como um agente patogênico, constitui uma ameaça assustadora à civilização, a ser combatida por qualquer meio, incluindo a "solução final". Ou seja, para compreender a gênese do horror do Terceiro Reich não se trata de reconstruir a infância ou a adolescência de Hitler; assim como não faz sentido partir dos primórdios de Stalin para analisar uma instituição (o gulag) que deita raízes profundas na história da Rússia czarista e às quais, com modalidades diferentes a cada tempo, têm recorrido também os países do Ocidente liberal, seja durante sua expansão colonial, seja no decorrer do estado de exceção provocado pela Segunda Guerra dos Trinta Anos. Da mesma forma, seria enganoso tentar explicar a escravização, a dizimação e o extermínio dos peles-vermelhas a partir principalmente das características individuais dos Pais Fundadores dos EUA, ou querer deduzir os bombardeios estratégicos e atômicos que assolaram cidades alemãs e japonesas remetendo à natureza perversa de Churchill, F. D. Roosevelt e Truman. E igualmente insensato seria tentar explicar o horror de Guantánamo e de Abu Ghraib a partir da adolescência ou da infância de Bush Jr.

Mas voltemos a Stalin. Será que rejeitar a abordagem que interpreta tudo em termos de crime, de loucura criminosa ou de traição aos ideais originários é sinônimo de obtusidade moral? Os historiadores de hoje ainda discutem personalidades e acontecimentos que remontam a quase dois milênios atrás: devemos subscrever sem hesitação o retrato muito sombrio de Nero que a aristocracia senatorial, de um lado, e os cristãos, de outro, contribuíram para traçar? Mais precisamente: devemos levar a sério a propaganda cristã que acusou o imperador romano de ter provocado um incêndio em Roma, a fim de culpar e perseguir os seguidores inocentes da nova religião, ou, em vez disso, como sugerem alguns estudiosos, no contexto do primeiro cristianismo estavam realmente em movimento correntes apocalípticas e fundamentalistas, as quais aspiravam a ver reduzido a cinzas o lugar por excelência da superstição e do pecado e a acelerar a realização de suas expectativas escatológicas?[93] Vamos avançar uns dois séculos. A propósito da grande perseguição anticristã desencadeada por Diocleciano, os historiadores continuam se questionando: seria apenas o resultado de um inexplicável ódio teológico alheio às tradições romanas ou teve um papel importante a preocupação real com o destino do Estado, cuja força militar foi minada pela agitação pacifista cristã precisamente no momento em que o perigo das invasões bárbaras se tornou mais ameaçador? Os historiadores que se põem estas questões dificilmente são acusados de querer minimizar a perseguição sofrida pelos cristãos ou de querer entregá-los às feras e aos tormentos mais atrozes.

Infelizmente, analisar criticamente a história sagrada do cristianismo é mais fácil do que formular dúvidas sobre a aura de sacralidade que tende

93 Baudy (1991), pp. 9-10 e 43.

a circundar a história do Ocidente e de seu país líder; devido à distância temporal muito maior e ao menor impacto nos interesses e paixões do presente, é mais fácil compreender as razões daqueles que foram abatidos pelo cristianismo do que tentar esclarecer as razões daqueles cuja derrota aplainou o caminho ao triunfo do "século americano". E isso explica o peso que a demonização e a hagiografia continuam a exercer na leitura do século XX e o sucesso persistente do culto negativo dos heróis.

DE STALIN A GORBACHEV: COMO TERMINA UM IMPÉRIO

LUCIANO CANFORA

Uma regra estritamente respeitada pelos historiadores do Império afirmava que nada deveria ser dito sobre o príncipe ou imperador reinante enquanto ele estivesse vivo. Isso seria matéria para o historiador seguinte, que, por sua vez, se manteria calado sobre o príncipe reinante da vez. Justiniano teve, neste aspecto, um destino um tanto diferente, mas muito sintomático. Na verdade, foi um mesmo historiador, Procópio de Cesareia, quem colocou em circulação, quando Justiniano estava vivo, numerosos livros de história que exaltam sua grandeza, sabedoria, guerras vitoriosas etc., e que no entanto, ao mesmo tempo, manteve em reserva — destinada à circulação após a morte do príncipe — uma *História secreta* segundo a qual Justiniano é literalmente destroçado e aparece como receptáculo de todas as atrocidades, fraquezas e crueldades inúteis, bem como da vaidade em atribuir a si os méritos devidos a outros. A *História secreta* foi escrita por volta de 558, Justiniano morreu em 14 de novembro de 565, aos 83 anos. Assim que ele morreu, a *História secreta* se encarregou de demolir o vencedor dos godos, o reconquistador da Itália e restaurador da unidade do Império. O homem moderno pode oscilar livremente entre dois extremos, como entre os dois perfis de Stalin escritos por Nikita Khrushchev: por um lado, o relatório ao XIX Congresso do PCUS (outubro de 1952), no qual todo o mérito da economia, a força militar e social da URSS é atribuída ao "nosso querido líder e mestre, o camarada Stalin"; de outro, o *Relatório Secreto*, lido numa sessão privada durante o XX Congresso do PCUS (fevereiro de 1956), aproximadamente três anos após a morte de Stalin. Aqui, como na *História secreta* de Procópio, o "amado mestre" é apresentado como um tirano ridículo, covarde e sanguinário (tanto que é quase incompreensível como ele pôde ter governado por tanto tempo e com o apoio de infinitos Khrushchevs). A visão, de matriz tolstoiana, que visa a anular a "grandeza" das "grandes personalidades" da história é, sem dúvida, um bom antídoto para a historiografia heroica. No entanto, não consegue dar conta daquele entrelaçamento de mesquinhez individual e eficácia política que faz com que algumas personalidades se encontrem no epicentro de acontecimentos e transformações de uma época, que a posteridade continuará considerando como tais, apesar de todas as possíveis "histórias secretas".

Santo Mazzarino — um dos maiores historiadores italianos — costumava comparar Stalin a Justiniano porque ambos eram grandes construtores, grandes déspotas e grandes intolerantes.

Entre 565, ano da morte de Justiniano, e o curto e catastrófico reinado de Focas (607-610), a grande construção de Justiniano desmoronou. A reconquista do Ocidente, e em particular da Itália, desaparece. Focas revelou-se incapaz, durante seu curto reinado, de enfrentar insurreições, ataques externos, a propagação de uma anarquia crescente, até que em 610 Heráclio, filho do governador da província de África, conquistou Constantinopla com um golpe de Estado e fundou uma nova dinastia. A comparação, certamente apenas em parte adequada, como todas as comparações historiográficas, é entre Justiniano e Stalin de um lado e Focas e Gorbachev de outro.

As simplificações nem sempre são benéficas, mas podem transmitir uma ideia. O problema, a meu ver, é que muitas vezes ainda se renuncie a falar de Stalin com a mente clara, como hoje é feito com Robespierre e outros "sanguinários" defensores da "revolução". Horroriza-se em vez de sopesar os prós e os contras.

Além disso, deve haver alguma razão para que a *Time* tenha proclamado Stalin como "homem do ano" em 1944. Se o antifascismo europeu lhe dirigiu palavras francas de apreço e reconhecimento durante os anos de perigo nazifascista, deve haver alguma razão. Contudo, o que alguns obstinadamente desejam é que o trabalho de Stalin seja assemelhado à obra exclusivamente nefasta e destrutiva de Hitler. Além disso, não será uma coincidência que o nazismo tenha levado o mundo à guerra e à catástrofe, e a URSS não. No fim ela se dissolveu, não arrastou seus adversários e o mundo para o abismo.

A política de Stalin era manter-se fora dos conflitos, a ponto de cegamente não dar crédito aos avisos que lhe chegavam de várias partes em junho de 1941.

Sobre a gestão do poder na URSS: não poderei resumir em poucas linhas os resultados que muitos estudiosos forneceram nas últimas décadas. Direi apenas que há duas questões: a) quais modelos de "poder popular" (precisamente democracia) surgiram a partir da Revolução de 1917; b) que prática efetiva foi estabelecida na URSS e nos países satélites. Creio ser legítimo falar do primeiro ponto (basta pensar nos estudos de direito constitucional acerca das codificações na URSS). Ao mesmo tempo, é forçoso comparar estes textos e aqueles esforços com as duras lições da realidade e com a práxis efetiva. Escrevi em meu livro sobre a democracia que “no último período do governo de Stalin estavam criadas as condições para a ruína do sistema”. E, de fato, o que tinha sido — desde a ruptura com Trotsky e o banimento da oposição dentro do PCUS — uma guerra civil ininterrupta, conduzida com ferocidade e sem exclusão de golpes, deveria ter terminado ou se atenuado após a vitória de 1945. Ter perpetuado seus instrumentos foi desastroso. Sobre esse conceito de guerra civil referente a todo o período que vai de 1927 às vésperas da Segunda Guerra Mundial, gosto de recordar as páginas de Feuchtwanger (*Moscou 1937*), o escritor judeu que foi exilado e depois se mudou para os EUA e lá morreu. O que foi dito até agora tem apenas um pressuposto: que estamos falando de história. Mas para falar é preciso conhecer o significado das palavras. Diverte-me um pouco observar os mal-entendidos que a expressão que usei, “criar um mito em torno da Polônia dividida”, deu origem. Alguém pensou que eu tivesse dito que a Polônia não estava dividida! No entanto, em italiano, esta frase significa que um fato (indiscutível) é “mitificado”, isto é, ocupa toda a cena, tornando-se o fato por excelência. Quando este foi *um dos aspectos* do pacto de agosto de 1939. Os outros aspectos foram: o desejo de mais cedo ou mais tarde destruir a URSS, bem enraizado na mente de Hitler (como Kershaw documentou em seus belos livros), bem como a pouca vontade anglo-francesa de realmente alcançar um pacto antialemão junto com Stalin (Churchill escreve bem isso em seu *De guerra em guerra*). Para não falar da hostilidade polonesa em permitir a passagem de tropas soviéticas através do seu território em caso de conflito com a Alemanha, e para não mencionar a coparticipação polonesa, no ano anterior, na divisão da Tchecoslováquia. Mas vamos dar um exemplo em outra vertente: Bacque documentou no volume *Der geplante Tod* (*A morte planejada*) a aniquilação pelos EUA de centenas de milhares de prisioneiros alemães. Eram tempos “férreos”, teria dito Tibullo. Colocar-se na cátedra e conferir créditos e patentes de democracia depois que tudo passou causa certa hilaridade.

É uma boa regra compreendermo-nos por meio das palavras de quem nos observa com olhar crítico, e não pelo consenso estéril dos aquiescentes e dos sequazes. O retrato mais pertinente de Júlio César, morto e não mais temível, foi traçado por Cícero, que certamente nunca o amou, em uma passagem bem elaborada da *Segunda Filípica*, na qual equilibrou com sabedoria as qualidades e as limitações do ditador que ele mesmo havia louvado quando vivo. No caso de Stalin, podemos dizer sem medo de errar que, tanto em vida quanto em morte, não lhe faltaram de fato uma literatura incensadora e uma literatura demonizadora.

Para personagens que, num determinado momento histórico, concentraram em sua pessoa o significado e o simbolismo do movimento que lideraram, o "culto" à sua personalidade é um fenômeno não apenas bem atestado, mas, aparentemente, difícil de evitar. Muitos nomes poderiam ser citados, mas os mais conhecidos e óbvios são certamente César e Napoleão. A necessidade por parte dos seguidores de mitificar o "líder", que corresponde à intuição por parte do líder da função essencial deste mecanismo "mitologizante", é um fenômeno bem documentado. E ele se destaca ainda mais (e se revela um mecanismo que vai além das escolhas do indivíduo) quando o próprio interessado, por seu estilo e cultura, seria alheio a uma relação quase religiosa e, mesmo assim, quando isso ocorre, ele se adapta à situação. É o caso do "Incorruptível", que foi exatamente o oposto do demagogo sedento de multidões exaltadas, ou mesmo, em tempos mais próximos de nós, de Antonio Gramsci. Gramsci narra, divertido, em uma carta da prisão, a decepção experimentada por um camarada, encontrado durante uma de suas estadas no cárcere, que imaginava o líder dos comunistas de uma estatura muito diversa e imponente!

Esta categoria (embora seja incomum dizê-lo) também inclui Stalin, que durante algum tempo, em sua longa carreira, quis manter-se no papel do "segundo" ideal: de mero e fiel executor da obra e do desígnio de outro, muito "maior", e que, mesmo na morte, deveria continuar sendo percebido como "o líder", ou seja, Lenin. A quem Stalin dedicou precisamente um mausoléu de tipo faraônico-helenístico-bizantino: para que a necessidade de carisma das massas soviéticas continuasse a ser canalizada para ele, o único líder "vivo", embora estivesse morto (e, portanto, embalsamado para este propósito). Pela mesma dinâmica, Augusto apresentou-se por muito tempo como herdeiro-executor-continuador-vingador de César, dedicando-lhe um culto e o assemelhando aos deuses.

Portanto, é sobretudo necessário, diante de figuras históricas cujo mito foi parte essencial de suas ações (e de seu "ser percebido" pelos outros), recorrer ao julgamento limitador, mas não obscurecido, dos não sequazes, dos que pensam e se mantêm distantes, e também dos adversários. No "Città libera" de 23 de agosto de 1945, Croce, que jamais "concedeu" nada a seu homólogo comunista, nem nos momentos de maior unidade "celestial", e que, na *História da Europa*, tinha escrito que "o comunismo não chegou a ser realizado na Rússia como comunismo" (1932), escreveu palavras sobre Stalin que poderiam até parecer um elogio, mas não eram. "O que aconteceu na Rússia", escreveu ele, "foi o governo de uma classe, ou de um grupo de classes (burocratas, militares, intelectuais), que não é mais conduzido por um imperador hereditário, mas por um homem dotado de gênio político (Lenin, Stalin)"; e acrescentou com ironia profética: "A Providência continua encarregada de lhe fornecer sucessores sempre iguais"! Alcide De Gasperi havia falado de "gênio" (e desta vez num sentido não neutro, como nas palavras de Croce, mas entusiasta) a respeito de Stalin, alguns meses antes, no Teatro Brancaccio de Roma, no exato momento em que demarcou com firmeza a distância intransponível entre a experiência soviética e aquela, ainda a ser avaliada, da Itália pós-fascista. Mesmo assim, ele falou do "imenso mérito histórico e secular dos exércitos organizados pelo gênio de Joseph Stalin".

De resto, naquele momento era fácil prometer uma gratidão "secular" aos vencedores de Stalingrado. Paolo Bufalini recordou um padre que o abraçou clandestinamente e lhe sussurrou: "Vencemos em Stalingrado!". Mas, como bem sabia Heródoto, a vitória dos atenienses em Salamina contra um adversário preponderante e aparentemente invencível foi gradualmente esquecida, embora fosse um prenúncio da "liberdade dos gregos". Esquecida justamente pelos beneficiários, porque aquela vitória deu origem ao império ateniense, herdeiro opressor de uma aliança inicialmente igualitária. Uma história que se repetiu e que na Itália depois de Marengo viu os traços do libertador tornarem-se cada vez mais feios. Em suma, é demasiado fácil falar grosso modo de objetivos imperiais e liberdades espezinhadas. Para a Europa oriental pós-1945, vale mais a leitura do notável romance de Ambler, *O julgamento de Deltchev*[1], do que se dar por

1 Ambler (2002).

satisfeito com as jaculatórias esquemáticas sobre as "forcas de Praga". E é melhor ler o ensaio de Wilfried Loth (*O filho pouco amado de Stalin: por que Stalin não queria o nascimento da* DDR[2]) sobre a relutância de Stalin em permitir que a zona soviética da Alemanha se tornasse uma república, do que a retórica insípida sobre a "cortina de ferro".

Stalin regressa hoje ao sentimento coletivo dos russos (muitas sondagens demonstram isso) porque, no atual mal-estar e declínio da antiga superpotência, é óbvio o reconhecimento, por parte do senso comum, em relação ao estadista que a tornou uma potência, tirando-a de uma situação de inferioridade material e de isolamento. Molotov lembra que Stalin lhe disse certa vez: quando eu morrer, jogarão lixo em meu túmulo, mas muito mais tarde vão entender. A acusação quase judicial que pesa sobre Stalin é a da perda desmedida de vidas humanas. Este critério de avaliação, que já acompanhava e distorcia as idas e vindas (muito semelhantes às atuais) da historiografia sobre a Revolução Francesa ao longo do século XIX, acabou por ser poluído pelas monstruosidades do chamado *Livro negro* de Courtois e companheiros: um livro que inclui, entre as "vítimas de Stalin", também os milhões de mortos da Segunda Guerra Mundial, ou entre as "vítimas do comunismo" as infinitas vítimas da União Nacional para a Independência Total de Angola (Unita) em Angola. Depois daquele panfleto monstruoso, é difícil trazer a reflexão de volta a um nível decente; nem basta o rápido desmantelamento desses números exorbitantes. O nexo entre Revolução e Terror é o núcleo do problema: começa com Robespierre, não com Lenin, e ainda está em aberto.

Mas ele enviou fileiras de comunistas para a morte, esta é a outra acusação "judicial". Além disso, o *Danton* de Wajda pretendia significar e denunciar precisamente isso. Um grande escritor judeu, Lion Feuchtwanger, que conferiu a Stalin o crédito por ter dado pela primeira vez um Estado aos judeus, em Birobidjan, no interior da URSS, evocou, em relação aos "grandes processos", um fator capital: "A maior parte dos acusados era antes de tudo de conspiradores e revolucionários, durante toda a vida foram subversivos e opositores, nasceram para isso".[3] É a mesma observação que De Gasperi fará anos depois no já mencionado discurso no Brancaccio: "Acreditávamos que os processos fossem falsos, os testemunhos inventados, as confissões

2 Loth (1994).

3 Feuchtwanger (1946), p. 97.

extorquidas. Eis que objetivos informes norte-americanos asseguram que não se tratava de falsificação, que os sabotadores não eram vigaristas vulgares, eram *velhos conspiradores idealistas* [...] que enfrentavam a morte em vez de se adaptarem ao que para eles era uma traição ao comunismo originário".

A Tibério coube Tácito como "juiz", a Stalin, menos afortunado, Nikita Khrushchev: foi o que disse com sarcasmo Concetto Marchesi após o XX Congresso. Era uma piada. Com o XX Congresso, na realidade, abriu-se uma luta pelo poder dentro da cúpula, não muito diferente daquela entre Trotsky e Stalin. Uma luta sem exclusão de golpes, da qual a "desestalinização" era apenas uma peça; não foi uma tentativa historiográfica; da historiografia foi, no mínimo, a negação mais escandalosa. E mesmo quem, como Togliatti, compreendeu sua instrumentalização e falsidade substancial, não foi capaz de desmascarar a raiz de sua natureza e gênese, porque o próprio Togliatti e outros dirigentes do movimento comunista fizeram, voluntária ou involuntariamente, parte desta nova luta, cujos resultados iniciais foram as revoluções dentro do "campo" soviético, e os de longo prazo são a própria história que hoje vivemos. Curzio Malaparte, em um livro importante e esquecido, *Tecnica de um golpe de Estado* (publicado na França em 1931, destinado a desagradar tanto aos comunistas quanto a seus opositores), registrou a crônica de um acontecimento que explica melhor que qualquer raciocínio o conflito permanente e a repressão ininterrupta que caracterizaram os anos do governo de Stalin, até a guerra: o golpe de Estado tentado por Trotsky em Moscou, em 7 de novembro de 1927, por ocasião do desfile do décimo aniversário da Revolução. Um golpe fracassado, que foi seguido por uma divisão muito aguda de um partido em que o prestígio de Trotsky continuava enorme, e uma guerra civil sub-reptícia, que a propaganda soviética apresentou de forma redutora como atividade judicial contra "sabotadores". Essa foi a história na qual é preciso situar e compreender o fenômeno Stalin. A formação da URSS, a industrialização, a guerra contra os *kulaks*, a alfabetização em massa, a criação de um Estado social gratuito, a tentativa de ficar fora da guerra imposta por Hitler, a vitória sobre o nazismo alcançada por meio de esforços inimagináveis sem um verdadeiro consenso: estes são os acontecimentos com os quais o historiador deve lidar, sem nunca esquecer que, nos bastidores, se consumava um conflito civil e uma laceração do partido hegemônico que nunca se aplacou.

Os puritanos da ideologia nunca gostaram de Stalin. Colletti o definiu apropriadamente vinte anos após sua morte, em *L'Espresso*, como "aquele que nunca se deixou apanhar nas malhas da ideologia". Mas tal realismo não era um fim em si mesmo. O artigo não assinado em que o *Corriere della Sera* comentou a morte de Stalin em 6 de março de 1953 resiste bem, mesmo depois de cinquenta anos de batalhas e de modismos historiográficos: "Esta obra", lemos nele, "custou sacrifícios indescritíveis e foi conduzida com um rigor inclemente. A liberdade, o respeito à pessoa, a tolerância, a caridade eram palavras vazias e tratadas como coisas mortas. Somente durante a Segunda Guerra Mundial se viu quão profundamente esse trabalho teve efeito. É a história de ontem. Mas, quando chegou a hora da prova suprema, o homem mostrou-se à altura de si mesmo e às grandes tarefas que havia buscado, e que a história lhe havia atribuído".

Pode-se discutir longamente a questão de saber se Stalin via a si próprio e a sua ação política como inerentes ao renascimento de seu país após a catástrofe (guerra, derrota, revolução, guerra civil), ou sobretudo à história do movimento comunista mundial: em termos mais sucintos, se ele se sentia antes de tudo um estadista russo ou um dirigente comunista com responsabilidades globais. É precisamente a reflexão historiográfica de inspiração trotskista (o próprio Trotsky, Deutscher) que dá crédito à primeira resposta. Por sua vez, era próprio da historiografia oficial do partido (mesmo depois de 1956) rejeitar como redutora e distorcida essa resposta (que, por outro lado, era acolhida mesmo fora da discussão político-historiográfica interna ao movimento comunista), e antepor à figura do Stalin estadista, de qualquer modo, para o bem ou para o mal, a figura e o papel de Stalin como homem de partido.

Hoje, mais de cinquenta anos após sua morte, as razões da historiografia do partido tornam-se mais insignificantes aos nossos olhos, enquanto, pelo contrário, o problema histórico do lugar que pertence a Stalin e a seus sucessores na história da Rússia do nosso século (reflexão semelhante deveria ser feita em relação à inserção do "comunismo" na história da China por obra de um "herege" como Mao). Isaac Deutscher dedicou um livro inteiro[4] para demonstrar que o stalinismo iria, a certa altura, "descolar" da pele da Rússia, como a crosta de uma ferida: uma vez eliminada

4 Deutscher (1954).

a "má-formação", o socialismo e a práxis democrática (restaurada) seriam reunidos com um internacionalismo mais coerente. Nunca uma previsão se mostrou tão infundada.

Existem três momentos capitais na política de relações internacionais da URSS, que constituem o seu "fio vermelho" e que se iluminam mutuamente. Brest-Litovsk (janeiro de 1918), o "pacto" russo-alemão (agosto de 1939), Yalta (fevereiro de 1945).

A largada é Brest-Litovsk. O conflito que eclodiu no grupo dirigente bolchevique entre apoiadores e opositores da bandeira da paz-cabresto é bem conhecido. Para não a assinar, Trotsky renunciou ao Comissariado de Relações Exteriores. Zinoviev e Kamenev tinham grandes dúvidas. Stalin, ao contrário, se alinhou plenamente com Lenin, que de qualquer modo apoiava a necessidade de paz. Na hagiografia do partido, isso depois se tornou um ponto forte e um título de mérito dos stalinistas, em seu trabalho incansável de desacreditar as outras facções bolcheviques. Na famigerada *História do Partido Comunista da* URSS lemos essas formulações, nas quais se misturam considerações bem fundamentadas e frases de repugnante mistificação:

> Continuar a guerra significava pôr em perigo a existência da recém-formada República Soviética. A classe trabalhadora e os camponeses foram forçados a aceitar duras condições de paz, a recuar diante do saqueador que era o maior perigo naquele momento, o imperialismo alemão. [...] Todos os contrarrevolucionários, desde os mencheviques e social-revolucionários até os mais fervorosos Guardas Brancos, desencadearam uma agitação furiosa contra a assinatura do tratado de paz. Suas intenções eram claras: queriam descarrilar as negociações de paz, provocar uma ofensiva alemã e expor aos seus golpes o poder soviético ainda não consolidado. [...] Seus aliados naquele caso infame foram Trotsky e seu capanga Bukharin, que junto com Radek e Piatakov se encontraram à frente de um grupo hostil ao partido, que, para se disfarçar, chamou de grupo de comunistas de esquerda. Trotsky e o grupo de comunistas de esquerda travaram uma luta feroz dentro do partido contra Lenin e pela continuação da guerra. Eles estavam fazendo abertamente o jogo dos imperialistas alemães. [...]. Em 1º de fevereiro de 1918, as negociações de paz em Brest-Litovsk violaram traiçoeiramente as diretivas explícitas do Partido Bolchevique. Ele declarou que a República Soviética se recusou a

assinar a paz nas condições propostas pela Alemanha e, ao mesmo tempo, comunicou aos alemães que a República Soviética não continuaria a guerra e seguiria desmobilizando o exército.[5]

A narrativa é por vezes grotesca, as insinuações difamatórias contra Trotsky são abundantes (mais tarde, chega-se a argumentar que Trotsky e Bukharin preparavam um golpe de Estado com o objetivo de sabotar a paz). O ponto forte da história, contudo, continua sendo o fato de, no conflito sobre o problema da paz, Lenin e Stalin — por vezes em minoria — serem, por um lado, a favor da retirada da guerra o mais rapidamente possível, enquanto grande parte dos outros dirigentes, principalmente Trotsky (que chegou a ponto de renunciar para não a subscrever), estão do lado oposto. O embate foi muito áspero, como é óbvio: não é por acaso que não só a *História do Partido Comunista*, mas também o *Mein Leben* de Trotsky dedicam partes inteiras (Trotsky quase trinta páginas) ao episódio.[6] Deve-se notar que, apesar de o relato de Trotsky ser muito superior à prosa irritante da *História do Partido Comunista*, ele se mostra claramente apologético e por vezes obscuro: cheio de detalhes que visam a atenuar o fato de que Trotsky e Lenin se viram em lados opostos, e sempre reticente quanto à posição assumida por Stalin nesse episódio crucial.

A escolha feita em Brest-Litovsk é também a certidão de nascimento da política externa soviética. Política externa de um Estado que tem em primeiro lugar seus próprios interesses estatais (claro que com base no corolário: o fortalecimento da URSS beneficia a causa da revolução em todo o planeta). Trotsky cultivou a ilusão de replicar Valmy, de dar fôlego à propagação do fogo revolucionário como no tempo de Dumouriez e do conflito vitorioso da França revolucionária contra as coalizões. Lenin e Stalin, em muitos aspectos diferentes, mas nisso concordantes, mediram de modo realista o equilíbrio de forças e apoiaram a linha de conduta que ressurgiria em 1939, em face do renovado perigo de guerra: "Os imperialistas massacram-se uns aos outros, nós ficamos de fora e nos fortalecemos".

Deutscher escreveu uma vez: "Num aspecto crucial, Stalin continuou o trabalho de Lenin: tentou defender o Estado construído por Lenin e

5 *Storia del Partito Comunista dell'*URSS. Roma: Edizioni l'Unità, 1944, pp. 271-2.
6 Trotsky (1976), passim.

aumentar o poder". E ainda: se Lenin tivesse sobrevivido, teria acabado por seguir as políticas de Stalin, já que — observa — "na prática, só lhe restava um caminho a trilhar, o que conduzia à autocracia"; "o regime bolchevique não podia regressar às suas origens democráticas, porque não poderia esperar apoio *suficiente para garantir sua sobrevivência*".[7]

"Garantir sua sobrevivência". Esta é a estrela guia da política externa de Stalin. Se ainda era cultivada por alguns a ilusão de vastas frentes e possíveis alianças, a intervenção estrangeira na guerra civil, o "cordão sanitário" e a exclusão durante muito tempo dos organismos internacionais foram suficientes para deixar clara a própria relação com o mundo exterior. Daí a característica dominante da política externa soviética, desde suas origens: *lidar com aqueles que estão lá*. A ordem do dia posta em votação por Lenin em 22 de fevereiro de 1918, numa reunião do Comitê Central, durante uma fase (que logo se mostrou transitória) das negociações de Brest-Litovsk ("O camarada Trotsky recebe plenos poderes para aceitar a ajuda dos bandidos imperialistas franceses contra os bandidos alemães")[8], é muito esclarecedora e caracteriza bem essa linha de conduta e seus pressupostos. Assim, no rescaldo da paz-cabresto, ocorre que a Alemanha de Ludendorff é o único país com o qual a Rússia bolchevique consegue manter relações: pelo menos durante alguns meses. E o tom bastante calmo e compreensivo com que o boletim do Alto Comando Alemão (*Deutsche Kriegsnachrichten*) fala da Rússia e de Lenin se enquadra perfeitamente nesta colaboração, à primeira vista, antinatural. A colaboração foi retomada com os governos de centro-direita de Weimar, a partir do Tratado de Rapallo (16 de abril de 1922): precisamente na perspectiva de que, entre "bandidos franceses" e "bandidos alemães", não havia ilusão de poder aproveitar as diferenças. E a possibilidade de uma maior colaboração com os alemães surgiu do fato de também eles terem sido vítimas da ordem imposta em Versalhes pelos vencedores, isto é, pelas grandes e "democráticas" potências imperialistas ocidentais. O fracasso da onda revolucionária de 1919-20 (a ocupação de fábricas na Itália, a República do Conselho da Baviera, a Hungria de Béla Kun, a derrota militar no conflito com a Polônia) confirmou definitivamente aos dirigentes soviéticos o acerto de suas escolhas de política externa.

7 Deutscher (1954), p. 31.
8 Trotsky (1976), p. 367.

A opção pelo "pacto" de 1939 deriva de pressupostos análogos. Quando se julga aquele acontecimento capital no limiar da Segunda Guerra Mundial, quase sempre se deixa de considerar que ele ocorreu em seguida ao fracasso da única tentativa real de política externa "internacionalista" e de amplas alianças democráticas por parte de Stalin, isto é, após o colapso da República espanhola, ajudada militarmente apenas pelos soviéticos e pelas brigadas internacionais, abandonada a si mesma pelos governos da França (isto é, pelo socialista Léon Blum) e da Inglaterra. A queda de Madrid (28 de março de 1939) antecede de alguns meses o pacto Molotov-Ribbentrop (agosto), que surgiu — como se sabe — na sequência do desinteresse anglo-francês por um acordo efetivo com a URSS em função antialemã (antinazista). A escolha de chegar a um acordo com a Alemanha para ficar fora da guerra, enquanto os "bandidos" se destroem, nada mais é que a continuação de uma situação favorável ao interlocutor alemão em troca do grande favor que lhe foi concedido de garantir a tranquilidade na Frente Oriental.

As razões alegadas *posteriormente*, segundo as quais o pacto foi feito para "preparar-se" melhor, para ganhar tempo em relação a um ataque alemão posterior, são provavelmente razões construídas *post eventum*. Não é de todo certo que Stalin realmente considerasse inevitável o ataque alemão contra a URSS; e, na verdade, o estado de despreparo em que a Operação Barbarossa encontrou as linhas soviéticas sugeriria o contrário.

Não é supérfluo recordar que a analogia entre a situação de 1918 e a de 1939 foi destacada por Mikhail Gorbachev no relatório ao Comitê Central do PCUS em 7 de novembro de 1987, por ocasião do LXX aniversário da Revolução. "A questão", disse Gorbachev à altura, "foi posta quase nos mesmos termos em que tinha sido colocada na altura da Paz de Brest: o destino da independência do nosso país e a própria existência do socialismo na terra estavam sendo decididos". E acrescentou: "Pelos documentos, sabe-se que a data da agressão alemã contra a Polônia (não posterior a 1º de setembro) foi fixada em 3 de abril de 1939, ou seja, muito antes da conclusão do pacto entre a URSS e Alemanha. Londres, Paris e Washington conheciam nos mínimos detalhes os antecedentes da preparação da campanha contra a Polônia". E ainda: "Não podemos esquecer que em agosto de 1939 a URSS enfrentou a ameaça de uma guerra em duas frentes: a oeste contra a Alemanha e a leste contra o Japão, que tinha desencadeado um conflito sangrento no rio Kalkhin-Gol". Como na época de Brest-Litovsk, concluiu

Gorbachev, "a vida e a morte, *varrendo os mitos para longe*, tornaram-se o único critério da realidade".

Arrastado para uma guerra indesejada, Stalin conduziu seu país à vitória superando uma prova muito dura, que em muitos aspectos lembra a enfrentada por Alexandre I e Kutuzov contra a agressão francesa de 1812. E venceu ao reunir o país em torno da palavra de ordem da Grande Guerra Patriótica, recuperando, entre outras coisas, também uma relação positiva com a Igreja Ortodoxa. A ajuda militar norte-americana teve sua importância. Averell Harriman recordou algumas vezes a frase que lhe foi dita por Stalin, segundo a qual "sem o poder industrial americano a guerra não teria sido vencida".[9] Para ser justo, contudo, deve ser dito que, se tal ajuda foi preciosa, o atraso exasperante na abertura da "segunda frente" fez com que, até o desembarque na Normandia (6-7 de junho de 1944), todo o peso da guerra na Europa recaísse sobre os soviéticos. Nesse sentido, é correto dizer que Hitler perdeu a guerra em Stalingrado (o desembarque na Sicília não constituiu, se não marginalmente, uma "segunda frente": o desembarque aliado na primavera de 1943, no extremo sul da Itália, foi de tal ordem que permitiu aos alemães manterem os anglo-americanos, forçados a subir penosamente toda a península, sob controle com um mínimo de forças e por muito tempo).

É sintomático que — como emerge claramente da correspondência entre Churchill, Roosevelt e Stalin nos meses de fevereiro-maio de 1944[10] [11] —, à medida que se consolida a perspectiva de os anglo-americanos darem vida à Operação Overlord (o desembarque na Normandia), retorne insistentemente, na correspondência entre os três estadistas, o tema da futura organização da Polônia. Na troca de cartas de 4 e 24 de fevereiro, Stalin deixou claro a Churchill que o chamado "governo polaco no exílio" (em Londres) terá de aceitar a linha "Curzon" como a futura fronteira polaco-soviética. Apesar da relutância do pouco representativo governo polonês no exílio (que causou o fracasso das conversações de Moscou sobre a questão da fronteira), Churchill aceitou a situação de fato. E é sabido que a "partição" de Yalta — precedida em outubro de 1944 pelo famoso folheto

9 A citação se encontra, dentre outras ocorrências, na entrevista de Averell Harriman a Enzo Biagi publicada em *La Repubblica*, 6 de julho de 1983, p. 7.

10 Churchill, Roosevelt, Stalin (1957).

11 Ibid., p. 13.

com as percentagens das "zonas de influência" — significou, mesmo que não tenha sido oficialmente sancionada na Crimeia, que, na questão polaca tal como em outros tabuleiros de xadrez, se confirmaram substancialmente as vantagens territoriais que a URSS tinha alcançado com o "pacto" de agosto de 1939. Há, em suma, plena harmonia entre a ação levada a cabo por Stalin no imediato pós-guerra e a substância dos acordos territoriais compreendidos no pacto russo-alemão.

É por isso que, como já foi observado, um único fio liga os três momentos-chave da diplomacia soviética: Brest-Litovsk, o pacto de não agressão com a Alemanha e Yalta. Três momentos em que até os adversários mais duros (aliás, sobretudo eles!) reconhecem a capacidade de Stalin de intuir, como estadista de primeira plana, os interesses de seu país e sua coerência em perseguir, em tão vasto arco temporal, tais interesses.

Não uma política imperial ou expansionista, mas uma *política de segurança*: aceita, como tal, também pela contraparte ocidental. Basta pensar nas decisões de Yalta, não codificadas, mas aceitas e mantidas firmes mesmo nos momentos de maior tensão (bloqueio de Berlim, Revolução húngara). Política de segurança que teve sua definição formal nas novas linhas de fronteira. A esse respeito, é interessante observar que, por ocasião da reimpressão da correspondência de guerra de 1941-45 dos líderes da coligação antinazista, uma introdução de Gromyko tenha sido acrescentada ao volume, que é essencialmente um hino às resoluções assinadas em Helsinque em 1º de agosto de 1975: "Hoje", escreve Gromyko, "a inviolabilidade das fronteiras europeias foi reconhecida por todos os Estados europeus, bem como pelos EUA e Canadá, que assinaram a ata final da Conferência para a Segurança e a Colaboração na Europa. Esse acordo tem uma importância histórica e constitui um grande contributo para a causa da paz". Gromyko, que já fazia parte da delegação soviética em Yalta, capta com estas palavras o significado — reconhecido por todas as partes acordadas — da CSCE, qual seja: o reconhecimento formal das fronteiras que emergiram da Segunda Guerra Mundial. Era o coroamento, também no aspecto formal, de uma política inaugurada com o grande ato de realismo que consistiu em aceitar, já em fevereiro de 1918, as cláusulas draconianas da paz de Brest.

É por isso que, no momento do rápido e vertiginoso desmantelamento da URSS por Gorbachev, as potências ocidentais ficaram, a princípio, perplexas: hesitaram em estender sua proteção a iniciativas como, por exemplo, a de Landsbergis e seus seguidores na Lituânia, com o objetivo de pôr em causa o que Yalta e Helsinque haviam sancionado e reafirmado ao longo de um período de trinta anos.

É por isso que a política externa de Gorbachev, que consistiu em desmantelar espontaneamente as forças do Estado do qual foi o líder máximo, ainda espera (e talvez espere por muito tempo) seu historiador e, antes disso, seu intérprete. Às vezes se tem a impressão de que se está diante de duas personalidades distintas, ambas brigando entre si, encerradas na mesma pessoa. O dirigente que ainda em novembro de 1987 afirma o acerto da escolha do "pacto" de agosto de 1939 dificilmente é o mesmo que escreve no *La Stampa* de 3 de março de 1992: "Hoje *podemos dizer* que tudo o que aconteceu no Leste Europeu nesses últimos anos não teria sido possível *sem a presença deste papa, sem o grande papel, inclusive político, que ele soube desempenhar*". São palavras que Carl Bernstein, a seu tempo protagonista do Watergate e autor, em fevereiro de 1992, da investigação sobre o pacto secreto entre Reagan e Wojtyla para o apoio maciço ao Solidarnosć e o enfraquecimento, desta forma, do regime comunista polaco, definiu, em abril de 1992, na sua primeira correspondência para *Il Sabato*, "a revelação de um dos maiores segredos do século XX".

A colaboração jornalística de Gorbachev com o *La Stampa* mereceria uma análise sistemática, pois, entre as dobras e no caldo da tagarelice genérica que Gorbachev destina a esse importante jornal, surgem de vez em quando formulações que deveriam lançar alguma luz sobre a personalidade esquiva do último secretário-geral do PCUS. Por exemplo, a que aparece no final do prolixo ensaio de 26 de novembro de 1992 ("Yeltsin, cenoura e porrete"): "Depois de termos rejeitado, com razão, o modelo comunista como inútil, deveríamos evitar cair em outros modelos rígidos".

Além disso, a "revelação" para a qual Carl Bernstein chamou a atenção — isto é, o apreço de Gorbachev pelo papel desempenhado por Wojtyla na demolição dos regimes comunistas — mal se coaduna com as linhas finais do diálogo entre Gorbachev e Wojtyla (1º de dezembro de 1989), cujo texto foi publicado pelo próprio Gorbachev nas *Avant-Mémoires*, onde Wojtyla diz: "Ninguém deve pretender que as mudanças na Europa e no mundo devam ser feitas de acordo com o modelo ocidental; isso é contrário às minhas crenças mais profundas; a Europa, como protagonista da história mundial, deve respirar com seus dois pulmões", e Gorbachev responde: "É uma imagem muito pertinente".[12] À luz do que Gorbachev "revelou" em março de 1992, esta declaração causa muita perplexidade. Ainda mais se levarmos em conta o pensamento do brutal exegeta do pensamento de Wojtyla, o presidente polonês Walesa. Entrevistado por Jas Gawronski para *La Stampa* (9 de maio de 1993, p. 8), Walesa se viu confrontado com a seguinte questão: "Quem causou o colapso do comunismo? Concordaria com uma classificação deste tipo: João Paulo II, Walesa, Gorbachev, Reagan?"; e ele respondeu, não sem habilidade: "Certamente o papel do papa foi muito importante, eu diria decisivo. *Os outros são todos elos da corrente*, a corrente da liberdade; é difícil dizer qual foi mais importante, mas qualquer corrente, sem um elo, não é mais uma corrente. Muitos, sobretudo os alemães, acreditam que Gorbachev é o mais importante, mas eu não concordo" (e em seguida, na mesma entrevista, faz também uma "revelação": que tinha proposto a Gorbachev, já em 1989, que tomasse a iniciativa da dissolução da URSS).

Depois que, em 24 de fevereiro de 1992, a *Time* publicou a investigação de Carl Bernstein sobre o "pacto secreto" entre Reagan e Wojtyla para a derrubada do regime comunista na Polônia (com detalhes relativos, por exemplo, à transmissão de rádio estabelecida entre os edifícios do Vaticano e Glemp depois de o governo de Varsóvia ter cortado as comunicações telefônicas entre a Polônia e o Vaticano, ou relativos ao "alistamento" do vice-ministro da Defesa polaco pela CIA, ou ao rio de dinheiro enviado à Polônia para apoiar o sindicato "clandestino"), houve constrangimento nos círculos do Vaticano. Exultante, porém, Reagan confirmou ao ser entrevistado por Pino Buongiorno para *Panorama*: "*nossa intenção* [Reagan se refere à sua administração e à de Wojtyla, N.*d*.A] foi desde o início nos unirmos para derrotar as forças do comunismo". E continuou com múltiplas revelações e detalhes, publicados pelo semanário italiano na edição de 22 de março de 1992.

Mas, provavelmente, mesmo essa intervenção maciça (não nova, embora reforçada pela origem polonesa do pontífice em exercício) não teria sido suficiente. Pelo menos na opinião de um perspicaz analista dos assuntos soviéticos como Helmut Sonnenfeldt. "Quando a porta polonesa se abriu", declarou Sonnenfeldt ao *Panorama*, "Moscou não levantou um dedo. *Quem sabe se o comportamento de Gorbachev foi influenciado por uma intervenção*

---

12 Gorbachev (1993).

do Vaticano". Uma hipótese que parece encontrar confirmação nas palavras muito comprometedoras escritas por Gorbachev para *La Stampa* em 3 de março de 1992. Portanto, não é de estranhar que pouco depois, na mesma conversa, Sonnenfeldt fale, sem citar nomes, de "quem, em alguma sala do Kremlin, decidiu deixar todos irem em liberdade".

As ações políticas levadas a cabo por Gorbachev, pelo menos a partir de 1988, atingiram em primeiro lugar seu povo. A condição da Rússia foi assim delineada por François Mitterrand (em conversa com o então presidente do senado italiano, Spadolini): "Antes as pessoas comiam pouco, mas *todos* comiam igualmente pouco. Agora, na Rússia, há muitas máfias (o presidente — notou Spadolini — usa o termo italiano com ênfase deliberada) que se opõem e lutam entre si, que asseguram privilégios para si, monstruosamente distantes da fome e da pobreza generalizadas. Uma situação explosiva, para dizer o mínimo".[13]

Nada mal como fruto da passagem para a "liberdade" (de que tipo, vimos pelos canhões contra o parlamento em outubro de 1993). Não é surpreendente, pois, que Gorbachev seja uma das pessoas mais detestadas em seu país (e cada vez menos adulado por seus amigos no exterior).

Tudo se pode esperar de um estudioso da história, exceto que ele deva acreditar na "ingenuidade" que teria levado Gorbachev a cometer erro após erro, capitulação após capitulação. Markus Wolf, o grande artífice dos serviços de segurança da RDA, recordou, durante uma entrevista ao jornal *la Repubblica*,[14] que os três arquitetos do colapso da URSS — Gorbachev, Shevardnadze, Yeltsin — trabalharam na KGB.

Falando à assembleia, Péricles ensinou aos atenienses, cansados do conflito com Esparta, uma grande verdade geopolítica: "Não se pode escapar ao Império". E, com a crueza conceitual a que não era alheio, acrescentou que "o Império é tirania", que "pode parecer injusto defendê-lo, mas é certamente muito arriscado deixá-lo cair".[15] No final, o Império, que durou pouco mais de setenta anos, foi perdido também graças àqueles estrategistas (um deles se chamava Adimanto) que, na batalha decisiva de Egospótamos, "traíram", como na época se disse, "os navios".[16] Por uma

13 *La Stampa*, 12 de dezembro de 1993.

14 *La Repubblica*, 28 de julho de 1993.

15 Tucídides, *La guerra del Peloponeso*, II, 63.

16 Xenofonte, *Elleniche*, II,1, 32; Lisia, XIV, 38.

curiosa coincidência histórica, o Império soviético também durou setenta anos. A comparação entre Stalin e Péricles pode causar algum desconforto (embora estudiosos não carolas, como Mikhail Heller e Sergio Romano, hoje insistam na grandeza do estadista georgiano): talvez seja mais cômodo, apesar da imprudência inerente às analogias, reconhecer a Gorbachev o papel medíocre e desprezível de Adimanto.

REFERÊNCIAS BIBLIOGRÁFICAS

ADORNO, Theodor. W. "Studi qualitativi dell'ideologia". In: Adorno, T. W.; Frenkel-Brunswik, E.; Levinson, D. J.; Nevitt-Sanford, R. *La personalità autoritaria*. (1950). Vol. 3. Milão: Comunità, 1997.

AGOSTI, Aldo. (org.) *La Terza Internazionale: storia documentaria*. Roma: Editori Riuniti, 1974-1979.

AGURSKY, Mikhail. *La Terza Roma: il nazionalbolscevismo in Unione Sovietica*. Bolonha: Il Mulino, 1989.

ALPEROVITZ, Gar. *The Decision to Use the Atomic Bomb and the Architecture of an American Myth*. Nova York: Knopf, 1995.

ALTHUSSER, Louis. *Per Marx*. Roma: Editori Riuniti, 1967. [Ed. bras.: *Por Marx*. Campinas: Editora da Unicamp, 2015]

AMBLER, Eric. *Il processo Delchev*. Milão: Adelphi, 2002.

ANNETT, Kevin D. (org.) *Hidden from History: the Canadian Holocaust*. Vancouver: The Truth Commission into Genocide in Canada, 2001.

APPLEBAUM, Anne. *Gulag. Storia dei campi di concentramento sovietici*. Milão: Mondadori, 2004. [Ed. bras.: *Gulag: uma história dos campos de prisioneiros soviéticos*. Rio de Janeiro: Ediouro, 2005]

APTHEKER, Herbert. *America Foreign Policy and The Cold War*. Nova York: Kraus Reprint Millwood, 1977.

ARENDT, Hannah. *Es ist noch nicht zu spat*. (1948). In: Arendt, H. *Essays & Kommentare*. Vol. 2. Orgs. Geisel, E.; Bittermann, K. Berlim: Tiamat, 1989.

________. *Die Krise des Zionismus*. (1942). In: Arendt, H. *Essays & Kommentare*. Vol. 2. Orgs. Geisel, E.; Bittermann, K. Berlim: Tiamat, 1989.

________. *Noi profughi*. (1943). In: Arendt, H. *Ebraismo e modernità*. Org. Bettini, G. Milão: Unicopli, 1986.

________. *Le origini del totalitarismo*. Milão: Comunità, 1989. [Ed. bras.: *Origens do totalitarismo*. São Paulo: Companhia de Bolso, 2013]

________. *The Origins of Totalitarianism*. Nova York: Harcourt, Brace, 1951.

________. *The Origins of Totalitarianism*. Nova York: Harcourt, Brace & World, 1966.

________. *Ripensare il sionismo*. (1945). In: Arendt, H. *Ebraismo e modernità*. Org. Bettini, G. Milão: Unicopli, 1986.

________. *Sulla violenza*. (1969). In: Arendt, H. *Politica e menzogna*. Milão: SugarCo, 1985. [Ed. bras.: *Sobre a violência*. São Paulo: Civilização Brasileira, 2022]

ARGENTIERI, Federigo. "Presentazione". In: Conquest, R. *Raccolto di dolore: collettivizzazione sovietica e carestia terroristica*. Milão: Rizzoli, 2004.

ARRIGHI, Giovanni. *Adam Smith a Pechino. Genealogie del ventunesimo secolo*. Milão: Feltrinelli, 2008. [Ed. bras.: *Adam Smith em Pequim: origens e fundamentos do século XXI*. São Paulo: Boitempo, 2008]

ASCHERSON, Neal. "The Breaking of the Mau Mau". *The New York Review of Books*, Nova York, pp. 26-30, 7 abr. 2005.

BABEUF, Gracchus. *Écrits*. Org. Mazauric, C. Paris: Messidor-Éditions sociales, 1988.

BACZKO, Bronislaw. *Come uscire dal Terrore: il Termidoro e La Rivoluzione*. Milão: Feltrinelli, 1989.

BAKER, Nicholson. *Human Smoke: the Beginnings of World War II, the End of Civilization*. Londres-Nova York: Simon & Schuster, 2008. [Ed. bras.: *Fumaça humana: o início da Segunda Guerra, o fim da civilização*. São Paulo: Companhia das Letras, 2010]

BAUDY, Gerhard J. "Die Brände Roms. Ein apokalyptisches Motiv in der antiken Historiographie". In: *Spudasmata. Studien zur klassischen Philologie und ihren Grenzgebieten*. Vol. 50. Olms-Hildesheim-Zurique-Nova York, 1991.

BAUMONT, Maurice. *Les origines de la deuxième guerre mondiale*. Paris: Payot, 1969.

BENDERSKY, Joseph W. *The "Jewish Threat": Anti-Semitic Politics of the US Army*. Nova York: Basic Books, 2000.

BENEŠ, Eduard. *Memoirs: from Munich to New War and New Victory*. Londres: Allen, 1954.

BENJAMIN, Walter. *Moskau*. (1927). In: *Immagini di città*. Turim: Einaudi, 2007.

BERNER, Wolfgang. "Die arabischen Länder". In: Geyer, D. (org.) *Sowjetunion. Außenpolitik – 1955-1973*. Colônia-Viena: Böhlau, 1976.

BESANÇON, Alain. *Le malheur du siècle: sur le communisme, le nazisme et l'unicité de la Shoah*. Paris: Fayard, 1998. [Ed. bras.: *A infelicidade do século: sobre o comunismo, o nazismo e a unicidade da Shoah*. São Paulo: Bertrand Brasil, 2000]

BESYMENSKI, Lew. *Stalin und Hitler: das Pokerspiel der Diktatoren*. Berlim: Aufbau, Berlim, 2003.

BLACKMON, Douglas A. *Slavery by Another Name: the Re-Enslavement of Black Americans from the Civil War to World War II*. Nova York-Londres: Doubleday, 2008.

BOBBIO, Norberto. *Autobiografia*. Org. Papuzzi, A. Roma-Bari: Laterza, 1997. [Ed. bras.: *Autobiografia: uma vida política*. São Paulo: Unesp, 2018]

________. *Politica e cultura*. (1955). Turim: Einaudi, 1977. [Ed. bras.: *Política e cultura*. São Paulo: Unesp, 2015]

BOYLE, Peter G. (org.) *The Churchill-Eisenhower Correspondence – 1953-1955*. Chapel Hill-Londres: The University of Carolina Press, 1990.

BRECHER, Michael. *Vita di Nehru*. Milão: Il Saggiatore, 1965.

BRENT, Jonathan; NAUMOV, Vladimir P. *Stalin's Last Crime: the Plot against the Jewish Doctors – 1948-1953*. Nova York: Perennial, 2004.

BROUÉ, Pierre. *La rivoluzione perduta: vita di Lev Trockij – 1879-1940*. Turim: Bollati Boringhieri, 1991.

BUKHARIN, Nikolai I. "Critica della piattaforma economica dell'opposizione". (1924). In: Bukharin, N. I.; Preobrazenskij, E. A. *L'accumulazione socialista*. Org. Foa, L. Roma: Editori Riuniti, 1969.

________. "La nuova politica economica e i nostri compiti". (1925). In: Bukharin, N. I.; Preobrazenskij, E. A. *L'accumulazione socialista*. Org. Foa, L. Roma: Editori Riuniti, 1969.

________. *L'economia mondiale e l'imperialismo*. (1916). Roma: Samonà e Savelli, 1966.

________. *Lo Stato Leviatano: scritti sullo Stato e la guerra – 1915-1917*. Org. Giasanti, A. Milão: Unicopli, 1984.

________. "Sulla teoria della rivoluzione permanente". (1924). In: Bukharin, Stalin, Trockij, Zinov'ev. *La "rivoluzione permanente" e il socialismo in un solo paese*. (1963). Org. Procacci, G. Roma: Editori Riuniti, 1970.

________. PREOBRAZENSKIJ, Evgueni A. *Das abc des Kommunismus. Populäre Erläuterung des Programms der Kommunistischen Partei Russlands (Bolschewiki)*. Viena: Verlage der Kommunistischen Partei Deutschösterreichs, 1920.

BULLOCK, Alan. *Hitler and Stalin: Parallel Lives*. Nova York: Knopf, 1992.

BUTLER, Susan. (org.) *My Dear Mr. Stalin: the Complete Correspondence of Franklin Delano Roosevelt and Joseph V. Stalin*. New Haven-Londres: Yale University Press, 2005. [Ed. bras.: *Prezado sr. Stálin*. Rio de Janeiro: Zahar, 2008]

CANFORA, Luciano. *Democrazia: storia di un'ideologia*. Roma-Bari: Laterza, 2006.

CARETTO, Ennio. "Ebrei rinnegati alla corte di Stalin". *Corriere della Sera*, Milão, 25 jan. 1997.

CARR, Edward H. *La rivoluzione bolscevica*. Turim: Einaudi, 1964.

________. *Il socialismo in un solo paese*. Turim: Einaudi, 1968-1969.

CARYL, Christian. "Tyrants on the Take". *The New York Review of Books*, Nova York, pp. 27-30, 11 abr. 2022.

CATHERWOOD, Christopher. *Churchill's Folly: how Winston Churchill Created Modern Iraq*. Nova York: Carrol & Graf, 2004. [Ed. bras.: *A loucura de Churchill: os interesses britânicos e a criação do Iraque moderno*. Rio de Janeiro: Record, 2006]

CHAMBERLAIN, Houston S. *Die Grundlagen des neunzehnten Jahrhunderts. Ungekürzte Volksausgabe*. (1898). Munique: Bruckmann, 1937.

CHAMBERLAIN, William H. *America 's Second Crusade*. Chicago: Regnery, 1950.

CHANG, Jung; HALLIDAY, Jon. *Mao: la storia sconosciuta*. Milão: Longanesi, 2006. [Ed. bras.: *Mao: a história desconhecida*. São Paulo: Companhia das Letras, 2012]

CHEN, Jian. *China's Road to the Korean War: the Making of Sino-American Confrontation*. Nova York: Columbia University Press, 1994.

CHLEVNJUK, Oleg V. *Das Politbüro. Mechanismen der Macht in der Sowjetunion der dreißiger Jahre*. Hamburgo: Hamburguer Edition, 1998.

________. *Storia del Gulag. Dalla collettivizzazione al Grande terrore*, Turim: Einaudi, 2006.

CHOMSKY, Noam; HERMAN, Edward S. *La Washington Connection e il fascismo nel Terzo Mondo: l'economia politica dei diritti umani*. Milão: Baldini Castoldi Dalai, 2005.

CHURCHILL, Winston. *His Complete Speeches – 1897-1963*. Nova York-Londres: Chelsea House, 1974.

________. *La seconda guerra mondiale*. Vol. I. Milão: Mondadori, 1963.

________. ROOSEVELT, Franklin. D.; STALIN, Josef. *Carteggio di Guerra – 1941-1943*. Roma: Editori Riuniti, 1957.

COBAIN, Ian. "The Interrogation Camp That Turned Prisoners into Living Skeletons". *The Guardian*, Londres, 17 dez. 2005.

________. "Revealed: Victims of uks Cold War Torture Camp". *The Guardian*, Londres, 3 abr. 2006.

COHEN, Stephen F. *Bucharin e la rivoluzione bolscevica: biografia politica – 1888-1938*. Milão: Feltrinelli, 1975.

________. *Rethinking the Soviet Experience: Politics and History since 1917*. Nova York-Oxford: Oxford University Press, 1986.

COHN, Norman. *Histoire d'un mythe: la "conspiration" juive et les protocoles des sages de Sion*. Paris: Gallimard, Paris, 1967.

COLE, Wayne S. *America First: the Battle Against Intervention – 1940-1941*. Nova York: Octagon Books, 1971.

CONQUEST, Robert. *Il Grande Terrore*. Org. Dossena, P. Milão: Rizzoli, 2000.

________. "Prefazione". In: *Storia del Gulag. Dalla collettivizzazione al Grande terrore*, Turim: Einaudi, 2006.

________. *Raccolto di dolore: collettivizzazione sovietica e carestia terroristica*. Roma: Liberal, 2001.

________. *Il secolo delle idee assassine*. Milão: Mondadori, 2001.

________. "Stalin and the Jews". *The New York Review of Books*, Nova York, pp. 46-50, 11 jul. 1996.

________. *Stalin Breaker of Nations*. Nova York: Penguin Books, 1992.

COOX, Alvim D. *Nomonhan: Japan against Russia, 1939*. Stanford: Stanford University Press, 1990.

COSTELLO, John. *Ten Days to Destiny. The Secret Story of the Hess Peace Initiative and British Efforts to Strike a Deal with Hitler*. Nova York: Morrow, 1991.

CROCE, Benedetto. *L'Italia dal 1914 al 1918: pagine sulla guerra*. Bari: Laterza, 1950.

________. *Scritti e discorsi politici (1943-1947)*. Org. Cardia, A. (Vol. VII, 1 e VII, 2 dell'Edizione Nazionale). Nápoles: Bibliopolis, 1993.

DALE, Reginald. "Time to Put Away the Big Trade Gun". *International Herald Tribune*, Paris, 30 abr. 1996.

DANIELS, Robert V. *La coscienza della rivoluzione. L'opposizione comunista nell'Unione Sovietica*. Florença: Sansoni, 1970.

DAVIES, Robert W. *The Soviet Economy in Turmoil – 1929-1930*. Londres: Macmillan, 1989.

DAVIS, David B. *The Slave Power Conspiracy and the Paranoid Style*. (1969). Baton-Rouge-Londres: Louisiana State University Press, 1982.

________. "C. Wann Woodward (1908-1999)". *The New York Review of Books*, Nova York, p. 13, 10 fev. 2000.

DAVIS, Mike. *Olocausti tardovittoriani*. Milão: Feltrinelli, 2001. [Ed. bras.: *Holocaustos coloniais: a criação do terceiro mundo*. São Paulo: Veneta, 2022]

DEÁK, István. "The Crime of the Century". *The New York Review of Books*, Nova York, pp. 48-51, 26 set. 2002.

DE CAROLIS, Paola. "Churchill inedito: 'Gli ebrei in parte responsabili delle loro sciagure'". *Corriere della Sera*, Milão, p. 13, 11 mar. 2007.

DE FELICE, Franco. (org.) *Fascismo, democrazia, Fronte popolare. Il movimento comunista alla svolta del VII Congresso dell'Internazionale*. Bari: De Donato, 1973.

DE FELICE, Renzo. *Rosso e Nero*. Org. Chessa, P. Milão: Baldini & Castoldi, 1995.

DE GASPERI, Alcide. "La democrazia cristiana e il momento politico" (1944). In: *Discorsi politici*. Org. Bozza, T. Roma: Cinque Lune, 1956.

DEL BOCA, Angelo. *Italiani, brava gente?* Vincenza: Neri Pozza, 2006.

DE RUGGIERO, Guido. "Apologia del bolscevismo". (1922). In: *Scritti politici 1912-1926*. Org. Felice, R. de. Bolonha: Cappelli, 1963.

DESCHNER, Karlheinz. *Kriminalgeschichte des Christentums*. Hamburgo: Rowohlt, 1988.

DEUTSCHER, Isaac. "Chruščëv parla di Stalin" (giugno 1956). In: *Ironie della storia. Saggi sul comunismo contemporaneo*. Milão: Longanesi, 1972, pp. 13-41.

__________. "Esilio e umiliazione" (1° aprile 1965). In: *Ironie della storia. Saggi sul comunismo contemporaneo*. Milão: Longanesi, 1972, pp. 213-24.

__________. "Necrologio di Stalin" (*Manchester Guardian*, 6 de março, 1953). In: *Ironie della storia. Saggi sul comunismo contemporaneo*. Milão: Longanesi, 1972, pp. 160-70.

__________. *La Russia dopo Stalin*. Milão: Mondadori, 1954.

__________. *Stalin. Una biografia politica*. Milão: Longanesi, 1969. [Ed. bras.: *Stalin: uma biografia política*. Rio de Janeiro: Civilização Brasileira, 2006]

DIAMOND, Sander A. *Herr Hitler. Amerikas Diplomatie, Washington und der Untergang Weimars*. Droste, Düsseldorf, Droste, 1985.

DI FEO, Gianluca. "Sei un prigioniero italiano? E mi sparò al cuore". *Corriere della Sera*, Milão, p. 20, 3 mar. 2005.

__________. "Sicilia 1943, l'ordine di Patton: 'Uccidete i prigionieri italiani'". *Corriere della Sera*, Milão, p. 13, 23 jun. 2004.

DIMITROV, Georgi. *Diario. Gli anni di Mosca (1934-1945)*. Org. Pons, S. Turim: Einaudi, 2002.

DINNERSTEIN, Leonard. *Antisemitism in America*. Nova York-Oxford: Oxford University Press, 1994.

DOWER, John W. *War without Mercy: race and Power in the Pacific War*. Nova York: Pantheon Books, 1986.

DUVERGER, Maurice. "Mafia e inflazione uccidono la Russia". *Corriere della Sera*, Milão, 18 out. 1993.

E. R. "Clinton: 'Usammo i neri come cavie umane. Una vergogna americana'". *Corriere della Sera*, Milão, p. 8, 10 abr. 1997.

ELON, Amos. "A Very Special Relationship. Support Any Friend: Kennedy's Middle East and the Making of the us-Israel Alliance". *The New York Review of Books*, Nova York, pp. 15-9, 15 jan. 2004.

ESCHENAZI, Gabriele; NISSIM, Gabriele. *Ebrei invisibili. I sopravvissuti dell'Europa orientale dal comunismo a oggi*. Milão: Mondadori, 1995.

FEJTÖ, François. *Storia delle democrazie popolari dopo Stalin*. Florença: Vallecchi, 1971.

FERRO, Marc. *Ils étaient sept hommes en guerre – 1918-1945. Histoire parallèle*. Paris: Perrin, 2008.

FEST, Joachin C. *Hitler. Eine Biographie*. Frankfurt, Berlim, Viena: Ullstein, 1973. [Ed. bras.: *Hitler*. Rio de Janeiro: Nova Fronteira, 2017]

FEUCHTWANGER, Lion. *Mosca, 1939. Diario di viaggio per i miei amici*. Milão: Mondadori, 1946.

FIGES, Orlando. *La tragedia di un popolo: la Rivoluzione russa – 1891-1924*. Milão: Tea, 2000. [Ed. bras.: *A tragédia de um povo: a Revolução Russa – 1891-1924*. Rio de Janeiro: Record, 1999]

FILENE, Peter G. *Americans and the Soviet Experiment – 1919-1933*. Cambridge: Harvard University Press, 1967.

FISCHER, Fritz. *Assalto al potere mondiale: la Germania nella guerra – 1914-1918*. Org. Collotti, E. Turim: Einaudi, 1965.

FISCHER, Ruth. *Stalin und der deutsche Kommunismus*. (1948). Berlim: Dietz, 1991.

FITZPATRICK, Sheila. *Stalin's Peasants: Resistance and Survival in the Russian Village after Collectivization*. Nova York-Oxford: Oxford University Press, 1994.

FLORES, Marcello. *L'età del sospetto. I processi politici della guerra fredda*. Bolonha: Il Mulino, 1995.

________. *L'immagine dell'URSS. L'Occidente e la Russia di Stalin (1929-1956)*. Milão: Il Saggiatore, 1990.

FONTAINE, André. *La Guerra Fredda*. Casale Monferrato: Piemme, 2005.

FORD, Henry. *Der internationale Jude*. (1920). Leipzig: Hammer, 1933.

FRANCESCHINI, Enrico. "Emergenza in Russia. Un milione alla fame, El'cin corre ai ripari". *La Repubblica*, Roma, p. 14, 17 out. 1991.

FRANKLIN, John H. *Race and History: Selected Essays – 1938-1988*. Baton Rouge-Londres: Louisiana State University Press, 1989. [Ed. bras.: *Raça e história: ensaios selecionados (1938-1988)*. Rio de Janeiro: Rocco, 1999]

FREIBERGER, Steven. Z. *Daum over Suez. The Rise of American Power in the Middle East, 1933-1997*. Chicago: Ivan R. Dee, 1992.

FREUD, Sigmund. *Introduzione allo studio psicologico su Thomas Woodrow Wilson*. (1930) In: *Opere*. Vol. 11. Org. Musatti, C. L. Turim: Bollati Boringhieri, 1995.

FRIEDMAN, Lawrence M. *Crime and Punishment in American History*. Nova York: Basic Books, 1993.

FRIEDRICH, Jörg. *La Germania bombardata*. Milão: Mondadori, 2004. [Ed. bras.: *O incêndio: como os aliados destruíram as cidades alemãs – 1940-1945*. Rio de Janeiro: Record, 2006]

FURET, François. *Il passato di un'illusione: l'idea comunista nel XX secolo*. Org. Valensise, M. Milão: Mondadori, 1995. [Ed. bras.: *O passado de uma ilusão: ensaios sobre a ideia comunista no século* XX. São Paulo: Siciliano, 1995]

_______. RICHET, Denis. *La rivoluzione francese*. Roma-Bari: Laterza, 1980.

FUSSEL, Paul. *Tempo di guerra*. Milão: Mondadori, 1991.

GALLI DELLA LOGGIA, Ernesto. "Cannibalismo rosso". *Corriere della Sera*, Milão, p. 31, 3 jun. 2007.

GANDHI, Mohandas. K. *Collected Works of Mahatma Gandhi*. Nova Deli: Publications Division, Ministry of Information and Broadcasting, Government of India, 1969-2001. (Nova edição em 100 volumes).

GARDNER, Lloyd. C. *Spheres of Influence. The Great Powers Partition Europe, from Munich to Yalta*. Chicago: Dee, 1993.

GERNET, Jacques. *Il mondo cinese. Dalle prime civiltà alla Repubblica popolare*. Turim: Einaudi, 1978.

GINZBURG, Ralph. *100 Years of Lynchings*. Baltimore: Black Classic Press, 1988.

GLEASON, Abbot. *Totalitarianism: the Inner History of the Cold War*. Nova York-Oxford: Oxford University Press, 1995.

GOEBBELS, Joseph. *Diario 1938*. Org. Bistolfi, M. Milão: Mondadori, 1996.

_______. *Tagebücher*. Org. Reuth, R. G. Munique-Zurique: C. H. Beck, 1992.

GOLDMAN, Wendy Z. *Terror and Democracy in the Age of Stalin. The Social Dynamics of Repression*. Cambridge: Cambridge University Press, 2007. [Ed. bras.: *Terror e democracia nos tempos de Stálin: a dinâmica social da repressão*. São Paulo: Lavrapalavra, 2021]

GORBACHEV, Mikhail S. *Avant-Mémoires*. Paris: Odile Jacob, 1993.

GORTER, Hermann. *Offener Brief an den Genossen Lenin*. Berlim: Verlag der Kommunistischen Arbeiter-Partei Deutschlands, 1920.

GRAMSCI, Antonio. *Il nostro Marx – 1918-1919*. Org. Caprioglio, S. Turim: Einaudi, 1984.

_______. *L'Ordine Nuovo – 1919-1920*. Orgs. Gerratana, V.; Santucci, A. A. Turim: Einaudi, 1987.

_______. *Quaderni del carcere*. Edição crítica de Gerratana, V. Turim: Einaudi, 1975. [Ed. bras.: *Cadernos do cárcere*. 6 vols. Rio de Janeiro: Civilização Brasileira, 2022-2023]

GRANT, Madison. *Introduction a L. Stoddard, The Rising Tide of Color against White World-Supremacy*. Westport: Negro University Press, 1971.

GRAZIOSI, Andrea. *L'URSS di Lenin e Stalin. Atoria dell'Unione Sovietica – 1914-1945*. Bolonha: Il Mulino, 2007.

GRÉGOIRE, Henri. *De la noblesse de la peau ou Du préjugé des blancs contre la couleur des Africains et celle de leurs descendants noirs et sang-mêlés*. Grenoble: Jérôme Millon, 1996.

GREGORY, G. H. (org.) *Posters of World War II*. Nova York: Avenel, 1993.

GRUNFELD, A. Tom. *The Making of Modem Tibet*. Nova York-Londres: Sharpe, Armonk, 1996.

HANDLIN, Oscar.; HANDLIN, Lilian. *Liberty and Equality – 1920-1994*. Nova York: Harper Collins, 1994.

HANLEY, Charles. J., MENDOZA, Martha. "Pentagon withheld Letter on Korea Dead". *International Herald Tribune*, Paris, p. 5, 16 abr. 2007.

HÄUTER, François. "La campagne contre l'"agent orange" des Américains". *Le Figaro*, Paris, p. 4, 6 out. 2004.

HAYEK, Friedrich A. von. *Legge, legislazione e libertà*. Orgs. Petroni, A.; Monti Bragadin, S. Milão: Il Saggiatore, 1986. [Ed. bras.: *Direito, legislação e liberdade: sobre regras e ordem*. Barueri: Avis Rara, 2023]

HEGEL, Georg. W. F. *Vorlesungen über die Philosophie der Weltgeschichte*. Org. Lasson, G. Leipzig: Meiner, 1919-1920.

________. *Werke in zwanzig Bänden*. Orgs. Moldenhauer, E.; Michel, K. M. Frankfurt: Suhrkamp, 1969-1979.

HERZEN, Aleksandr. *Breve storia dei Russi: lo sviluppo delle idee rivoluzionarie in Russia*. (1851). Milão: Corbaccio, 1994.

HERZSTEIN, Robert E. *Roosevelt and Hitler. Prelude to War*. Nova York: Paragon House, 1989.

HILLGRUBER, Andreas. *La distruzione dell'Europa*. Bolonha: Il Mulino, 1991.

HITLER, Adolf. *Hitlers Zweites Buch*. Org. Weinberg, G. L. Stuttgart: Deutsche Verlags-Anstalt, 1961.

________. *Mein Kampf*. (1925-1927). Munique: Zentralverlag der Nsdap, 1939.

________. *Monologe im Führerhauptquartier – 1941-1944. Die Aufzeichnungen Heinrich Heims*. Org. Jochmann, W. Hamburgo: Albrecht Knaus, 1980.

________. *Reden und Proklamationen – 1952-1945* (1962-63). Org. Domarus, M. Munique: Süddeutscher Verlag, 1965.

________. *Tischgespräche*. Org. Picker, H. Frankfurt-Berlim: Ullstein, 1989.

HOBSBAWM, Eric. *Nazione e nazionalismo dal 1780: programma, mito, realtà*. Turim: Einaudi, 1991. [Ed. bras.: *Nações e nacionalismo desde 1780: programa, mito e realidade*. Rio de Janeiro: Paz & Terra, 2012]

HOFFMANN, Joachin. *Stalins Vernichtungskrieg – 1941-1945*. Munique: Verlag für Wehrwissenschaften, 1995.

HOFSTADTER, Richard. (org.) *Great Issues in American History*. 3 vols. (Vol. 1 em colaboração com C. L. Ver Steeg e vol. 3 em colaboração com B. K. Hofstadter). Nova York: Vintage Books, 1982.

________. *La tradizione politica americana*. Bolonha: Il Mulino, 1960.

HOOPES, Townsend; BRINKLEY, Douglas. *FDR and the Creation of the UN*. New Haven-Londres: Yale University Press, 1997.

HORNE, Gerald. *Communist Front? The Civil Right Congress – 1940-1956*. Londres-Toronto: Associated University Press, 1988.

HUGHES, Robert. *La riva fatale. L'epopea della fondazione dell'Australia*. Milão: Adelphi, 1990.

HUMBERT-DROZ, Jules. *L'internazionale comunista tra Lenin e Stalin: memorie di un protagonista – 1891-1941*. Milão: Feltrinelli, 1974.

IGNATIEFF, Michael. "In the Center of the Earthquake". *The New York Review of Books*, Nova York, 12 jun. 1997.

IRVING, David. *La guerra di Hitler*. Roma: Settimo Sigillo, 2001.

JAMES, C. L. R. *I Giacobini neri: la prima rivolta contro l'uomo bianco*. Milão: Feltrinelli, 1968. [Ed. bras.: *Os jacobinos negros: Toussaint L'ouverture e a Revolução de São Domingos*. São Paulo: Boitempo, 2000]

JASPIN, Elliot. *Buried in the Bitter Waters: the Hidden History of Racial Cleansing in America*. Nova York: Basic Books, 2007

JEDRZEJEWICZ, Waclaw. *Pilsudski: A Life for Poland*. Nova York: Hippocrene Books, 1982.

JEFFERSON, Thomas. *Writings*. Org. Peterson, M. D. Nova York: The Library of America, 1984

JOHNSON, Chalmers. *Gli ultimi giorni dell'impero americano*. Milão: Garzanti, 2001.

JOHNSON, Paul. *Modern Times: from the Twenties to the Nineties*. Nova York: Harper Collins, 1991. (edição revisada)

KANT, Immanuel. *Gesammelte Schriften*. Berlim-Leipzig: Accademia delle Scienze, 1900.

KAROL, K. S. "Antisemitismo: una malattia non sovietica". *Il manifesto*, Roma, 4 fev. 2005.

KAUTSKY, Karl. *La dittatura del proletariato*. (1918). Org. Pellicani, L. Milão: SugarCo, 1977.

________. "Razza e ebraismo". (1914). In: Massara, M. (org.) *Il marxismo e la questione ebraica*. Milão: Edizioni del Calendario, 1972.

KELLEY Robin D. G. *Hammer and Hoe: Alabama Communists during the Great Repression*. Chapell Hill-Londres: The University of North Carolina Press, 1990.

KELSEN, Hans. *La teoria comunista del diritto*. Milão: SugarCo, 1981. [Ed. bras.: *A teoria comunista do direito*. São Paulo: Contracorrente, 2021]

________. *La teoria politica del bolscevismo e altri saggi di teoria del diritto e dello Stato*. Org. Guastini, R. Milão: Il Saggiatore, 1981.

KENNAN, George F. "Memorandum for the Minister". *The New York Review of Books*, Nova York, 26 abr. 2001.

_______. *Russia Leaves the War*. Princeton: Princeton University Press, 1956.

KERENSKY, Aleksandr F. *Memoiren. Rußland und der Wendepunkt der Geschichte*. (1965). Hamburgo: Rowohlt, 1989.

KERSHAW, Ian. *Gli amici di Hitler*. Milão: Bompiani, 2005.

_______. *Hitler 1936-1943*. Milão: Bompiani, 2001. [Ed. bras.: *Hitler*. São Paulo: Companhia das Letras, 2010]

KHRUSHCHEV, Nikita. "Sul culto della personalità e le sue conseguenze". Rapporto al XX Congresso del PCUS (25 febbraio 1956). In: Tasca, A. (org.) *Autopsia dello stalinismo*. Milão: Comunità, 1958.

KIRILINA, Alla. *L'assassinat de Kirov: destin d'un stalinien – 1888-1934*. Paris: Seuil, 1995.

KISSINGER, Henry. *Diplomacy*. Nova York: Simon & Schuster, 1994. [Ed. bras.: *Diplomacia*. São Paulo: Saraiva, 2012]

KLEMPERER, Victor. *Ich will Zeugnis ablegen bis zum letzten, Tagebücher – 1933-1949*. Org. Nowojski, W. com a colaboração de Klemperer, H. Berlim: Aufbau, 1996.

_______. *LTI. Notizbuch eines Philologen*. Leipzig: Reclam, 2005. [Ed. bras.: *LTI: a linguagem do Terceiro Reich*. Rio de Janeiro: Contraponto, 2009]

KNIGHT, Amy. *Berija: ascesa e caduta del capo della polizia di Stalin*. Milão: Mondadori, 1997. [Ed. bras.: *Beria: o lugar-tenente de Stalin*. Rio de Janeiro: Record, 1997]

KOJÈVE, Alexandre. "Tyrannie et Sagesse". In: Strauss, L. *De la Tyrannie*. Paris: Gallimard, 1954, pp. 217-80.

KOLLONTAI, Alexandra. *Comunismo, famiglia, morale sessuale*. Org. Gramaglia, M. Roma: Savelli, 1976.

KOTEK, Joël; RIGOULOT, Pierre. *Le siècle des camps: détention, concentration, extermination. Cent ans de mal radical*. Paris: Lattès, 2000.

KUPISCH, Karl. (org.) *Quellen zur Geschichte des deutschen Protestantismus – 1871-1945*. (1960). Munique-Hamburgo: Siebenstern Taschenbuch, 1965.

KUROMIYA, Hiroaki. *Stalin's Industrial Revolution: Politics and Workers. 1928-1932*. Cambridge-Nova York: Cambridge University Press, 1988.

LASKI, Harold J. *Liberty in the Modem State*. Londres: Allen & Unwin, 1948.

LEIBOWITZ, Clement; FINKEL Alvin. *Il nemico comune: la collusione antisovietica fra Gran Bretagna e Germania nazista*. Roma: Fazi, 2005.

LENIN, Vladimir I. *Opere complete*. Roma: Editori Riuniti, 1955-1970.

LEVIN, Nora. *The Jews in the Soviet Union since 1917*. Londres-Nova York: Tauris, 1990.

LEWIN, Moshe. *Le siècle soviétique*. Paris: Fayard-Le Monde Diplomatique, 2003. [Ed. bras.: *O século soviético: da revolução de 1917 ao colapso da* URSS. Rio de Janeiro: Record, 2007]

LIDDELL HART, Basil H. *Stratégie*. Paris: Perrin, 2007.

LIEBKNECHT, Karl. *Gesammelte Reden und Schriften*. Berlim: Dietz, 1958-1968.

LINCOLN, W. Bruce. *Passage through Armageddon: the Russians in War and Revolution - 1914-1918*. (1986). Nova York-Oxford: Oxford University Press, 1994.

LOEWEN, James W. *Sundown Towns: a Hidden Dimension of American Racism*. Nova York-Londres-Toronto-Sidney: Simon & Schuster, 2006.

LOSURDO, Domenico. *Antonio Gramsci: dal liberalismo al "comunismo critico"*. Roma: Gamberetti, 1997. [Ed. bras.: *Antonio Gramsci: do liberalismo "ao comunismo crítico"*. Rio de Janeiro: Revan, 2011]

________. *La comunità, la morte, l'Occidente. Heidegger e l'"ideologia della guerra"*. Turim: Bollati Boringhieri, 1991.

________. *Controstoria del liberalismo*. Roma-Bari: Laterza, 2005. [Ed. bras.: *Contra-história do liberalismo*. Aparecida: Ideias e Letras, 2015]

________. *Hegel e la libertà dei moderni*. Roma: Editori Riuniti, 1992. [Ed. bras.: *Hegel e a liberdade dos modernos*. São Paulo: Boitempo, 2019]

________. *Nietzsche, il ribelle aristocratico. Biografia intellettuale e bilancio critico*. Turim: Bollati Boringhieri, 2002. [Ed. bras.: *Nietzsche: o rebelde aristocrata*. Rio de Janeiro: Revan, 2009]

________. *Il linguaggio dell'Impero. Lessico dell'ideologia americana*. Roma-Bari: Laterza, 2007. [Ed. bras.: *A linguagem do império: léxico da ideologia estadunidense*. São Paulo: Boitempo, 2010]

________. *Il revisionismo storico; problemi e miti*. Roma-Bari: Laterza, 1996. [Ed. bras.: *Guerra e revolução: o mundo um século após outubro de 1917*. São Paulo: Boitempo, 2017]

LOTH, Wilfried. *Stalins ungeliebtes Kind: Warum Moskau die DDR nicht wollte*. Berlim: *Rowohlt*, 1994.

LOWER, Wendy. *Nazi Empire-Building and the Holocaust in Ukraine*. Chapel Hill: The University of North Carolina Press (in association with the United States Holocaust Museum), 2005.

LUKÁCS, György. *La distruzione della ragione*. (1954). Turim: Einaudi, 1974.

________. *Taktik und Ethik*. (1919). In: *Schriften zur Ideologie und Politik*. Org. Ludz, P. Neuwied-Berlim: Luchterhand, 1967.

LUTTWAK, Edward. "USA-Giappone-Cina, la strana geometria". *Limes. Rivista italiana di geopolitica*, Turim, 1, pp. 149-52, 1999.

LUXEMBURGO, Rosa. *Die Krise der Sozialdemokratie*. (1916). In: *Politische Schriften*. Vol. 2. Org. Flechtheim, O. K. Frankfurt: Europäische Verlagsanstalt, 1968.

MACDONOGH, Giles. *After the Reich: the Brutal History of the Allied Occupation*. Nova York: Basic Books, 2007.

MAISTRE, Joseph de. *Oeuvres Completes*. Hildesheim-Zurique-Nova York: Olms, 1984.

MALAPARTE, Curzio. *Tecnica del colpo di Stato*. Florença: Vallecchi, 1973. [Ed. bras.: *Técnicas de golpes de Estado*. Barueri: Avis Rara, 2022]

MANN, Thomas. [An David McCoy]. (1945). In: *Essays*. Vol. 2. Org. Kurzke, H. Frankfurt: Fischer, 1986.

________. *Deutsche Hörer* (24 de outubro de 1942 e 14 de janeiro de 1945). In: *Essays*. Vol. 2. Org. Kurzke, H. Frankfurt: Fischer, Frankfurt, 1986.

MANOSCHEK, Walter. (org.) *"Eg gibt nur eines für das Judentum: Vernichtung". Das Judenbild in deutschen Sodatenbriefen – 1939-1944*. Hamburgo: Hamburger Edition, 1995.

MAO TSÉ-TUNG. *On Diplomacy*. Pequim: Foreign Languages Press, 1998.

________. *Opere scelte*. Pequim: Edizioni in lingue estere, 1969-1975.

MARCUCCI, Loris. *Il commissario di ferro di Stalin: biografia politica di Lazar' M. Kaganovič*. Turim: Einaudi, 1997.

MARKUSEN, Eric; KÖPF, David. *The Holocaust and Strategic Bombing: genocide and Total War in the Twentieth Century*. Boulder-San Francisco-Oxford: Westview Press, 1995.

MARTIN, Terry. *The Affirmative Action Empire: nations and Nationalism in the Soviet Union* – 1923-1939. Ithaca-Londres: Cornell University Press, 2001.

MARTINEAU, Harriet. *British Rule in India: a Historical Sketch*. Londres: Smith, 1857.

MARX, Karl, ENGELS, Friedrich. *Werke*. Berlim: Dietz, 1955-1989.

MAYER, Arno J. *The Furies: Violence and Terror in the French and Russian Revolution*. Princeton: University Press, 2000.

________. *Soluzione finale: lo sterminio degli Ebrei nella storia europea*. Milão: Mondadori, 1990.

MCALLISTER LINN, Brian. *The US Army and Counterinsurgency in the Philippine War – 1899-1902*. Chapel Hill-Londres: The University of North Carolina Press, 1989.

MEDVEDEV, Roy A. *Lo stalinismo: origini storia conseguenze*. Milão: Mondadori, 1977.

MEDVEDEV, Žores A.; MEDVEDEV, Roy A. *Stalin sconosciuto: alla luce degli archivi segreti sovietici*. Org. Panaccione, A. Milão: Feltrinelli, 2006.

MISES, Ludwig von. *Liberalismus*. Jena: Fischer, 1927. [Ed. bras.: *Liberalismo*. São Paulo: LVM, 2010]

MLEČIN, Leonid. *Perché Stalin creò Israele*. Prefácio e organização de Canfora, L. Roma: Sandro Teti, 2008.

MONTEFIORE, Simon S. *Stalin. Am Hof des roten Zaren*. Hamburgo: Fischer, 2007. [Ed. bras.: *Stálin: a corte do czar vermelho*. São Paulo: Companhia das Letras, 2006]

MOSSE, George L. *Le guerre mondiali dalla tragedia al mito dei caduti*. Roma-Bari: Laterza, 1990.

NAIMARK, Norman M. *La politica dell'odio: la pulizia etnica nell'Europa contemporanea*. Roma-Bari: Laterza, 2002.

NAVARRO, Mireya. "U.S. Aid and 'Genocide'. Guatemala Inquiry Details CIA's Help to Military". *International Herald Tribune*, Paris, 27-28 fev. 1999.

NEVINS, Allan; COMMAGER, Henry S. *Storia degli Stati Uniti*. Turim: Einaudi, 1960.

NIRENSTEIN, Fiamma. "Israele, la congiura rossa". *La Stampa*, Turim, 14 jul. 1997.

NOLTE, Ernst. *Der europäische Bürgerkrieg – 1917-1945: Nationalsozialismus und Bolschewismus*. Frankfurt-Berlim: Ullstein, 1987.

PANNEKOEK, Anton. "Lo sviluppo della rivoluzione mondiale e la strategia del comunismo". (1920). In: *Organizzazione rivoluzionaria e Consigli operai*. Org. Rademakers, P. Milão: Feltrinelli, 1970.

PAPPE, Ilan. *La pulizia etnica della Palestina*. Roma: Fazi, 2008. [Ed. bras.: *A limpeza étnica da Palestina*. São Paulo: Sundermann, 2016]

PARETO, Vilfredo. *Trasformazione della democrazia*. (1920). In: Busino, G. *Scritti sociologici*. Turim: UTET, 1966.

PAUWELS, Jacques R. *Il mito della guerra buona: gli USA e la Seconda guerra mondiale*. Roma: Datanews, 2003.

PAYNE, Matthew J. *Stalin's Railroad: Turksib and the Building of Socialism*. Pittsburgh: University Press, 2001.

POLIAKOV, Léon. *Le Mythe aryen: essai sur les sources du racisme et des nationalisms*. Bruxelas: Complexe, 1987. [Ed. bras.: *O mito ariano*. São Paulo: Perspectiva, 1974]

________. *Storia dell'antisemitismo*. Florença: La Nuova Italia, 1974-1990.

PONTING, Clive. "Churchill's Plan for Race Purity". *The Guardian*, Londres, 20-21 jun. 1992.

RAPOPORT, Louis. *La guerra di Stalin contro gli ebrei*. Milão: Rizzoli, 1991.

REUTH, Ralf G. *Goebbels*. Munique: Piper, 1991.

ROBERTS, Geoffrey. *Stalin's Wars: from World War to Cold War – 1939-1953*. New Haven-Londres: Yale University Press, 2006.

ROBESPIERRE, Maximilien de. *Oeuvres*. Paris: PUF, 1912-1967.

ROCCUCCI, Adriano. “Gerusalemme, la seconda Mosca”. *Limes. Rivista italiana di geopolitica*, Turim, l, pp. 27-42, 2001.

ROGOWIN, Wadim S. *1937: Jahr des Terrors*. Essen: Arbeiterpresse Verlag, 1998.

________. *Die Partei der Hingerichteten*. Essen: Arbeiterpresse Verlag, 1999.

ROMEIN, Jan. *Il secolo dell'Asia: imperialismo occidentale e rivoluzione asiatica nel secolo* XX. Turim: Einaudi, 1969.

ROSSELLI, Carlo. *Scritti politici*. Org. Ciuffoletti, Z.; Bagnoli, P. Nápoles: Guida, 1988.

ROTHBARD, Murray N. “Hoover's 1919 Food Diplomacy in Retrospect”. In: Gelfand, L. E. (org.) *Herbert Hoover: the Great War and its Aftermath – 1917-23*. Iowa City: University Press, 1974.

ROUX, Alain. *La Chine au XXe siècle* (1998). Paris: Colin, 2007.

RÜGE, Wolfgang; SCHUMANN, Wolfgang. (orgs.) *Dokumente zur deutschen Geschichte – 1933-1935*. Frankfurt: Rödelberg, 1977.

SABRIN, B. F. (org.) *Alliance for Murder: the Nazi-Ukrainian Nationalist Partnership in Genocide*. Nova York: Sarpedon, 1991.

SACHAR, Howard M. *A History of the Jews in America*. Nova York: Vintage Books, 1993.

SACK, John. *An Eye for An Eye: the Untold Story of Jewish Revenge Against Germans in 1945*. Nova York: Basic Books, 1993.

SAFIRE, William. “A Secret Victory”. *International Herald Tribune*, Paris, 3 fev. 2004.

SANG-HUN, Choe. “South Korea Excavates Its Killing Fields”. *International Herald Tribune*, Paris, 22 nov. 2007.

SCHLESINGER, Arthur M. Jr. *L'età di Roosevelt*. Bolonha: Il Mulino, 1959-1965.

________. *A Thousand Days: John F. Kennedy in the White House*. Nova York: Fawcett Crest, 1967.

SCHMID, Aalex P. *Churchills privater Krieg: intervention und Konterrevolution im russischen Bürgerkrieg. November 1918-März 1920*. Zurique: Atlantis, 1974.

SCHMIDT, Paul. *Statist auf diplomatischer Bühne – 1924-49*. Bonn: Athenäum, 1950.

SCHNEIDER, James J. *The Structure of Strategie Revolution: Total War and the Roots of the Soviet Warfare State*. Novato: Presidio, 1994.

SCOTTI, Giacomo. *Goli Otok: ritorno all'isola calda*. Trieste: Lint, 1991.

SHERRY, Michael S. *In the Shadow of War: the United States Since the 1940s*. New Haven-Londres: Yale University Press, 1995.

SHIRER, William L. *Storia del Terzo Reich*. Turim: Einaudi, 1974.

SHORT, Philipp. *Pol Pot: anatomia di uno sterminio*. Milão: Rizzoli, 2005.

SINGERMAN, Robert. "The Jew as Racial Alien: The Genetic Component of American Anti-Semitism". In: Gerber, D. A. (org.) *Anti-semitism in American History*. Urbana-Chicago: University of Illinois Press, 1987.

SISCI, Francesco. *La differenza tra la Cina e il mondo: la rivoluzione degli anni ottanta*. Milão: Feltrinelli, 1994.

SMITH, Tony. *America's Mission: the United States and the Worldwide Struggle for Democracy in the Twentieth Century*. Princeton: Princeton University Press, 1995.

SOUVARINE, Boris. *Stalin*. (1935). Milão: Adelphi, 2003.

SPENCE, Jonathan. *God's Chinese Son: the Taiping Heavenly Kingdom of Hong Xiuquan*. Londres: HarperCollins, 1998. [Ed. bras.: *O filho chinês de Deus*. São Paulo: Companhia das Letras, 1998]

SPENGLER, Oswald. *Jahre der Entscheidung*. Munique: C. H. Beck, 1933.

STALIN, Josef V. D. *Il marxismo e la linguistica*. Milão: Feltrinelli, 1968.

________. *Opere complete*. Roma: Rinascita, 1952-1956.

________. *Problemi della pace*. (Prefácio de Secchia, P.). Roma: Edizioni di Cultura Sociale, 1953.

________. *Problemi economici del socialismo nell'*URSS. Milão: Cooperativa Editrice Distributrice Proletaria, 1973.

________. *Questioni del leninismo*. Org. Togliatti, P. Roma: Edizioni Rinascita, 1952.

________. *Storia del Partito comunista (bolscevico) dell'*URSS. *Breve corso*. Moscou: Edizioni in lingue estere, 1948.

________. *Werke*. Hamburgo: Roter Morgen, 1971-1973.

STODDARD, Lothrop. *The Revolt against Civilization: the Menace of the Under Man*. (1922). Nova York: Scribner, 1984.

________. *The Rising Tide of Color against White World-Supremacy*. (1921). Westport: Negro University Press, 1971.

STRADA, Vittorio. "Stalin: si sbranino pure, poi arriveremo noi". *Corriere della Sera*, Milão, 10 ago. 1996.

STRONG, Anna Louise. *L'era di Stalin*. (1956). Nápoles: La Città del Sole, 2004.

SUN YAT-SEN. *I tre principi del popolo*. Turim: Einaudi, 1976.

TAYLOR, Alan J. P. *Le origini della seconda guerra mondiale*. Roma-Bari: Laterza, 1996.

TAYLOR, Telford. *Anatomia dei processi di Norimberga*. Milão: Rizzoli, 1993.

THOMAS, Evan. *The Very Best Men. Four Who Dared. The Early Years of the CIA*. Nova York: Simon & Schuster, 1995.

THOMAS, Hugh. *Armed Truce: the Beginnings of the Cold War – 1945-46*. Londres: Sceptre, 1988.

THURSTON, Robert W. *Life and Terror in Stalin 's Russia – 1934-1941*. New Haven-Londres: Yale University Press, 1996.

TORRI, Michelguglielmo. *Storia dell'India*. Roma-Bari: Laterza, 2000.

TOTTLE, Douglas. *Fraud, Famine and Fascism: the Ukrainian Genocide Myth from Hitler to Harvard*. Toronto: Progress Books, 1987.

TOYNBEE, Arnold. *Il mondo e l'Occidente*. (Com uma nota de Luciano Canfora). Palermo: Sellerio, 1992.

TRAVERSO, Enzo. *La violenza nazista: una genealogia*. Bolonha: Il Mulino, 2002.

TROTSKY, Liev D. *Europa im Krieg*. Essen: Arbeiterpresse Verlag, 1998.

________. *La loro morale e la nostra* (1938-1939). Bari: De Donato, 1967.

________. *La mia vita*. Milão: Mondadori, 1976. [Ed. bras.: *Minha vida*. São Paulo: Sundermann, 2017]

________. *Millenovecentocinque*. (1908). Roma: Samonà e Savelli, 1969.

________. *La rivoluzione tradita*. (1936-1937). Roma: Samonà e Savelli, 1968. [Ed. bras.: *A revolução traída*. São Paulo: Sundermann, 2020]

________. *La Terza Internazionale dopo Lenin*. (1928). Roma: Samonà e Savelli, 1969.

________. *Schriften. Linke Opposition und vierte Internationale*. Org. Dahmer, H. et al. Hamburgo: Rasch und Röhring, 1997-2001.

________. *Schriften. Sowjetgesellschaft und stalinistische Diktatur*. Org. Dahmer, H. et al. Hamburgo: Rasch und Röhring, 1988.

________. *Stalin*. (1946). Milão: Garzanti, 1962. [Ed. bras.: *Stalin*. São Paulo: LF Editorial, 2023]

TUCKER, Robert C. *Stalin as Revolutionary: a Study in History and Personality – 1899-1929*. Nova York-Londres: Norton, 1974.

________. *Stalin in Power: the Revolution from Above – 1928-1941*. Nova York-Londres: Norton, 1990.

WALZER, Michael. *Guerre giuste e ingiuste*. Nápoles: Liguori, 1990. [Ed. bras.: *Guerras justas e injustas*. São Paulo: Martins Fontes, 2003]

WARNER, Denis. "Brutality on All Sides Wracked Korea in the Years after WWII". *International Herald Tribune*, Paris, 5 maio 2000.

WASHBURN, Wilcomb E. *Gli indiani d'America*. Roma: Editori Riuniti, 1992.

WASHINGTON, Harriet A. *Medical Apartheid: the Dark History of Medical Experimentation on Black Americans from Colonial Times to the Present*. Nova York: Harlem Moon, Broadway Books, 2007.

WEAVER, Richard M. *The Southern Essays*. Orgs. Curtis III, G. M.; Thompson Jr. J. J. Indianapolis: Liberty Press, 1987.

WEBB, Beatrice. *The Diary*. Org. MacKenzie, N. e J. Cambridge: The Belknap Press of Harvard University Press, 1982-1985.

WERTH, Nicolas. *Histoire de l'Union Soviétique*. Paris: PUF, 2001.

________. *L'isola dei cannibali*. Milão: Corbaccio, 2007.

________. *La terreur et le désarroi. Stalin et son système*. Paris: Perrin, 2007.

WHITE, Stephen. *Britain and the Bolshevik Revolution: a Study in the Politics of Diplomacy, 1920-1924*. Nova York: Holmes & Meier, 1980.

WIKLER, Daniel. "The Dalai Lama and the CIA". *The New York Review of Books*, Nova York, 23 set. 1999.

WOLKOGONOV, Dmitri. *Stalin. Triumph und Tragödie: ein Politisches Porträt*. Düsseldorf: Claassen, 1989. [Ed. bras.: *Stalin: triunfo e tragédia*. Rio de Janeiro: Nova Fronteira, 2004]

WOLKOW, Wladimir K. *Stalin wollte ein anderes Europa: Moskaus Außenpolitik – 1940-1968*. Berlim: Edition Ost, 2003.

WOODWARD, C. Vann. *Le origini del nuovo Sud*. Bolonha: Il Mulino, 1963.

________. *The Strange Career of Jim Crow*. New York: Oxford University Press, 1966.

ZHANG, Shu Guang. *Economic Cold War: America's Embargo against China and the Sino-Soviet Alliance*. Stanford: University Press, 2001.

ZINN, Howard. *Une histoire populaire des États-Unis d'Amérique: de 1492 à nos jours*. Marselha: Agone, 2002.

ZINOVIEV, Aleksandr. *La caduta dell'"Impero del Male": saggio sulle tragedie della Russia*. Turim: Bollati Boringhieri, 1994.

________. *Katastroika: Gorbatschows Potemkinsche Dörfer*. Berlim-Frankfurt: Ullstein, 1988.

ZUBKOVA, Elena. *Quando c'era Stalin: i russi dalla guerra al disgelo*. Bolonha: Il Mulino, 2003.

LINHA DO TEMPO DA VIDA E DO MUNDO DE STALIN[1]

LÚCIO GELLER JUNIOR

1 Seria muito difícil escrever uma linha do tempo sobre a vida de Stalin sem passar por alguns dos acontecimentos mais decisivos do século passado, na medida em que estes muitas vezes limitaram suas escolhas e, ao mesmo tempo, teriam sido bem diferentes sem ele. Por isso, a presente cronologia intercala experiências pessoais com a conjuntura histórica que tanto moldou Stalin, quanto foi moldada por ele.

1848 Karl Marx (1818-1883) e Friedrich Engels (1820-1895) publicam o *Manifesto do Partido Comunista.*

1864 Em Londres, é fundada a Associação Internacional dos Trabalhadores, a "Primeira Internacional", que dura até 1876.

c. 1874[2] Casamento dos pais do futuro Stalin, Bessarion "Bessó" Djugachvíli (1850-1909) e Ekaterina "Keké" Gueladze (1856-1937), em Góri, na Geórgia (parte do Império Russo).

1878[3] Em dezembro, nasce Ióssif (cujo diminutivo em georgiano era Sossó) Djugachvíli, terceiro filho de Bessó e Keké (os filhos anteriores não viveram mais do que alguns meses), em Góri.

Déc. 1880 Circulação de ideias marxistas na Geórgia, facilitadas pela expansão da imprensa (cem cópias mimeografadas do Manifesto do Partido Comunista, traduzido para o georgiano, foram contrabandeadas para Tiblissi).
Georgy Plekhánov (1857-1918) inaugura o marxismo russo a partir das obras Socialismo e luta política (1883) e Nossas diferenças (1885).

1888 Sossó entra no programa preparatório obrigatório da escola paroquial para meninos georgianos.

2 As datas oficiais de casamento e nascimento da mãe variam conforme as fontes soviéticas e as diferentes biografias de Stalin.

3 Mais tarde, Stalin mudou o ano de nascimento para 1879. Seus principais biógrafos ainda não sabem ao certo o motivo que o levou a fazer isso. Fato é que, no final de 1920, ele ainda dava como data de nascimento 6 de dezembro de 1878, mas, em 1922, a data "oficial" passou a ser 21 de dezembro de 1879.

1889 Na mesma época em que Sossó começa o currículo escolar em Góri, vários partidos socialistas e trabalhistas fundam em Paris a "Segunda Internacional"

1894 Depois de concluir todos os cursos, Sossó ingressa em um seminário teológico ortodoxo em Tiblissi, onde estuda para se tornar sacerdote. O czar Alexandre III morre no começo de novembro e Nicolau II, o último monarca que o futuro Stalin veria, ascende ao trono da Rússia. Semanas depois, o novo czar se casa com a princesa de Hesse-Darmstadt, Alix Beatrice, de origem alemã e neta da rainha Vitória da Inglaterra.

1895 O jovem Djugachvíli publica poemas ao estilo do romantismo georgiano.

1896 Na mesma época da publicação do terceiro volume de O Capital, de Marx, Djugachvíli entra para um círculo estudantil clandestino com foco em obras não religiosas, como Os trabalhadores do mar e Noventa e três, de Victor Hugo.

1898 No cinquentenário do Manifesto do Partido Comunista, é fundado nos arredores de Minsk o Partido Operário Social-Democrata Russo (POSDR). Posteriormente, Djugachvíli dataria neste ano a sua filiação partidária.[4]

1899 Em meio aos expurgos de alunos georgianos, Djugachvíli é expulso do seminário. Consegue um emprego no Observatório Meteorológico de Tiblissi e começa a dar aulas para grupos de trabalhadores.

1900 Após completar 21 anos de idade, Djugachvíli é preso sob a acusação de que seu pai devia impostos. É liberado depois de pagá-los, mas segue vigiado pelas autoridades como suspeito de agitação social-democrata.

4 À época, os partidos políticos e os sindicatos eram ilegais na Rússia czarista.

1901 Djugachvíli se aproxima das ideias de Marx a partir do jornal russo Iskra (Centelha), fundado por emigrados marxistas, e de seu equivalente em língua georgiana, Brdzola (A Luta).
O Comitê de Tiblissi do POSDR decide enviar Djugachvíli para o porto de Batumi, no Mar Negro, para promover a agitação entre os trabalhadores.

1902 Já sob o pseudônimo de Koba,[5] é contratado pela companhia petrolífera francesa Rothschild em Batumi e, pela segunda vez, é preso, acusado de incitação à desordem.

1903 Koba é condenado ao exílio na Sibéria Oriental.
Em Londres, ocorre o II Congresso do POSDR. Nele, surgem duas facções internas: os bolcheviques (majoritários), liderados por Vladimir Lenin; e os mencheviques (minoritários), liderados por Julius Martóv.

1904 Depois de escapar do exílio interno, Koba volta ilegalmente para Tiblissi.
Koba publica seus dois primeiros textos marxistas, Credo e Como a social-democracia compreende a questão nacional.
O Japão rompe relações diplomáticas com a Rússia e ataca a Manchúria.

1905 Os japoneses prevalecem sobre a marinha russa no estreito de Tsushima e vencem a batalha de Mukden.
Greves irrompem nas fábricas russas e, liderados pelo padre ortodoxo George Gapon, milhares de súditos marcham até o Palácio de Inverno. Reprimida pelas tropas imperiais, a manifestação, com centenas de mortos e feridos, termina conhecida como Domingo Sangrento.[6]

5 Nome de um personagem do romance georgiano O parricida, escrito em 1882 por Aleksandr Qazbégui.

6 O Domingo Sangrento foi apenas um entre vários episódios de revolta popular seguidos de repressão das autoridades. Da Polônia russa ao Cáucaso, ondas de protestos varreram o império dos czares em defesa de melhores condições de vida e, em muitos casos, da convocação de uma Assembleia Constituinte. Uma força terrestre tão grande quanto a que lutou contra os japoneses foi necessária para suprimir os conflitos internos (cerca de trezentos mil soldados), ao menos até o fim de 1907.

	Nos Estados Unidos, Rússia e Japão assinam a Paz de Portsmouth. O POSDR envia Djugachvíli para Tchiatura (oeste da Geórgia), onde ele organiza as chamadas Centúrias Vermelhas, brigadas de combate formadas pelos trabalhadores das minas de manganês. Djugachvíli encontra Lenin no III Congresso do POSDR, em Tammerfors, Finlândia, mantendo-se na fração bolchevique.
1906	Djugachvíli conhece o bolchevique Grigóri Radomílski (mais conhecido como Zinoviev) no IV Congresso do POSDR, em Estocolmo. É aberta a Duma do Estado no Palácio de Inverno, uma câmara baixa de representantes do povo eleitos por sufrágio restrito,[7] que tornou a Rússia uma autocracia constitucional. Em cerimônia secreta, Djugachvíli se casa com Ketevan "Kató" Svanidze.
1907	Kató dà à luz o primeiro filho de Djugachvíli, batizado de Iákov; no final do mesmo ano, Kató morre em decorrência de tifo ou tuberculose. Djugachvíli funda o jornal Baku Proletária e publica uma série de textos sob a rubrica Anarquismo ou socialismo?.[8] No V Congresso do POSDR, em Londres, Djugachvíli conhece Liev Bronstein (mais conhecido como Trotsky). A Rússia compõe a Tríplice Entente com a França e a Grã-Bretanha.
1908 – 1911	Koba é preso três vezes e exilado em diferentes locais, sempre tornando a escapar; seu pai morre em 1909.
1912	Os bolcheviques convocam uma conferência extraordinária em Praga, onde assumem o POSDR. Na primeira plenária do novo comando, Lenin eleva Djugachvíli (exilado) ao posto de membro do Comitê Central.

---

7 O direito foi concedido a cidadãos do sexo masculino maiores de 25 anos de idade, excluídos soldados e oficiais, e referendado por quatro colégios eleitorais, em que os camponeses, por exemplo, tinham voto comunal, e não individual.

8 Antes disso, pouco mais de vinte outros pequenos textos não assinados, ou assinados coletivamente, foram posteriormente atribuídos a Stalin em sua coletânea de *Obras Completas* (16 volumes na série russa).

A partir da repercussão da repressão sobre a greve dos garimpeiros do rio Lena (Sibéria), manifestações trabalhistas irrompem no império.[9]
Koba escapa do exílio e é novamente preso e deportado. Em mais uma fuga, visita Lenin na Cracóvia, Polônia.

1913 Já sob a alcunha de Stalin ("Homem de Ferro"), publica o célebre artigo O marxismo e a questão nacional na revista Iluminismo.[10]
Stalin é traído por um membro do Comitê Central, Roman Malinóvski, e é deportado para a Sibéria, onde também acabaria Lev Rozenfeld (mais conhecido como Kamenev, então diretor do jornal bolchevique Pravda).

1914 Após o início do conflito entre Áustria-Hungria e Sérvia, a Alemanha, em desagravo da primeira, declara guerra à Rússia e à França, que são acudidas pela Grã-Bretanha – eclode a Primeira Guerra Mundial.[11]
A Rússia envia mais de 15 milhões de soldados para a guerra, mas Stalin permanece longe do front.

1917 Entre janeiro e fevereiro eclode uma série de rebeliões no Império Russo, muito em função da queda de suprimentos alimentícios, dos baixos salários nas fábricas e das condições das tropas no front e na retaguarda.
Pressionado pelas rebeliões, Nicolau II abdica em março, abrindo espaço para a formação de um Governo Provisório liberal.

---

9 As autoridades compararam os efeitos do episódio com os do Domingo Sangrento, sete anos antes. Entre 1910 e 1914, eclodiram cerca de dezessete mil distúrbios só na parte europeia das terras camponesas do império.

10 Entre Anarquismo ou socialismo? e O marxismo e a questão nacional, mais de quarenta textos foram reunidos em suas Obras Completas, que abordam sobretudo questões conjunturais, como em Cartas do Cáucaso (1909). Esses textos foram publicados em jornais como *Zviedzdá* (A Estrela), de São Petersburgo.

11 Este é o início de uma fase na Rússia que se estende até a década de 1920 e que Domenico Losurdo chama de "Segundo Período das Desordens". O "Primeiro Período das Desordens" antecede a chegada da dinastia Romanov no século XVII, da qual Nicolau II seria o último monarca.

Surgem sovietes[12] em Petrogrado, em Moscou, em outras cidades e regiões rurais e até no Exército.

Após um soviet assumir o controle do seu local de exílio em março, Stalin parte para Petrogrado com Kamenev. Lá também estaria Lenin, depois de voltar do exílio em abril.

Inicialmente, Stalin defende a posição de Kamenev de apoiar o Governo Provisório, mas logo passa para o lado de Lenin, que prega em suas Teses de abril a tomada do poder pelo proletariado rumo ao socialismo.

Na eleição para o comando do Comitê Central, Stalin é o terceiro mais votado – atrás apenas de Lenin e Zinoviev, respectivamente – e assume a editoria do Pravda.

Em julho, o Governo Provisório prende e dispersa muitos bolcheviques após uma insurreição armada em Petrogrado – Trotsky e Kamenev são presos e Lenin foge para a Finlândia.

Nos bastidores, Stalin estabelece uma relação entre o Comitê Central e o soviet de Petrogrado.

Após uma ofensiva fracassada na guerra e o putsch malsucedido do general Lavr Kornilov, os bolcheviques obtêm a maioria nos sovietes de Petrogrado e de Moscou e, com o retorno de Lenin em outubro, tomam o poder – começa a Revolução de Outubro.

No final do ano, o Comitê Central institui o Exército Vermelho.

1918 Na qualidade de comissário das Nacionalidades, Stalin apresenta um relatório e o congresso dos sovietes cria a República Socialista Federativa Soviética da Rússia (RSFSR).

O POSDR adota o nome de Partido Comunista (PC) e leva o Tratado de Brest-Litovsk ao congresso dos sovietes, que retira a Rússia da guerra e cede 3,3 milhões de quilômetros de seu território aos adversários.

A saída da guerra mundial é seguida de uma guerra civil[13] na Rússia. Stalin é enviado para Czarítsin, no vale do rio Volga, a fim

---

12 Os *sovietes* designam conselhos deliberativos surgidos ainda no contexto de 1905. Reeleitos a cada semana, eles representam trabalhadores, soldados e camponeses.

13 A guerra civil foi um período de fracionamento e simultaneidade de eventos de uma extremidade da Eurásia à outra, incluindo as revoluções contidas na Alemanha, Hungria e Itália, os combates entre vermelhos e brancos, a revolta dos marinheiros de Kronstadt, a Guerra Polaco-Soviética etc.

de despachar cargas de grãos. Lá, ele chefia o aparato militar, com o apoio de Kliment Vorochilov, e enfrenta exércitos de cossacos e outros opositores.
Em seus relatórios, Stalin começa a expressar divergências sobre a forma como Trotsky, então comissário da Guerra, conduz o Exército Vermelho.

1919 Stalin se casa com Nadejda "Nádia" Alliliúieva, filha de Sergej Alliúiev, que ofereceu abrigo a Stalin nos anos pré-revolucionários.
Stalin é enviado para Viátka, oeste dos Urais, para investigar porque os bolcheviques haviam perdido a região.
Com cartas-convite enviadas de telégrafo para o mundo, os bolcheviques sediam em Moscou uma reunião do que veio a ser a Terceira Internacional (Comunista) ou Komintern.
O VIII Congresso do PC cria um birô político (Politburo) com cinco membros com direito a voto – Lenin, Stalin, Trotsky, Kamenev e Nikolai Krestíski –, um secretariado e um birô de organização (Orgburo).
Stalin, como comissário de Nacionalidades, cria a República Socialista Soviética Autônoma da Basquíria, sul dos Urais – modelo que servirá para outras repúblicas e províncias autônomas no interior da RSFSR.
As negociações para o fim da Primeira Guerra Mundial são concluídas em Versalhes; a Rússia soviética é excluída da conferência de paz.

1920 Durante a Guerra Polaco-Soviética, que coloca o país de Józef Pilsudski contra os bolcheviques em 1919, Stalin é designado comissário da frente sudoeste, responsável pelo contra-ataque à Polônia.

1921 Restando alguns poucos focos de guerrilha, os bolcheviques derrotam as principais forças contrarrevolucionárias. Fim da guerra civil.
No X Congresso do PC, Lenin lança sua Nova Política Econômica (NEP, na sigla russa), que consiste em estimular a produção agrícola e de bens de consumo com concessões à iniciativa privada.
No mesmo congresso, Stalin defende a tese da RSFSR integrar uma "federação de repúblicas soviéticas" em comunhão com outras repúblicas, como a República Socialista Soviética da Ucrânia (RSSU).

Nasce o primeiro filho de Nádia e Stalin, Vássia.

Após a fundação da República Soviética da Geórgia, Stalin intervém nos movimentos nacionalistas de Tiblissi e conduz um governo alinhado a Lenin ao poder.

Lenin designa Stalin para supervisionar os assuntos do partido.

1922 Stalin é eleito secretário-geral do partido no XI Congresso do PC.

Lenin sofre um derrame dias após a cirurgia que retirou uma bala alojada em seu pescoço, fruto de uma tentativa de assassinato quatro anos antes.

O novo secretário-geral cria uma comissão para promover funcionários locais de destaque para Moscou.

Conforme o modelo federativo proposto por Stalin em 1921, é instituída a União das Repúblicas Socialistas Soviéticas (URSS).

1923 No XII Congresso do PC, Stalin é reconfirmado como secretário-geral e defende a NEP diante das críticas de Trotsky, que prega a transição para uma economia planejada pelo Estado.

Stalin investiga grupos de minorias nacionais dentro do partido.

As nomeações e transferências de altos funcionários começam a ser autorizadas por Stalin a partir de uma nomenklatura (lista de nomes).

1924 Lenin morre. Stalin publica o texto Fundamentos do leninismo, baseado em falas proferidas na Universidade de Sverdlov, em Moscou.[14]

Publicado em fascículos no Pravda, Fundamentos do leninismo é posteriormente editado em um único volume, Sobre Lenin e o leninismo.

---

14 Do prelúdio da Revolução até o pós-guerra civil, Stalin redigiu relatórios, informes, cartas e textos, principalmente sobre questões de seu comissariado das Nacionalidades, que se aproximam de cem em suas *Obras Completas*. Suas análises sobre a ideia de nação dentro da teoria marxista, que nesse mesmo ínterim passam de dez, geralmente são editadas junto da canônica *O marxismo e a questão nacional* (1913).

Stalin publica um texto no Pravda sobre suas divergências com Trotsky, chamado Trotskismo ou leninismo?.[15]

1925 Stalin publica uma coletânea chamada No caminho para Outubro, com destaque para Socialismo em um único país, que contém a ideia exposta no XIV Congresso do PC de um "esforço econômico próprio".[16]
A bordo do Orange Blossom na Suíça, enviados de Alemanha, França e Grã-Bretanha negociam os termos do Tratado de Locarno, no qual comprometem-se a não se atacar e a respeitar as fronteiras ocidentais alemãs – o mesmo não foi estendido às fronteiras orientais.

1926 Focado em codificar o conceito de "marxismo-leninismo", Stalin escreve Questões do leninismo.
Nádia dá à luz uma filha, chamada Svetlana.
Sergej Kirov é designado por Stalin para assumir o partido da antiga Petrogrado, que passou a se chamar Leningrado após a morte de Lenin.
Zinoviev e Kamenev mudam de posição e se unem a Trotsky na oposição à NEP, mantida por Stalin e apoiada por Nikolai Bukharin.
Stalin acompanha a situação na Polônia, onde Pilsudski forçou a renúncia do governo constitucional e levou o país ao autoritarismo.

1927 Stalin determina a criação de uma lei sobre crimes contrarrevolucionários sujeitos à pena de morte, com foco em qualquer tentativa de "enfraquecer" o sistema soviético, "atos terroristas" e omissão às autoridades.
Trotsky, Zinoviev e Kamenev são expulsos do partido em seu XV Congresso – o primeiro é exilado em 1929 e os outros são reintegrados em funções inferiores.
Stalin acompanha pessoalmente a produção do filme Oktiabr (Outubro), uma homenagem do diretor Sergej Eisenstein aos dez anos da revolução.

15 Ainda em 1924, Stalin publica em diversos jornais ao menos treze textos sobre a conjuntura histórica, depois reunidos em suas *Obras Completas*.

16 No ano de 1925, cerca de oito textos, muitos deles oriundos de discursos, foram distribuídos entre *Obras Completas* e edições apensadas do original de *O marxismo e a questão nacional*.

Em razão da aproximação de tropas japoneses, Stalin procura o movimento revolucionário chinês. Em maio, profere um discurso para que os comunistas chineses se sujeitem às forças do Partido Nacionalista (Guomindang), mas logo em seguida apoia a insurreição para formar a "comuna de Cantão" – reprimida pelos nacionalistas.

1928 Stalin passa a defender um aumento da produção de alimentos dirigida pelo Estado, rompendo com Bukharin, que apoiava a NEP.

Stalin viaja aos Urais e à Sibéria e confisca os estoques de grãos, respondendo à crise de desabastecimento causada pelo aprovisionamento da produção agrícola diante dos baixos preços pagos pelo Estado.

Aprovado apenas no ano seguinte pelo congresso do partido, Stalin coloca em prática um plano de industrialização acelerada – o Primeiro Plano Quinquenal.[17]

Stalin profere um discurso que mais tarde é editado como As tendências de direita dentro do partido.[18]

1929 Para custear o plano de industrialização, Stalin adota um programa de coletivização forçada da agricultura, baseado na criação de grandes fazendas coletivas para trabalhadores rurais destituídos de terras próprias.

Stalin resolve usar o trabalho forçado dos Gulag[19] para acelerar a industrialização e explorar os recursos naturais do extremo norte do país.

1932 Stalin declara cumprido o Primeiro Plano Quinquenal e institui um sistema de passaporte interno.

Nádia comete suicídio, mas a causa da morte não é revelada.

Começo de um período de carestia em vários territórios soviéticos, especialmente na Ucrânia, que anos depois será chamado de Holodomor ("matar pela fome", em ucraniano) pela historiografia liberal.

---

17 Deste até o plano de reconstrução do pós-guerra, de 1946, Stalin implementou ainda um Segundo Plano Quinquenal (1933-1937) e um Terceiro Plano Quinquenal (1938-1942). Este último foi interrompido completamente desde a eclosão da Segunda Guerra Mundial.

18 No ano anterior, ao menos três outros discursos da mesma natureza foram proferidos.

19 Acrônimo para *Glavnoe Upravlenie Lagerei*, ou Administração Central dos Campos.

1933 Stalin inaugura o canal de Belomor, no mar Báltico, construído por uma força de cerca de 170 mil trabalhadores-prisioneiros, que é louvada no livro de Maxim Gorki, O canal que tem o nome de Stalin.
Insatisfeito com a oposição de lideranças locais ao ritmo das mudanças econômicas, Stalin patrocina a expulsão de mais de 850 mil membros do partido.
Stalin recebe uma carta de um dirigente comunista da Sibéria ocidental, que relata o fracasso do plano de reassentamento da ilha de Nanzino, baseado na deportação em massa de exilados privados de apetrechos, medicamentos e alimentos para cultivá-la.

1934 Stalin é entrevistado pelo escritor britânico H. G. Wells, que também já havia se encontrado com o presidente estadunidense Franklin Roosevelt.
Kirov é assassinado por Leonid Nikolaiev e Stalin decide chefiar pessoalmente a delegação de investigação, abrindo caminho para o fortalecimento da polícia secreta – encarregada de proteger o regime de forças contrarrevolucionárias desde 1917.
Stalin ordena que o secretariado do Comitê Central assine o seu decreto de emergência para o julgamento e a execução imediata de terroristas, sem apelo depois de pronunciada a sentença.

1935 À sombra da ascensão do nazismo na Alemanha, Stalin assina tratados de defesa mútua com a França e a Tchecoslováquia.
Stalin introduz o título de marechal da União Soviética e, tempos depois, promove seu velho aliado Vorochilov e quatro outros heróis da guerra civil, incluindo Mikhail Tukhachevski.

1936 Tukhachevski, assim como outros militares do alto-comando, é preso e executado no ano seguinte, sob as suspeitas de Stalin de um complô contra a União Soviética – é o auge do chamado Grande Terror.
Com a suspeita de que Trotsky mantinha vínculos com partidários de Zinoviev e Kamenev, Stalin ordena que ambos sejam submetidos a um julgamento público no qual são condenados à morte e fuzilados.

Após a Itália de Benito Mussolini atacar a Abissínia (atual Etiópia) e o Japão a Manchúria, os dois Estados agressores firmam com a Alemanha de Hitler o Pacto Anti-Komintern.

1937 Stalin promove uma redistribuição das funções dentro do Politburo, colocando vários departamentos sob sua supervisão pessoal.

Com pouco mais de setenta anos, morre a mãe de Stalin.

Temendo que a Polônia se aliasse à Alemanha, Stalin ordena a detenção de 140 mil poloneses soviéticos, que acabam sendo fuzilados ou deportados para campos de trabalho forçado.

1938 Na esteira das suspeitas de Stalin, Bukharin encontra o mesmo destino de Zinoviev e Kamenev.

Depois dos processos movidos contra membros do partido, Stalin coloca a polícia secreta sob o comando de Lavrenti Beria.

Stalin escreve O materialismo dialético e o materialismo histórico,[20] publicado originalmente nas páginas do Pravda.

Stalin oferece auxilio à Tchecoslováquia – pressionada pelos premiês da França e da Inglaterra a ceder parte de seu território a Hitler –, que acaba entregue pelos seus aliados à Alemanha no Acordo de Munique.

Sob a encomenda de Stalin, é publicado o livro História do Partido Comunista (Bolcheviques), livro que ele também assina.

Após ocupar a Tchecoslováquia, Hitler volta seu olhar para a Polônia, esquecida em Locarno, e Stalin, já pressionado pelo Japão, exige que se forme uma aliança militar formal com a Europa ocidental.

Stalin não chega a um acordo com as delegações ocidentais e, junto de Viatcheslav Scriabin (mais conhecido como Molotov), recebe diplomatas alemães e firma um pacto de não agressão que mantém os soviéticos temporariamente fora da Segunda Guerra Mundial.

Semanas após firmar o acordo com Stalin, Hitler invade a Polônia e em seguida Grã-Bretanha e França declaram guerra à Alemanha.

---

20 De *As tendências de direita dentro do partido* (1928) a *O materialismo dialético e o materialismo histórico* (1938), a maioria dos pequenos textos e das transcrições dos discursos de Stalin foram apensadas ao *O marxismo e a questão nacional.*

Stalin avança nas negociações com delegações dos Estados bálticos para a instalação de bases militares em seus territórios com vistas a formar uma "zona-tampão". Os finlandeses, porém, recusam ceder o porto de Henko e Stalin ordena a ocupação militar do país.

1940 Enquanto escrevia o segundo volume de sua biografia de Stalin, Trotsky é assassinado pelo agente Ramón Mercader em seu exílio no México.

Já com a França e o norte da Europa ocupados, Stalin segura os acordos com a Alemanha e, paralelamente, convoca reuniões com o alto-comando para discutir os riscos de uma invasão da União Soviética.

Stalin começa a receber notícias sobre a Diretiva nº 21, codinome Operação Barbarossa, de ataque da União Soviética pela Alemanha.

1941 Com os choques entre soldados japoneses e soviéticos na fronteira da Manchúria, Stalin busca evitar que o país tenha que enfrentar uma guerra em duas frentes e assina o Pacto de Neutralidade com o Japão.

Stalin é nomeado primeiro-ministro da União Soviética.

Em 22 de junho, mais de três milhões de soldados de Hitler – alemães, croatas, espanhóis, finlandeses, húngaros, italianos e romenos – atravessam a fronteira e atacam as forças soviéticas na maior campanha militar da história. Sem uma declaração de guerra, suas frentes de combate rumam para Leningrado, Moscou e a bacia do rio Don.

Stalin assume, ao mesmo tempo, a presidência do Comitê de Defesa do Estado e os postos de comissário da Defesa e de comandante-chefe-supremo (Verkhovnyi).

Em 3 de julho, em discurso transmitido pelo rádio para toda a nação, Stalin conclama os soviéticos para que não se rendam, nem que para isso destruam o que tiverem de deixar para trás.

Em três semanas, os alemães eliminam dos soviéticos cerca de dois milhões de soldados, 3,5 mil tanques e seis mil aviões, além de formar uma enorme massa de prisioneiros – dentre os quais está até o filho mais velho de Stalin, Iákov, capturado na condição de tenente de artilharia.[21]

Depois dos alemães ocuparem boa parte da Ucrânia, Stalin ordena que a barragem do rio Dnieper seja destruída.

Com a Wehrmacht (Forças Armadas da Alemanha) às portas de Moscou, uma parte da cidade é evacuada. Stalin, contudo, permanece e coloca-se à frente da defesa da capital.

No vigésimo quarto aniversário da Revolução Russa, Stalin revista as unidades da capital e profere um discurso em tom "patriótico", do qual são feitas cópias para lançar sobre as áreas ocupadas.

Em 6 de dezembro, Stalin ordena um contra-ataque, sob o comando do general Georgy Zhukov.

1942 Stalin apela para que os cidadãos de Stalingrado permaneçam na cidade como forças de apoio para cavar trincheiras e erguer fortificações.

Stalin emite a ordem secreta nº189, decretando que todos os cidadãos soviéticos possam fazer parte do movimento partisan (combatentes não regulares ou guerrilheiros).

Sob o slogan "Nenhum passo para trás!", Stalin decreta a ordem nº 227, que impede qualquer recuo das tropas soviéticas.

Stalin recebe o primeiro-ministro inglês Winston Churchill em Moscou.

Os nazistas miram a cidade de Stalingrado (a antiga Czarítsin dos tempos de Stalin na guerra civil), que se transforma no centro das atenções dos líderes em combate.

Entre outros líderes, o comissário Nikita Khrushchev é designado por Stalin para planejar a defesa de Stalingrado.

Pelo rádio, Stalin se dirige em apoio às tropas de Stalingrado e Zhukov cerca as tropas alemãs, impondo uma significativa derrota a Hitler.

21 Estimativas apontam que, ao final da guerra, setecentas cidades e 70 mil aldeias foram arrasadas, 25 milhões de pessoas ficaram desalojadas, 31 mil indústrias e 65 mil quilômetros de ferrovia foram destruídos. O número de soviéticos mortos é ainda hoje objeto de debate, mas sempre próximo dos 20 milhões.

1943 A Batalha de Stalingrado, como ficou conhecida a resistência soviética ao cerco alemão, chega ao fim no início de fevereiro.

Com a aprovação de Stalin, o Exército Vermelho inicia uma série de operações ofensivas, como a Operação Faísca e a Operação Estrela Polar, que resultam na libertação de vários territórios russos ao norte.

Batizada de Operação Cidadela, os nazistas planejam uma grande contraofensiva sobre a posição mais avançada do Exército Vermelho na cidade de Kursk.

Stalin garante o abastecimento maciço de tropas e equipamentos na frente de Kursk e aprova o plano de seus generais: permitir que os alemães realizassem o primeiro ataque, para depois lançar uma contraofensiva, que culminou na maior batalha de tanques da história.

A vitória do Exército Vermelho em Kursk reforça a campanha interna e externa de resistência dos soviéticos empreendida por Stalin, além de consolidar as suas frentes de batalha na guerra.

Stalin autonomeia-se marechal do Exército e manda libertar oficiais e membros do partido enviados para os gulags pela polícia secreta.

O presidium do Komintern, que inclui Stalin, resolve pela dissolução do organismo.

Em respeito ao apoio da Igreja Ortodoxa Russa na guerra, Stalin recebe três clérigos no Kremlin e permite que se façam concessões aos seus pedidos de mais liberdade religiosa.

Com o consentimento de Stalin, o patriarcado ortodoxo é restaurado sob a liderança de Sérgio, eleito Patriarca de Moscou e de Toda a Rússia.

Stalin encontra Churchill e Roosevelt, em Teerã, e concorda em entrar na guerra contra o Japão, desde que ambos aceitem os limites definidos pelos soviéticos na demarcação da fronteira leste da Polônia.

1944 Stalin apoia a criação do Comitê Polonês de Libertação Nacional, um governo provisório oposto ao governo polonês no exílio em Londres.

Stalin recebe Churchill em Moscou novamente, desta vez para discutir tanto a guerra em curso, quanto o futuro do continente no pós-guerra, na medida em que o Exército Vermelho avança sobre a Europa Oriental.

Em novembro, durante o vigésimo sétimo aniversário da Revolução Russa, Stalin enaltece em seu discurso as suas "Dez Vitórias" de 1944: Libertação de Leningrado e Novgorod (janeiro); Ofensiva do Dnieper-Carpatos (fevereiro e abril); Libertação da Crimeia (abril e maio); Ofensiva de Viborg e Petrozavodsk (junho e agosto); Operação Bagration (junho e agosto); Ofensiva Lviv-Sandomir (julho e agosto); Ofensiva da Romênia (agosto e outubro); Ofensiva do Báltico (setembro e novembro); Ofensiva dos Balcãs (setembro e novembro) e Ofensiva da Hungria (outubro de 1944 até abril de 1945).

1945 Sob a liderança de Stalin, o Exército Vermelho lança suas últimas ofensivas contra as forças alemãs, agora restritas às suas fronteiras originais.

Stalin supervisiona a estratégia soviética para capturar Berlim e insiste para que o Exército Vermelho chegue à cidade antes dos países aliados.

Próximos do fim da guerra na Europa, os "Três Grandes", como ficaram conhecidos, se reúnem em Yalta, onde definem a divisão da Alemanha entre os países do trio, além da França.

Alguns meses após os soviéticos capturarem Berlim, Stalin se encontra mais uma vez com Churchill e, em função da morte de Roosevelt, com Harry Truman em Potsdam, já na qualidade de representantes dos países vitoriosos.

Stalin recebe as principais homenagens do Exército soviético durante o desfile da Vitória, em 24 de junho, na Praça Vermelha.

Em cumprimento aos acordos feitos com ingleses e estadunidenses, Stalin declara guerra ao Japão, lançando a Operação Tempestade de Agosto, que liberta a Manchúria e enfraquece as forças japonesas.

Após a grande ofensiva soviética contra o Exército Imperial Japonês na Manchúria, os Estados Unidos rapidamente iniciam os bombardeios atômicos sobre Hiroshima (6 de agosto) e Nagasaki (9 de agosto).

1946 Considerado o marco inicial da Guerra Fria, Churchill profere um discurso no Westminster College, na cidade de Fulton, Missouri, a convite do presidente Truman. Nele, o ex-premiê britânico difunde a ideia de que o mundo, a partir do cenário europeu, se dividiria

em esferas de influência – uma das quais soviética, que deveria ser contida por ingleses e americanos.
Uma das primeiras crises diplomáticas da Guerra Fria, porém, ocorre fora da Europa, o que definiria o seu rumo pelos próximos quarenta anos. A desocupação do Irã, estrategicamente ocupado por forças britânicas e soviéticas durante a guerra, coloca Stalin em rota de colisão com o Reino Unido e os Estados Unidos, até se chegar a um acordo.
Stalin conclama o povo soviético para esforços maciços de reconstrução da União Soviética pós-guerra e, consequentemente, anuncia um Quarto Plano Quinquenal, com foco na indústria pesada.
Com a ocupação do leste europeu pelas forças soviéticas, Stalin influencia a instalação de governos pró-Moscou na Albânia, Alemanha Oriental, Bulgária, Iugoslávia, Romênia e Tchecoslováquia.

1947 Surge na Polônia o Birô Comunista de Informação (Kominform) com o objetivo de rearticular as relações entre os partidos comunistas do mundo inteiro com a União Soviética, suspensas desde o fim do Komintern.

1948 O Partido Comunista da Iugoslávia é expulso do Komintern, depois que Josip Broz Tito discorda do programa de colaboração recíproca de Stalin.

1949 A União Soviética faz seu primeiro teste nuclear, entendido por Stalin como primeiro passo para o equilíbrio de forças entre as potências.
Após a vitória da Revolução Chinesa, Stalin recebe em Moscou o líder comunista Mao Tsé-Tung, que firma acordos de cooperação no ano seguinte, mas sem abrir mão de sua própria via para o socialismo.

1950 Stalin autoriza a construção de uma estátua sua com mais de dez metros de altura junto ao canal do Volga-Don, que consome cerca de 33 toneladas de bronze.
Stalin concede entrevista a um grupo de jovens, posteriormente publicada sob o título de O marxismo e a linguística.

1952 Stalin publica Notas relativas às questões econômicas levantadas na discussão de novembro de 1951, mais tarde divulgadas como Problemas econômicos do socialismo na URSS.

1953 Aos 74 anos de idade, Stalin morre. Ao longo de uma semana, cerca de 1,5 milhão de pessoas passam diante de seu corpo, antes de ele ser embalsamado e colocado no mesmo mausoléu onde jaz Lenin. Em quase todos os cantos da União Soviética, alto-falantes transmitem homenagens e músicas fúnebres durante o seu velório.

1956 No XX Congresso do partido, o sucessor de Stalin, Nikita Khrushchev, profere um longo discurso denunciando crimes cometidos sob o governo de Stalin – é o célebre Relatório Secreto.

1961 No XXII Congresso do PC, o governo decide remover o corpo de Stalin do mausoléu, bem como a inscrição de seu nome da entrada, e enterrá-lo próximo da muralha do Kremlin.
A cidade de Stalingrado passa a se chamar Volgogrado.

2013 Volgogrado aprova uma medida que altera o seu nome para Stalingrado em datas ligadas ao passado da Segunda Guerra Mundial.

2023 Nos setenta anos da morte de Stalin, Volgogrado realiza uma consulta pública para voltar a se chamar Stalingrado, mas nenhuma decisão oficial é tomada até então.

LÚCIO GELLER JUNIOR é historiador. Graduado, mestre e doutorando em História pela Universidade Federal do Rio Grande do Sul (UFRGS), foi editor-chefe da Revista Aedos do Programa de Pós-Graduação em História da UFRGS. Estuda e escreve sobre a história dos países do leste europeu e das ex-repúblicas da União Soviética, migrações contemporâneas, memória pós-soviética e extrema direita. Pela Da Vinci Livros, publicou um adendo ao livro *O assassinato de uma nação*, de Michael Parenti.

ÍNDICE ONOMÁSTICO

Este livro foi composto com as fontes Baskerville e Minion Pro.
O papel do miolo é o Pólen Natural 80g/m2.
A Gráfica Viena concluiu esta impressão para a Da Vinci Livros
em maio de 2025, aos 80 anos do cerco e da conquista de Berlim
pelo Exército Vermelho, batalha que marcou o fim da tirania nazista.